江苏流通产业发展研究报告

2016

主 编 宋学锋

南京大学出版社

图书在版编目(CIP)数据

江苏流通产业发展研究报告. 2016 / 宋学锋主编.
—南京: 南京大学出版社, 2017.8
　ISBN 978 - 7 - 305 - 19113 - 8

　Ⅰ. ①江…　Ⅱ. ①宋…　Ⅲ. ①流通产业-产业发展-
研究报告-江苏-2016　Ⅳ. ①F727.53

　中国版本图书馆 CIP 数据核字(2017)第 189293 号

出版发行　南京大学出版社
社　　址　南京市汉口路 22 号　　　　邮　编　210093
出 版 人　金鑫荣

书　　名　江苏流通产业发展研究报告(2016)
主　　编　宋学锋
责任编辑　王日俊　黄冬玲

照　　排　南京紫藤制版印务中心
印　　刷　江苏凤凰数码印务有限公司
开　　本　787×1092　1/16　印张 18.25　字数 472 千
版　　次　2017 年 8 月第 1 版　2017 年 8 月第 1 次印刷
ISBN　978 - 7 - 305 - 19113 - 8
定　　价　142.00 元

网址:http://www.njupco.com
官方微博:http://weibo.com/njupco
官方微信号:njupress
销售咨询热线:(025)83594756

指 导 委 员 会

主　　任　　陈章龙　宋学锋

委　　员　　徐　莹　赵芝明　鞠兴荣　王开田

章寿荣　潘　镇　谢科进　邢孝兵

党建兵　张为付　宣　烨

本书编写组成员

主　　编　　宋学锋

副主编　　许祥云　李光泗

编写人员　谢　静　施　宇　王国欢　李　阳

王　莉　谢菁菁　肖城灼

本书为江苏高校优势学科建设工程资助项目(PAPD)、江苏高校人文社会科学校外研究基地"江苏现代服务业研究院"、江苏高校现代服务业协同创新中心、江苏省重点培育智库"现代服务业智库"的阶段性研究成果。

书　　名　江苏流通产业发展研究报告(2016)

主　　编　宋学锋

出 版 社　南京大学出版社

目　录
Contents

综　合　篇

行　业　篇

区 域 篇

市 场 篇

企 业 篇

政 策 篇

国家级

江苏省

综 合 篇

第一章　江苏省流通产业发展形势分析与未来展望

近年来,流通产业作为服务业中的重要环节,在国民经济发展中起到越来越重要的作用。对江苏省流通产业发展形势进行研究、分析与展望,有助于流通产业的从业者顺应流通产业的时代发展特点改善自身的从业行为,也有助于政府管理部门采取合适有效的政策和措施,积极改善流通产业发展环境,促进江苏省商贸流通业,乃至整个经济产业结构协调发展,对于江苏省全面推进建设小康社会,提高人民生活质量,具有十分重要的意义。

流通产业一般分为广义的流通产业和狭义的流通产业。广义的流通产业包括商品交换流通产业(批发业和零售业)、物质流通产业(运输业和仓储业)、金融流通产业、信息流通产业、服务流通产业等。狭义的流通产业特指商品交换流通产业,主要统计指标为社会消费品零售总额。本文所界定的流通产业为狭义的流通产业,包括批发业、零售业、住宿业和餐饮业等。

改革开放以来,江苏省流通产业发展迅速,流通现代化程度不断加强。2002年中国加入WTO以后,江苏省依托其优越的地理位置环境,流通产业的规模得到扩张、结构得到升级、效率得到提升,发展成绩有目共睹。随着2008年国际金融危机和2014年以来中国宏观经济下行,江苏省流通产业面临着重大的挑战,同时也面临着难得的机遇。在各级党委和政府的正确领导下,江苏省制定了一系列鼓励和支持流通产业发展的措施,使流通产业的结构调整和市场升级得到快速推进,流通产业规模进一步扩大,发展态势良好。

一、江苏省流通产业发展现状

(一)流通产业保持规模平稳增长

随着生产力的发展和人民生活水平的不断提高,人们对消费品的需求也在不断扩大,客观上促进了流通产业保持高速平稳发展。2015年,江苏省社会消费品零售总额达25876.77亿元,占长三角三省市社会消费品零售总额的46.4%,占全国的8.6%,同比增长10.3%,虽然增幅比2014年的12.40%略有回落,但仍保持着高速增长的势头。从改革开放这段时间来看,江苏省社会消费品零售总额从1978年的84.79亿元增加到2015年的25876.77亿元,36年来增长了304.19倍,年平均增长率达到16.7%。

(二)流通产业区域结构趋于协调

从区域上来看,2015年苏南、苏中、苏北三区域分别实现社会消费品零售总额15003.57亿元、4618.06亿元、6255.14亿元,占比分别为57.98%、17.85%、24.17%。从增长率上来看,2015年苏南地区社会消费品零售总额比2014年增长9.68%,苏中地区增长10.01%,苏北地区增长12.08%。虽然苏北地区经济基础相对薄弱,对江苏省商品流通产业发展的贡献不及苏南地区,但其社会消费品零售总额的增长率达到全省平均水平的2倍,有力地提升了

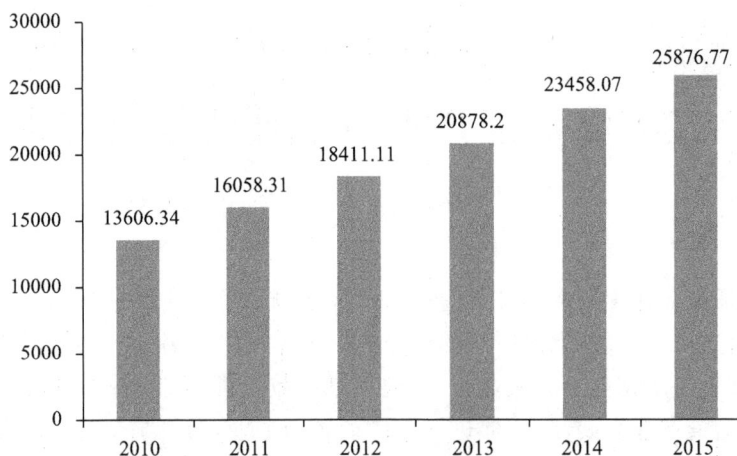

图 1　江苏省社会消费品零售总额

全省平均增长率水平,表明苏北与苏南地区之间的差距正逐渐缩小,区域发展逐渐趋于协调。

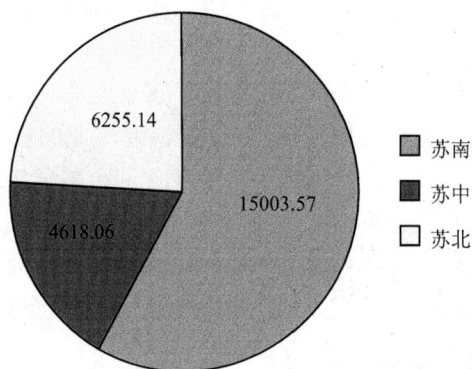

图 2　2014 年江苏省社会消费品零售总额区域构成

(三)各地级市流通产业发展良好

分地级市来看,2015 年南京市的社会消费品零售总额以 4590.17 亿元赢得全省首位,排名第二位的苏州市为 4461.62 亿元,无锡市以 2847.61 亿元位列第三;苏中和苏北地区分别由南通市 2379.46 亿元、徐州市 2358.45 亿元位于区域前列;宿迁市以 626.64 亿元排在最末位。

从各地级市的增长率来看,苏北地区的徐州市社会消费品零售总额的增长幅度最大,达到了 12.34%,发展势头极为强劲;其次是经济基础较为薄弱的连云港市,增长率为 12.34%;淮安市以 12.25% 的增速排名增长速度第三;第四位为盐城市,达到了 11.87% 的增长率,对拉动苏南地区乃至整个江苏省的增长起到了重要的作用。而无锡市的社会消费品零售总额增长率为 9.19%;扬州市的增长率为 9.65%,总量与 2014 年基本持平。

(四)连锁经营业态发展逐步稳定

2015 年,江苏省批发和零售业、住宿和餐饮业连锁总店数量达 191 家,连锁分店数量为

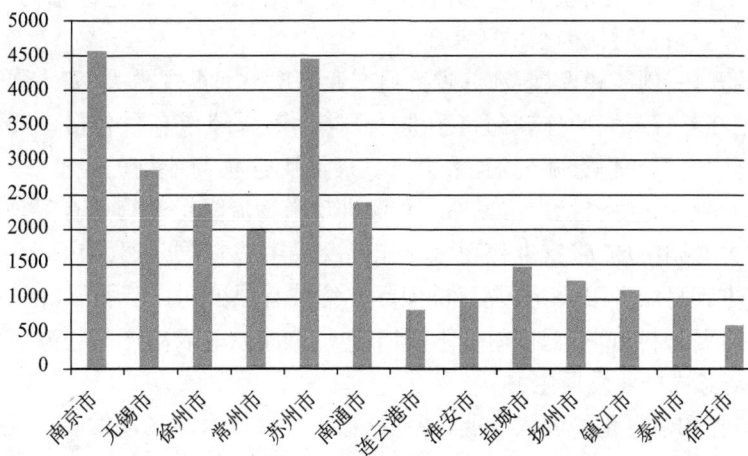

图 3　2015 年江苏省 13 个地级市的社会消费品零售总额空间分布情况

19364 家,总营业面积为 1982.63 万平方米,商品销售总额为 4567.16 亿元,从业人员 40.65 万人。从零售业态来看,专业店、超级市场、百货商店构成了江苏省连锁经营的主力军。2015 年江苏省拥有连锁专业门店 11384 家,营业面积 1265.99 万平方米,商品销售额 3212.31 亿元,从业人员 21.06 万人;拥有连锁超市门店 4220 家,营业面积 535.98 万平方米,商品销售额 972.24 亿元,从业人员 11.78 万人;拥有百货商店门店 1232 家,营业面积 109.66 万平方米,商品销售额 164.43 亿元,从业人员 2.70 万人。连锁专业店、连锁超市、连锁百货商店三种业态合计门店数、营业面积、商品销售额、从业人员数量分别占全省连锁经营业的 93.31%、96.42%、97.41%、87.43%,与前两年的对应数据基本持平,表明江苏省连锁经营业由专业店、超级市场、百货商店主导的业态构成已趋于稳定。

（五）商品交易市场功能日趋完善

商品交易市场通过调整布局、强化功能、规范管理,逐步将自身打造成为交易主体组织化、交易方式现代化、交易商品标准化的现代化批发交易市场,规模化和专业化程度不断提高,并产生出充分的聚集效应,对江苏省商品流通产业的发展作出了巨大的贡献。2015 年,江苏省共有交易额超亿元的商品交易市场 513 家,拥有交易摊位 394860 个,总营业面积达 3183.73 万平方米,累计实现商品成交额 15973.10 亿元,比 2014 年下降了 6.5%。张家港玖隆物流园、中国常熟服装城、中国东方丝绸市场、张家港保税区化工品交易中心、南通市通州区志浩综合市场等各行业大型批发交易市场已成为辐射华东长三角经济圈乃至全国的重要商品集散中心、交易中心、价格形成中心和信息发布中心。

从市场类别来看,专业化市场在商品交易市场构成中占主导地位。2015 年,江苏省的 513 家亿元以上商品交易市场中,专业性市场有 384 家,综合市场有 129 家,专业性市场数量占商品交易市场总数的 74.85%,专业性市场商品成交额达 13137.22 亿元,占全省商品交易市场总成交额的 82.25%。专业性市场对江苏省商品交易市场乃至流通产业的发展起到了重要作用。

（六）大型流通企业实力不断增强

大型企业通常具有超前的技术和创新意识,通过搭建时点销售信息系统、电子数据交换系统、电子交易平台系统等互联网时代前沿科技产品,大大提高了企业信息化管理和服务的水平,成为流通产业站在时代前沿的领头羊。

经过多年的开拓、创新和发展,江苏省流通产业涌现出一批规模大、实力强、效益好的销售流通企业。如江苏省最大的连锁超市企业——华润苏果超市有限公司,全国著名的家电销售企业——苏宁电器股份有限公司,致力于发展品牌连锁商业街的企业——金鹰国际商贸集团有限公司,现代化物流批发市场——张家港玖隆物流园企业管理有限公司、中国常熟服装城、中国东方丝绸市场、张家港保税区化工品交易中心有限公司、南通市通州区志浩综合市场、江苏东方钢材城有限公司、叠石桥国际家纺城有限公司、江阴长江港口物流园区交易中心、江阴市金属材料市场、无锡南方不锈钢市场、南京众彩农副产品物流中心,等等。

(七)电子商务成产业发展主力

随着网络科技和信息化的深入发展,特别是移动终端技术的飞速发展,互联网已经给人民的生活方式带来了颠覆式的巨大影响。这种变化在流通产业领域集中体现为电子商务,特别是网上购物的迅速崛起。2015年,江苏省网上商店的企业法人数量为143家,比2014年增加了一倍;网上商店销售额从2014年的200.32亿元猛增至312.65亿元,增幅达56.08%。虽然电子商务销售额占总体销售额的比例仍然较低(不到1%),但随着科技的进一步发展,可以预见未来基于网络技术的电子商务平台所提供的各类B2B、B2C、O2O销售服务将在商贸流通产业中扮演越来越重要的角色。

(八)商品流通市场结构合理化

目前,经过长年的不断发展,江苏省的商品流通市场体系已发展为由上百万个网点构成的商品零售市场,由2000余个商品交易市场构成的现货批发市场,由电子商务平台、电视购物、移动终端平台构成的无形市场有机结合起来的多层次、多成分、多渠道、多形式、多业态的较为完善的市场体系。各种形式、各种层次的商业网点不仅星罗棋布在各大城市,还深入至各地农村地区,为方便城乡居民生活、拉动消费、提升人民生活质量、促进流通产业发展起到了不可忽视的作用。

(九)民营经济优势明显

2015年,江苏省从事批发和零售的商贸流通行业的限额以上法人企业总共有19043家,其中,仅有863家企业属于国有控股,国有控股比例仅为4.53%;而内资私营企业总共有10384家,占限额以上法人企业总数量的54.53%;另有162家港澳台企业和207家外商投资企业,分别占限额以上法人企业总数量的0.85%和1.09%。从销售额上看,2015年江苏省限额以上企业和单位达成商品销售总额42772.98亿元,其中,国有控股企业达成销售额8842.67亿元,占销售总额的20.67%;私营企业达成销售额13102.38亿元,占销售总额的20.63%。私营经济所占的份额和对销售额的贡献量均远远高于国有经济。目前,江苏省流通产业由私营企业带头拉动,国有企业、外资企业互动发展的格局已基本实现。

二、江苏省流通产业发展优势

(一)地理位置优越

江苏省位于中国经济最为发达的长江三角洲经济区,具有得天独厚的区位条件。省会南京市位于长三角西端,距离安徽省会合肥市仅130公里,是带动长三角西端经济发展的引擎;徐州市位于华北平原东南部,有京杭大运河从中穿过,陇海、京沪铁路干线交汇于此,辐射江苏、河南、安徽、山东等多个省市;苏州市与上海市西部接壤,地处上海市一小时经济圈内,能够享受全国经济中心的协同带动效益。良好的经济发展区位条件,带给江苏省流通产业先天的竞争优势,使江苏省流通产业在全国处于相对领先的发展地位。

(二)政策的大力扶持

江苏省实行市场化改革的时间较早,市场开放度、市场化程度、市场竞争性都相对较高,使得江苏省流通产业抢占到发展先机。同时,江苏省委、省政府高度重视商贸流通产业的发展。2011 年,江苏省政府在全国率先发布了《关于加快发展现代流通业的意见》,随后,省商务厅于 2012 年发布《鼓励和引导民间资本进入商贸流通领域的工作方案》。2014 年,省政府办公厅发布了《关于加快电子商务发展的意见》,从政策上给江苏省流通产业提升发展速度,增强产业竞争力提供了大力的支持和保障。2016 年,《关于推进国内贸易流通现代化建设法治化营商环境的实施意见》指出,加快推进内贸流通现代化,有利于更好地对接生产和消费,扩大有效需求,提升人民生活质量。

(三)产业集群效应

江苏省一直以来都是全国制造业的大省,具有明显的产业集聚特征。南京的石油化工、昆山的电子产品、吴江的丝绸、常熟的服装均已成为全国有名的地区品牌。制造业的发达通常伴随着商品流通产业的高速发展。制造业提供的产业聚集优势,为江苏省流通产业的发展奠定了良好的基础。

(四)规模比较优势突出

2015 年,江苏省社会消费品零售总额达 25876.8 亿元,总量上仅次于广东省和山东省,位列全国第三。同时期内,上海市社会消费品零售总额为 10131.5 亿元,浙江省为 19784.7 亿元,安徽省为 8908.0 亿元。江苏省流通产业与周边其他省市相比,具有一定的比较优势和带动作用。

三、江苏省流通产业面临的挑战

(一)农村地区流通产业发展仍较为落后

随着经济的发展,江苏省农村地区流通产业发展较为迅速,但由于农村地区经济底子薄,经济基础差,流通产业仍然无法满足经济发展的需要,农民买难、卖难、运输难的问题依然存在,农产品流通环节偏多,效率偏低的现实并未发生根本性的改变。主要表现为:第一,农民合作经济组织化程度较低,规模较小,没有足够的经济实力扩展系统化、专业化的流通服务;第二,缺乏涵盖大片农村地区流通产业发展的总体规划,农村商品流通运输的组织经营仍停留在各个乡镇基层层面,各个乡镇网络节点没有得到有效的连接,流通产能利用率不高;第三,农村地区人员流动频繁度不高,市场交易规模相对很小,无法形成足够的市场竞争力;第四,农村地区市场缺乏足够的监管和保护力度,面临较强的无序性风险,发展受到限制;第五,农村基层商贸组织功能性较弱,信息化程度不高,信息的范围获取和范围发送能力很小,导致农村产品市场匹配效率较低,商品流通受到影响。

(二)传统商贸流通模式仍占主要地位

江苏省虽然拥有苏宁、苏果、五星等进入全国 30 强的大型流通企业,这些企业对江苏省流通产业向现代化转型升级起到了良好的带动作用,但社会消费品销售终端总体上还是以各自为政的传统类小型独立商店为主。从销售额来看,2015年独立商店的零售额占全省零售总额的66.32%。独立商店由于其规模小,财力有限,通常效率相对低下,并需要承担更多的交易费用,也很难享受到规模经济带来的好处。江苏省的流通产业从传统模式向现代化模式转型升级的任务还十分艰巨。

(三)地区间经济发展差距较大

由于多方面的原因,江苏省苏南、苏中、苏北三区域的经济发展水平仍存在较大差异。从GDP总量来看,2015年苏南五市(南京市、无锡市、苏州市、常州市、镇江市)GDP总量为41518.73亿元,苏中三市(南通市、扬州市、泰州市)GDP总量为13853.14亿元,苏北五市(徐州市、连云港市、淮安市、盐城市、宿迁市)GDP总量为16564.30亿元。苏中与苏北地区经济总量的总和仅为苏南地区经济总量的73.26%。从南往北呈现出明显的梯度分布趋势。相较经济较为发达的苏南地区,苏北地区的制造业生产力和居民购买力都相对薄弱,导致该地区流通产业的总量化和结构化发展受到相当程度的制约。这种状况一方面限制了江苏省流通产业整体的发展,但另一方面,也表明江苏省流通产业还具有很大的发展潜力。

(四)电子商务平台有待完善

经过十多年的发展,电子商务行业的格局已初步形成。阿里巴巴、京东商城、当当网等第三方电子商务平台凭借先发优势,已基本站稳了社会消费品领域电子商务平台的领导地位。江苏省在电子商务领域起步略晚,如今,江苏省消费品电子商务平台只有苏宁集团的"苏宁易购"网站具有一定的规模和知名度。部分大型生产资料交易市场,如江苏化工品交易中心、东方丝绸市场虽然搭建了自己的电子商务平台,但普遍存在平台配套功能不完善、交易品种类过于单一等缺陷,同时面临着外省同类电子商务平台的激烈竞争,发展空间有限。

(五)流通企业发展规模较小

作为中国经济总量排名靠前的经济大省,江苏省的流通企业和外省的流通企业相比,存在规模不够大、品牌不够响的缺陷。除苏宁、苏果、五星等流通企业在全国有一定的知名度之外,其他流通企业的经营范围基本被限定在省内,没有进一步打开其他省份的市场,企业发展规模得不到进一步的扩张。在流通企业规模和品牌建设上,江苏省与其他经济发达的省份(如广东、上海)相比,还存在一定的差距。

(六)缺乏高素质人才

流通产业的发展,尤其是基于高科技的现代化流通产业的发展,需要大量高素质的人才。产业要发展,人才是首位。特别是在整个经济处于结构性调整转型阶段的时期,拥有专业化前沿科技知识的高素质人才对产业的发展转型起决定性作用。江苏省流通产业长期以来主要依托传统的个体独立经营模式,从业人员水平偏低,高素质人才相对缺乏,客观上不利于商贸流通业的现代化发展。而江苏省从业人员工资总体水平相对低于北京、上海、深圳等发达城市,在高素质人才的引入和保持方面处于不利的地位。

在经济学中,一般认为从业人员工资水平与其受教育程度呈正相关关系,行业工资水平较高意味着该行业对从业人员的专业化知识水平和综合素质要求较高,也意味着该行业的现代化程度较高,具备更高的竞争力。

从表 1 统计数据看,2015 年批发和零售业、住宿和餐饮业的城镇单位从业人员平均工资分别为 63185 元和 42391 元,均低于总体平均工资 66196 元,与第一名金融业平均工资119198 元分别相差 56013 元和 76807 元。流通产业从业人员工资水平偏低,反映出流通产业从业人员的总体水平仍然不高,高素质人才缺口仍然比较大。

表 1　2015 年城镇单位从业人员平均工资　　　　　　　　　(单位:元)

项　　　目	从业人员年平均工资	在岗职工平均工资	其他从业人员平均工资
总　　　计	66196	67200	48186
农、林、牧、渔业	33957	34809	19064
采矿业	60418	61001	26517
制造业	62731	62277	89237
电力、热力、燃气及水生产供应业	113893	114595	48756
建筑业	55598	56694	45150
批发和零售业	63185	64090	39349
交通运输、仓储和邮政业	66981	67953	39654
住宿和餐饮业	42391	43733	29612
信息传输、软件和信息技术服务业	117249	118329	59784
金融业	119198	142201	34947
房地产业	66686	68279	40568
租赁和商务服务业	54677	55174	43079
科学研究、技术服务业	91213	92176	66499
水利、环境和公共设施管理业	54062	57291	30956
居民服务、修理和其他服务业	54116	54671	36470
教育	78115	80079	37962
卫生和社会工作	81693	84800	51635
文化、体育和娱乐业	77468	80344	38071
公共管理、社会保障和社会组织	82372	85638	33803

资料来源:《江苏统计年鉴》。

(七)连锁经营行业冲击有所缓解

2015 年,江苏省连锁店营业收入继 2014 年下跌之后,基本与上年持平。全省批发和零售业、住宿和餐饮业连锁总店的商品销售总额从 2014 年的 3580.98 亿元上升至 4567.16 亿元,涨幅达到 27.54%。近年来,电商的崛起对江苏省连锁经营行业造成了巨大的冲击,迫使连锁经营的店铺和企业转变发展思路,利用线下实体店铺分布优势,同线上网络交易模式有机结合起来,形成线上与线下、虚拟与实体相互促进、协同发展的连锁经营新局面。

表2　历年批发和零售业、住宿和餐饮业连锁总店经营情况

年　份	连锁总店数(个)	连锁门店数(个)	商品销售总额 (或营业总收入)(亿元)
2012	200	19641	4943.78
2013	200	19897	4831.87
2014	192	19818	3580.98
2015	191	19364	4567.16

资料来源:《江苏统计年鉴》。

四、江苏省流通产业发展的策略建议

改革开放以来,中国经济经历了三十多年的高速增长。然而,自2013年以来,中国经济已开始由高速增长转入中高速增长的"新常态"。应对"新常态",需要"新对策"。以"调结构、促转型、稳增长"为主要特点的盘整期的到来,对江苏省流通产业的科学发展提出了新的挑战。从指导思想上看,江苏省流通产业在即将到来的"十三五"时期,应当以习近平总书记对江苏省提出的三大新任务"深化产业结构调整、积极稳妥推进城镇化、扎实推进生态文明建设"为核心,积极配合上海自贸区、海上丝绸之路、长江经济带的建设,通过转变结构、推进创新、提升质量,推动江苏省流通产业成功转型升级,保持平稳发展。在新的经济形势下,依据上文分析,对江苏省流通产业的发展提出如下几点建议:

(一)积极转变政府职能,打造服务型政府

根据江苏省流通产业发展的具体情况,制定合适有效的公共政策,在流通产业领域内打造一个既能保持规模经济,又有市场竞争活力的流通市场。要通过政策优惠扶持具有一定规模的交易市场、流通企业、连锁企业,引导它们向有利于流通产业整体协调发展的方向发展。

为拥有"走出去"的实力和需求的流通企业提供相应的优惠政策,如中央政策允许范围内的较为灵活的外贸、金融、保险、让税让利政策和措施。要通过多种渠道,为流通企业拓展国际市场拟定政策措施,积极组织产品进出口活动。要利用自身行政地位优势,引导和帮助企业疏通银企关系,拓宽融资渠道,制定政策措施让企业能充分运用银行、证券市场的融资功能和其他各类金融服务手段。要为有需要的企业减少调配外汇的审批环节,放宽外汇管制,完善为流通企业跨国经营提供的信用担保制度,从政策上和制度上给予"走出去"的流通企业所需的支持和帮助。

建立健全市场运行管理机制和商品价格监测机制,防止出现哄抬物价、以次充好、不正当竞争等非法经营行为。要加大行政执法力度,对关系到国计民生的重要商品市场和一些特殊行业市场,如农产品批发市场、生猪屠宰、民爆产品等市场,不定期展开整顿市场的专项行动,切实保护人民群众的切身利益。要加强商业道德建设和市场诚信建设,加快建立商贸流通信用体系。

(二)加快流通产业结构性调整

充分发挥地区流通产业的比较优势,苏北、苏中经济欠发达地区要发挥各自地理区位优

势,适当将商业范围扩展到周边城市;苏南经济发达地区的商业辐射范围除了周边城市之外,还可推进面向全国、乃至全世界的辐射扩张。充分考虑江苏省流通业区间发展不平衡的现状,在经济相对不发达的地区,要加大基础设施建设力度,促使流通覆盖面的扩大,发挥流通业对经济发展的先导作用和带动作用;在经济相对发达的地区,要大力推进流通产业的转型升级,鼓励流通业态创新,提高流通产业的整体效率,进一步扩展流通产业的发展空间。

要将流通产业确立为江苏省经济发展的基础产业和先导产业,以缩减商品流通环节、降低商品流通成本为核心目标,发展基础设施建设,大力推进城市化,从而提高流通产业的整体效率,带动第一产业和第二产业的进一步发展。

敦促流通企业的升级转型,加快发展物流配送、电子商务等现代化流通方式。要敦促连锁企业转变发展方式,推动实体连锁店与虚拟电子商务的有机融合。要加快流通企业的信息化建设,研究制定电子商务运行规范和制度,保证网络交易秩序。

(三)加快推进流通产业市场化进程

想方设法扩大消费需求,开发新兴消费热点。可大力推广节日促销、节庆消费、信用消费等新兴消费方式,扩展住房、装修、汽车、旅游、文化、网络等各个方面的消费需求,提升农村居民消费水平,大力促进和推动服务业的发展。

大力发展现代化流通方式,推动个体经营型独立商店向连锁经营的方向转化,鼓励发展势头良好、在市场中占据优势地位的企业,通过兼并联合、资产重组、参股控股等方式转变为连锁经营集团,吸收社会离散资源,扩展自身品牌效益。要推动大型商贸流通企业、重点批发市场的电子信息平台建设,积极举办各种形式的交易会、展销会、博览会,提升企业和市场的集聚效应,推动流通产业发展。

充分认识到电子商务的崛起给流通产业带来的机遇和挑战,把握住当前中国电子商务市场还未完全成熟的大好时机,重点发展电子商务,尽可能抢占网络商贸市场。一方面,要着力培养出一批在全国范围内拥有一定影响力的大型网络购物企业;另一方面,要加快推进各个行业面向中小型流通企业的电子交易平台的建设,依托平台产生集聚优势。

加强对群众生活必需品市场的监管力度,做好对生活必需品市场价格和储备的监控,及时掌握价格异动变化,并做好相应的应急预案,迅速处置重要商品价格异常波动。要大力培养一批市场特色突出、市场地位明确的大型专业市场,充分利用市场对产业集群的强化作用,增强市场辐射能力,带动产业集群发展。要加快推动已有一定规模的交易市场进行功能升级,建设一批集商品贸易、产品加工、物流配送、资金结算、商品会展等为一体的综合市场和专业市场。

(四)加大人才培养,提升流通企业核心竞争力

推进流通现代化,关键在于培养一支高素质人才队伍,熟悉现代化流通规则,流通方式,流通管理和流通技术。有计划地引进高素质管理人才,提升流通企业管理水平。完善和规范流通产业的政策法规,通过行政手段合理调整流通产业进入壁垒和市场结构,实现江苏省流通产业的有效竞争,增强本省流通企业应对大型外资企业挑战的能力,保护省内流通企业的健康发展。

扩大流通产业对外开放力度,积极引进国内外大型销售和流通企业入驻江苏,通过大型企业的技术溢出效应,促进本省流通企业创新经营理念、经营方式、营销技术和管理方法,提升江苏省流通产业整体发展水平。要推动大型流通企业经营迈向国际化,建立健全国际情报信息网络,为企业跨国发展提供信息、法律、财务等方面的咨询服务与技术支持,减少企业跨国经营面临的摩擦和阻力。要加大引进高素质人才管理的力度,加强流通行业专业人员的培训,提高流通企业现代化管理水平,促进企业长期竞争力的提升。

加大对省内大型流通企业的政策扶持力度,优化企业发展环境,培养一批具有示范效应和带动作用的大型连锁企业,形成规模效应。要支持省内具有一定品牌知名度且拥有自主核心技术和研发能力的大型连锁企业积极在境外设立销售网点,建立全球销售网络,增强企业国际竞争力。

(五)推动流通产业城乡协调发展

大力推进农村地区流通业的建设和发展,促进城乡产品双向流通,从而带动城乡一体化发展。要进一步推进"万村千乡市场工程",引导城市流通企业向农村延伸,构建以城区店为龙头、乡镇店为骨干、村级店为基础的现代化农村流通网络体系,满足农民日益提升的消费需求,使农村消费环境得到改善。要加强对农村农贸市场的建设与管理,因地制宜地合理配置农村农贸市场,激活农产品的消费和流通,增加农民收入。

建立农村现代商业网点体系,大力发展农村商店连锁经营,构建起农产品批发市场、农贸市场、大型超市互利互补的现代化农产品流通体系。要敦促大型农产品交易市场拓展自身功能,开发出农产品加工配送、冷链物流、电子结算等系统性配套服务。要推动农户与农产品交易市场、农产品加工企业实施握手对接,建立起长期稳定的供销关系。要建立并观测实施农产品购销标准,推进农产品规范化生产,发展农产品品牌化经营,建立农产品质量追踪制度。要积极开发农村电子商务体系,构建一套现代化的农村连锁经营网络。

【主要参考文献】

[1] 郭艳华.发达国家批发零售业的发展趋势与启示[J].广东行政学院学报,2008(2)

[2] 胡迪.我国流通产业发展现状、问题及对策[J].商业经济研究,2015(29)

[3] 江苏省商务厅、江苏省商业经济学会联合课题组.国民经济新常态下江苏省商贸流通业发展的新思考与新对策[J].江苏商论,2015(1)

[4] 江苏省商务厅、江苏省商业协会、江苏省商业经济学会联合课题组.抢抓发展机遇,持续提升江苏商贸流通业竞争力[J].唯实,2014(5)

[5] 江苏省商业协会、江苏省商业经济学会、江苏省商业经济研究所联合课题组.江苏省现代流通业竞争力研究报告[J].江苏商论,2012(10)

[6] 亓小峰.城市总动员——疏通城市商贸物流发展障碍[J].物流时代,2015(7)

[7] 芮明杰,刘明宇,陈扬.我国流通产业发展的问题、原因与战略思路[J].财经论丛,2013(6)

[8] 苏玉峰.新常态经济下内贸流通产业发展现状与展望[J].商业经济研究,2015(30)

[9] 王娟、封学军、王伟.江苏省物流发展现状与趋势分析[J].中国市场,2010(36)

[10] 杨以文.江苏商贸流通业的发展现状、存在问题及发展重点研究[J].江苏教育学院学报(社会科学)

[11] 张为付、马野青.商贸流通业应对入世发展对策研究[J].南京经济学院学报,2003(1)

行 业 篇

第二章 江苏省批发业发展研究

一、批发业的概念

批发业是指批发商向批发、零售单位及其他企业、事业、机关批量销售生活用品和生产资料的活动,以及从事进出口贸易和贸易经纪与代理的活动。批发商可以对所批发的货物拥有所有权,并以本单位、公司的名义进行交易活动;也可以不拥有货物的所有权,而以中介身份做代理销售商;还包括各类商品批发市场中固定摊位的批发活动。

批发业主要有以下几个特点:批发业的交易额一般较大。批发业基本属于资本密集型行业,对批发业而言,资金较劳动更为重要,资金问题往往是决定批发商经营成败的关键;其次,批发业的商圈比较大。中小批发商业一般集中在地方性的中小城市,但经营范围会辐射到周围地区,大型批发商业往往分布于全国性的大城市,其经营范围可以涵盖整个国内市场,有些还可以开展进出口业务,其商业圈还可以突破国界;最后,批发业服务项目相对较少。由于批发商业其服务对象主要是组织购买者而非个人消费者,因此,相对而言,批发业的服务项目要较零售业少,而着重于通信、储运、信息、融资等方面,表现为组织对组织的服务,交易往往具有理性化。

表3 批发业具有的特征

指标	交易主体	交易对象	交易频率	交易目的	辐射商圈	运营关键
批发业	批发商、销售点	批发品、少量服务	每次交易量大、次少	再次销售	大,突破区域	广开客户源

批发业的交易主体为批发商和销售点,交易对象为批发品和少量服务,每次交易量大,但是次数少,通常是为了二次销售,辐射的商圈大,常常突破地域限制,广大的客户源成为批发业运营的关键。

二、江苏省批发业发展现状

(一)整体规模不断扩大

改革开放以来,中国经济迅速发展,批发业作为流通领域的传统行业发展态势良好,江苏省作为中国经济的大省,批发业整体规模不断扩大,在全省经济中起着越来越重要的作用。

2015年全国限额以上批发业法人企业个数为91819个,其中,江苏省批发业法人企业数为10753个,占了11.7%,2015年全国批发业从业人员为4907387人,江苏省批发业从业人员为408535人。

表4　2011—2015年江苏省批发业市场发展情况

指　标	2011年	2012年	2013年	2014年	2015年
法人企业(个)	7399	7871	13050	11388	10753
年末从业人员(人)	320993	340723	455901	419826	408535
商品购进额(亿元)	24019.2	25690.3	33393.5	31905.5	30242.3
商品销售额(亿元)	26945.9	27709.4	36180.9	35029.8	31209.8

资料来源:《江苏统计年鉴》。

从表4中可以看出,2011—2015年江苏省批发业市场的发展状况良好,2011年批发业法人企业个数为7399个,2015年增长到10753个,增加了45%,2011年江苏省的年末从业人员个数为320993人,2015年增长到408535人,增长了27%,同时江苏省批发业的商品购进额和商品销售额都有大幅上升,分别为30242.3亿元和31209.8亿元,这几年江苏省的批发业规模持续扩大,并且在未来几年内仍然会有良好的增长发展趋势。

（二）多种经济成分共同发展、共同繁荣

在社会主义市场经济的大环境下,公有制为主体,各种所有制经济共同发展,目前,江苏省批发业有国有企业、集体企业、股份制合作企业、联营企业、有限责任公司、股份有限公司、私营企业和其他企业,其中,联营企业中还有国有联营企业、集体联营企业和国有与集体联营企业,有限责任公司中有国有独资企业和其他责任公司,并且有港澳台批发企业和外商投资企业。近几年江苏省批发业的经济成分多元化,市场构成丰富,并且各种经济成分共同发展、共同繁荣。

（三）传统批发市场低档化、边缘化现象较为明显

随着人们消费观念的变化,过去的批发市场在一些人看来就是商品低档的"代名词",导致批发市场交易受阻。过去进驻批发市场的一些品牌商为了摆脱"低档"的称谓,打造自身形象,纷纷撤离批发市场,这样,批发市场上的高质量、高品味的商品就会减少,进而人们就更加不会青睐于批发市场,久而久之,"柠檬市场"现象的恶性循环作用得以发挥,这样就把传统批发市场逼上了低档化、边缘化的境地。

三、江苏省批发业存在的问题

（一）日用百货批发业生存困难

江苏省批发业中的日用百货批发业由于跟不上新型商业业态的发展和零售企业的改革,处于生存困难的境况中,现代商业随着时代迅速发展变化,处于这样的大环境下,传统零售商业百货公司为了减少费用、维持生存,进行了体制改革和经营方式变革,比如,引厂进店,减少中间环节,实现厂商直营。如江苏省著名的新百集团和中央集团早在20世纪90年代初就实行了这种制度,中央集团2003年引进国内外知名品牌3000种。同时,新型商业业态也实行统一进货、统一配送,专营店、专卖店、仓库式超市更是使得百货类批发业业务因此减少,日用百货批发业生存困难。

（二）政策法规不完善

目前,江苏省对于批发业的规划并不明确,对批发行业的发展和改革并不重视,现存的

一些政策法规都是多年前制定的,并不符合现代商业批发业的要求,与目前的市场经济形势不适应。一些地方政府甚至提出了"压缩批发业,重点发展零售业"的口号,使得批发业的发展受到限制。江苏省的不少城市都对于当地的批发业发展没有明确的发展目标和发展规划,很多批发为主的市场都是因陋就简,因地而设,位置不合理,批发业发展方式粗放,存在着许多安全问题。

(三)经营理念和技术手段落后

电子商务的兴起,先进的网络技术使得价格形成及其商品交易信息的传递具有了传统批发业无可比拟的优势。而江苏省的大多数批发市场,还保持着传统的理念,大体上还停留在一手买进、一手卖出的商业中介的发展阶段,技术手段落后,效率低、竞争力差,流动资金匮乏,运作成本昂贵,还没有实现从以生产者为主导发展到以批发商为主导,最终发展成以零售商为主的新型商业模式,还没有实现物流、网络的有效整合,从而完成传统批发市场的转型。

现代商业的批发,无论是连锁经营、现代物流还是电子商务交易都必须以现代化的商品配送中心为基础。这种从生产部门直接采购、通过网络系统和自动补货系统达到销售终端、满足客户要求的方式,信息化和标准化是关键环节。江苏省商品流通的信息化和标准化虽然有了很大程度的进步,但是在应用现代电子信息技术,如电子数据交换(EDI)、电子付款服务系统(EPS)、宽带综合业务数字网(B-ISDN)、网络定位系统等方面还有很大差距,服务贸易系统的国际采标率和国内的标准化程度也不高,而且对电子商务、交易平台、电子技术的重视不够,市场信息收集、分类、分析、订货、发货、结算等交易的效率大大低于先进水平。

(四)信息化程度低,流通效率低下

改革开放以来,江苏省批发业的信息化和标准化虽然有了一定程度的提高,但不健全的信用体系使部分批发商为了躲避风险,仍然采取"一手交钱、一手交货"的原始交易方式,这在很大程度上降低了批发业的交易效率。信息化水平低下使市场信息采集、购货、仓储、配送、结算等环节的运行效率大大低于国内外先进水平。另外,批发商对电子商务、交易平台建设仍然缺乏重视,连锁经营发展也比较滞后,即使是连锁经营,也都仅是名义上的统一管理、统一配送和统一结算,很难实现真正的"连锁"。

四、江苏省批发业发展的对策分析

(一)积极出台有关政策法规,加强规划

对于江苏省目前有关批发业的所有政策法规进行查找梳理,删除或者修改那些已经过时或者不符合当前经济形势的条文法规,针对当前的省内批发业发展的新特点制定新的、可实施性强的法律条文。对江苏省各地的批发业进行总体规划,制定可持续性发展的长远规划,加强各地对于批发业的重视程度,促进江苏省批发业的健康发展。

同时,由于机构改革、多头管理等原因,江苏省对各地批发行业缺乏有力的协调和统一的领导,对全省批发行业进行一次彻底的调查了解,切实掌握省内该行业发展的规模、趋势、动向。积极协调工商管理、物价、质监和金融等部门,切实解决江苏省批发行业发展中存在的安全、假冒伪劣、融资等方面的困难和问题,帮助企业顺利发展。建立和强化行业协会,制定市场进出标准,解决批发行业自律、自查、自我建设的能力,对一些存在隐患的批发市场进

行整顿。

（二）完善配套设施，健全批发体制

江苏省批发业的相关配套设施还不够完善，交通不畅、物流不顺等不便条件对批发业的发展产生了严重的滞后作用，因此，政府应该给批发商提供配套的相关设施，建立起发达的交通网络，提高物流现代化和仓储配送的能力，使批发业的发展可以得到强大的支撑力量，进一步健全批发体制。

（三）发展经营理念，提高技术手段

传统的批发业发展经营理念已经不能完全适应现代流通行业的要求，观念问题是制约批发业经济效益进一步提高的关键问题，因此，必须从根本上改变传统的经营观念。改变经营理念，可以从两个方面入手：一是从单纯"大进大出"的转手买卖转变成具有高附加值的中介服务；二是从充斥大量机会主义行为的短期买卖转变成具有稳定契约关系的长期交易，批发商要培养品牌的经营理念，改变以前脏乱差的问题，并且致力于建立相互之间稳定的合作关系，加强同业联系。

另外，需要提高科学技术水平，提高信息化和标准化的程度，提高批发业的流通速度和效率。在应用现代电子信息技术方面，加强电子数据交换（EDI）、电子付款服务系统（EPS）、宽带综合业务数字网（B-ISDN）、网络定位系统等方面，重视电子商务、交易平台和电子技术，提高市场信息的收集、分类、发货和结算等交易的效率。

（四）实施供应链管理，提高产业整合能力

在传统批发模式中，批发商与供应商、零售商之间的联系比较薄弱，基本局限于简单的供求关系，上下游关系不稳定不仅制约了批发业自身的发展，而且对整个流通产业的进步也产生了不利影响。在现代市场竞争中，供应商、批发商和零售商应改变以往单纯的交易关系，发展成为相互协作、相互支撑的战略联盟。批发商为生产商提供全面的市场需求信息，为零售商提供相关零售支持服务。应用供应链管理思想，提高产业整合能力使生产流通成为统一整体，有利于减少机会主义行为，提高全社会的资源优化配置水平。

（五）加快改革，重视人才和创新

积极引导江苏省批发业的自身建设，加快改革创新的步伐，重视人才的培养。要改变因循守旧的旧观念，引进现代化流通业的新的发展理念和技术，加强信息系统的建设，将批发业和物流业、电子商务业有机结合，引进连锁经营，主动适应制造商、零售商的改革需要，在现代百货和新型商业业态之间寻找自己生存发展的空间。同时，要重视批发行业相关人才的培养和引进，提高行业内人才的质量和层次水平，从而提高创新能力和创新水平。

【主要参考文献】

[1] 王波.江苏省商业批发业的现状、问题和改革发展思路[J].商业经济,2004(12)

[2] 成凯.现阶段我国批发业重塑的对策研究[D].山西财经大学,2006

[3] 任洒洒.中国批发业经济效益地区差异的实证研究[D].浙江工商大学,2012

[4] 潘裕娟,曹小曙.批发业空间及其形成机制研究综述[J].人文地理,2014(1)

第三章　江苏省零售业发展研究

一、零售业的概念

零售业是指通过买卖形式将工农业生产者生产的产品通过一定的销售渠道售给居民作为生活消费用或售给社会供公共消费用的商品销售行业。我国在 GB/T8106—2004《零售业态分类》分类标准中对零售业的定义是：以向消费者提供消费商品为主，并提供相关服务的行业。

零售业态形式多样，有百货店、超市、专卖店和杂货店等，其中，百货店是较早的零售业态，历史最悠久，其经营结构和经营方式已趋成熟；超市是 20 世纪 90 年代新产生的零售业态，现正处于快速成长阶段；专业店、专卖店、购物中心和无店铺零售业态是新产生的零售业态，属于引导期阶段。杂货店、便利店等零售业态处于衰退阶段。

表5　零售业具有的特征

指标	交易主体	交易对象	交易频率	交易目的	辐射商圈	运营关键
零售业	最终消费者、销售点	批发商品、服务多	每次交易量小、次多	直接消费	小,区域限制	刺激购买欲望

零售业的交易主体为最终消费者和销售点，交易对象为批发商品和服务，每次交易量小，但是次数多，辐射的商圈范围小，受区域限制，刺激消费者的购买欲望成为零售业运营的关键。

二、江苏省零售业发展现状

（一）零售业规模不断扩大

改革开放以来，特别是 20 世纪 90 年代以来，江苏省的国民生产总值不断增长，零售业销售总额不断扩大，销售市场也持续扩大。

表6　2011—2015 年江苏省零售业市场发展情况

指　标	2011 年	2012 年	2013 年	2014 年	2015 年
零售业进口额(亿元)	133	149.1	237.1	264.7	203.5
零售业出口额(亿元)	1.7	2.4	1.0	1.1	2.3
商品购进总额(亿元)	5269	6611.1	8343.9	9005.3	9279
商品销售总额(亿元)	6249	7296.3	9420	10320.7	10783.1
年末从业人数(人)	437365	495591	590079	574952	557938

资料来源：《江苏统计年鉴》。

2011—2015 年,江苏省零售业商品购进总额和商品销售总额不断增长,2015 年江苏省零售业商品购进总额达到了 9279 亿元,商品销售总额达到了 10783.1 亿元,并且零售业 2015 年进口额和出口额分别为 203.5 亿元和 2.3 亿元,江苏省零售业年末从业人员在 2015 年为 557938 人,近几年江苏省零售业发展态势良好,零售规模不断扩大。

表 7 　2011—2015 年江苏省连锁零售企业基本情况

指　　标	2011 年	2012 年	2013 年	2014 年	2015 年
总店数（个）	166	177	173	168	168
门店总数（个）	18247	18300	18459	18350	17868
年末从业人员（万人）	42.21	38.82	38.68	37.45	36.1
年末零售营业面积（万平方米）	1861.03	1873.08	1953.67	1954.29	1933

资料来源:《江苏统计年鉴》。

连锁零售企业是零售业非常重要的一部分,近几年江苏省连锁零售企业发展情况良好,各项指标虽然没有很大的提升,这跟连锁零售市场饱和状态有关,但是并没有下降,保持在一个相对稳定的状态,2015 年江苏省连锁零售企业总店数为 168 个,门店总数为 17868 个,年末从业人员超过了 36 万人,年末销售营业面积为 1933 万平方米。

（二）新型零售业态不断出现

在改革开放的大环境下,经济形势经过迅猛发展,江苏零售业不断成长成熟,用几十年的时间就完成了西方发达国家上百年时间所走过的路程,并且随着外资零售企业的不断进入,连锁超市、专业店、专卖店、购物中心等新型业态迅速发展,到目前为止,新国家标准《零售业态分类》中划定的 17 种零售业态在江苏省内均不同规模、不同数量的存在。

比如,南京就出现了许多新型零售业态。南京作为区域商贸中心城市的地位日益突显,城镇化进程日益加快,与百姓生活联系密切的超级市场获得迅猛发展,专卖店迅速崛起,成为零售市场的主体业态。自 2001 年五星电器在南京开设第一家专业大卖场,率先走上专业化之路后,汽车、数码、手机、家居建材等行业的专业市场如雨后春笋般不断出现,并以较低的价格、专业的服务、连锁经营等优势迅速分割了市场份额。

表 8 　2014 年江苏省各种零售业态基本情况

项　　目	法人企业数（个）	产业活动单位数（个）	零售营业面积（平方米）	从业人员（人）
按零售业态分				
有店铺零售	8031	18276	24666577	575947
食杂店	42	145	28394	2152
便利店	60	564	191523	5880
折扣店	6	6	14037	351
超市	353	1023	658566	32625
大型超市	203	1715	5296404	121138

项　目	法人企业数 （个）	产业活动单位数 （个）	零售营业面积 （平方米）	从业人员 （人）
仓储会员店	8	8	68505	596
百货店	464	734	4532437	80933
专业店	4462	10166	7877918	190923
专卖店	1968	3386	4715417	111561
家具建材商店	175	183	451683	6391
购物中心	38	82	454503	11133
厂家直销中心	252	264	377190	12264
无店铺零售	116	119	128341	13772
电视购物	4	4	223	1221
邮购	3	4	1000	677
网上商店	68	70	78310	10237
自动售货亭	1	1	1258	68
电话购物	11	11	1159	346
其他	29	29	46391	1223

资料来源：《江苏统计年鉴》。

（三）外资零售业加剧了市场竞争

江苏省是经济发展大省，经济发展水平较高，地理优势明显，从而吸引了大量外资进入零售业，出现了大量外资零售企业，加剧了零售业的市场竞争激烈程度，使得江苏省的零售业竞争较早出现了国际化的趋势。近几年，外地和外资零售企业在江苏省开设的连锁门店数量不断上升，销售总额也不断增长。

三、江苏省零售业存在的问题

（一）发展不平衡

江苏省零售业的发展不平衡主要体现在两个方面：一方面，苏南、苏北的零售业发展不平衡，差距较大。由于苏南地区的经济发展水平和居民收入水平要明显高于苏北地区的居民，并且连锁零售企业的分布也呈现出"南多北少"的特点，一些大型的连锁专业店总店和分店绝大部分都分布在苏南区域，而在苏北，一些连锁专业店仅在地级市开设有限的分店。

另一方面发展不平衡体现在城乡差距明显。城镇居民的收入水平明显高于农村居民，购买力水平也明显高于农村居民，因此，农村零售业，经营分散，发展不成熟，主要以一些杂货店、商店的形式存在，百货商店、连锁店等新型零售业态少有分布，并且零售商品质量参差不齐，而一些大型的新型零售业态基本上都存在于城市中。

（二）组织化标准化程度不高

传统的零售业由于在市场定位和经营方式等方面存在诸多问题，所以组织化、标准化程度不高,这样难以适应现代市场消费多样化的要求。江苏省在零售业的改革方面,出现了超市化、连锁经营化标准化程度不高的现象,零售业运作不规范,不少商家没有正确理解连锁的含义,只是统一了店名、服饰和标识,导致不少连锁店表面连锁实际上只是个体经营户,并没有严格按照"统一配送、统一核算、统一管理"的管理经营模式,江苏省零售业的组织化程度较低,标准化程度不高。

(三) 城市布局不科学

由于缺乏科学的整体布局和规划,省内大部分地区和城市的零售业布局不合理,有一些地方布局极其紧密,而有一些地方零售企业却很少,省内整体布局不均衡,局部地区密度过大,大型商业网点的建设发展过快,有些地方出现了一些盲目投资和重复建设问题,有些城市在同商圈内业态雷同,缺乏差异化,甚至出现过度竞争的局面。以南京为例,城区内卖场分布多处出现密集现象,有的大型超市之间的距离不超过 300 米,距离最近的一处只相隔数米远,在号称"中华第一商圈"的新街口商业中心,在不足一平方公里的范围内,云集了大小商家 1500 余家,其中,1 万平方米以上的大型零售商店 20 多家,占该城市大商店总数的一半以上,并且大型商业网点还继续呈增加趋势,从业态上看,包括中央商场、新街口百货商店在内的百货店比重过重,已经超过了 70%。

(四) 管理落后,效益不佳

江苏省的零售业规模虽大,却缺乏统一的管理,导致零售企业的效益不佳。内资企业普遍过于依赖地理位置和商圈优势,常常高负债,低利率。尽管内资零售企业的门店数量要高于外资零售企业,但是内资企业经营效率低下,效益不佳,而外资企业的销售额增长速度要远远高于内资企业。这和信息化程度与物流水平低有很大关系,多数企业尚未建立起完善的配送中心和信息系统,只有极少数零售企业建立了现代物流配送中心,大部分零售企业还停留在仓储水平上,效率低下导致了效益不佳。

四、江苏省零售业发展的对策分析

(一) 合理规划,加强管理

江苏省相关部门应该认真开会讨论,谨慎合理规划零售业的长期发展,改革零售业的业态结构和布局结构,地方政府要制定科学合理的零售业发展规划,避免盲目发展。特别是一些相对落后的地区要尽快制定规划,江苏省目前只有南京这种发达城市才制定了城市商业网点建设的规划,其他地区甚至是农村地区都要加快建设的步伐。

在新的时代背景下,政府要加强行业管理,营造良好的零售业经营和竞争环境。按照国家的有关法律和 WTO 的有关规则,政府应该制定地方性的有针对性的保护政策,加强对零售业的规范管理,营造一个良好的发展环境。

(二) 扩大产业规模,提高竞争力

产业规模是产业竞争力强弱至关重要的影响因素。江苏省整体上产业规模发展较好,但是在产业资本、经营方式等方面也存在着一些问题,因此,进一步改善江苏省零售业的产业规模,对提高江苏省零售业竞争力有巨大的促进作用。

首先,广泛吸收各种资本投资于江苏省零售业。雄厚的资本是扩大产业规模的基础,利用江苏省优越的经济发展水平和地理优势,再加上一些政策红利,吸引外资,吸引省外和国

外大型零售企业的加入,加强他们与本地零售企业的合作,苏宁电器等大型零售企业都有实力同外国企业进行合作,外资的增加可以进一步促进江苏省零售业的繁荣发展。

其次,要大力促进江苏省零售企业连锁经营。目前,江苏省的连锁零售店铺虽然很多,但是连锁经营水平还不高,很多百货商场等传统零售企业不习惯于连锁经营的方式。连锁经营是反映流通现代化的经营方式,江苏省零售企业必须广泛采用这种先进的方式,才能显著地扩大零售业的产业规模。

最后,要积极开拓江苏省农村零售市场。农村居民虽然收入不如城市居民高,但是由于其数量方面的优势,再加上近年来农村居民收入不断增加,消费需要越来越多样化,因此,开拓农村零售市场也是扩大零售业产业规模的一个重要渠道。加快"万村千户"市场工程建设步伐,主要发展乡镇中小型连锁超市和便利店,特别要做好经济欠发达地区乡镇村的连锁经营网络建设的推进工作。同时,要增强城市流通对农村腹地的扩散力和区域内外的双向辐射力,有序推进农村现代流通网建设。

(三)加强物流和信息基础设施的建设

物流和信息技术是影响零售业发展的重要因素。大力提高信息技术,用先进的技术改造零售业,提高江苏省零售业的生产效率,从而进一步提高零售业产业效益。传统的零售业必须要和时代发展相结合,加强电子商务的推广和应用,以企业为主体,以市场为导向,改善零售企业的经营方式,提高管理效率,从整体上提高江苏省零售业的竞争力水平。

高效安全快速的物流配送体系才能把商品及时送到消费者手中,发达的物流业可以提高零售业的生产效益。可以利用江苏省优越的地理优势,建立功能齐全的综合性物流中心,提高物流服务功能和平台配送能力,为客户提供优质的服务。同时,可以建立专门为开发区和工业园区提供第三方物流服务的企业,建立商贸连锁配送为主的物流企业,进一步利用物流资源提升江苏省的零售业发展规模。如苏宁电器连锁集团和苏果超市股份有限公司是典型代表。苏宁电器已经成为中国最大的综合电器连锁零售企业之一。苏果超市形成了以南京为主要区域,门店遍布江苏、安徽、河南、河北、山东、湖北等地的蓬勃发展的良好态势。苏果超市所拥有大型的配送中心,是近几年快速扩张的重要基础。通过江苏省交通物流业的巨大支撑,江苏省零售业也一定会快速健康地发展。

(四)完善产业政策,创造良好环境

产业政策是政府为了实现一定的经济和社会目标,制定的干预市场行为、调节企业间关系的政策总和。实质是协调竞争与规模经济的关系,从而维护正常的市场秩序和有效竞争。因此,政府有必要制定市场规则,规范企业行为,提高市场运行效果。江苏省政府应充分利用产业政策,加强宏观调控,合理引导零售业的竞争。首先,政府应充分制定行业法律法规,进一步完善相关法律法规,加强执法力度,规范零售业内竞争,保证零售业健康有序发展。其次,政府部门应加强统一规划和政策引导,对零售业企业网点的数量、结构、布局进行统一合理安排,使不同规模、业态的企业在不同区域协调发展。合理引导零售领域资金投向,重点引进先进技术、管理和人才,整合零售市场发展档次,引导零售企业向社区和未开发的区域投资,合理布局。同时,通过各种政策手段培育出一批具有知名品牌,主业突出,核心竞争能力强,初步具有区域竞争能力的大型零售企业。

【主要参考文献】

[1] 侯立松.江苏零售业业态结构相布局的调整与优化[J].商场现代化,2005(34)

[2] 侯立松.全面开放背景下江苏零售业发展态势与战略[J].商场现代化,2005(25)

[3] 于秋玲,管驰明.传统零售业态与新型零售业态的共存与发展——以南京零售业为例[J].经济研究导刊,2007(3)

[4] 翁洋.江苏省零售业竞争力的实证研究[D].南京财经大学,2013

[5] 李先军.零售业对江苏省区域经济增长的影响——基于面板数据和聚类分析的实证研究[J].经济视角(上),2013(11)

第四章　江苏省餐饮业发展研究

一、餐饮业的概念

餐饮业是通过即时加工制作、商业销售和服务性劳动于一体,向消费者专门提供各种酒水、食品,消费场所和设施的食品生产经营行业。按欧美《标准行业分类法》的定义,餐饮业是指以商业赢利为目的的餐饮服务机构。在我国,根据《国民经济行业分类注释》的定义,餐饮业是指在一定场所,对食物进行现场烹饪、调制,并出售给顾客主要供现场消费的服务活动。

餐饮业按国民经济行业分组可归纳为正餐服务、快餐服务、饮料及冷饮服务和其他餐饮服务,其中,正餐服务是指提供各种中西式炒菜和主食,并由服务员送餐的餐饮服务;快餐服务是指服务员不送餐,由顾客自己领取食物的一种自我服务的餐饮活动;饮料及冷饮服务是指以提供饮料和冷饮为主的服务。

餐饮业与其他行业一样,按登记注册类型分为内资企业,港澳台商投资企业和外商投资企业。内资企业又包括国有企业、集体企业、股份合作企业、联营企业、有限责任公司、股份有限公司、私营企业和其他企业;港澳台商投资企业包括合资经营企业、合作经营企业、独资经营企业、投资股份有限公司;外商投资企业包括中外合资经营企业、中外合作经营企业、外资企业和外商投资股份有限公司。

二、江苏省餐饮业发展现状

改革开放以来,餐饮业在良好的大环境下迅速发展,江苏省作为经济发展的大省,餐饮业的发展迅速推动了流通业的进一步发展,提高了人民的生活质量,同时在扩大内需、增加就业机会、拉动产业的发展方面作出了不可忽视的贡献。

(一)总体规模不断扩大

近几年,江苏省餐饮业的总体规模增长迅速。除了受 2008 年金融危机影响出现小幅下降外,餐饮业的产业活动单位数、餐饮营业面积以及营业额均保持快速增长。

表 9　2011—2015 年江苏省餐饮业营业额情况

	营业额收入(亿元)	增幅
2015 年	4864	5.39%
2014 年	4615.3	1.81%
2013 年	4533.3	2.57%
2012 年	4419.8	16.04%
2011 年	3809	——

资料来源:《江苏统计年鉴》。

从表 9 中可以看出,江苏省 2011—2015 年的餐饮业营业额逐年上升,营业规模不断扩大,2015 年江苏省餐饮业的营业额达到 4864 亿元,跟去年相比增幅达到 5.39%,比前几年营业额的增幅都大。

表 10 2011—2015 年江苏省餐饮业企业基本情况表

	餐饮业法人企业数(个)	餐饮业企业从业人数(人)
2015 年	25947	2220780
2014 年	26634	2345474
2013 年	26743	2467693
2012 年	23390	2437088
2011 年	22496	2277980

资料来源:《江苏统计年鉴》。

近几年,江苏省的餐饮业法人企业个数不断增加,除了 2015 年相比前一年有所减少,总体来说从事餐饮类的企业个数呈上升趋势,餐饮业企业从业人数也在不断增加,餐饮业成为扩大就业的重要途径之一。江苏省 2015 年餐饮业法人企业数为 25947 个,企业从业人数为 2220780 人。

作为传统服务业,餐饮业的标准化发展也在不断发展,连锁经营因此产生。现如今连锁经营的餐饮店已经充满了大街小巷,从小吃快餐到中式正餐,江苏省比较出名的连锁经营餐饮店铺有小肥羊、真功夫、丽华快餐、大娘水饺、湘鄂情、净雅集团、嘉和一品、俏江南、眉州东坡、苏浙汇等,连锁经营已经成为餐饮业尤其是快餐业的重要业态。2015 年,全国共有 455 个连锁餐饮店,其中,江苏有 22 个连锁餐饮品牌,并且共有 1491 个门店数。快餐连锁店成为餐饮业整体连锁店的主体,反映了随着生活节奏的加快,人们对于快餐的需求越来越大。

按行业分类,餐饮业可以分为正餐服务、快餐服务、饮料及冷饮服务和其他餐饮服务。虽然快餐业成为了连锁经营的主体,但是从限额以上法人企业数和总店数来看,正餐服务占据主导地位。

表 11 2015 年江苏省限额以上餐饮业基本情况

项 目	总店数 (个)	门店总数 (个)	餐饮营业面积 (万平方米)	从业人员 (万人)
餐饮业	455	23721	970.9	71.4
正餐服务	253	6570	515.6	29.5
快餐服务	166	13911	406.8	37.9
饮料及冷饮服务	20	2628	40.7	3.1
其他餐饮业	16	612	7.8	0.8

资料来源:《江苏统计年鉴》。

在正餐服务、快餐服务、饮料及冷饮服务和其他餐饮业四类中,正餐服务的总店数最多,有 253 个,占总的餐饮业的 55.6%;而快餐服务的门店总数和从业人员最多,门店总数为 13911 个,从业人员达到 37.9 万人,占餐饮业总从业人员的 50% 以上。

（二）餐饮业态的多样化

随着餐饮业分类越来越细，江苏餐饮业的发展呈现业态和经营方式的多样化趋势。在餐馆酒楼、宾馆餐饮、火锅店等传统餐饮业态稳步发展的同时，西餐、大众快餐、自助餐、美食街、"农家乐"等新型餐饮业态相继出现。这些新型餐饮业态逐渐将餐饮、体验、休闲、娱乐融为一体，丰富了餐饮活动的内涵，迎合了人们个性化的消费需求，并以超过传统餐饮业态的速度逐年增长。下面将举例列出江苏省各类业态餐饮组织的一些代表。

表 12　江苏省各种业态餐饮组织的代表

历史悠久餐饮	苏州松鹤楼、镇江的宴春酒楼
时尚餐饮	南京川色满园、南京万亚餐饮、厨娘·CN
主题餐饮	常州凯洲大饭店、南京"褚记"烤鸭店、苏州赫本餐厅、南京碉堡烤鱼
休闲餐饮	常州刘家竹园餐饮、迪欧集团、南京美满家、摩登经典
快餐店	米德宝、苏客餐饮、苏州味中味配送有限公司、宁沪高速经营发展公司、江苏省苏食餐饮有限公司
火锅店	德天餐饮、典尚豆捞坊、海鲨湾、水林间
生态园餐饮	常州丽华、米德宝、苏客餐饮、苏州味中味配送有限公司
小吃餐饮	大阿二生煎铺、苏州老大坊、江苏尚香、南京苏亦铭
团膳餐饮	昆山福盛团膳、南京举鑫帮厨、苏州蓝天膳食、南京梅花餐饮
早餐餐饮	和善园面点、青露、宿迁笑九喜、南通丁普照、江阴陶兴宝

可以看出，江苏省的餐饮类发展越来越多样化，各类餐饮业态层出不穷，并且发展态势良好，各种类型的餐饮业都发展出一些受人喜爱、极其出名的代表企业，餐饮业的细化分类发展能够更好地满足广大人民的不同需求，提高了居民的生活质量。

（三）餐饮业标准化

十年前，很多人还对中餐能否标准化、中餐是否需要标准化持怀疑态度，但十年后的今天，行业、企业用自身的实践证明：餐饮行业要规范化发展，餐饮企业要做大、做强，必须走标准化之路。江苏省的餐饮业也在逐渐走上标准化建设的道路。

随着人们生活节奏的加快，上班族的工作餐带来了巨大的快餐市场需求，城市人口中80%以上是快餐的正常消费人群。由于产品品种少，需求量大，要求加工速度快，加工方法又相对简单，由此快速推动了快餐的标准化、工业化生产。同时，休闲餐饮企业数快速增加，标准化意识高。

休闲餐饮不仅可以给人们带来口腹之欲的享受，更重要的是带来一种新的生活理念和生活方式，受到广大青年朋友的喜爱。近年来，以西式快餐和饮品为主的休闲餐饮企业的扩张是江苏餐饮业发展的明显特点。休闲餐饮一开始大多是由国外的品牌连锁店引进，比如著名的咖啡饮料餐饮品牌"星巴克"，它在所有国家和城市都有统一的形象、统一的标识和标准化的管理方式，并且可以通过加盟的方式建店加入其中。连锁餐饮如今已经成为餐饮业发展的一个重要态势，大街小巷到处可以看见各式各样的连锁经营店铺，使得各国、各地区的人们可以在不同的地方仍能品尝到相同的产品。因为投资休闲餐饮的企业，一开始标准化意识就比较强,所以这些休闲品牌在江苏餐饮业经过了十多年的长足发展已经小有规模。

(四)结构调整初见成效

在经济新常态下,餐饮业发展外部政策环境发生深刻变化后,江苏加快发展大众化餐饮,提升品质水平,倡导绿色环保,推动行业回归本质,促进餐饮消费结构升级。2015年,全省大众化餐饮已成为满足群众日常生活必需的民生工程,早餐、快餐、团膳、小吃、火锅、外卖送餐、美食广场、农家乐、特色正餐、休闲餐饮(含咖啡、茶楼、蛋糕店、面包房等)以及相配套的中央厨房建设、配送、网络订餐等服务形式呈现出业态多样、兼容并蓄的特点。2015年,全省大众化餐饮已占据全行业零售总额82.7%的市场份额,中低档特色正餐占比最大,达33%,小吃、火锅发展最快,团膳快餐发展势头强劲,农家乐、生态园假日消费最火爆,商业综合体餐饮扎堆开,社区餐饮有广阔的市场空间。在其他大众化餐饮业态中,交通运输餐饮、活动会展餐饮、婴幼儿餐饮、医疗餐饮、老年餐饮、特殊人群餐饮值得很好的研究和关注。

三、江苏省餐饮业存在的问题

(一)缺乏餐饮业发展规划

江苏作为全国餐饮消费大省之一,产业规模连续20年位居全国前三,却一直未将餐饮业的发展规划提上政府议程。餐饮业是服务民生、扩大消费的重要生活服务业,却没有从宏观上、整体上、战略上与之配套的全省性专项发展规划或指导意见。因此,迫切需要对江苏餐饮业的发展作出统一规划,特别是江苏省餐饮业处于产业转型期的关键节点,把餐饮业的发展纳入全省总体规划,将餐饮网点布局、交通体系、商业网点、旅游景区、养老服务等规划相融合,从全省经济发展角度全面推进餐饮消费升级,加快优化城市和乡村餐饮结构,增强餐饮业在保障民生中的安全性、便利性和普惠性。

(二)食品安全问题仍有待加强

食品安全问题一直是餐饮业的重中之重,优质的食品安全保证了人们的身体健康和生活质量。虽然近年来政府一直都在加大力度整治餐饮业的食品安全问题,并且有了较大程度的改善,但是仍然会有各种食品安全事件被曝出来,地沟油、毒大米、瘦肉精、塑化剂这些关键词让人们谈"食"色变,降低了人们对餐饮业安全问题的信任。

随着餐饮业的不断扩大,餐饮培训市场也变得鱼目混珠、乱象众生。各类机构渗透餐饮行业开展所谓经营管理、食品安全、营改增培训,但是质量却良莠不齐,不可避免会有漏网之鱼为了贪图小利而不顾人们的健康安全,因此,食品安全问题仍然有待加强,不可以掉以轻心。

(三)行业集中度较低

江苏餐饮网点众多,但限额以上餐饮企业较少,仅占服务网点数的1/10,2015年全省限额以上餐饮企业零售总额仅占全省餐饮业零售总额的32.71%,全省餐饮业总体上仍处于小、散、弱的状况。江苏是餐饮大省,但离餐饮强省仍有很大差距,主要原因是餐饮企业集聚性不强,连锁餐饮企业数量偏少,品牌知名度和影响力不高。2014年,江苏仅有6家企业进入全国百强,与同处长三角地区的浙江省、上海市相比有差距。在连锁经营业态中,全省餐饮企业经营业态主要集中在快餐、火锅和休闲餐饮,中式正餐连而不锁的现象仍很突出,总部经济、资本运作仍需加强。从全省整体来看,餐饮企业规模较小,仍处于自我探索、自我积累、自我完善的发展阶段,企业利润低、承载重、支撑小、发展难的特点较为突出。

(四)餐饮产业链不够完善

餐饮业是第三产业中的生活服务业,具有即时性生产加工销售服务的特点。目前,江苏餐饮业上游供应链尚不太成熟,支持餐饮业发展的能力有待加强。第一产业中餐饮业上游的农业、牧业、农副产品初加工较为分散,生产初级是导致食品安全问题发生概率加大的重要原因。第二产业中的食品制造和加工业、调味品行业等在市场细分中,深入研究餐饮业发展的产品也存在参差不齐的现象。物流配送体系的不完善,人才培养、餐饮文化创意人才的短缺同样抑制餐饮业的发展。餐饮业科研投入不足,造成产品制作和流程上技术创新滞后,导致餐饮业工业化程度偏低。

四、江苏省餐饮业发展的对策分析

(一)持续整治食品安全问题

民以食为天,食品安全是关系民生的重要问题。整治食品安全问题需要各方联合合作,共同作为才能取得良好的效果,政府部门应该加强相关法规制度的建设,完善奖惩机制;监管责任部门要加大监管力度和惩治力度,对于触犯食品安全的企业要立即整治,切不可徇私枉法,这样才能构建一个良好的餐饮业食品环境,所有餐饮企业才能自觉遵守相关食品安全规则,严格把控食品制作加工生产的过程,为人们创造一个良好的就餐环境。可以从材料采购、货运、产品制作、服务等各个环节加强监管,环环相扣保证食品安全;其次,制定内部员工作业规章和操作守则,重点防范安全隐患;最后,加强员工思想品德和职业道德教育,开展诚信经营,对顾客负责。

(二)进一步完善法律法规

国家对于餐饮业的相关问题已经制定了详细的法律法规,并且根据国家法律的指导,目前,江苏省已经有针对性地出台多部餐饮业相关的地方性法律法规。但是,如今社会变化日新月异,时代变化迅速,许多新的餐饮业问题亟待解决,国家和省政府也应该根据时代的新变化修改相关的法律法规,完善配套的实施条例和细则,甚至针对新的现象制定出新的规章制度来满足餐饮业新的需求。同时,国际上也有许多经验可以借鉴,自身重点加强安全法规、环境管理法规、市场准入标准、量化分级制度和服务规范的制定,改进行业统计方法,逐步与国际接轨。

(三)制定行业发展规划

各行各业都要有各自的行业发展规划指导,才能更好地帮助行业有秩序健康快速的发展,餐饮业也不例外,应该根据近几年江苏省的餐饮业发展情况和出现的问题,有针对性地制定江苏省餐饮业的行业发展规划。江苏省这几年餐饮业发展迅速,规模不断扩大,业态多样化,标准化程度不断提高,结构调整良好,但是仍然有行业集中度低、产业链不够完整等问题,针对这些情况,可以因地制宜地制定行业发展规划,帮助江苏省的餐饮业更好更快发展。

同时,也要结合国家"十三五"规划中对于餐饮业的要求,响应国家号召,明确江苏省餐饮业在"十三五"期间的工作指导方针、发展目标、主要任务、发展重点和保障措施,突出餐饮业转型要求和服务民生,将餐饮业发展规划与全省"十三五"期间经济发展规划、商务领域规划有机衔接。

（四）加强创新

首先是要培养餐饮企业的创新人才,人才是企业的第一生产力,新鲜的血液可以让企业在日新月异的环境中紧跟时代步伐,根据时代的变化来迎合大众口味和需求的改变。餐饮企业应着重培养四种创新型人才:厨师专业人才,兼具传承与创新理念,敢于推陈出新;初高中各类经营管理人才,用高效先进的系统化管理提高经营效率;食品科技人才,不断开发出新的品种,提高核心竞争力;优秀服务人才,用贴心细致的服务提高顾客满意度。其次也要加强菜品和营销方式的创新。在服务顾客的过程中要以顾客为中心,秉承着"顾客就是上帝"的原则,有针对性地满足顾客个性化的要求,提高顾客的舒适度和满意度。比如,高强度的生活节奏需要快速饱腹的餐品,高质量的生活条件想要更加健康养生的餐品。创新商业模式、生态绿色餐饮发展,大力实施餐饮结构调整,提升消费品质,满足人民群众对饮食生活的需求。

【主要参考文献】

[1] 赵兰兵,章家清,李莎.江苏省餐饮业发展策略[J].经济产业,2011(19)

[2] 丁玉勇,杨福臣,黄文垒.江苏餐饮业标准化现状及思考[N].扬州大学烹饪学报,2014(1)

[3] 刘明.我国餐饮业发展现状及其影响因素分析[D].河北大学,2011

第五章　江苏省电子商务发展研究

一、电子商务的概念

电子商务通常是指在因特网开放的网络环境下,利用计算机技术和互联网远程通信技术,实现买卖双方在不谋面的情况下进行电子化、数字化和网络化的各种商贸交易活动。具体亦指实现消费者的网上购物、网上定制服务、商户企业间的网上交易、网上采购等网上电子支付的各种商务交易活动。可以将电子商务划分为广义和狭义的电子商务:广义的电子商务定义为,使用各种电子工具从事商务活动;狭义电子商务定义为,主要利用 Internet 从事商务活动。无论是广义的还是狭义的电子商务的概念,电子商务都涵盖了两个方面:一是离不开互联网这个平台,没有了网络,就称不上电子商务;二是通过互联网完成的是一种商务活动。

电子商务演变出了多种模式,按照交易对象分,可以分为 ABC、B2B、B2C、C2C、B2M、M2C、B2A(即 B2G)、C2A(即 C2G)、O2O 等。其中,B2B、B2C、C2C 三种类型的电子商务模式是最为常见的。C2B 满足个性化需求,是互联网时代的新商业模式。

二、江苏省电子商务的发展现状

(一)消费群体不断扩大

随着科学技术的迅速发展,互联网已经遍布各处,成为人们日常生活中不可缺少的一部分。根据中国互联网络信息中心发布的《第 39 次中国互联网络发展状况统计报告》显示,截至 2016 年 12 月底,中国网民规模达 7.31 亿,手机网民规模达 6.95 亿。中国互联网普及率达到 53.2%,较 2015 年底提升了 2.9 个百分点,超过全球平均水平 3.1 个百分点,超过亚洲平均水平 7.6 个百分点。全年共计新增网民 4299 万人,增长率为 6.2%。中国网民规模已经相当于欧洲人口总量。

表 13　2012—2015 年江苏省互联网应用情况

江苏省互联网应用情况	2015 年	2014 年	2013 年	2012 年
互联网上网人数(万人)	4416	4274	4095	3952
互联网宽带接入用户(万户)	2346.3	1523.4	1431.3	1350.7
城市宽带接入用户(万户)	1464.5	935.2	856.2	811.2
农村宽带接入用户(万户)	881.8	588.2	575.2	539.5

资料来源:《江苏统计年鉴》。

从表 13 中可以看出,江苏省 2012—2015 年互联网应用情况越来越好,互联网上网人数逐年增加,2015 年互联网上网人数为 4416 万人,互联网宽带接入用户为 2346.3 万户,其中,城市宽带接入用户为 1464.5 万户,农村宽带接入用户为 881.8 万户。

表 14　2016 年中国内地分省网民规模及互联网普及率

省份	网民数（万人）	互联网普及率	网民规模增速	普及率排名
北京	1690	77.8%	2.6%	1
上海	1791	74.1%	1%	2
广东	8024	74%	3.3%	3
福建	2678	69.7%	1.1%	4
浙江	3632	65.6%	1%	5
天津	999	64.6%	4.5%	6
辽宁	2741	62.6%	0.4%	7
江苏	4513	56.6%	2.2%	8

数据来源:CNNIC。

从表 14 中可以看出,江苏省 2016 年的网民数达到了 4513 万人,网民规模增速为 2.2%,互联网普及率为 56.6%,普及率排名位于全国所有省份的第 8 名,江苏省的普及率虽然不是特别高,但是江苏省是一个人口众多的大省,所以网民总数很多,仅次于广东和山东。

（二）区域竞争环境激烈

在全国电子商务企业中,江苏也存在着一支不可忽视的行业力量,如中国制造网、苏宁易购、House365.com、途牛旅游网、同程网等,这其中一些互联网公司的营收能力,可能并不比一些全国闻名的互联网公司差。同时北京、杭州、上海、广州、深圳等地的互联网企业优势明显。国内互联网企业当前形成"南北呼应,东西突出"的空间分布格局,长三角、环渤海和珠三角三大区域形成了为江苏地区互联网企业发展的总体竞争环境。

江苏省的电子商务企业经过不懈努力,已经有一些企业成为闻名全国甚至全世界的著名电商公司,成为行业发展的"火车头"。苏宁易购、买卖宝、中国制造网、红豆商城、5R 网、宏图三胞、同程网七个企业进入商务部 2013—2014 年度电子商务示范企业名单。

（三）处于省行业战略地位

江苏省委、省政府高度重视电子商务发展,2005 年以来在出台支持服务业发展的相关政策时,都将电子商务作为重要的支持方向。2011 年,江苏省委、省政府连续出台《关于进一步加快发展现代服务业的若干意见》、《关于加快推进流通业现代化的意见》两份文件,电子商务被列为六大服务业新兴产业之首,明确了电子商务的战略地位。2012 年 3 月,工信部规划司发布《电子商务"十二五"发展规划》。2012 年 4 月,江苏省经信委发布了《江苏省"十二五"国民经济和社会发展信息化规划》、《江苏省软件与信息服务业"十二五"发展规划纲要》。

（四）推动了相关支撑服务行业的发展

江苏省电子商务行业的发展需要许多其他服务行业的支撑,几年来电子商务的迅猛发展反过来也推动了服务行业的发展,如互联网和通信业的发展是电子商务接触更多经销商、消费者的渠道;快递业和连锁零售业作为电子商务整个运转过程中的重要一环,电子商务的发展为这些行业的繁荣兴旺提供了潜在动力和支持。

表 15　2012—2015 年江苏省快递业情形

江苏省快递业	2015 年	2014 年	2013 年	2012 年
快递业务收入(万元)	2907286.29	—	1429899.19	1034124.01
快递量(万件)	229047.65	148435.20	98415.47	63870.50
国内同城快递量(万件)			25195.97	13009.81
国内异地快递量(万件)			71192.96	49290.45

资料来源:《江苏统计年鉴》。

表 16　2011—2015 年江苏省通信情况

江苏省通信	2015 年	2014 年	2013 年	2012 年	2011 年
电话普及率(包括移动电话)(部/百人)	124.95	128.19	128.87	124.80	115.08
移动电话普及率(部/百人)	100.21	101.39	100.03	94.60	84.95

资料来源:《江苏统计年鉴》。

表 17　2012—2015 年江苏省连锁零售业状况

江苏省连锁零售业	2015 年	2014 年	2013 年	2012 年
连锁零售企业总店数(个)	168	168	173	177
连锁零售企业门店总数(个)	17868	18350	18459	18300
连锁零售企业年末从业人数(万人)	36.10	37.45	38.68	38.82
连锁零售企业商品销售额(亿元)	4475.4	3483.9	4741.6	4851.5

资料来源:《江苏统计年鉴》。

这几年,江苏省的电子商务关联行业—快递业、通信业、零售业发展状况良好,发展态势稳定持续上升。2015 年江苏省的快递业务收入为 2907286.29 万元,快递量达到 229047.65 万件;2015 年江苏省电话普及率为 124.95 部/百人,其中,移动电话普及率为 100.21 部/百人;2015 年江苏省连锁零售企业总店数为 168 个,门店总数为 17868 个,年末从业人数为 36.1 万人,商品销售额为 4475.4 亿元。

(五)跨境电子商务蓬勃发展

江苏积极建立电子商务国际贸易平台,推动跨境电子商务发展,为全省外贸增长开辟了新的路径。先后与焦点科技(中国制造网)和阿里巴巴共同建立了"江苏省国际电子商务平台"和"阿里巴巴国际电子商务江苏分站",建设了"江苏面料出口基地频道"、"江苏省旅游日化产品出口基地频道"等专业跨境贸易服务平台,开发提供综合门户、物流配送、仓储报关、商品预归类、物流可视化跟踪、商品追溯查询等服务。以便利化通关为目标,探索跨境贸易电子商务服务监管模式创新,规范跨境贸易电子商务的通关、结汇及退税,全省跨境贸易电子商务增长迅速。

三、江苏省电子商务存在的问题

江苏省"十三五"规划明确提出要大力发展电子商务,目前,苏宁易购、焦点科技等为江苏省中的全国知名电商企业。据江苏省商务厅统计,2013 年全省电子商务交易额在 1.2 万亿元上下,网络零售额大体在 1800 亿元。备案网站数为 34.6 个,经营性网站达到 21 万个,其中,各类网络交易平台 216 个,电子商务直接从业人员超过 50 万人。南京和苏州成为国家电子商务试点城市,一批国家级和省级电子商务示范基地相继挂牌,初步形成了电子商务产业发展的氛围。但与浙江、广东、上海、北京相比,在发展规模、业态平衡和可持续发展能力等方面存在明显差距。

(一)江苏规模知名电子商务核心企业较少

北京有百度、京东、凡客、卓越、当当等,上海有新蛋、携程、一号店、易讯等,深圳有腾讯、芒果网等,杭州有阿里巴巴、淘宝等,但是江苏作为大省,只有苏宁易购、中国制造网作为具有代表性的电子商务企业,和其他省份城市相比显得过于欠缺。在全国前 30 位的 B2C 网站企业中,江苏仅苏宁易购一家;在全国前 30 位的 B2B 采购网站中,江苏仅焦点科技的中国制造网榜上有名,其余绝大多数分布在北京、广东、上海、浙江。江苏省销售额过亿元的电商企业数量也远低于上述省市。

其实在研发环境上,江苏具有一定的优势,江苏作为教育大省,高校云集,拥有充足的人力资源和人才市场,但是在商业环境上处于劣势,目前国内电子商务企业形成"南北呼应,东西突出"的空间分布格局,长三角、环渤海和珠三角三大区域形成了为江苏地区电子商务企业发展的总体竞争环境,竞争激烈,江苏的电子商务企业群龙无首,处于不利地位。

(二)江苏网络基础设施建设落后

网上金融、网络物流、安全认证、网络设施等是电子商务发展的基础,电子商务是在电信网络的基础上发展起来的,加快网络基础设施的建设是至关重要的一环。先进的计算机网络基础设施和宽松的电信政策成为发展电子商务的前提。《江苏省"十三五"信息通信业发展规划》提出到 2020 年,江苏省要基本建成"高速、移动、安全、泛在"的,处于全国领先水平的新一代信息通信基础设施,行业发展水平继续保持全国先进地位,率先建成"网络强省"的总目标。具体包括:行业规模、信息网络设施、互联网资源能力、互联网产业体系、网络安全保障、服务质量和绿色发展等七方面子目标。为实现上述目标,规划提出了大力增强信息通信发展能力,着力提升信息通信应用服务水平和持续优化信息通信发展环境等三项主要任务;实施电信普遍服务试点项目,网络信息安全保障工程和服务质量提升行动,互联网产业助力行动。

当前的互联网公司对于互联网应用的不断创新带动高带宽需求的快速增长,这也是推动宽带网络发展的主要动力。电子商务网站涉及与生产生活紧密联系的信息获取与交流、商务交易及文化娱乐等互联网应用,促使整体环境对于接入带宽的需求有大幅提升,同时也需要相应的服务环境,必要时需建立服务互联网企业自身发展环境的服务中心及基于其环境上的云计算中心。因此,为了推动江苏电子商务的发展,必须要加快江苏互联网光纤宽带网络推进工程、无线移动宽带网络推进工程、下一代互联网推进工程、国际通信网络优化工程等一系列的重点工程。

(三)政府扶持力度不够

近年来,全国各地政府明显加强了对电子商务发展的支持力度,并且针对当地的电子商务企业出台了一系列政策和措施。对于江苏电子商务的发展运作,缺乏电子商务行业内的交流氛围,相关电子商务行为组织机构运作乏力,这些都大大迟滞了江苏电子商务的发展。

江苏省作为经济发达地区,在技术、经济方面都有很强的竞争力,但是江苏的电子商务行业并不处于全国的顶尖水平,这和不作为的政策环境有密切关系。中国的电子商务企业基本上都集中在中国经济最为发达的地区,其中以北京、上海、深圳、广州及杭州5个城市最为突出,这与当地政府给予的扶持政策紧密相关。比如上海,2009年政府拨了5亿资金支持电子商务,使得前景好的电子商务企业在初期有了资金支持。但是在江苏南京设立的互联网电子商务创业园就没有这么好的政策环境,南京市几个主流的产业园,徐庄、吉山、新城的招商门槛基本为:第一,世界五百强企业。第二,税收每年达到一定金额的企业。第三,本地名企。这些高要求使得一些有发展前景的中小企业无法进入其中,创业型的企业对于电子商务行业非常重要,而互联网企业的草根性使得他们在资本层面有先天性的不足,如果没有充分的政府投资力度和良好的政策环境,就很有可能使得这些企业胎死腹中,江苏政府应该多给予初创互联网企业引导和扶持政策。

四、江苏省电子商务发展的对策分析

(一)加大政策扶持力度

政府的支持和扶持对于当地的电子商务企业的发展有非常重要的作用,特别是对于创业初期的电子商务企业,政府的资金赞助可以弥补企业因资金不足造成的动力不足问题,所以,江苏省政府应该成立领导小组,建立定期会议,认真研究并且制定江苏省未来一段时间的发展潜力和发展规划,明确总体思路,设立发展目标,创立几个重点项目,加快出台江苏省扶持电子商务发展的政策措施。在财政、税收、融资、用地、人才、市场准入等方面加大对电子商务相关产业的政府扶持力度。设立电子商务发展基金,对电子商务产业园(基地)给予一定的补贴,从而改善电子商务的发展环境。

(二)创立典型,发挥行业龙头企业的示范带头作用

一个好的企业可以对当地其他相似企业有良好的示范带头作用,比如,杭州有阿里巴巴、淘宝这样的世界知名企业,阿里巴巴在美国纽交所上市大大提高了杭州在世界的知名度,可以为杭州这个城市带来更多发展机遇,引进更多的资金支持,在很大程度上为杭州其他的电子商务企业带来了良好的发展环境。江苏省可以创建电子商务示范城市、电子商务示范基地,在电子商务示范企业的基础上,培育江苏电子商务示范城市、示范基地、示范企业,创建世界知名的电子商务企业,并且积极发挥龙头企业的示范带头作用,认真总结具有指导意义的经验做法和特色亮点,不断提炼、提升示范成果,形成示范推广机制,探索适合江苏的电子商务发展道路,形成城市、基地、企业各具特色的电子商务应用模式,高起点定位、高标准要求、高效率推进。

发挥示范基地的作用,在示范基地建立完善的电子商务产业政策体系、高效的公共服务体系,构建诚信与安全的电子商务支撑体系,为全行业电子商务的快速规范发展提供示范与带动。同时发挥示范企业的引导作用,积极鼓励经营模式创新、产品创新、标准制定和价格形成,发挥其在创新商务模式、降低商务成本、整合商务资源、开拓市场、刺激消费、健全产业链、带动创业就业等方面的引领作用,带动上下游关联企业协同发展。

(三)完善电子商务支撑服务体系

从国外成功的经验看,电子商务的健康发展需要相关支撑服务系统的支持,因此,为了

进一步发展江苏省电子商务企业,需要加快物流、网络设施、技术支持等相关支撑服务体系的建设和发展。

首先,需要进一步发展物流服务业,特别是要加强物流业与电子商务的协同发展,创建冷链物流、同城当日达等现代物流发展格局,创建专业化物流平台,完善电子商务物流配送传递平台,进一步加强和完善江苏省不同城市之间的电子商务物流配送系统。其次,网络中电子支付技术是电子商务进一步发展的关键一环,发展网络支付技术,促进银行卡支付、互联网支付、电话支付等多种新型支付渠道的产生和融合,注意不同支付方式的整合与兼容。在发展网络电子支付技术的同时,也要加强安全体系的建设,寻找网络中的技术上漏洞并及时补救,加强政府等相关部门的监管,最大限度地降低网络交易风险,营造一个良好的网络交易环境。最后,也要推进电子商务行业标准体系的建设。针对物流、网络电子支付等支撑服务体系建设标准化的规章制度,开展电子商务标准化试点,使得电子商务行业能够高效率发展。

（四）加强创新应用

创新精神是一个行业生存发展的重要精神,是产业发展的根本动力,要进一步发展江苏省电子商务行业,就必须推动电子商务的模式创新、技术创新和业态创新,推进不同商业模式创新的有机结合和兼容,全面提升江苏省电子商务行业的应用水平和可持续发展的能力,形成具有江苏特色的电子商务创新路径。

加强跨境电商建设,利用改革开放的有利条件,鼓励大型企业"走出去",与国际上的优秀电商企业联合,开展面向全球化的电子商务系统。探索新型网络购物方式和途径,农村一直都是电子商务发展的薄弱地区,但是也是增长空间极大的地区,可以通过恰当的方式、方法,发展面向农民的网络购物平台,推动农村电子商务的发展。

（五）加强宣传,培养电商人才

优秀的电商人才能推动江苏电子商务朝着更好的方向发展,江苏电商企业需要新鲜的血液,可以利用江苏省独特的教育优势,重视电商人才的培育。江苏省高校云集,政府可以加强高校与电子商务企业的合作,将高校内优秀的人才送去合作企业实习培训,加强学生的实践经验,培养综合性创新人才,支持人才培训与研究基地建设,健全人才引进体系。同时,电子商务协会可以组织学术交流,开讲座、论坛,在高校和企业内进行电商知识的交流与普及,创建一个良好的学术氛围。

【主要参考文献】

[1] 陈幼迪.加快江苏电子商务高效发展的政策选择[J].唯实研究报告,2014(5)

[2] 王鲁宁,顾注,王惠荣.江苏电子商务产业发展问题与对策研究[J].江苏商论,2014(8)

[3] 周俭司,董巫,胡荣华.江苏电子商务发展研究[J].创新驱动,2013(8)

[4] 陆锋.江苏电子商务生态系统研究[D].安徽大学,2013

[5] 仲锁林,倪海清.探索有江苏特色的电子商务发展模式[J].电子商论,2013(1)

区　域　篇

第六章　苏州市流通产业发展

一、苏州市经济发展状况与流通产业发展贡献

(一)苏州市经济增长基本状况

改革开放以来,苏州的发展显著加快,经济实力显著提升。从"九五"期间抓住上海浦东开发开放的重要契机,大力发展外向型经济开始,到"十五"期间,外资和民营共同发展的模式逐渐确立,苏州地区生产总值保持高速增长,以电子行业为主导,工业化道路从初级向高级迈进。"十一五"至"十二五"期间,苏州市贯彻落实科学发展观,加快新型工业化进程,主动适应和积极引领发展新常态,实现地区生产总值年均增速13.5%[①]。"十三五"期间,创新发展、协调发展、绿色发展、开放发展、共享发展成为苏州追求的新目标。

1.人均国内生产总值

人均国内生产总值是衡量一个地区经济发展水平的最重要的指标之一,反映了一个国家或地区国民富裕程度,它和工业化水平有直接的关系,是国际上划分工业化阶段最基本且最重要的指标。一般而言,人均 GDP 水平与工业化程度成正比,人均 GDP 水平越高,工业化程度就越高。按照世界银行经济学家钱纳里等人提出的工业化阶段划分标准,按汇率法换算为1998 年美元,工业化初期人均 GDP 为 1200—2400 美元,中期为 2400—4800 美元,高级阶段为 4800 美元以上。以此标准衡量,2015 年苏州市人均生产总值超过 1 万美元,苏州市处于工业化的高级阶段。

2.产业结构

经济的发展也可以通过产业结构的变动表现出来。美国经济学家西蒙·库兹涅茨认为,在工业化初期和中期阶段,产业结构变化的核心是农业和工业之间"二元结构"的转化。在工业化初期阶段,第一产业比重高,第二产业比重低。随着工业化的推进,第一产业比重持续下降,第二、第三产业比重相应提高,且第二产业比重升幅大于第三产业。当第一产业比重降到 20%以下,第二产业比重上升到高于第三产业时,进入工业化中期阶段;当第一产业比重继续下降到 10%左右,第二产业比重上升到最高水平,进入工业化后期阶段,此后,第二产业比重转入稳定或有所下降。2015 年苏州市第一、二、三产业比重为 1.7∶51.8∶46.5。根据西蒙·库兹涅茨判断标准,目前正处于工业化后期阶段。

3.就业结构

配第·克拉克定理从劳动力在三次产业之间的转移得出以下结论:随着人均收入水平的提高,劳动力首先由第一产业向第二产业转移;当人均收入水平进一步提高时,劳动力便

---

① 2015 年苏州市国民经济和社会发展统计公报[N].2016:1—8.

由第二产业向第三产业转移。该定理通过工业化过程中劳动力由生产率低的部门向生产率高的部门转移,反映了经济增长方式的转变过程,表明就业结构是一个国家或地区经济发展阶段的重要标志。配第·克拉克定理认为,当工业化进入后期时,第一产业的就业比重处于20%以下。从表18可知,苏州市2015年三次产业比例构成为3.4∶60∶36.6,对应工业化进程,就业结构状况应处于工业化后期阶段。

表18 1978—2015年苏州市三次产业人数比例　　　　　（单位:%）

行业	1978年	1990年	2000年	2010年	2015年
第一产业	62.3	29.7	21.0	3.8	3.4
第二产业	27.1	51.3	49.8	62.2	60
第三产业	10.6	19.0	29.2	34	36.6

数据来源:《江苏统计年鉴》。

4. 城市化及其发展特征

钱纳里等经济学家在研究各个国家经济结构转变的趋势时,曾概括了工业化与城市化关系的一般变动模式:随着人均收入水平的上升,工业化的演进导致产业结构的转变,带动了城市化程度的提高。城市化与工业化是相伴而生、共同发展的,工业化必然带来城市化,而城市化所提供的聚集效应又反过来促进工业化发展。一般认为,在工业化前的准备期,城市化率在32.0%以下;工业化初期在32.0%—36.4%;工业化中期在36.4%—49.9%;工业化成熟期在49.9%—65.2%;工业化后期在65.2%以上[①]。2015年,苏州市的城市化率为74.9%左右,参照标准,可以看出处于工业化后期阶段。

(二)流通产业发展贡献分析

1. 流通产业对GDP或GNP的贡献

流通产业对GDP或GNP的贡献大小,可以通过流通产业所实现的产值占GDP或GNP的比重来衡量。这一比重越大,流通产业对GDP或GNP的贡献也越大。而流通产业产值占GDP或GNP的比重高低,与地区商品与服务的市场化程度及社会化、专业化生产水平有关。也就是说,商品与服务的市场化程度越高,社会化、专业化水平越高,流通业对GDP或GNP的贡献也越大。

2013年苏州流通产值为2570.44亿元,年增长率为9.6%,大于GDP增长率8%,流通产值占GDP的比重为19.8%。2014年流通产值为2770.57亿元,年增长率为7.8%,大于GDP增长率6.1%,流通产值占GDP的比重为20.1%。2015年流通产值为2806.93亿元,年增长率为1.3%,小于GDP增长率5.4%,流通产值占GDP的比重为19.4%。可以发现,"十二五"期间,流通产值占GDP的比重比较稳定。而随着流通产值增速降低,GDP增长率也有降低趋势。这表明,苏州市流通产业对当地GDP有很大的贡献,流通产值的减少会制约苏州GDP的增长。

2. 流通产业对社会就业的贡献

"十二五"期间苏州市城镇单位流通产业从业人员保持在22万左右,约占全市城镇单位

① 向俊波.区域产业结构演度与城市化进程——以江苏省苏州市为例的分析[J].中国经济问题.2001:44—48.

就业总人数的 7.2%。流通业的就业比例仅次于制造业,位列第二。随着城市化的发展,流通产业将成为安排下岗人员和农转非人员工作的主要场所。这是因为,第二产业的发展对第一产业剩余劳动力的吸收能力相对较小,无论是吸纳劳动力贡献率,还是吸纳劳动力的增长率,相对也都较低,新增劳动力的边际产出、需求弹性很小。且第二产业(主要是工业)是一个专业化水平较高的行业,对就业人员的要求较高,而当前农业剩余劳动力素质普遍较低,因而较难从事此行业的工作。而流通业,因其活动主要是在商品流通领域进行,以手工劳动为主,对劳动力专业化水平的要求相对较低,因此吸纳劳动力的范围特别广。同时,流通产业的市场进入壁垒很低、存在明显的工作"个人化"和"家庭化"的倾向,个体商业经营者容易进入市场,这对于吸纳农业剩余劳动力和下岗人员有着重要的作用[①]。

表 19 苏州市流通产业从业人员状况   (单位:万人)

年份	城镇单位从业人员	流通产业从业人员	流通从业人员占比
2013	308.9	22.24	7.2%
2014	315.42	22.76	7.2%
2015	303.93	21.88	7.2%

数据来源:《江苏省统计年鉴》。

3. 流通产业对城市形成和发展的贡献

一般来说,"城市形成产业"的产出能力越大、越发达,则该城市的规模也越大、越发达。但是,一个城市的"城市形成产业"的产出能力及发达程度,又会受到该城市的"城市服务产业"的产出能力及发达程度的制约,因此,"城市形成产业"与"城市服务产业"系统的协调发展是城市得以正常运转的前提。就流通产业而言,零售商业属于"城市服务产业",而批发业属于"城市形成产业"。显然,一个城市的发展既取决于批发商业的发展,也取决于零售商业的发展。如果批发商业发达,则说明该城市向城市外部的组织与个人提供物品与服务的能力强,即该城市的产出能力强,因此,该城市的影响力与贡献度也就比较大。同样,如果零售商业发达,则说明该城市向城市内部的组织与个人提供物品与服务的能力强,即该城市的投入能力强,因此,该城市的发达程度和竞争力也就比较强[②]。从各国城市的发展历史来看,批发商业对城市的形成与发展发挥了重要作用,批发商业不仅通过广阔的商品流通网络将城市内部与外部相连接,而且还通过信息与金融功能的强化使城市之间形成了一定的层级关系;同时,批发商业的集中程度也对城市发展产生重大影响,从各国城市发展与批发商业关系的历史来看,城市发展过程基本上也就是批零系数不断扩大的过程。

二、苏州市流通产业发展现状与面临的问题

(一)苏州市流通产业发展现状

1. 流通产业规模上了新台阶

改革开放以来,在良好的市场经济环境下,苏州市流通产业的发展取得了长足的进步,

---

① 李文星.产业结构优化与就业增长[J].上海经济研究.2012:14—24.

② 何景熙.产业—就业结构变动与中国城市化发展趋势[J].中国人口资源与环境.2013:103—110.

对国民经济持续、稳定、健康发展的贡献越来越大。2013 年流通产业产值为 2570.44 亿元,占 GDP 总额的 19.8%,2014 年流通产业产值为 2770.57 亿元,占 GDP 总额的 20.1%,2015 年流通产业产值为 2806.93 亿元,占 GDP 总额的 19.4%。同时,流通产业为社会创造了大量的劳动就业机会,实现的年销售额和税收也逐年增加。

2. 批发零售业持续繁荣

批发零售业是社会化大生产过程中的重要环节,是决定经济运行速度、质量和效益的引导性力量,是我国市场化程度最高、竞争最为激烈的行业之一。目前,从宏观经济走势来看,苏州市批发零售业整体上处于较快上升阶段。2015 年,苏州市批发零售业产值 4041.99 亿元,城镇单位批发零售业从业人员 11.21 万人。相比于 2014 年,批发零售业产值增加 12%,城镇单位批发零售业从业人员数量保持稳定。从长远来看,居民消费无论是从总量上,还是从结构上都有相当大的发展空间,这为当地批发零售行业的发展提供了良好的中长期宏观环境。

3. 交通物流业持续增长

2015 年,苏州市交通物流深入贯彻落实中央决策部署,坚持稳中求进工作总基调,全面深化交通运输改革,新常态下行业运行总体平稳,交通运输实现稳中有进。公路通车里程覆盖 12692 公里,内河航道里程覆盖 2786 公里。实现总客运量 34699 万人次,总货运量 13005 万吨。邮政业务收入 108.53 亿元,增长 37.2%,电信业务收入 193.5 亿元,与上年基本持平。年末全市固定电话用户 340.68 万户,与上年基本持平。年末移动电话用户 1446.86 万户,减少 21.88 万户。年固定宽带互联网用户 319.89 万户,新增 24.19 万户。交通物流对苏州市流通产业的发展贡献巨大,它既是社会经济发展的重要载体之一,同时又为社会经济发展创造了前提条件。

4. 住宿餐饮业稳定发展

在国民经济行业分类中,住宿和餐饮业包括住宿业和餐饮业两类。住宿业是指有偿为顾客提供临时住宿的服务活动,不包括提供长期住宿场所的活动。包括旅游饭店,一般旅馆和其他住宿服务。餐饮业是指在一定场所,对食物进行现场烹饪、调制,并出售给顾客主要供现场消费的服务活动,包括正餐服务、快餐服务、饮料及冷饮服务、其他餐饮服务。2015 年苏州住宿餐饮业产值 419.63 亿元,创造了 11.21 万人的就业岗位。虽不如零售业和交通运输业带来那么大的产值,但其稳定发展为苏州 GDP 的增长提供坚定的保障。

(二) 苏州市流通产业面临的问题

1. 产业发展不均衡,第三产业比重偏低,产业结构不尽合理

健康的经济结构表明,当经济发展达到一定水平时,第三产业在产业结构中将占有较大比重,甚至超过第二产业。然而,在近几年苏州经济高速增长的基础上,第三产业却一直徘徊在 37% 左右,与第二产业的差距超过了 20 个百分点。即使与无锡相比,苏州经济的一些指标要好于无锡,但三次产业发展不如无锡均衡[1],跟南京还有一定的距离。

2. 个体私营经济发展不快,劳动者的实际收入并不是很高

在苏州的各开发区,外资企业遍地皆是,而私营经济却不乐观。苏州在吸引外资过程中

---

[1] 李超君.苏州产业结构与经济增长的灰色关联分析[J].经营管理者.2015:235—236.

给予的各方面优惠政策太多,使本土企业特别是个体私营企业面临较为不利的竞争环境,发展较为困难。苏州实际利用外资、经济增长率、人均 GDP 位居全国前列,但务工人员的生活并没有与之对应的那么富足。GDP 虽然排在深圳前面,但人均收入却相去甚远,大部分钱流入到外资企业中。外界称"苏州模式"为"打工经济",虽不好听却有道理。因此,要藏富于民,让老百姓的日子好过些,主要依靠的还是本土企业。

3. 苏州流通产业溢出效应不强

流通产业溢出效应是指流通产业的行为对整个宏观经济或其他产业可能造成的好的或坏的经济效果,在流通产业的桥梁和纽带作用下,宏观经济或其他产业发生的总量与结构的变化①。流通产业对其他产业的溢出效应不高,主要是指流通产业对制造业和农业的溢出效应不高,其原因可能有两个:一是当前苏州现代流通服务体制还不够完善,新的流通组织结构并没有形成,导致流通产业难以沟通生产和消费两大部门,制造业和农业的供给与需求难以达到平衡,流通产业的乘数效应没有充分发挥。二是流通产业的种种体制弊端影响了流通产业外溢作用在经济的各个部门和各行业的传导,使得流通产业对经济增长和社会发展的巨大作用远没有显现出来。

三、苏州市流通产业发展措施与发展绩效

(一)苏州市流通产业发展措施

根据上述分析可知,流通产业对 GDP 或 GNP、经济增长、社会就业以及城市的形成和发展等具有重要作用。一方面,苏州的流通产业日益成为其基础产业或先导性产业,其贡献正在不断显现和增大;另一方面,苏州流通产业仍然有很大的发展潜力和上升空间。因此,必须充分认识流通产业的地位与作用,大力发展现代流通业,提高流通产业的贡献程度:(1)实施流通产业扶持政策,促进流通领域的基础设施、管理、信息和经营方式等的现代化;(2)因地制宜地实施流通产业组织政策,既要促进流通产业的组织化,支持组建大型流通企业集团,走流通产业国际化道路,又要控制垄断,维持良好的市场竞争秩序;(3)降低流通产业门槛,积极鼓励投资者进入,并且帮助经营失败者退出,充分发挥流通产业吸纳就业的功能;(4)要在开拓广大农村市场的实践中大力推动流通产业发展,充分发挥流通产业扩大内需、引导生产的先导作用;(5)推动城市化进程,在城市化与商品流通的互动中寻求流通业的大发展。

(二)苏州市流通产业发展绩效

对流通业市场绩效分析应主要从以下几个方面着手:

1. 流通产业在 GDP 中所占比重以及对经济增长的贡献

如前所述,流通产业 GDP 的贡献大小,可以通过流通产业所实现的产值占 GDP 的比重来衡量。这一比重越大,流通产业对 GDP 的贡献也越大。2013 年苏州流通产值为 2570.44 亿元,年增长率为 9.6%,大于 GDP 增长率 8%,流通产值占 GDP 的比重为 19.8%。2014 年流通产值为 2770.57 亿元,年增长率为 7.8%,大于 GDP 增长率 6.1%,流通产值占 GDP 的比重为 20.1%。2015 年流通产值为 2806.93 亿元,年增长率为 1.3%,小于 GDP 增长率 5.4%,

---

① 袁平红.流通产业的宏观经济功能研究:文献综述[J].经济问题探索.2012:96—101.

流通产值占 GDP 的比重为 19.4%。可以发现,"十二五"期间,流通产值占 GDP 的比重比较稳定。而随着流通产值增速降低,GDP 增长率也有降低趋势。这表明,苏州市流通产业对当地 GDP 有很大的贡献,流通产值的减少会制约苏州 GDP 的增长。

2. 流通产业的经济效益分析

流通产业的经济效益可以通过流通企业的商品销售利润率、成本费用率、销售税金及附加率几个指标反映出来。利用江苏统计年鉴的对苏州市限额以上批发和零售业企业财务状况进行分析。2015 年苏州市限额以上批发和零售业企业资产总计 3710.42 亿元,主营业务收入 9069.48 亿元,主营业务成本 8394.97 亿元,营业利润 130.98 亿元。商品销售利润率为 1.4%,成本费用率为 92.6%。由此可知,苏州市限额以上零售贸易企业的销售利润率较低,相反成本费用率则比较高。这充分说明苏州市流通企业经济效益低下。2014 年苏州市限额以上批发和零售业企业资产总计 4124.12 亿元,主营业务收入 10933.96 亿元,主营业务成本 10262.32 亿元,营业利润 141.21 亿元。商品销售利润率为 1.3%,成本费用率为93.9%。对比 2014 年苏州市限额以上批发和零售业企业财务状况可知,2015 年限额以上零售贸易企业的销售利润率有所提升,成本费用率有所下降。

四、苏州市流通产业代表性行业发展状况

(一)批发零售业持续繁荣

批发零售业是社会化大生产过程中的重要环节,是决定经济运行速度、质量和效益的引导性力量,是我国市场化程度最高、竞争最为激烈的行业之一。目前,从宏观经济走势来看,苏州市批发零售业整体上处于较快上升阶段。2015 年,苏州市批发零售业产值 4041.99 亿元,城镇单位批发零售业从业人员 11.21 万人。相比 2014 年,批发零售业产值增加 12%,城镇单位批发零售业从业人员数量保持稳定。从长远来看,居民消费无论是从总量上,还是从结构上都有相当大的发展空间,这为当地批发零售行业的发展提供了良好的中长期宏观环境。

(二)交通物流持续增长

2015 年,苏州市交通物流深入贯彻落实中央决策部署,坚持"稳中求进"工作总基调,全面深化交通运输改革,新常态下行业运行总体平稳,交通运输实现稳中有进。公路通车里程覆盖 12692 公里,内河航道里程覆盖 2786 公里。实现总客运量 34699 万人次,总货运量 13005 万吨。电子商务加速发展,物流配送水平稳步提高,商贸物流走出了第三方物流的发展路径。连锁经营稳步发展,连锁经营模式在全市批发和零售业、住宿和餐饮等行业中普遍应用,拓展了企业生存空间,形成了企业的规模效应。交通物流对苏州市流通产业的发展贡献巨大,它既是社会经济发展的重要载体之一,同时又为社会经济发展创造了前提条件。

(三)住宿餐饮业稳定发展

在国民经济行业分类中,住宿和餐饮业包括住宿业和餐饮业两类。住宿业是指有偿为顾客提供临时住宿的服务活动,不包括提供长期住宿场所的活动,包括旅游饭店、一般旅馆和其他住宿服务。餐饮业是指在一定场所,对食物进行现场烹饪、调制,并出售给顾客主要供现场消费的服务活动,包括正餐服务、快餐服务、饮料及冷饮服务、其他餐饮服务。2015 年苏州住宿餐饮业产值 419.63 亿元,创造了 11.21 万人的就业岗位。虽不如零售业和交通

运输业带来那么大的产值,但其稳定发展为苏州 GDP 的增长提供了坚定的保障。

五、"十三五"期间苏州市流通产业发展举措

(一)创新流通产业模式,形成价值创造的巨大空间

创新流通产业模式,主要包括以下几个方面:(1)零售业态、批发业态方面的创新。结合城市特点发展大型多业态组合的商业综合体,营造城市中心或商业副中心,发展各种综合、专业的连锁销售网络,提高终端零售效率。(2)通过与电子商务结合,发展线上和线下的贸易,包括 B2B、B2C、C2C、C2B 等多种类型,积极发展电子交易平台,通过充分发挥平台效应,集聚卖方和买方,提高交易效率、衍生专业服务[①]。(3)促进现货贸易和期货贸易的发展,建立以现货市场为主体、期货市场为先导的流通网络,形成现货和期货市场的定价机制,充分发挥期货市场价格发现、套期保值功能,起到控制风险、引导资源配置的积极作用[②]。(4)大力发展连锁经营、配送经营、供应链管理等现代物流体系,大力发展以现代物流为代表的生产性服务业,通过专业化的服务降低流通成本、提高流通效率。(5)促进金融与物流和贸易的结合,发展供应链融资、融通仓、供应链保险等新型金融业务,在资金运作上提高效率,支持流通业态的创新。

(二)开放流通产业市场,提供流通产业转型升级的动力

市场开放包括对内开放和对外开放。对内开放包括打破地区分割,整合苏州市内市场,推进城乡市场的一体化。目前,苏州还存在非国有流通企业和国有流通企业之间竞争地位不平等的现象。在这种情况下,需要通过对内开放,基本建立全市统一、竞争有序、安全高效、城乡一体的现代流通体系,才可能实现流通产业现代化水平的大幅提升,增强流通对地区国民经济社会发展的贡献。

对外开放需要进一步打破苏州市场和其他市场的分割[③]。通过流通业特别是服务业的对外开放,促进市内经济发展方式转变和结构调整,用开放来促发展、促改革、促创新。开放就是要把外部资源引入苏州,苏州企业在竞争中提高自己的力量。

(三)升级流通产业,形成有利于流通业转型升级的配套政策环境

流通产业的发展处在一个产业生态系统中,它与制造企业、物流企业、金融企业、原材料供应商、信息服务企业、网络企业、通讯运营商、其他专业服务企业、政府机构、行业协会、大学、研究所等都有着不同程度的联系,流通企业在其中发挥着重要的桥梁作用、整合作用,确保了物流、资金流、信息流的流畅以及三者之间的协调。随着人们收入水平的提高,消费方式将发生较大的变化,消费者需要更加多样化的商品和服务,对价值创造和传递提出更多的要求,要求服务的形式和业态更加丰富,方式更加灵活。产品和服务的定制化以及体验经济等都对产业的生态系统提出更高的要求。

对于苏州而言,现代流通业的发展需要打破区域壁垒和行业壁垒,使得各种资源能跨行业整合,才能支持流通产业的创新。滞后的政策使流通业创新受到很大制约,许多创新由于

① 俞晓松.电子商务与流通模式创新[J].中国流通经济.2012:6—7.

② 王世安.发挥期货市场功能 创新粮食流通模式[N].中国企业报.2006.

③ 冯瑞.新形势下苏州产业转型升级路径研究[J].特区经济.2011:54—57.

无法获得需要的资源难以成长壮大,导致流通企业的商业模式落后。

在全球经济一体化的今天,苏州流通企业面对更强的国内和国际竞争对手以及越来越复杂多变的竞争环境,流通产业生态系统需要不断进化发展才能保持竞争力。企业自身的能力只是获得竞争优势诸多因素中的一个方面,更重要的是依托产业组织的协调能力,实现产业内企业之间有效的竞争与合作,流通业的竞争是产业生态系统的竞争。因此,"十三五"期间,要完成配套的行政体制改革,创造有利于苏州流通产业生态系统建立、不断向高级阶段进化的政策环境。

第七章　无锡市流通产业发展

一、无锡市经济发展状况与流通产业发展贡献

(一)无锡市经济增长基本状况

"十二五"时期,无锡市坚持以科学发展观为引领,积极主动应对错综复杂的宏观环境,深入贯彻落实党中央、国务院和省委、省政府各项决策部署,突出转型发展主线,扎实开展稳增长、促改革、调结构、惠民生、防风险各项工作任务,推动经济社会发展稳步向前,取得了来之不易的成绩。

1. 综合实力继续增强

坚持把稳增长作为经济工作的首要任务,积极应对经济下行压力,发挥企业主体作用和政策引导作用,推动经济平稳发展。到"十二五"期末,地区生产总值超过8500亿元,年均增长9.2%;人均地区生产总值(按常住人口计算)达到13.1万元;一般公共预算收入达到830亿元,年均增长10.1%。居民消费价格指数控制在省定范围内①。

2. 产业结构稳步调整

"十二五"期间,积极推动产业转型升级,产业结构逐步优化,三次产业结构由"十一五"期末的1.8∶55.4∶42.8调整为"十二五"期末的1.6∶49.3∶49.1,第三产业增加值占地区生产总值比重提高6.3个百分点。预计高新技术产业产值达到6200亿元,占规模以上工业总产值比重41.5%。国家传感网创新示范区建设推进顺利,新兴产业规模逐步扩大,预计总产值(营业收入)年均增长15.1%。农业现代化建设走在全省前列,国家现代农业示范区建设取得明显成效②。

3. 城乡建设统筹推进

发挥规划引领作用,在省内率先制定出台了《无锡市主体功能区实施计划》。坚持实施中心城市带动战略,推动城市现代化和城乡发展一体化,到"十二五"期末,常住人口城镇化率达到75.4%,比"十一五"期末提高4.4个百分点。综合交通体系进一步完善,苏南国际机场二期改扩建工程竣工投用,无锡航空口岸对外籍飞机开放;京沪高铁、宁杭高铁无锡段建成通车,无锡(江阴)港跻身亿吨大港,地铁1、2号线正式投入运营。美丽乡村建设进展良好,完成全市9079个自然村环境整治,"三星级康居乡村"和"江苏最美乡村"数量位居全省前列③。智慧城市建设水平位居全国前列。

4. 民生福祉有效提升

坚持民生优先,实施民生幸福工程,加快构建民生"六大体系",成功获评"全国文明城

---

① 吴红星.无锡经济增长动力研究及"十三五"经济发展预测[J].统计科学与实践.2015(11):22—25.

① 吴红星.无锡经济增长动力研究及"十三五"经济发展预测[J].统计科学与实践.2015(11):22—25.
② 张利伟.无锡工业结构调整的影响力分析[J].江南论坛.2016,36—37.
③ 陆佳.无锡城市快速路网现状布局分析[J].市政技术.2015(03):30—31.

市",跻身全国首批所有市(县)区全部通过"义务教育发展基本均衡"的大中城市①。拓展城乡居民增收渠道,到"十二五"期末,全市城镇、农村居民人均可支配收入分别达到 45129 元和 24155 元,位居全省前列,年均增长均达到 10% 以上。基本建成城乡一体的社会保障体系,社会保障水平显著提升。2015 年,全市 206 家平价商店累计惠民金额 2.1 亿元。国家公共文化服务体系示范区创建取得良好成效。依法治市深入推进,平安无锡建设不断深化,连续14 年实现安全生产事故起数和死亡人数双下降,荣获"全国社会管理综合治理优秀市"称号。

5. 生态环境持续改善

坚持生态优先、绿色发展,推进江苏省资源节约型和环境友好型社会建设综合配套改革试点工作,单位 GDP 和规模工业总能耗逐年下降,水环境综合治理成效明显,连续实现城市安全度汛和太湖安全度夏。加强生态空间保护,全市 28.69% 的土地划定为生态红线保护区域,建立并实施了生态补偿机制。预计到"十二五"期末,全市林木覆盖率达到 27%,自然湿地保护率达到 44%,获得全国首批"水生态文明城市建设试点市"、"国家园林城市"、"国家森林城市"、"国家生态市"、"全国节约集约用地模范市"、"中国人居环境奖"、"国家生态保护与建设示范区"和"国家可再生能源建筑应用示范市"等荣誉称号②。

(二)流通产业发展贡献分析

1. 流通产业对 GDP 或 GNP 的贡献

流通产业对 GDP 或 GNP 的贡献大小,可以通过流通产业所实现的产值占 GDP 或GNP 的比重来衡量。这一比重越大,流通产业对 GDP 或 GNP 的贡献也越大。而流通产业产值占 GDP 或 GNP 的比重高低,与地区商品与服务的市场化程度及社会化、专业化生产水平有关。也就是说,商品与服务的市场化程度越高,社会化、专业化水平越高,流通业对GDP 或 GNP 的贡献也越大。

从表 20 中可以看出,2013 年无锡市流通产值为 1690.4 亿元,年增长率为 0,小于 GDP增长率 2.7%,流通产值占 GDP 的比重为 21.8%。2014 年流通产值为 1769.8 亿元,年增长率为 0,小于 GDP 增长率 5.6%,流通产值占 GDP 的比重为 21.6%。2015 年流通产值为1771.06 亿元,年增长率为 0,小于 GDP 增长率 3.8%,流通产值占 GDP 的比重为 20.8%。可以发现,"十二五"期间,流通产值占 GDP 的比重不断降低。而流通产值在此期间没有太大变化。这表明,无锡市流通产业对当地 GDP 贡献微弱,应进一步重视无锡市流通产业的投入③。

表 20 无锡市流通产值 (单位:亿元)

年份	GDP	流通产值	GDP 增长率	流通产值占 GDP 的比重
2013	7770.23	1690.4	2.7%	21.8%
2014	8205.31	1769.8	5.6%	21.6%
2015	8518.26	1771.06	3.8%	20.8%

数据来源:《江苏统计年鉴》。

① 陈纯嘉.无锡市农村义务教育经费保障问题及对策的研究[D].苏州大学硕士论文.2015.
② 周玉洁.无锡生态旅游目的地品牌建设研究[J].现代商业.2016 (20):92—93.
③ 无锡商业联合会课题组.无锡市商贸流通业竞争力调查报告[J].江苏商论.2012 (10):42—44.

2. 流通产业对社会就业的贡献

考察流通产业对社会就业贡献程度的大小,可以用商品流通产业的就业人数占全社会总就业人数的比例来衡量,即一定时期内商品流通产业就业人数占该时期全社会总就业人数的比例越大,流通产业对社会就业的贡献也就越大。

由表21可知,"十二五"期间无锡市城镇单位流通产业从业人员保持在11万左右,约占全市城镇单位就业总人数的9%。流通业的就业比例仅次于制造业和建筑业,位列第三。

随着城市化的发展,流通产业将成为安排下岗人员和农转非人员工作的主要场所。这是因为,第二产业的发展对第一产业剩余劳动力的吸收能力相对较小,无论是吸纳劳动力贡献率,还是吸纳劳动力的增长率相对都较低,新增劳动力的边际产出、需求弹性很小。且第二产业(主要是工业)是一个专业化水平较高的行业,对就业人员的要求较高,而当前农业剩余劳动力素质普遍较低,因而较难从事此行业的工作。而流通业,因其活动主要是在商品流通领域进行,以手工劳动为主,对劳动力专业化水平的要求相对较低,因此吸纳劳动力的范围特别广。同时,流通产业的市场进入壁垒很低、存在明显的工作"个人化"和"家庭化"的倾向,个体商业经营者容易进入市场,这对于吸纳无锡的农业剩余劳动力和下岗人员有着重要的作用[①]。

表21　无锡市流通产业从业人员状况　　　　　　(单位:万人)

年份	城镇单位从业人员	流通产业从业人员	流通从业人员占城镇单位从业人员的比重
2013	120.34	11.02	9%
2014	123.49	11.21	9%
2015	118.79	10.86	9.1%

数据来源:《江苏统计年鉴》。

3. 流通产业对城市形成和发展的贡献

就流通产业而言,零售商业属于"城市服务产业",而批发业属于"城市形成产业"。显然,一个城市的发展既取决于批发商业的发展,又取决于零售商业的发展。如果批发商业发达,则说明该城市向城市外部的组织与个人提供物品与服务的能力强,即该城市的产出能力强,因此,该城市的影响力与贡献度也就比较大。同样,如果零售商业发达,则说明该城市向城市内部的组织与个人提供物品与服务的能力强,即该城市的投入能力强,因此,该城市的发达程度和竞争力也就比较强。从各国城市的发展历史来看,批发商业对城市的形成与发展发挥了重要作用,批发商业不仅通过广阔的商品流通网络将城市内部与外部相连接,而且还通过信息与金融功能的强化使城市之间形成了一定的层级关系;同时,批发商业的集中程度也对城市发展产生重大影响,从各国城市发展与批发商业关系的历史来看,城市发展过程基本上也就是批零系数不断扩大的过程。

---

①　无锡商业联合会课题组.无锡市商贸流通业竞争力调查报告[J].江苏商论.2012(10):42—44.

二、无锡市流通产业发展现状与面临的问题

(一)无锡市流通产业发展现状

1. 流通产业规模保持稳定

改革开放以来,在良好的市场经济环境下,无锡市流通产业的发展保持稳定,对国民经济持续、稳定、健康发展具有很大的影响。2013年,流通产业产值为1690.4亿元,占GDP总额的21.8%,2014年流通产业产值为1769.8亿元,占GDP总额的20.6%,2015年流通产业产值为1771.06亿元,占GDP总额的20.8%。同时,流通产业为社会创造了大量的劳动就业机会,实现的年销售额和税收也逐年增加。

2. 批发零售业持续繁荣

零售业上接生产、下连消费,是国民经济的重要先导产业之一,直接影响和带动经济总量的增长与产业结构优化,关系人民群众生活品质的高低。"十二五"期间,随着国家扩大内需、转变经济发展方式等系列政策的实施,以及服务业发展步伐的加快,无锡市零售业取得长足发展,城乡消费市场日趋活跃繁荣,在引导生产、促进消费、扩大就业方面的作用日益突出,已经成为推动经济社会发展的一支重要力量。2015年,无锡市批发零售业产值2632.96亿元,城镇单位批发零售业从业人员5.41万人。相比于2014年,批发零售业产值增加70.9%,城镇单位批发零售业从业人员增加3.9%。无锡市批发零售业无论是对居民就业,还是对产业结构都有很深远的影响。从长远来看,无锡市居民生活质量的不断提高为当地批发零售行业的发展提供了良好的中长期宏观环境。

3. 交通物流持续增长

2015年是全面完成"十二五"规划的收官之年,是全面深化改革的关键之年,做好此时的交通物流工作意义重大。2015年,无锡市不断深化认识,转变思维方式,邮政通信业务快速发展。2015年末,无锡市邮政业务收入41.92亿元,增长39.8%,电信业务收入94.57亿元,与上年基本持平。年末全市固定电话用户194.95万户,减少8.6%。年末移动电话用户844.45万户,减少11.92万户。年末固定宽带互联网用户163.17万户,新增10.17万户。同时,无锡市还不断推动交通运输事业发展迈上新台阶。全年运输总体保持稳定增长,运输生产稳中有升,安全生产形势总体稳定。

(1)公路水路运输总体保持平稳发展

无锡市全年累计完成换算货运量1.7亿吨,同比增长2.9%;完成换算货物周转量436.9亿吨公里,同比增长5.3%。公路、水路旅客运输较去年同期小幅增长。其中,公路客运量7291万人,旅客周转量76.6亿人公里,分别同比增长1.0%和1.4%;水路客运量425万人,旅客周转量2786万人公里,分别同比增长1.9%和1.6%。公路、水路货物运输保持平稳增长。全年完成公路货运量1.3亿吨,货物周转量146.7亿吨公里,分别同比增长2.5%和7.4%;完成水路货运量2503万吨,货物周转量282.5亿吨公里,分别同比增长6.2%和4.3%。

(2)运力结构持续调整

无锡市道路客运总运力稳定增长。截至2015年12月,全市共拥有公路旅客运输车辆6445辆、客位数23.1万个,同比分别增长7.9%和2.4%。而无锡市共拥有载货汽车7.03万

辆、吨位数53.5万吨,同比分别下降1.1%和增长1.7%。今年新增使用LNG燃料货运车辆4辆,全市使用LNG燃料货运车辆39辆,LNG货运车辆使用逐步得到推广。水路货运业户37家,营运船舶1519艘,111.25万载重吨,启动"十二五"期内河船型标准化工程,完成拆解改造省内河运输船舶16艘①。

4. 住宿餐饮业稳定发展

在国民经济行业分类中,住宿和餐饮业包括住宿业和餐饮业两类。住宿业是指有偿为顾客提供临时住宿的服务活动,不包括提供长期住宿场所的活动,包括旅游饭店,一般旅馆和其他住宿服务。餐饮业是指在一定场所,对食物进行现场烹饪、调制,并出售给顾客主要供现场消费的服务活动,包括正餐服务、快餐服务、饮料及冷饮服务、其他餐饮服务。2015年无锡市住宿餐饮业产值241.61亿元,同比增长21.1%。无锡市住宿和餐饮业产值迅速提升,不仅有利于活跃经济、繁荣市场,有利于实现地区收入再分配,而且还有利于促进社会消费方式和消费结构的变化。

(二)无锡市流通产业面临的问题

1. 批发零售业

(1)从零售结构整体来看,无锡的零售结构以小规模的商店居多,特别是个体商店的比重较高。即使是大型零售企业,其组织规模仍然偏小,这种零售企业的小规模经营,严重阻碍了零售业规模经营优势的发挥。(2)出现快速膨胀式扩张。无锡市零售企业在发展中出现的快速膨胀式扩张,主要表现为在扩张布点的同时,轻视了单个店铺和单位面积经营的效益增长。而这种盲目扩张将制约零售企业的成长。

2. 交通物流存在的问题

对照转变交通运输发展方式的要求和推进综合运输体系发展、加快发展现代交通运输业的任务,无锡市交通发展还面临很大挑战:(1)公交优先战略目标尚未全面落实。城市公交客运、出租客运满足公众不断提升的需求能力不足,影响行业稳定隐患依然较多;(2)运力结构配比不合理。节能环保的运输装备偏少,中高级客车比重仍然较低,货车大型化、厢式化专业化所占比重较小,适宜开展江河联运、江海联运的船舶相对缺乏,便捷高效、绿色节能的运输组织模式尚未有效形成;(3)行业稳定问题持续发酵。目前,出租车行业正处于深化改革的关键时期,行业的不稳定成为新常态,出租车行业的新政策尚未建立到位,一些历史遗留问题还需妥善解决。

无锡市电子商务的发展也面临如下一系列问题:(1)规模知名电子商务核心企业较少。江苏省内电子商务企业发展的总体竞争环境竞争激烈,而无锡市电子商务企业群龙无首,处于不利地位;(2)网络基础设施建设落后。当前无锡市互联网公司对于互联网应用不断创新的要求还不能完全适应。网络基础设施不能满足互联网企业发展的需要;(3)政府扶持力度不够。近年来,全国各地政府明显加强了对电子商务发展的支持力度,并且针对当地的电子商务企业出台了一系列政策和措施。当前,无锡市缺乏电子商务行业内的交流氛围,相关电子商务行为组织机构运作乏力,这些都大大迟滞了无锡市电子商务的发展。

---

① 太湖之畔 风正帆满好远航——江苏省无锡市公路管理处"十二五"工作回眸[N].江苏省无锡市公路管理处.2016:80—85.

3. 住宿餐饮业用工难的问题

近年来,无锡市住宿餐饮业发展面临诸多挑战:(1)结构性"招工难"问题延续。若大众餐饮消费持续占据市场主导地位,估计未来中国餐饮业用工缺口将进一步扩大。(2)人员流动率高。流动性强主要有两大原因:一方面,中国餐饮行业操作容易,入行门槛低,收入较为稳定,具有劳动密集型产业的典型特征;另一方面,餐饮行业员工福利和社会保障较差。(3)住宿餐饮业人员招聘途径单一。相关从业人员找工作,主要有朋友介绍、门口广告以及网络招聘三种方式。(4)教育与培训缺乏,用工年轻化。新生代的住宿餐饮从业者,对自己的职业发展和职业需求更加明确。与前辈们相比,新生代住宿餐饮从业者更关注劳动环境和晋升机会,但这种需求在大多数住宿餐饮企业中都不易实现,这也造成了住宿餐饮行业的员工高流动性[1]。

三、无锡市流通产业发展措施与发展绩效

(一)无锡市流通产业发展措施

根据上述分析可知,流通产业对 GDP 或 GNP、经济增长、社会就业以及城市的形成和发展等具有重要作用。一方面,无锡市流通产业日益成为其基础产业或先导性产业,其贡献正在不断显现和增大;另一方面,无锡市流通产业仍然有很大的发展潜力和上升空间。因此,必须充分认识流通产业的地位与作用,大力发展现代流通业,提高流通产业的贡献程度:(1)实施流通产业扶持政策,促进流通领域的基础设施、管理、信息和经营方式等的现代化;(2)因地制宜地实施流通产业组织政策,既要促进流通产业的组织化,支持组建大型流通企业集团,走流通产业国际化道路,又要控制垄断,维持良好的市场竞争秩序;(3)降低流通产业门槛,积极鼓励投资者进入,并且帮助经营失败者退出,充分发挥流通产业吸纳就业的功能;(4)要在开拓广大农村市场的实践中大力推动流通产业发展,充分发挥流通产业扩大内需、引导生产的先导作用;(5)推动城市化进程,在城市化与商品流通的互动中寻求流通业大发展。

(二)无锡市流通产业发展绩效

流通产业的经济效益可以从流通企业的商品销售利润率、成本费用率、销售税金及附加率几个指标反映出来。利用《江苏统计年鉴》中对无锡市限额以上批发和零售业企业财务状况进行分析。2015 年无锡市限额以上批发和零售业企业资产总计 2102.94 亿元,主营业务收入 5106.65 亿元,主营业务成本 4817.21 亿元,营业利润 54.71 亿元。商品销售利润率为 1.1%,成本费用率为 94.3%。由此可知,无锡市限额以上零售贸易企业的销售利润率较低,相反,成本费用率则比较高。这充分说明无锡市流通企业经济效益低下。2014 年无锡市限额以上批发和零售业企业资产总计 2085.01 亿元,主营业务收入 5967.61 亿元,主营业务成本 5664.59 亿元,营业利润 55.2 亿元。商品销售利润率为 0.9%,成本费用率为 95%。对比 2014 年无锡市限额以上批发和零售业企业财务状况可知,2015 年限额以上零售贸易企业的销售利润率有所提升,成本费用率有所下降。

---

① 熊俊杰.无锡市锡山区住宿业卫生现状调查分析[J].2015:1701—1703.

四、无锡市流通产业代表性行业发展状况

(一)批发零售业持续繁荣

"十二五"期间,随着国家扩大内需、转变经济发展方式等系列政策的实施,以及服务业发展步伐的加快,无锡市零售业取得长足发展,城乡消费市场日趋活跃繁荣,在引导生产、促进消费、扩大就业方面的作用日益突出,已经成为推动经济社会发展的一支重要力量。2015年,无锡市批发零售业产值 2632.96 亿元,城镇单位批发零售业从业人员 5.41 万人。相比2014 年,批发零售业产值增加 70.9%,城镇单位批发零售业从业人员增加 3.9%。无锡市批发零售业无论是对居民就业,还是对产业结构都有很深远的影响。从长远来看,无锡市居民生活质量的不断提高为当地批发零售行业的发展提供了良好的中长期宏观环境。

(二)交通物流持续增长

2015 年是全面完成"十二五"规划的收官之年,是全面深化改革的关键之年,做好此时的交通物流工作意义重大。2015 年无锡市不断深化认识,转变思维方式,邮政通信业务快速发展。同时无锡市还不断推动交通运输发展迈上新台阶①。全年运输总体保持稳定增长,运输生产稳中有升,安全生产形势总体稳定。

(三)住宿餐饮业稳定发展

在国民经济行业分类中,住宿和餐饮业包括住宿业和餐饮业两类。住宿业是指有偿为顾客提供临时住宿的服务活动,不包括提供长期住宿场所的活动。包括旅游饭店,一般旅馆和其他住宿服务。餐饮业是指在一定场所,对食物进行现场烹饪、调制,并出售给顾客主要供现场消费的服务活动。包括正餐服务、快餐服务、饮料及冷饮服务、其他餐饮服务。2015年无锡市住宿餐饮业产值 241.61 亿元,同比增长 21.1%。无锡市住宿和餐饮业产值迅速提升,不仅有利于活跃经济、繁荣市场,有利于实现地区收入再分配,而且还有利于促进社会消费方式和消费结构的变化②。

五、"十三五"期间无锡市流通产业发展举措

(一)优化资本结构,扩大企业规模

无锡市政府积极引导大型批发和零售业企业优化资本结构,加快资产重组,实现投资主体多元化,加快建立现代企业制度,提高管理水平,培育具备较强竞争力的大型批发和零售业龙头企业。同时,根据全市批发和零售业以中小企业为主的特点,突破传统的经营模式,改变由原来的单一销售向"产、加、销"一体化转变。同时采取有效措施,创建品牌企业,树立良好的企业形象,引导中小企业走规模化道路,增强中小企业对市场需求的适应性,在激烈的市场竞争中立于不败之地。

(二)构建新型交通运输业

1. 要抢抓机遇,推进无锡道路水路运输发展取得新成绩。

在新一轮的长江经济带和"一带一路"国家发展战略中,无锡市应当创新对外开放的思

---

① 刘浏.无锡市公路交通现代化发展评价研究浅析[J]. 2015:237—238.
② 鲁立新.践行科学监管理念 确保餐饮食品安全[J]. 2015:51—52.

路举措,主动参与"一带一路"和长江经济带建设,在"走出去"中提升竞争力。在建设苏南现代化示范区的过程中,无锡要紧紧抓住东接上海,西联南京及长江中上游城市群的优势,加快推进智慧城市建设、物流网络布局、无锡国家传感网创新示范区建设等。

2. 因地制宜,全面推进客运服务特色化、一体化。

目前,无锡市区实现了公共交通全域覆盖,地铁一号线和二号线的开通也改变了无锡传统的客运出行方式;两辖县市城乡客运一体化已实现全覆盖,市域出行公共服务保障基本实现。在今后的工作中,无锡需以地铁为骨架、常规公交为主体,构建多方式可选、多层次融合、全过程连贯的一体化客运换乘体系。

3. 统筹协调,加快推动货运向资源整合化、物流一体化发展。

无锡物流目前存在物流企业多而小,实力较弱,物流服务功能单一,物流资源布局分散等诸多问题,制约了无锡物流业的进一步发展。无锡应以"一体化运作、集约化组织、专业化服务、信息化支撑"为方向,加快交通干线与配送服务的融合,构建"高效、集约、绿色、现代"的城市乡村配送体系。

（三）克服住宿餐饮"用工难"

面对用工难题,住宿餐饮相关单位必须加大自我调节力度,采取有效措施,缓解用工短缺问题。

1. 转变经营理念,探索良性循环发展道路

经营者应改变以成本竞争取胜的经营理念,不能把思路局限在降低经营成本上,人力成本上升已是不可避免的趋势,应将经营重点转移到服务和菜肴品质上来。企业通过创新经营理念,提高管理水平,推动自身内涵式发展,不断提高服务水平。企业应提高企业营销水平,促进营销方式多样化,合理利用微信、微博等新媒体平台,扩大企业知名度和影响力,树立企业品牌形象,提高企业经营发展水平,扩大市场份额,探索出一条"服务质量优良,企业效益改善,员工满意度提升,企业效益增长"的良性循环的发展路径。

2. 加大培训力度,提高员工技能

随着新生代农民工进城,90、95后开始渐渐占据劳动力的主力,与老一辈的农民工不同,除了工资薪酬外,他们向发展型转变,更加注重个人学习技能的培养和所在职位的发展前景。企业只有加大培训力度,让员工在职位上学有所长,不断进步,才能从源头上留住员工。此外,企业人才培养应立足于本企业员工,建立企业自身人才库,不断对现有重点培养的员工进行全方位的培训,适应企业发展所需。培养精英员工,创建高水准的员工团队不仅能促进企业转型升级,更将推动企业持续进一步的发展。

3. 不断开拓创新,加快餐饮业转型升级

利用信息技术,加强流程改造及标准化建设,减少对人员的需求和依赖,节省人力成本。当前信息技术已广泛渗透到住宿餐饮业,企业应抓住时机,各个环节充分利用信息技术加强流程改造,提高工作效率,降低人员投入,提升信息化应用水平,加速企业转型升级。此外,无锡市政府还发挥辅助作用,搭建用工平台,增设求职者与企业沟通的渠道;减免不合理费用,适度降低住宿餐饮业成本。

第八章 常州市流通产业发展

一、常州市经济发展状况与流通产业发展贡献

（一）经济运行总体平稳，实现"十三五"良好开局

2016年，在错综复杂的宏观经济环境下，常州市主动适应经济发展新常态，积极推进农业供给侧改革，加快推进转型升级、产城融合、民生保障等各项工作，全市经济运行总体平稳、稳中有升，实现了"十三五"的良好开局。

常州市全年实现地区生产总值5773.9亿元，按可比价格计算，比上年增长8.5%，其中第一产业增加值152.7亿元，下降0.9%；第二产业增加值2682.3亿元，增长7.4%；第三产业增加值2938.9亿元，增长10.1%。全市三次产业增加值比例调整为2.6∶46.5∶50.9，全年服务业增加值占GDP比重提高1.4个百分点①。全市经济呈现"三升三稳"态势：国内生产总值增速回升、工业生产回升、投资增速回升、金融服务支持稳健、消费增长平稳和旅游消费稳定增长。此外，以"互联网＋"、电子商务为代表的新业态发展迅速，传统企业积极运用互联网平台拓展市场。

（二）产业结构不断优化，转型升级成效明显

常州市全面改革深入推进，积极推进供给侧结构性改革，并制定出台供给侧结构性改革"1＋5"系列实施意见和方案。全市加快推进现代农业，扎实推进转型升级，加快房地产去库存，积极发展新业态，取得了显著成效。

全市农业现代化工程加快推进，继续走在全省前列，全市新建高标准农田4.3万亩，累计占耕地面积比重达61.8%，全市农业综合机械化水平预计达87%。十大产业链建设稳中有进，2016年全市十大产业链规模以上工业企业完成产值4212.7亿元，同比增长9.5%，特别是汽车及零部件产业链、通用航空产业链和智能数控和机器人产业链增速明显，分别为31.1%、30.5%和11.8%。全年房地产开发投资446.7亿元，比上年下降12.1%。以"互联网＋"、电子商务为代表的新业态发展迅速，传统企业积极运用互联网平台拓展市场。

（三）居民收入增长稳定，民生福祉持续改善

2016年常州市居民收入稳步提升，全市居民人均可支配收入38435元，增长8.6%，其中，城镇居民人均可支配收入46058元，增长7.8%，农村居民人均可支配收入23780元，增长8.5%，城乡居民收入比为1.94∶1。

常州市持续改善民生福祉，积极推进为民办实事项目，社会大局保持和谐稳定。常州市

---

① 数据来源:常州统计局.2016年常州市国民经济和社会发展统计公报[EB/OL]. http://www.cztjJ.gov.cn/html/tJJ/2017/OEJQMFCO_0303/13340.html,2017－03－03.

加大住房保障力度,全年新开工保障房 27440 套,新增公共租赁住房家庭 1151 户;提升社会保障水平,全市养老、医疗、失业三大保险综合覆盖率达 98%;完善社会福利事业,提高最低生活保障,四城区城乡低保标准提高到 730 元/月,金坛区、溧阳市城乡低保标准均为 670 元/月;医疗卫生布局加快调整,分级诊疗、医联体建设稳步推进,全年医疗直接救助 27.4 万人次,医疗直接救助金额 6189.8 万元;教育现代化建设取得新进展,高考成绩保持全省前列,全市二本、一本以上达线率分别达 80.56%、26.31%[①];加快公共文化、公共体育服务体系建设步伐,文化广场等一批重点项目顺利实施。

(四)常州市流通产业发展贡献

常州市流通产业对常州市第三产业作出了极大贡献,2016 年全市第三产业增加值 2938.9 亿元,增长 10.1%,高出全市 GDP 增速 1.6 个百分点,高出第二产业增加值增速 2.7 个百分点。2016 年,全市服务业增加值增长 9%以上,投资增速增长 10%,服务业增加值占全市 GDP 比重首次超过五成,达 50.9%,占比位列全省第四,继续发挥着国民经济增长新引擎的作用。从行业机构看,交通运输、商贸流通等行业发展平稳,交通运输仓储和邮政业、批发和零售业、住宿和餐饮业增加值实现个位数增长,三个行业占服务业增加值比重为 38.7%,较上年下降 1.9 个百分点[②]。流通产业的发展得益于常州市大项目的推进和"互联网+"这一发展新动力。在经济新常态形势下,面对复杂的经济环境,常州市流通产业对本市的经济社会发展贡献日益突出,成为拉动该地区 GDP 的主要力量,是常州市的支柱产业之一。

二、常州市流通产业发展现状与面临的问题

(一)常州市流通产业发展现状

1. 产业发展势头迅猛,运行状态良好

常州市流通产业平稳发展,产业运行状态良好,为常州的第三产业发展作出了极大贡献。批发零售业、住宿餐饮业和物流业稳步增长。批发零售业稳健发展,拉动社零增长;城乡消费品市场稳步增长,升级类消费需求壮大;批发零售业业态多元化,新型业态蓬勃发展。住宿餐饮业发展势态良好,实现稳中有升;业态发展多元化,满足消费需求;传承创新老字号,打造常州名片。物流业运行总体态势较好,物流需求平稳;交通运能持续扩张,增强物流功能;推进重点项目,打造现代物流业。

2016 年,全市实现社会消费品零售总额 2202.8 亿元,增长 10.7%。批发业实现零售额 278.3 亿元,增长 15.9%;零售业实现零售额 1737.7 亿元,增长 9.6%;餐饮业实现零售额 169.6 亿元,增长 13.2%;住宿业实现零售额 17.2 亿元,增长 16%。全年营业性货运量 13396.1 万吨,比上年增长 3.4%[③]。

---

① 数据来源:常州人大网. 关于常州市 2016 年上半年国民经济和社会发展计划执行情况的报告[EB/OL]. http://www.czrd.gov.cn/art/2016/8/25/art_23_5660.html,2016-08-25.

② 数据来源:中国江苏网. 常州服务业增加值 GDP 占比首超五成 全省第四[EB/OL]. http://Jsnews.Jschina.com.cn/cz/a/201703/t20170303_155202.shtml,2017-03-03.

③ 数据来源:常州统计局.2016 年常州市国民经济和社会发展统计公报[EB/OL]. http://www.cztJJ.gov.cn/html/tJJ/2017/OEJQMFCO_0303/13340.html,2017-03-03.

2. 新兴业态蓬勃发展,产业结构优化

常州市新兴业态蓬勃发展,促进了流通产业结构优化,推动产业的繁荣活跃。超级市场、精品店、专卖店、便利店等多种零售业态迅速发展,业态种类逐渐丰富,经营网点不断扩展,形成了一批如江苏凌家塘市场、常州长江塑料化工交易市场、江苏湖塘纺织城等影响力大、辐射面广的知名型交易市场,较好地满足了不同层次的消费需求。住宿餐饮业根据消费需求,不断转型升级,逐渐向产业化、品牌化、集团化、规模化和连锁化发展,促进住宿餐饮业的进一步发展。常州市构建规模化交通物流基地,发挥物流园区集聚效应,带动流通产业的发展。

3. "互联网+"的推进,产业发展步伐加快

"互联网+"作为一种新模式、新技术,对常州市流通产业的渗透效应日益加深,逐渐成为推动常州市流通产业发展的新动力。"互联网+"助推住宿餐饮企业规模壮大,网上预订成为一种时尚,利用互联网销售的住餐企业增多。2015年10月,常州市利用互联网进行促销的限额以上住餐企业达49家。"互联网+"助推电子商务平台快速成长,2016年常州市获批开展跨境贸易电子商务试点,这些电子商务平台的发展对流通产业的辐射效应进一步增强,为流通产业提供新动力。

(二)常州市流通产业面临的问题

1. 整体产业水平不高,处中游地位

纵观整个江苏省,常州市的流通产业发展只能处于中游地位。2015年常州市第三产业总值2610.56亿元,排第五位,但是与南京市、苏州市和无锡市相差甚远,几乎只是南京市、苏州市以及无锡市第三产业总值的1/2,占江苏省份额较小。2015年常州市的社会消费品零售总额达1990.45亿元,在整个江苏省处于中间的位置,与上游的城市存在较大差距,常州市的消费市场活跃程度仍有待提高,亟须扩大消费需求,寻找新的增长点。2015年常州市公路货运量10668万吨,在江苏省处于中游,与第一位的徐州市相差6241万吨,要提升运输产业发展水平,需推动交通运输业向上下游关联产业延伸融合,创新运输组织模式和业态,满足经济社会发展新需求。

表22 江苏省各市流通产业指标及排名(2015)①

地区	第三产业总值	排名	社会消费品零售总额	排名	公路货运量	排名
南京市	5571.61	2	4590.17	2	11986	3
无锡市	4183.11	3	2847.61	3	12716	2
徐州市	2460.07	6	2358.45	5	16909	1
常州市	2610.56	5	1990.45	6	10668	6
苏州市	7243.24	1	4461.62	1	11814	4
南通市	2815.97	4	2379.46	4	11091	5
连云港市	918.95	12	830.71	12	8215	7

---

① 数据来源:《江苏统计年鉴》。

地区	第三产业总值	排名	社会消费品零售总额	排名	公路货运量	排名
淮安市	1260.76	11	970.74	11	5553	10
盐城市	1772.50	7	1468.60	7	4977	11
扬州市	1762.88	8	1236.96	8	6419	9
镇江市	1642.63	10	1113.71	9	6815	8
泰州市	1657.93	9	1001.64	10	2478	13
宿迁市	836.75	13	626.64	13	3711	12

2. 城乡发展不均衡,难以统筹兼顾

常州市城乡流通产业的发展存在较大差距。2006—2016 年,城乡社会消费品零售额差距拉大,虽然农村的消费品零售额在持续增长,但是城乡之间的差距仍在持续拉大,2016 年两者的零售额差额高达 1917.4 亿元。由于农村的批发零售业业态单一化、传统化,店铺规模小产品数量少,农村连锁企业仅限于超市,导致城乡消费市场发展很不均衡,应该调整产业结构,促进农村的批发零售业发展,缩小城乡之间的差距。在消费市场,农村居民收入低于城镇居民,导致消费需求不足;在交通运输上,农村的交通设施建设远远落后于城镇,使得物流发展缓慢。所以,常州市要统筹兼顾城乡发展,实现批发零售业的稳定可持续发展,带动流通产业的结构优化。

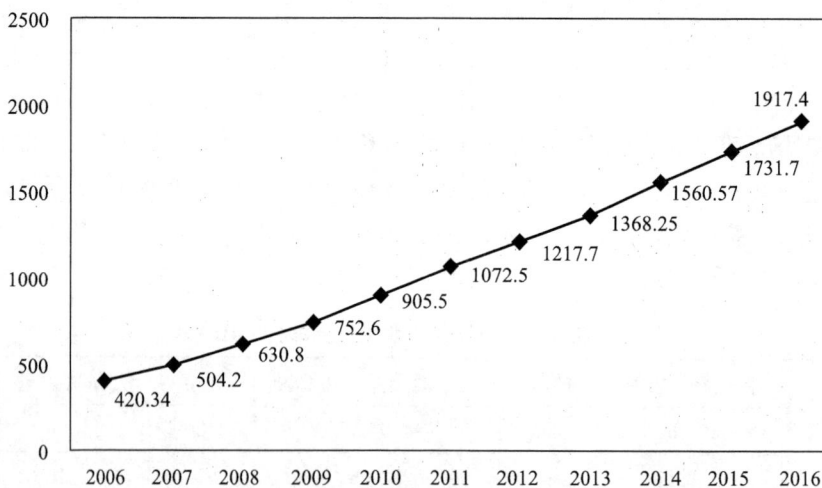

图 4　常州市城乡零售额差趋势情况(2006—2016)
数据来源:《常州统计年鉴》。

3. 产业化不足,制约产业现代化发展

常州市的流通产业市场化程度不高,产业规模普遍较小,缺乏较大规模和较强竞争力的企业和项目。现代流通产业发展需要大量的专业人才,但是常州市专业人才比较短缺,特别是领军型、管理型和复合型人才数量不能满足产业现代化发展的需要。常州市在流通产业上缺乏龙头企业的引领,经营主体较为单一,批发零售业、住宿餐饮业的经营业态多为独立门店,无法产生集聚效应和发挥品牌效应。在物流业上,虽然地理位置优越,但运输自身的比较优势未能充分发挥,缺乏具有区域竞争力的龙头企业;物流服务功能单一,不能满足客户差异化需求,服务网络体系不够完善。这些因素都制约了常州市流通产业的可持续发展。

三、常州市流通产业发展措施与发展绩效

常州市针对当前流通产业发展的现状以及存在的问题,一方面积极实施中央政策,另一方面根据本市的要素禀赋、经济发展和流通产业的发展,因地制宜地采取一系列的政策措施,以此来改善流通产业发展环境,优化流通产业的结构,促进流通产业可持续发展,进一步推动常州市的经济发展。

(一)推进重点项目,弥补产业短板

1. 开展常州"老字号"认定工作

为进一步贯彻落实党中央、国务院关于加快培育我国知名品牌,加强对民族文化的挖掘和保护的精神,引导具有自主知识产权、传承民族传统文化和技艺的老字号企业加快创新发展,进一步发挥老字号企业在经济和社会发展中的重要作用,常州市组织开展"常州老字号"认定工作,保护餐饮老字号的意识增强,并落实到政策行动,餐饮业老字号的经营发展,从而带动餐饮业的稳定发展,打造常州"名片"。

2. 开展"万村千乡市场工程"项目

为促进农村批发零售业的发展,挖掘农村消费市场的潜力,常州市加大政策投资力度,继家电下乡、家电以旧换新的政策措施之后,开展了"万村千乡市场工程",将连锁批发零售企业向农村发展,缩小城乡之间的差距,统筹城乡批发零售业发展。

(二)推进产业转型升级,实现产业现代化

1. 支持"个转企",向现代产业转变

常州市针对批发业、零售业、交通运输业、仓储业、住宿餐饮业等,支持个体工商户转型升级为个人独资企业或有限责任公司,引导其向现代企业转变,增强市场竞争能力,加快常州市民营经济发展方式转变和经济转型升级,颁布一系列的优惠政策,如社保支持,金融支持,准入便捷等。促进流通企业的转型,实现企业规模化现代化经营,促进流通产业更好更快发展。

2. 构建现代物流业,提升现代化水平

常州市主要围绕加快物流规划编制、推进物流重点园区(中心)建设、培育物流龙头企业、推进功能性平台建设、推广物流技术应用和完善城市物流配送这六方面推进常州市流通业的发展。常州市根据"近期与长远相结合,集中与分散相结合,新建与改造相结合"的原则,加快全市物流园区专项规划的编制。全市建设和完善在市区东、南、西、北交通枢纽、主干道、大型交易市场或工业集中区附近一批功能集成、业态集聚、用地集约的综合物流园区和专业物流中心,着力培养在综合物流、供应链物流、智能物流、物流贸易和物流金融等领域培养一批物流品牌,应用先进物流技术与互联网技术,提高服务效率和运作质量,加快常州市物流企业与国际化接轨的步伐。通过整合现有物流配送资源,规范发展城市货运出租汽车,提高城市配送运输服务水平,构建城市物流配送网络,为城市配送提供运力支撑和

保障。这一政策措施促进了常州物流业更好发展,提升物流业自动化、智能化、信息化和现代化水平。

四、常州市流通产业代表性行业发展状况

(一)批发零售业发展现状

1. 批发零售业稳健发展,拉动社零增长

2016 年全市实现社会消费品零售总额 2202.8 亿元,增长 10.7%,增幅较上年提高 0.4 个百分点。常州市 2006—2016 年社会消费品零售总额逐年增加,每年平均增幅16.35%,增速显著。批发零售业整体上升趋势明显,2006—2016 年年平均增幅高达 16.39%,与社会消费品零售额增幅持平,2016 年全市批发业实现零售额 278.3 亿元,增长 15.9%,零售业实现零售额 1737.7 亿元,增长 9.6%[①]。批发零售业是拉动社会消费品零售增长的主要力量,常州市批发零售业零售额占总社会消费品零售总额的 91.52%。

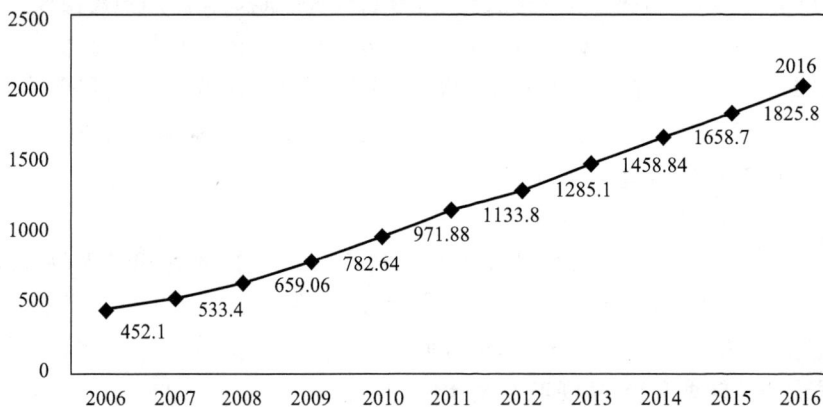

图 5 常州市批发零售业零售额趋势情况(2006—2016)
数据来源:《常州统计年鉴》。

2. 城乡消费品市场稳步增长,升级类消费需求壮大

从城乡消费市场看,常州市 2016 年城镇消费品零售额 2060.1 亿元,增长 10.7%;农村消费品零售额 142.7 亿元,增长 10.3%。2006—2016 年,城乡零售额呈现逐年递增趋势,城镇销售额和乡村销售额分别以年平均 16.52% 和 13.59% 的增长率增长,增幅较大,发展势头迅猛。其中,城市零售额仍占据社会消费品零售额的主导地位,乡村零售额与城镇零售额仍存在较大的差距。

从消费需求看,消费升级类商品增长较快,全市限额以上金银珠宝类零售额增长 20.5%,文化办公用品零售额增长 17.6%,汽车零售额增长 14.1%[②]。

---

① 数据来源:《常州统计年鉴》。

② 数据来源:《常州统计年鉴》。

表 23　常州市城乡零售额和增长率(2006—2016)

年份	城镇零售额(亿元)	增长率(%)	农村零售额(亿元)	增长率(%)
2006	468.1	17.5	47.76	6.7
2007	557	19	52.8	12.8
2008	694.5	24.7	63.7	18.2
2009	826.1	19	73.5	18.2
2010	975.1	18.5	69.6	18.2
2011	1154.3	17.8	81.8	16.4
2012	1311.1	14.6	93.4	15.1
2013	1482.85	13.1	114.6	22.7
2014	1682.98	13.5	122.41	6.8
2015	1861.1	10.6	129.4	5.7
2016	2060.1	13.2	142.7	10.3

数据来源:《常州统计年鉴》。

3. 批发零售业业态多元化,新型业态蓬勃发展

超级市场、精品店、专卖店、便利店等多种零售业态迅速发展,业态种类逐渐丰富,经营网点不断扩展。截止到 2015 年,全市限额以上批发零售业法人企业达 1316 个,营业利润高达 55.55 亿元。常州市场上的高端超市、精品超市相继开门营业,满足消费人群多元化的需求,拓宽零售格局,例如,沃尔玛旗下高端超市山姆会员商店落户江南环球港、大润发旗下首家精品超市 RH Lavia 落户九洲新世界、绿地集团精品进口超市 G-Super 在吾悦国际正式营业,等等。以"互联网+"、电子商务为代表的新业态发展迅速,一批电商平台运行良好,进一步促进了批发零售业的发展。

(二)住宿餐饮业发展现状

1. 住宿餐饮业发展势态良好,实现稳中有升

常州市住宿餐饮业整体上呈现上升的增长势态,2016 年餐饮业实现零售额 169.6 亿元,增长 13.2%;住宿业实现零售额 17.2 亿元,增长 16%。2006—2016 年,虽然中间略微下降,但趋势上是增长的,增幅高达 16%。2015 年,全市限额以上的住宿企业营业额达 20.61 亿元,餐饮业企业营业额达 34.82 亿元。相比住宿业,常州市餐饮业占社零比重较大,营业利润较高,是推动常州市流通产业发展的中坚力量。

2. 业态发展多元化,满足消费需求

常州市住宿餐饮业格局多元化,无论是高端餐饮还是低端餐饮,都迎合消费需求,有其自身发展空间。高端餐饮将根据变化的服务受众,在业态上以各种方式形成高中低端多元化系列,比如,推出轻餐饮、主题餐厅、大众外卖等。除此之外,餐厅更多地承载了社交功能,从而服务更广泛的消费人群。"小而美"餐馆也颇受年轻人的喜爱,这些小店往往很有格调,并专注单品,在垂直的细分市场里没有竞争对手,也没有竞争品牌,具有较大的发展潜力。2016 年,越来越多的住宿餐饮企业将绑定手机 APP,从团购、下单、支付到点评、服务等都可

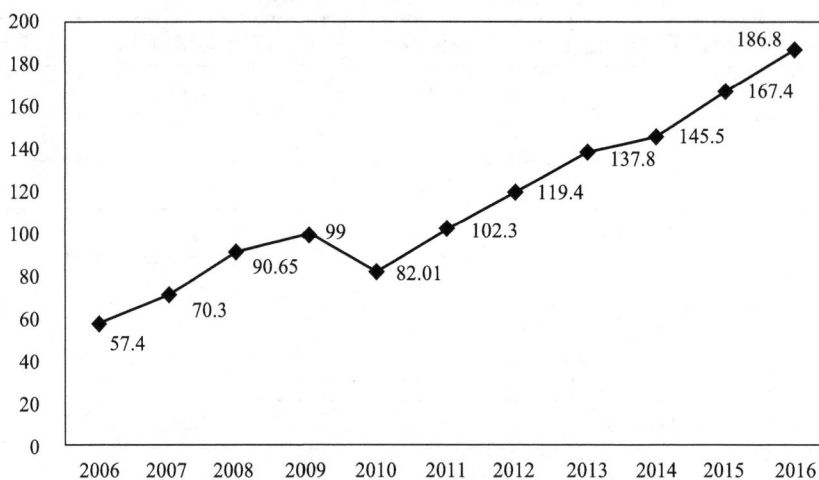

图6　常州市住宿餐饮业零售额趋势情况（2006—2016）

数据来源：《常州统计年鉴》。

实现智能化操作，消费者一部手机就能搞定。这种方式既满足了消费者个性化需求，又增加了消费黏性，极大程度上促进了住宿餐饮业的发展。

3. 传承创新老字号，打造常州"名片"

常州拥有众多历史悠久、风格独特、技艺精湛、品质优异的餐饮老字号品牌。全市积极推进"老字号"认定工作，增强保护餐饮老字号的意识，并落实到政策行动，传承餐饮业老字号的经营发展，并在此基础上，创新发展适应新时代，从而打造常州"名片"，带动餐饮业的稳定发展。2015年江苏省首批84家江苏老字号，有55家为餐饮食品类企业，其中，常州市就有12家。

表24　江苏省首批"江苏老字号"

序列	企 业 名 称	品牌名称	创立时间
1	江苏双桂坊餐饮管理有限公司	双桂坊	咸丰年间
2	常州府前楼餐饮有限公司	常糕	1927年
3	常州茶叶有限公司	老天泰	1806年
4	常州市玉蝶特产食品厂	玉蝶牌	1953年
5	常州市西林康王食品厂	康王	1897年
6	金坛丰登酒业有限公司	丰登	1368年
7	常州市迎桂餐饮有限公司	迎桂	1911年
8	常州市三鲜美食城	三鲜馄饨店	1916年
9	常州银丝面馆有限公司	银丝面	1947年
10	常州马复兴餐饮管理有限公司	马复兴	1912年
11	常州蔡氏天香斋梨膏糖厂	蔡天赐	1958年
12	金坛市饮食服务有限公司开一天酒家	開一天	1944年

（三）物流业发展现状

1. 物流业运行总体态势较好，物流需求平稳

在国内经济下行压力增大的形势下，常州市物流业运行总体态势较好，物流需求平稳。全市社会物流总额 17436.4 亿元，同比增长 8.83％。其中，工业品物流总额 13936.6 亿元，同比增长 14.36％，占社会物流总额的 79.93％；进口物流总额 422.8 亿元，同比下降 7.32％，占社会物流总额的 2.42％；农产品物流总额 73.38 亿元，同比增长 5.83％，占社会物流总额的 0.4％。2015 年全市物流业增加值为 337.2 亿元，同比增长 5.8％；占全市服务业增加值的比重为 12.9％[①]。

表 25　常州市物流业总额和增加值情况（2010—2015）

年份	常州社会物流业总额（亿元）	同比增长（％）	常州社会物流业增加值（亿元）	同比增长（％）
2010	10552.9		198	
2011	12374.9	17.3	242.3	22.4
2012	14009.1	13.2	278.1	11.8
2013	15988.5	14.1	312.9	12.5
2014	18067.0	13	347	10.9
2015	17436.4	8.83	337.2	12.9

2. 交通运能持续扩张，增强物流功能

2016 年全市公路总里程 9031 公里，其中，高速公路 306 公里。全年货运量 13396.1 万吨，比上年增长 3.4％；公路货运量 1.1 亿吨，增长 4％，公路货物周转量 122 亿吨公里，增长 4％。铁路货运量 108.9 万吨，增长 2.9％。港口货物吞吐量 9385 万吨，其中，常州长江港货物吞吐量 4031 万吨，分别增长 4.5％和 11.4％[②]。全市建成 5A 级物流企业两家、部级货运枢纽 1 家、省级交通物流基地 11 家、省级农村物流示范点 9 家、城市物流配送点 350 个，基本形成"物流园区—物流中心—配送中心"三级物流配送体系。

3. 推进重点项目，打造现代物流业

常州市有序推进重点项目，加强现代物流业建设。全市初步建成物流 4 大园区，5 个中心，形成规模化的交通物流基地，以及设施完善、功能齐全的长江国际航运中心、国际航空货运中心。全市积极推进有责国际物流、奔牛港仓储物流、大娘水饺冷链物流、普洛斯物流和宇培电商物流园等重点物流和商贸流通项目，从加强物流基础设施建设、挖掘物流集聚功能、完善城市配送体系、培育物流龙头企业和提高物流信息化五方面出发，弥补物流业的短板，提升物流业的现代化水平。

---

① 数据来源:常州市经济和信息化委员会.关于 2015 年常州市物流业运行情况的通报[EB/OL]. http://Jxw.changzhou.gov.cn/html/Jxw/2016/CJFIOQCP_0419/16492.html,2016－04－19.

② 数据来源:常州统计局.2016 年常州市国民经济和社会发展统计公报[EB/OL]. http://www.cztJJ.gov.cn/html/tJJ/2017/OEJQMFCO_0303/13340.html,2017－03－03.

五、"十三五"期间常州市流通产业发展举措

2016 年是"十三五"规划的开局之年,也是推动流通产业提质增效、实现转型发展的重要一年,常州市深入贯彻党中央的思想,紧紧围绕"四个全面"战略布局,牢牢把握五大发展理念,深入实施创新驱动发展、产城融合发展、可持续发展、全方位开放、民生共建共享五大战略,努力打造全国一流的智能制造名城、长三角特色鲜明的产业技术创新中心和国内领先的产城融合示范区,进一步推动流通产业又好又快的发展。

(一)《常州市"十三五"规划》

1. 大力发展消费经济

常州市积极落实和创新鼓励消费的各项政策,拓展居民多层次、个性化和多样化的需求,引导消费向智能、绿色、健康、安全方向转变。加快消费升级,培育壮大养老、健康、家政、信息、旅游、教育、文化等领域新的消费增长点,丰富服务产品供给,创新服务供给方式,满足多层次服务需求。加强市场监督管理,改善消费环境,切实维护消费者权益。

2. 壮大现代流通产业,促进聚集区提档升级

常州市积极推动产业向专业化和现代化转变,注重引导消费服务提升和消费结构转型,重点发展现代物流、科技服务、软件和信息服务、商务服务、旅游休闲、电子商务等十大产业。现代物流集聚区重点推进常州综合物流园区、临港物流园区、武南物流园区、东港物流园区、金城港物流园区、邹区专业物流基地建设,提升亚邦、凌家塘等物流中心功能,积极推进电商快递物流园区及快件分拨中心建设。交易市场集聚区重点提升凌家塘交易市场、邹区灯具城、夏溪花木市场,调整优化龙虎塘道口市场集群,推动其内涵发展、品牌提升,促进传统服务业转型升级。

3. 推进"互联网+"

常州市实施"互联网+"行动计划,发展大数据、云计算、物联网技术和应用,促进互联网与产业融合发展。在物流业上,形成"互联网+"高效物流。建设物流信息综合服务平台,整合仓储、运输和配送信息,统筹优化社会物流资源配置,支持互联网物流平台发展,鼓励重点物流企业整合物流产业链,探索开展增值服务。

(二)《2016 年常州市现代服务业发展工作要点》

1. 发展电子商务业

常州市深入推进国家电子商务示范城市建设工作,开展跨境贸易电子商务试点。紧紧围绕制造业电子商务应用、商贸流通线上线下融合、专业市场电商化转型、农村电子商务、跨境电子商务、生活服务电商、互联网金融及电商服务业等重点领域,强化全市电子商务工作组织推进体系。积极引导企业全面触网,打造一批以网络交易为核心、供应链管理为支撑、后台大数据分析与品牌建设协同发展的网络平台批发零售企业。加大电商政策支持力度,大力引进培育重点电商企业及平台,加强电商人才引进和培养。加快园区载体、投融资、物流配送、信用保障、网络设施等支撑体系建设。

2. 打造现代物流业

常州市加快出台现代物流业发展意见,推进综合物流园区、专业物流中心和配送中心建设,充分发挥物流园区整体效能和集聚带动作用。重点推进常州综合物流园区、临港物流园

区、亚邦物流中心、凌家塘物流中心的功能提升,推动武南物流园区、苏南物流城的规划建设。加快推进电商物流园区建设,积极引进国际快递企业以及 EMS、"四通一达"、顺丰等一批快递龙头企业在物流园区建立快件作业中心,推动快递业与制造业、电子商务、跨境网购、交通运输业协同发展。充分发挥常州综合保税区、武进综合保税区等海关特殊监管区功能,推进与上海自贸区对接合作。大力推进奔牛港、常州港、空港等铁路、公路、水运、民航设施建设,构建多式联运交通网络。鼓励重点物流企业整合行业资源,加快物流业龙头企业培育。培育新兴物流业态,推进商业连锁物流、冷链物流和跨境电商物流发展。优化物流配送网络,鼓励统一配送和共同配送,建设一批共同配送中心,做大、做强城乡配送物流业态。

第九章　南京市流通产业发展

一、南京市经济发展状况与流通产业发展贡献

（一）经济运行稳中有进，综合实力显著提高

在经济新常态下，南京市牢固树立五大发展理念，积极适应和引领经济发展新常态，紧紧围绕城市战略定位，狠抓各项政策措施的推进落实，经济运行总体呈现稳中有进、稳中提质的态势。

2016 年，全市经济总量突破 10000 亿元，实现地区生产总值 10503.02 亿元，比上年增长 8.0%，增幅高于全国和全省平均水平 1.3 个和 0.2 个百分点，为全国第 11 个、长三角城市群第 4 个经济总量超过万亿的城市，占全国、全省的比重分别达到 1.4%、13.8%。其中，第一产业增加值 252.51 亿元，增长 1.0%；第二产业增加值 4117.20 亿元，增长 5.3%；第三产业增加值 6133.31 亿元，增长 10.2%[①]。

（二）产业结构优化，消费结构升级

2016 年，南京市产业结构得到优化，产业转型升级取得新进展，三次产业增加值比例由上年的 2.4∶40.3∶57.3 调整为 2.4∶39.2∶58.4，第三产业增加值占地区生产总值的比重比上年提高 1.1 个百分点[②]。并且，南京市消费结构升级。2016 年，限额以上单位主要消费品类值中，以电脑为主的文化办公用品类商品增长 45.7%，比上年提升 12.3 个百分点；以智能手机为代表的通信器材类商品增长 37.9%，比上年提升 18.2 个百分点；体育、娱乐用品类商品增长 13.8%，同比提升 14.8 个百分点。

（三）南京市流通产业发展贡献

南京市作为长三角区域中心城市和南京都市圈核心城市，发挥着连接东中西部地区、双向聚集辐射和促进区域市场协调发展的重要作用，流通产业正是实现这一作用的纽带和桥梁。随着市场经济的不断改革与发展，南京市的流通产业在南京市经济发展中的地位和作用日益凸显，发挥着不可或缺的作用，是拉动南京经济增长的主要引擎。2016 年，南京市的第三产业增加值 6133.31 亿元，增长 10.2%，增速高于第一、二产业增加值的增速。其中，全市服务业增加值 6133.31 亿元，可比增长 10.2%，快于第二产业增速 4.9 个百分点，服务业对全市经济增长贡献率达到 72.9%，比上年提高 8.5 个百分点，拉动经济增长 5.9 个百分点。

---

①　数据来源:南京统计局.经济运行总体稳定转型发展步伐加快——2016 年全市经济社会发展综述[EB/OL]. http://www.njtj.gov.cn/47448/47508/,2017 - 02 - 04.

②　数据来源:南京市人民政府网.关于南京市 2016 年国民经济和社会发展计划执行情况与 2017 年国民经济和社会发展计划草案的报告[EB/OL]. http://www.nj.gov.cn/xxgk/bm/fgw/201702/t20170208_4357872.html,2017 - 02 - 08.

其中批发和零售业增加值1174.06亿元,可比增长9.7%,拉动经济增长1.1个百分点。全年完成服务业税收1165.22亿元,比上年增长21.3%,其中,批发和零售业税收增长15.4%,均快于全市税收平均水平。

二、南京市流通产业发展现状与面临的问题

(一)南京市流通产业发展现状

1.产业发展势头强劲,拉动整体经济

南京流通产业已经成为在全市经济发展中生机勃勃的优势产业和重要的支柱产业,推动了南京经济的增长。全市消费规模稳步扩张成为推动经济增长积极因素。2016年,全市实现社会消费品零售总额5088.2亿元,比上年增长10.9%。分行业看,批发和零售业实现零售额4638.45亿元,比上年增长10.6%;住宿和餐饮业实现零售额449.74亿元,比上年增长13.2%。消费市场稳定向好,销售规模稳步扩张,拉动了流通产业的发展。南京市社会物流总额27787.52亿元,同比增长7.96%;全市物流业增加值655.72亿元,增长8.41%。流通产业产值在南京市GDP中所占比重日益突出,为南京市GDP的持续上升作出了重大的贡献。

2.产业转型升级步伐加快,竞争力提升

南京市注重流通产业的发展,推动科技与产业紧密融合。2016年,全市三次产业增加值比例由上年的2.4:40.3:57.3调整为2.4:39.2:58.4,第三产业增加值占地区生产总值的比重比上年提高1.1个百分点,第三产业在三大产业中占主导地位。服务业增加值占地区生产总值比重达到58.4%,服务业增加值占GDP比重在13个省辖市中居于首位。批发零售业上,连锁经营成为主要经营方式,企业竞争力上升;物流业上,通过打造现代物流产业,构建集仓储、加工、贸易、配送以及电子商务为一体的现代物流体系,建设接轨国际、服务全国、面向长江中上游的物流枢纽,发挥物流园区集聚区集聚效应,大大增强物流业的综合实力。南京市流通产业结构得到优化,产业竞争力得到极大提升。

3.新业态发展强劲,为产业注入活力

南京市是江苏省唯一的跨境电子商务"进出皆通"的城市,目前已形成龙潭跨境电子商务产业园、空港跨境电子商务产业园和南京国际商品博览中心"两园一中心"的跨境电商产业发展格局。2016年,全市电子商务交易额增长25%。限额以上批发和零售业企业通过公共网络实现的商品零售额增长109.7%,住宿餐饮业企业通过公共网络实现的餐费收入增长38.0%,分别高于限上批零业和住餐业累计增幅100.2个、31.5个百分点。南京市电子商务交易额实现翻番,交易规模在江苏排首位,为流通产业的现代化注入活力,企业灵活运用"线上线下"双重服务,增加营业收入,推动产业更好更快的发展。

(二)南京市流通产业面临的问题

1.消费市场缺乏新增长点,城乡差距较大

受国内外经济发展总趋势的影响,南京市新消费市场疲软,新刺激消费政策的实施效果不显著,2008—2016年,南京市的社会消费品零售额虽持续增长,但增长率总体趋势递减,2015年增长率创新低,为10.15%,大幅增长的难度较大,政府需加大新刺激消费的政策力度,寻找消费市场新增长点,开拓创新,促进批发零售业的发展,推动流通产业的发展。

南京市的城乡社会消费品零售额的差距仍在不断拉大,虽然农村的消费品零售额增长速率与城市零售额增长率持平,但是城乡之间的差距依旧很大,2015年两者的零售额差额高达4295.64亿元。由于农村的批发零售业业态单一化、传统化,店铺规模小产品数量少,农村连锁企业仅限于超市,导致城乡消费市场发展很不均衡,应该调整产业结构,促进农村的批发零售业发展,缩小城乡之间的差距,实现批发零售业稳定可持续发展,带动流通产业的结构优化。

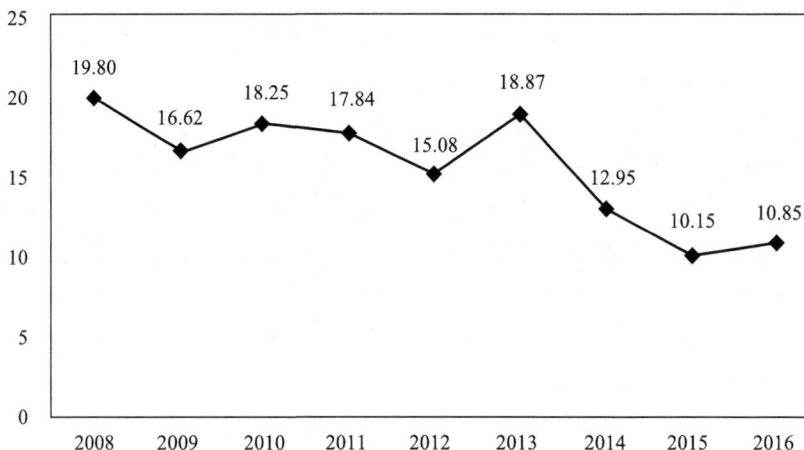

图7　南京市社会零售总额增长率额趋势情况（2008—2016）
数据来源:《南京统计年鉴》。

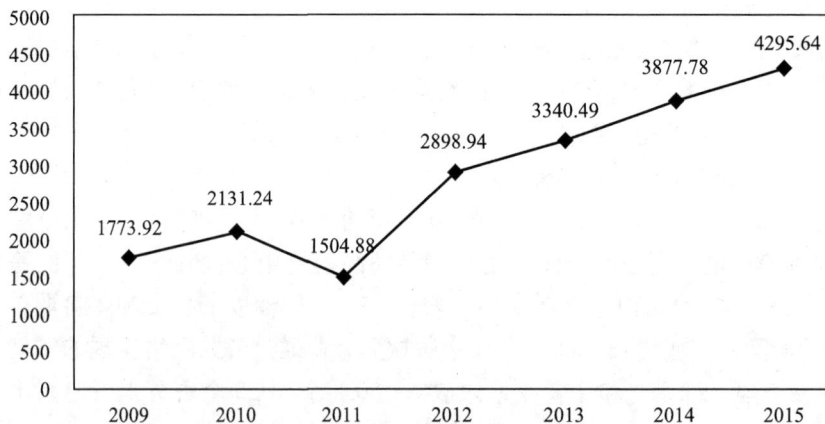

图8　南京市城乡零售额趋势情况（2009—2015）
数据来源:《南京统计年鉴》。

2. 电子商务冲击传统商贸,转型升级压力增大

南京市的电子商务发展迅猛,为流通产业注入了活力,但电子商务网络零售也冲击了传统商贸。在错综复杂的经济发展环境中,传统商贸企业利润空间缩水,压力加大,传统百货、大型超市等商企转变经营模式,线上线下双管齐下,拓宽销售渠道,应对消费人群的分流。商贸企业调整转型期的风险较大,消费者对于商品或服务的认知度、肯定度、接受度需要时

间的积累,短时间内能完全被消费者认可、转型成功的企业并不多。

3. 产业综合实力落后于发达城市,竞争力不足

虽然南京市流通产业在江苏省位列上游,但是与全国发达城市相比,南京市第三产业产值远远落后于其他城市,仅为上海市第三产业总值的 28.78%,第三产业的贡献与发达城市仍旧有差距。南京市的社会消费品的零售总额与其他发达城市也存在相当大的差距,与上海市社会消费品零售总额相差 6356.4 亿元,要追赶上发达城市流通产业的发展,南京市有较大难度。南京市需进一步优化流通产业发展战略,深入实施产业转型升级工程,加快产业转型升级,厚植经济发展优势,切实扩大有效需求,大力振兴实体经济,完善物流产业基础功能设施。

表 26　全国发达城市流通产业指标及排名(2015)①

地区	第三产业总值	排名	社会消费品零售总额	排名
南京市	5571.61	5	4590.17	5
上海市	19362.34	1	10946.57	1
杭州市	5853.23	4	4697.23	4
深圳市	10288.28	3	5017.84	3
北京市	18331.7	2	10338	2

4. 流通专业人才缺乏,产业信息化发展滞后

伴随着流通现代化,流通专业技术人才的缺乏也逐渐成为制约流通产业发展的瓶颈之一,南京市在专业人才方面还是落后于其他发达城市,需加大人才培育与引进力度,为流通产业输送新鲜血液和后备军。流通产业信息化是衡量流通产业升级能力的重要指标之一,南京市流通产业信息化处于起步发展阶段,与一些发达城市相比,排名较后,在一定程度上影响了南京流通产业的升级能力。

三、南京市流通产业发展措施与发展绩效

南京市深入贯彻落实党的十八大和十八届二中、三中、四中全会精神,结合本地实际,立足本市资源禀赋,针对流通产业的现状,采取了一系列的措施,来加快推进流通体制改革和发展,建设法治化营商环境,进一步发挥流通产业在促进生产、引导消费、推动经济结构调整和经济增长方式转变等方面的重要作用,促进南京市城乡统筹协调和经济持续快速健康发展,取得了显著成效。

(一)国内贸易流通体制改革发展综合试点工作

全市坚持以建设法治化营商环境为主线、以市场化改革为取向、以新的流通改革为引领、以服务经济发展全局为宗旨,以优化流通改革和发展的政策、市场和法制环境;建成现代流通体系;提高流通领域效率;提升流通主体竞争力等为主要目标,全市着眼建设法治化营商环境,加快制定、完善流通领域相关立法和标准体系,加强流通基础设施建设,改革流通管

① 数据来源:《江苏统计年鉴》。

理体制,从而带动流通产业的发展。2016 年,全市实现社会消费品零售总额 5088.2 亿元,电子商务交易额突破 10000 亿元,网络零售额达到 1600 亿元以上。

(二)加快餐饮业发展

餐饮业既是民生产业,又是发展潜力巨大的重要行业。加快餐饮业发展对于拉动消费、繁荣市场、扩大就业,提高人民生活质量以及推动旅游等相关行业发展具有十分重要的意义。南京市以加快培育餐饮品牌、大力发展特色餐饮休闲街区、加快发展大众餐饮和营造餐饮业发展优良环境为主要措施,大力发展餐饮业。"十二五"末,全市年营业额超亿元的大型餐饮企业(含星级酒店)达到 20 家。

(三)推进重大物流业项目

南京市成为现代物流创新发展的试点城市,投资 100 亿元推进 8 个重大的现代物流业项目,包括普洛斯综合物流基地、维龙物流中心、太古冷链物流、四方源综合物流、中电熊猫"液晶谷"生产配套供应中心、安宏基现代物流中心、联迅综合物流中心、省棉麻集团现代物流基地。其中,投资额最大的普洛斯综合物流基地项目,由全球知名的物流仓储设施开发商——新加坡普洛斯投资建设,项目总投资 6 亿美元,将新建融现代化仓储设施、物流交易信息中心、电子结算中心等为一体的现代物流基地,吸引国际知名电子商务企业入驻设立销售、配送和结算中心。进一步推进现代物流业的发展,从而拉动经济增长。

四、南京市流通产业代表性行业发展状况

(一)批发零售业发展现状

1. 消费市场较为活跃,拉动经济增长

2016 年,南京市实现社会消费品零售总额 5088.2 亿元,比上年增长 10.9%,增速比上年提升 0.7 个百分点。其中,限额以上单位社会消费品零售额 3271.21 亿元,增长 9.4%,增速比上年提升 2.7 个百分点。其中,批发和零售业实现零售额 4638.45 亿元,比上年增长 10.6%,增幅分别比一季度、上半年、前三季度提高 1.9 个、1.1 个和 0.2 个百分点。从 2007 年到 2016 年,全市社会消费品零售总额以 15.60% 的年均增幅持续增长,批发零售业零售额平均每年增加 16.16 个百分点。批发零售业是拉动消费的主要的马车,占社会消费品零售总额的 91.16%。2015 年,全市批发和零售业完成增加值 1062.00 亿元,可比增长 9.6%,高于全市 GDP 增速 0.3 个百分点,分别拉动全市 GDP 和第三产业增加值增长 0.7 个和 1.2 个百分点[1]。

2. 城乡协同发展,位列全省第一

分地区来看,南京市城乡零售额总体呈现上升的趋势。2015 年,全市城镇零售额达 4442.9 亿元,同比增长 10.45%;农村零售额达 147.26 亿元,较上一年提高 1.76 个百分点。2010—2015 年,城乡零售额都维持在 20.5% 的年均增长率。从整个江苏省来看,南京市的社会消费品零售总额和批发零售业的零售额都位列全省第一,社会消费品零售额占全省比

---

[1] 数据来源:南京统计局. 2015 年全市经济平稳增长产业结构继续优化[EB/OL]. http://www.njtj.gov.cn/47448/47508/,2016-03-28.

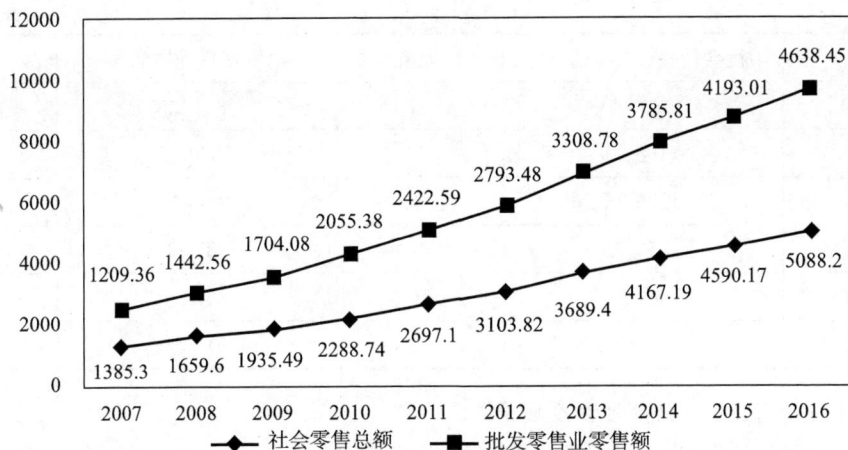

图9 南京市社会零售总额和批发零售业零售额趋势情况(2007—2016)①

重为 17.7%,比苏南平均水平高 0.5 个百分点,消费市场稳定性好,对稳定和推动全市流通产业发展起到了积极作用。

表 27 南京市城乡零售额和增长率(2010—2015)

年份	城镇零售额(亿元)	增长率(%)	农村零售额(亿元)	增长率(%)
2010	2209.99	20.71	78.75	18.45
2011	1600.99	−27.55	96.11	22.04
2012	3001.38	87.47	102.44	6.59
2013	3422.33	14.03	81.84	−20.11
2014	4022.49	17.53	144.71	76.82
2015	4442.9	10.45	147.26	1.76

表 28 江苏省各市社会零售总额和批发零售业零售额排名(2015)②

地区	社会消费品零售总额	排名	批发零售业零售额	排名
南京市	4590.17	1	4193.01	1
无锡市	2847.61	3	2632.96	3
徐州市	2358.45	5	2166.50	5
常州市	1990.45	6	1825.79	6
苏州市	4461.62	2	4041.99	2
南通市	2379.46	4	2177.46	4
连云港市	830.71	12	753.31	12

① 数据来源:《南京统计年鉴》。

② 数据来源:《江苏统计年鉴》。

地区	社会消费品零售总额	排名	批发零售业零售额	排名
淮安市	970.74	11	874.22	10
盐城市	1468.60	7	1320.45	7
扬州市	1236.96	8	1096.69	8
镇江市	1113.71	9	987.21	9
泰州市	1001.64	10	863.59	11
宿迁市	626.64	13	547.14	13

3. 以连锁经营为主,规模化程度提高

2015 年,南京市拥有 38 个限额以上连锁总店,11218 个限额以上连锁门店,商品销售总额达 3430.58 亿元,零售营业面积达 1566.04 万平方米,年末从业人员有 273718 人。其中,苏果超市有 2086 家门店,年销售额 308 亿元,成为中国特许的连锁百强之一。南京市连锁经营率高主要得益于南京本土实力强劲的零售企业的贡献和国内外零售巨头的进驻。南京市不仅引进外来的连锁企业,还不断扩大本土的连锁企业,外来集团与本土的竞争,促进南京以连锁经营为主的各种现代经营方式和零售业态快速发展,提高了南京市批发零售业的规模化和现代化水平。

(二)住宿餐饮业发展现状

1. 整体呈现增长态势,营业额增加

南京市住宿餐饮业虽然中间有小幅下降,但是整体趋势上是递增的,2016 年全市住宿和餐饮业实现零售额 449.74 亿元,比上年增长 13.2%,全年各季度累计增幅分别高于上年同期 32.9 个、18.9 个、12.8 个和 9.1 个百分点。2007—2016 年,住宿餐饮业零售额年均增长率维持在 12.94%。2015 年,限额以上住宿业营业额达 70.05 亿元,限额以上餐饮业营业额达 109.98 亿元。另外,南京市结合城市商业发展规划,打造 5 条以上特色鲜明的餐饮休闲街区,把南京建设成为具有较大影响力和较高知名度的美食名城。

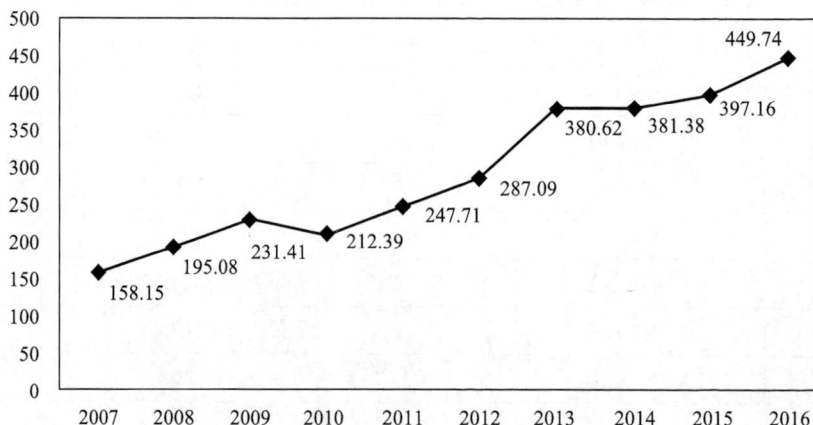

图 10　南京市住宿餐饮业零售额趋势情况(2007—2016)

数据来源:《南京统计年鉴》。

2.住宿餐饮业结构优化,大众化成主流

随着居民收入的提高,消费结构发生重大变化,住宿餐饮业的消费体验经济加快推动了产业的转型升级。南京市中高端住宿餐饮企业转型,不断调整盈利模式,降低经营成本,增加企业创收。住宿餐饮业企业创新不断,满足多样化消费者需求,不断向大众化发展,大众餐饮成为行业主流,平价住宿餐饮蔚然成风,企业经营状况持续好转,从而带动住宿餐饮业的整体增长。此外,农村餐饮市场、乡土风味、农家乐在地方政府的支持下,也获得了很大的发展。

(三)物流业发展现状

1.物流业运行总体平稳,运行效率有所提高

2015年,南京市社会物流总额27787.52亿元,同比增长7.96%。其中,工业品物流总额15600.05亿元,同比增长7.19%,占社会物流总额的56.14%;进口货物物流总额1355.36亿元,同比下降10.28%,占社会物流总额的4.88%;农产品物流总额199.33亿元,同比增长8.29%,占社会物流总额的0.72%;外省市商品购进额10476.99亿元,同比增长11.68%,占社会物流总额的37.70%;其他为155.79亿元,占社会物流总额的0.56%。

全市社会物流总费用1433.03亿元,同比增长7.59%。社会物流总费用与GDP的比率为14.74%,比去年下降0.4个百分点。物流总费用的构成为:运输费用702.49亿元,同比增长6.95%,占社会物流总费用的49.02%;保管费用544.13亿元,增长8.43%,占社会物流总费用的37.97%;管理费用186.41亿元,增长7.60%,占社会物流总费用的13.01%。

全市物流业增加值655.72亿元,按可比价格计算增长8.41%,物流业增加值占全市服务业增加值的比重为11.77%[①]。

2.交通运输业好转,延续平稳态势

2016年底,南京市公路完成旅客周转量增长1.0%,比1—11月提升2.8个百分点;公路完成货运周转量同比增长1.7%,延续平稳态势。水路完成货运量增长3.7%,增幅比上年同期提升15.2个百分点;水路货运周转量降幅比上年同期收窄32.1个百分点。民航客运量和货邮运输量分别增长18.9%和10.4%,分别比上年同期提高10.4个和14.8个百分点。港口完成货物吞吐量增长2.4%,比上年同期提升0.2个百分点。全市货运物流转型步伐加快,积极推进服务航运物流中心和枢纽经济区建设,已建成龙潭、江北化工物流园,并将禄口国际机场逐渐发展成为集航空枢纽、分拣中心、速递物流邮件集散"三位一体"的现代化邮件快速集散中心。南京市交通运输业的稳健发展,在一定程度上加快了物流业的快速发展。

3.发展现代物流产业,提高现代化程度

南京市作为现代物流创新发展的试点城市,现代物流产业是南京经济技术开发区四大产业集群之一,目前已集聚了LG电子华东物流、博世西门子家电物流、阿特拉斯·科普柯亚太物流、凤凰新华图书物流、中外运物流、招商局物流、美安物流等。2015年全市提出打造中国航运(空)与综合枢纽名城以来,南京经济技术开发区充分发挥龙潭港、新生圩港的港口资源优势,以龙潭国际综合物流集聚区、南京综合保税区为主要载体,加快集聚高端物流项目,努力构建集仓储、加工、贸易、配送以及电子商务为一体的现代物流体系,建设接轨国

---

① 数据来源:南京市商务局.2015年南京市物流业发展统计公报[N].南京日报,2016-04-27A02.

际、服务全国、面向长江中上游的物流枢纽。

五、"十三五"期间南京市流通产业发展举措

南京市在"十二五"期间取得了显著的成就,为"十三五"乃至更长时期发展奠定了良好基础。"十三五"期间也是南京经济发展转型升级的关键阶段,南京市立足本市发展阶段新特征,适应经济发展新常态,紧紧围绕"四个全面"战略布局,瞄准建设"一带一路"节点城市、长江经济带门户城市、长三角区域中心城市和国家创新型城市的奋斗目标,探索开启基本实现现代化建设新征程,推动流通产业实现质的飞跃。

(一)《南京市"十三五"规划》

1. 发挥消费对经济增长的基础作用

在"十三五"期间,南京市充分发挥作为省会及区域中心城市的优势,适应城乡居民收入增长趋势和消费结构升级的需求,落实和创新刺激消费的各项政策举措,积极培育信息、文化、教育、健康、旅游、养老等领域的消费增长点,着力扩大居民消费,引导消费向智能、绿色、健康、安全方向转变。促进流通业信息化、标准化建设。加强消费市场监管,切实维护消费者权益。壮大消费需求来拉动批发零售业和住宿餐饮业的发展,进而推动流通产业的发展。

2. 人才强市战略

南京市积极实施人才强市战略。牢固树立人才是第一资源的理念,完善人才优先发展、优先投入的工作格局,着力集聚海内外创业创新领军型人才,着力营造人人皆可成才和青年人才脱颖而出的社会环境,着力促进社会全面进步和人的全面发展,推动南京从人才大市向人才强市转变,将人才优势转化为科技优势、产业优势,带动城市综合竞争力全面提升。人才强市战略的实施,为南京流通产业培育和引进流通产业专业技术人才,为其发展奠定人才基础,提升流通产业的竞争力。

(二)《2017年南京市人民政府工作报告》

1. 深入推进"互联网＋商贸",增强外贸竞争力

全市深入推进"互联网＋商贸",支持电子商务平台创新和模式创新,加快建设国家电子商务示范城市。持续扩大有效投入,加大科技创新、高端产业、技术改造、生态环保、公共服务等领域投资。建立央企重大项目协调推进机制,全力推进市级重大项目建设。增强外贸竞争新优势,坚持增加总量和提升质量并重,加大外贸新业态支持力度,推进跨境电子商务发展,加速服务贸易和服务外包增长,做强一批外贸综合服务企业,培育一批新的外贸增长点,推动外贸向优质优价、优进优出转变,努力实现外贸出口正增长。

2. 完善交通枢纽功能

全市优化提升空港、江海港、高铁港枢纽功能,着力构建多式联运体系。加快对外交通建设,启动实施宁马高速、宁合高速等一批改扩提升工程。大力推进过江通道建设。完善轨道交通体系,建成地铁4号线一期、宁和线一期,力争建成宁高线二期,全力推进地铁5号线、宁溧线、1号线北延和7号线工程,开工建设地铁2号线西延、6号线等工程。加快一批综合换乘枢纽建设,建成高淳站综合交通枢纽配套项目。进一步完善城区道路交通体系,完成南京南站枢纽快速环线龙西互通二期、绕城公路铁心桥立交改造工程,续建首荟园大街南延等工程,开工建设红山路—和燕路快速化改造、扬子江大道节点改造等重点道路。

3. 加快产业转型升级

南京市坚持高端化、智能化、绿色化、服务化、品牌化方向,加快产业结构优化提升。积极推动服务业高端发展,大力发展以工业设计、检验检测、现代物流为代表的生产性服务业,以休闲旅游、文化体育、健康养老为代表的生活性服务业,以总部经济、现代金融、会展服务为代表的高端服务业,加快服务业集聚区建设,全力推动金融城二期、华侨城文化旅游综合体、世茂梦工厂、国博中心三期等服务业重点项目建设。

(三)强化枢纽功能,大力发展流通类服务业

《南京市"十三五"服务业发展规划》中,南京市强化商贸业优势特色和民生保障水平。引导商贸企业开展线上线下融合经营模式创新,推动商贸业向"互联网+"全面转型升级;积极推进与城市定位相适应的现代化和时尚高端商贸设施建设,强化中心城市在商贸方面的辐射带动能力;加强社区便民网点、流通基础设施、城市共同配送建设,完善商贸服务城市的功能;大力发展电子商务,支持有条件的企业向平台化转型,积极探索和实践"集货、集商、服务"三位一体的跨境电商外贸综合服务模式;合理布局商业及相应仓储网点,依托市场主体,提升对城市供给的调配管理水平。到 2020 年,全市社会消费品零售总额超过 7000 亿元。此外,进一步强化现代物流对产业服务的功能。加快完善以海港、空港、高铁为依托的物流集疏运体系,推进电子口岸建设和通关一体化进程。加快建设各类物流园区和基地,培育有骨干支撑作用的综合性物流中心,有区域集散功能的专业物流中心和布局合理的物流配送中心,引导物流设施资源集聚集约发展。完善物流服务标准,大力发展第三方物流和智慧物流,推动实施供应链管理等更优化的产业模式,提升物流行业的规范化、现代化水平。到 2020 年,物流业增加值保持 8% 左右的增速,社会物流总费用与 GDP 比率较 2015 年下降 0.5 个百分点以上。

第十章　镇江市流通产业发展

一、镇江市经济发展状况与流通产业发展贡献

镇江位于中国东部沿海、江苏南部、长江三角洲北翼中心,是南京都市圈核心层城市和国家级苏南现代化建设示范区重要组成部分,长江和京杭大运河在此汇就中国"江河立交桥"坐标,市内有江苏大学、江苏科技大学这样的高等学府;镇江拥有长三角最优越的区位条件,是华东地区重要的交通枢纽。境内京沪铁路、京沪高铁、沪宁高铁、沪蓉高速公路、扬溧高速公路、312国道、104国道等通达全国各主要城市,长江流域大航运中心——镇江港通江达海,这些独特的优势使得镇江在全省流通产业链上发挥着重大作用。

流通产业是连接生产与消费的桥梁和纽带,在城市经济中发挥着先导性和基础性作用。要在分析流通业发展现状和问题基础上,根据城市的特点,挖掘消费潜力,促进消费结构升级,合理布局流通网络,打造与经济社会发展相协调的流通产业。2015年镇江市实现地区生产总值3502.48亿元,按可比价格计算,比上年增长9.6%。其中,第一产业增加值132.89亿元,增长3.6%;第二产业增加值1726.96亿元,增长9.5%;第三产业增加值1642.63亿元,增长10.2%。产业结构继续优化,三次产业比例由上年的3.7∶50.2∶46.1调整为3.8∶49.3∶46.9,服务业增加值占地区生产总值比重比上年提高0.8个百分点。全市人均地区生产总值110351元,增长9.5%,按年均汇率折算为17720美元。

(一)批发零售

较为显著的是,2015年镇江市消费市场稳定增长。全年实现社会消费品零售总额1113.71亿元,增长11.0%,其中,限额以上企业(单位)553.63亿元,增长8.6%;限额以下企业(单位)560.08亿元,增长13.4%。按经营单位分,城镇市场实现零售额1049.94亿元,增长10.1%;乡村市场实现零售额63.77亿元,增长27.7%。按消费业态分,批发业零售额180.65亿元,增长23.5%;零售业零售额806.55亿元,增长7.8%;餐饮业零售额115.87亿元,增长14.2%;住宿业零售额10.63亿元,增长18.9%。

从限额以上批发和零售业分类商品零售情况看,汽车类128.05亿元,增长5.1%;石油及制品类86.84亿元,增长4.9%;通信器材类5.67亿元,增长8.9%;日用品类17.21亿元,增长10.1%;家用电器和音像器材类30.89亿元,下降0.1%;化妆品类5.52亿元,增长9.1%;金银珠宝类14.83亿元,增长4.5%;文化办公用品类8.98亿元,增长20.4%;服装类39.51亿元,增长6.7%;粮油食品、饮料烟酒类48.12亿元,增长13.3%。电商零售快速增长,"农联·亚夫在线"启动运营,惠龙易通建成全国首个标准化大型物流电商平台。全市限额以上批发和零售业实现网上销售额3.52亿元,比上年增长27.9%。

(二)交通物流

交通运输业发展平稳。全年完成客运量5579.3万人次,比上年增长0.8%,其中公路客

运量 4519 万人次,增长 0.2%;旅客周转量 261470 万人公里,增长 0.1%。完成货运量 9034.31 万吨,比上年增长 3.7%,其中公路货运量 7298 万吨,增长 3.8%;货物周转量 777335 万吨公里,增长 4.5%。全年完成港口货物吞吐量 14789 万吨,比上年下降 6.9%,其中长江港 13010 万吨,下降 7.5%。完成港口集装箱吞吐量 40.71 万 TEU,比上年增长 8.4%。

交通基础设施更加完善。沪宁高速丹阳东互通建成通车,五凤口高架建设主体基本完成,G312 镇江城区段加快推进。全年新增公路里程 69 公里,年末累计 7333 公里,其中高速公路 182 公里,公路里程网密度 191 公里/百平方公里。"惠民公交"工程扎实推进,市区年末拥有公交营运车辆 1349 辆、公交线路 118 条、公交场站 78 个,比上年分别增加 76 辆、14 条、4 个;公交日均客运量 41.6 万人次,增加 1.6 万人次;拥有出租车 1573 辆,增加 100 辆。城市居民公共交通出行分担率 23.5%,比上年提高 0.4 个百分点。年末拥有私人汽车 35.4 万辆,比上年增加 4.7 万辆,其中,轿车 35.3 万辆,增加 4.5 万辆。

邮电通信保持较快增长。全年完成邮电业务总量 70.4 亿元,比上年增长 11.2%,其中:邮政业务总量 11.5 亿元,增长 29.2%;电信业务总量 58.9 亿元,增长 8.3%。快递业务发展势头强劲,全年完成快递业务量 5007.88 万件,比上年增长 37.6%,实现业务收入 5.59 亿元,增长 26.2%。年末电话总用户 396.8 万户,比上年下降 9.6%,其中:固定电话用户 87.23 万户,下降 10.3%;移动电话用户 309.57 万户,下降 2.5%,其中,4G 用户 122.99 万户,增长 15.8%。互联网宽带接入用户数 346.16 万户,比上年增长 9.3%,其中移动互联网用户数 254.35 万户,增长 6.0%。

二、镇江市流通产业发展现状与面临的问题

(一)同业竞争压力过大

首先,物流业全球化和网络化发展日趋明显,马士基、联邦包裹、敦豪、中远、宝供和传化等国内外物流巨头加快布点,在服务当地经济社会的同时,也给本土传统物流企业带来了生存危机。其次,长江中下游港口密度大,同质发展现象突出,低层次竞争,不仅加大了镇江港口物流拓展经济腹地的压力,而且增加了镇江港口优化货种结构和提高综合效益的难度。

(二)产业层次有待提高

支撑全市服务业发展的主要是商贸流通、房地产和交通运输三大传统服务行业,约占服务业的 53% 左右,现代物流、金融业、信息服务业、商务服务业等生产服务业占比偏低,文化产业、服务外包等新兴服务业尚处于起步阶段。

(三)要素瓶颈受到制约

土地要素面临耕地保护严格、建设规模受控制、用地需求旺盛而供应趋紧的形势,是服务业发展受限的最主要瓶颈。资金问题是影响镇江市服务业持续发展的关键要素,旅游、物流、商务商贸等服务产业投资周期长、回报速度慢,文化创意、软件信息、电子商务、科技服务等新兴业态投资风险大,现有的投融资方式和投融资体制难以支撑服务业发展的资金需要。服务业专业人才缺乏是阻碍服务业结构优化、高层次发展的重要因素。镇江市地处长三角苏南地区,与周边城市相比优势不明显,对人才吸引力不够,现有人才政策与体制仍需完善。

(四)物流服务有待完善

镇江的物流服务功能主要处于运输、装卸和仓储等低附加值环节,缺乏信息化、标准化

的现代经营管理手段,企业主动向外拓展的能力和意愿不强。面临复杂多变的市场环境,亟须应用信息化技术和现代管理理念提高自身竞争力。

商业网点规划缺少约束性,部分城区同型商业业态过于密集,导致恶性竞争。网点布局不平衡,城镇、中心城区中老城区群众消费比较便利,城乡接合部和新扩城区、新开发建设的居民住宅小区的社区商业不发达,居民日常消费不太便利;乡村尤其是边远乡村,由于交通欠发达,商业设施不够齐全,居民消费不方便。

（五）资源优势未充分发挥

镇江市作为园林城市、旅游城市、历史文化名城,拥有文化资源、旅游资源、交通资源、教育等资源,开发利用不够,蕴藏的经济潜力未能更好地发挥。旅游业态主要停留在浅层次的观光游,对游客吸引力不强,导致过夜游客所占比重低,影响了对住宿、餐饮、购物、休闲等行业的带动;物流业处于装卸、仓储和运输等价值链低端,优良的港口资源主要实现水水中转功能,缺乏综合、高效的物流服务功能,物流业辐射带动作用偏弱;驻镇高校的科研与地方经济脱节现象较突出,科研成果就地转化率偏低。

（六）缺乏规模经济,集聚效应尚待增强

镇江市本地商贸流通企业大多以中小流通企业为主,中小流通企业约占流通企业总数的99%,实现销售额约占全社会消费品零售总额的90%左右。服务业企业小而散,缺乏规模大、带动力强的服务品牌企业;服务业集聚区数量偏少,已有集聚区集聚吸纳能力偏弱。尽管有苏果集团、苏宁集团等比较大的企业集团,但与国内外一些知名大企业相比,在企业规模经济总量管理水平等方面都存在相当大的差距。镇江市商贸流通产业总体上处于专业市场虽多不强,传统百货不大不强,现代流通既小又散的现状,商贸流通业总体市场规模偏小,缺乏规模经济,对区域经济的辐射带动作用不强。

三、镇江市流通产业发展措施与发展绩效

（一）经济战略调整

党的十八届三中全会通过《中共中央关于全面深化改革若干重大问题的决定》,提出建设统一开放、竞争有序的市场体系,使市场在资源配置中起决定性作用;推进水、石油、天然气、电力、交通、电信等领域价格改革,放开竞争性环节价格;推动税收体制改革,适当简化税率;深化科技体制改革,鼓励原始创新、集成创新、引进消化吸收再创新。《决定》将有利于营造服务业发展的环境,降低服务业成本,推动现代服务业加快发展。十八届三中全会和中央城镇化工作会议提出新型城镇化战略,中共中央、国务院发布《国家新型城镇化规划(2014—2020年)》,提出城镇化与服务业发展密切相关,城镇化扩大生活性服务需求,提升生产性服务需求。新型城镇化战略将会刺激镇江服务业投资、消费需求的增长,推动服务业规模持续扩大。

（二）功能区域打造

国家"一带一路"重大战略构想的提出并规划推进,为区域经济开放发展提供重大机遇。镇江市应主动融入"一带一路"建设,发挥产业优势,扩大东西双向对内对外开放,再造开放新优势。国务院出台关于《依托黄金水道推动长江经济带发展的指导意见》以及《长江经济带综合立体交通走廊规划(2014—2020年)》,提出依托黄金水道推动长江经济带发展,构建

现代化综合交通运输体系,推动沿江产业结构优化升级,打造世界级产业集群,培育具有国际竞争力的城市群。这给以旅游、物流、文化为核心的镇江服务业的发展带来巨大的机遇。江苏省积极推进国务院通过的《苏南现代化建设示范区规划》,明确镇江市要发挥产业基础好、自然生态良好的优势,建设区域物流基地、技术研发基地、创意生活休闲中心,成为现代山水花园城市和旅游文化名城。镇江市相继成为国家低碳试点城市、国家生态文明先行示范区、省生态文明建设综合改革试点市,有利于促进节能环保、城建基础服务、旅游等现代服务业的发展。

(三)创新驱动战略实施

借势"大众创业、万众创新"政策驱动,让一切劳动、知识、技术、管理、资本等经济要素竞相迸发,激发镇江市流通业的发展活力。2015年中央政府工作报告中提出"互联网+"行动计划,推动移动互联网、云计算、大数据、物联网等与现代制造业结合,促进电子商务、工业互联网和互联网金融健康发展;镇江市流通业发展应具备"互联网+"的战略思维,植入相关高新科技,塑造既融入新兴技术又有地方特色的流通业品牌。通过互联网技术整合线上线下资源,打破传统流通业原有的地域空间和体制束缚,通过模式创新、业态创新给传统流通业带来更广阔的市场。

(四)流通业地位提升

在出口下滑、制造业增长减速的宏观背景下,服务业越来越成为驱动经济增长的核心。国务院先后颁布关于促进养老服务业、健康服务业、文化创意和设计服务业、生产性服务业、保险服务业、旅游业、科技服务业、外包服务业等现代服务业发展的指导文件。江苏省重点实施现代服务业发展"十百千"行动计划,围绕十大重点产业领域,强化百个服务业重大项目示范带动作用,推动百个省级现代服务业集聚区提挡升级,培育百家创新型服务业领军企业。镇江市制定《镇江市现代服务业提速发展行动方案(2014—2017)》,提出2017年全市服务业增加值超过2000亿元,占地区生产总值比重50%左右;市区服务业增加值占地区生产总值比重达到55%左右,现代服务业成为镇江发展的产业支撑。

四、镇江市流通产业代表性行业发展状况

"十二五"时期,镇江市克服金融危机的不利影响,抓住城市大发展机遇,以产业转型为切入点,以服务业重大项目为抓手,服务业发展取得了明显成效。

(一)规模较快增长

2010—2015年,全市服务业增加值由785.48亿元增加至1642.6亿元,年均增长约12%;"十二五"期间,服务业占GDP比重由40.1%提高至46.9%,市区服务业增加值占全市服务业比重由43.3%提高至51.8%,服务业对全市经济增长贡献率由37.3%提高至44.2%,服务业税收收入占全部税收比重由39.6%提高至49.7%,服务业从业人员占全社会从业人员比重由31.9%提高至42.1%。服务业对全市经济增长、财政收入提高以及社会就业有较强的支撑和促进作用。

(二)结构不断优化

旅游、物流、文化三大主导产业发展迅速,2010—2015年,旅游业总收入由323.19亿元增加至620亿元;物流业增加值由89.6亿元增加至238亿元,其占GDP比重由4.6%提高至

6.8%；文化产业增加值由 90 亿元增加至 190 亿元，其占 GDP 比重由 4.6% 提高至 5.3%。"十二五"期间，生产服务业加快发展，全市生产服务业增加值由 265 亿元增加至约 800 亿元，其占服务业增加值的比重由 34.5% 提高至 48% 左右。生活服务业明显提升，形成了大市口中央商贸商务区、城际商圈、丹徒新城市商圈等现代商贸区，发展了家政服务、社区服务、医疗服务、家庭教育等居民服务业。软件信息、电子商务、数字文化、健康服务等新兴服务业快速增长，成为全市服务业发展的新亮点。

（三）投资稳步提升

"十二五"时期，镇江服务业固定资产投资完成额实现翻番，从 512.16 亿元增加到 1147 亿元，年均增速高达 25%，服务业固定资产投资占比由 38.6% 上升至 48% 左右。2010—2015 年，镇江南站、宁杭高铁镇江段、大路通用机场等一批基础设施投入运营，南徐行政中心和体育会展中心投入使用；在加强基础服务和公共服务的同时，镇江重点投资现代旅游、现代物流、文化产业、现代商贸、商务金融、软件信息和科技服务六大现代服务业领域，近 30 个项目列入江苏省重大项目或服务业"十百千"行动计划重点项目（2012—2015），投资总额均在 20 亿元以上。

（四）布局加快完善

初步形成"一主五副"的商务商贸集聚区域，重点发展了大市口商务商贸中心，推进南徐片区、丁卯片区、官塘片区、大港片区和丹徒新城片区五个区级商务商贸中心建设。打造现代物流产业带，初步形成以沿江、沿路为轴心，综合物流园与专业物流园共同发展的格局。东部依托亿吨大港和国家级开发区形成港口综合物流园，西部以惠龙港物流等为主体形成专业物流园，扬中和丹阳沿江地区形成以工程电器、汽配等地方特色制造业为基础的专业物流园。大力发展科技服务业，促进镇江新区科技信息服务集聚区、镇江高新区科技金融服务中心建设。优化文化旅游空间布局，发展了沿江文化旅游产业带、茅山文化旅游集聚区。依托丹阳眼镜、汽配、扬中电器等特色产业推动产品交易市场集聚化发展。

总体来讲，全市服务业总量持续扩张，内部结构不断优化，新的服务贸易方式和新型业态快速发展，产业布局趋向合理，构筑了比较完整的服务业发展体系，在拉动经济增长、增进社会就业、提高居民收入、扩大居民消费等方面发挥了重要作用。"十二五"规划制定的全市服务业的总量目标和结构指标多数超额完成，受整体经济运行下行压力加大、经济处于结构调整和转型升级期、同期基数不断增大等多种因素影响，个别指标未能完成。"十二五"时期，全市流通业投资力度加大，发展迅速，取得较大成效，但与发达地区及同类城市相比，在总体规模、投资力度、载体建设、企业品牌等方面仍然相对滞后，特别是现代流通业发展相对滞后，使得全市流通业总体发展水平与经济发展水平不相符，现有流通业的水平不能有效支撑全市产业的转型升级，亟须在"十三五"时期加以重点解决。

五、"十三五"期间镇江市流通产业发展举措

"十三五"是我国全面建成小康社会的决胜期，是全面深化体制改革的攻坚期，也是镇江促进开放型经济提质增效的关键期。党的十八届五中全会明确五大发展理念，提出坚持开放发展，发展更高层次的开放型经济，开创对外开放新局面，丰富对外开放内涵，提高对外开放水平，完善对外开放战略布局，形成对外开放新体制。

（一）加强信息通信设施建设，夯实发展基础

镇江市把智能制造、互联网平台经济作为智慧镇江的主攻方向，并在智慧教育、智慧医疗、智慧农村等关系民生的领域重点推进，努力培育镇江平台经济的大企业。

鼓励基础电信企业积极参与电子商务平台建设。鼓励基础电信企业积极参与建设集交易支付、商品体验、在线物流、售后服务等于一体的商品销售服务类综合平台，以餐饮、住宿、家政、旅游、家电维修等生活服务为主的消费服务类综合平台，以及提供融资、通关、结汇、退税、物流、保险等一站式服务的跨境服务类综合平台。鼓励基础电信企业支撑有条件的区（县）自建平台或入驻第三方平台，推介特色资源，销售名优产品。积极推动各类服务性平台特色发展、差异发展。

（二）夯实区域发展配套设施建设

镇江市加强以镇江高新区、生态产业园、高校园区、科技新城、"三集"园区等区域为重点的配套信息通信基础设施建设。将信息基础设施建设规划与重点园区智能制造产业发展有机衔接，进一步解决重点园区信息基础设施配套问题。重点推进工业宽带建设，大力支持重点园区探索开通互联网国际通信专用通道，夯实镇江信息通信基础设施，提升集约化、规模化、专业化、高效化的信息服务能力，实现网络、应用、技术和产业的良性互动，满足园区内企业服务外包、跨境电商、信息服务、设备制造等产业发展的带宽需求，带动信息产业新业态发展。大力实施工业信息基础设施"企企通"工程，推动有条件的工业及生产性服务企业开通高带宽专线服务，鼓励企业设备、产品及供应链上网，实现智能设备、机器、流程、数据与人的互联互通，促进工业互联网发展。

（三）加快现代物流业发展

镇江市充分发挥港口资源优势，将打造长江经济带上的重要物流枢纽和长三角的区域性物流基地，基本建成与镇江经济发展相适应的现代物流体系。优化港口资源配置，加强镇江港口建设，发展保税物流，完善多式联运。建设大港港区、高资—龙门港区等物流业与制造业联动发展示范区。推动全市规模骨干企业加快物流外包或组建自身的物流公司，鼓励企业共同制定原材料采购、生产、销售等环节或整体的物流整合、分离、外包方案。引进培育大型物流服务企业，完善物流企业功能，提升现代物流技术和信息化运用水平，培育一批营业额超过 10 亿元的综合型现代物流龙头企业。

（四）丰富流通业态，加快现代商贸业发展

镇江市依托现有产业基础，加快提升现代商贸、商务金融、软件信息和科技服务以及居住服务等四大重点产业，加快实现全市服务业规模化，提升服务业发展的整体实力。丰富流通业态，加快现代商贸业发展。优化商贸设施布局，丰富商贸流通业态，建设区域商贸中心。通过统一规划布局，在明确各特色街区的区域范围、功能定位、产业导向和发展目标的基础上，引导错位发展和优势互补，加快形成整体效应。重点推进西津渡民国风情一条街、春天里醋街和大西路老字号一条街等特色街区建设，鼓励老字号保护和创新发展，进一步彰显城市特色，提升城市生活品质，目标形成 1 个全国知名特色街区，新增省级示范特色商业街1—2个。

第十一章　扬州市流通产业发展

一、扬州市经济发展状况与流通产业发展贡献

扬州，建城史可上溯至公元前486年，地处江苏省中部，长江与京杭大运河交汇处，历来是水陆交通枢纽、南北漕运的咽喉，是江苏长江经济带重要组成部分，是南京都市圈重要城市和长江三角城市群城市，国家重点工程南水北调东线水源地。

流通作为链接生产与消费的纽带，现代流通更是提高国民经济运行速度、质量和效益的重要因素，再扩大内需、活跃市场和提高人民生活质量等方面具有十分重要的作用。当前经济形势复杂严峻、国内经济下行压力加大的情况下，加快流通产业发展，引导生产、促进消费，使之成为带动经济的"新引擎"显得尤为重要。2015年，扬州市积极应对复杂的国内外经济环境和经济发展新常态，坚持"稳中求进、进字当先，创新驱动、转型升级"总基调，统筹做好稳增长、促改革、调结构、惠民生、防风险各项工作，全市经济运行总体平稳、稳中有进，综合实力迈上新台阶，经济结构进一步优化。全市实现地区生产总值4016.84亿元，可比价增长10.3%。人均地区生产总值89646元，增长10.2%。产业结构不断优化，其中，第一产业增加值241.93亿元，增长3.5%；第二产业增加值2011.97亿元，增长10.6%；第三产业增加值1762.94亿元，增长10.8%。三次产业结构由上年的6.1：51.0：42.9调整为6.0：50.1：43.9。

（一）批发零售

2015年全市社会消费品零售总额1236.96亿元，增长9.7%，其中，批发业166.50亿元，增长11.3%；零售业930.19亿元，增长7.3%；住宿业19.10亿元，增长27.2%；餐饮业121.17亿元，增长23.1%。城镇消费品零售额1147.82亿元，增长9.7%；乡村消费品零售额89.14亿元，增长8.8%。

限额以上批发和零售企业中，粮油、食品类零售额26.34亿元，增长3.6%；饮料类零售额3.32亿元，增长1%；烟酒类10.86亿元，增长14.7%；服装、鞋帽、针纺织品类零售额34.55亿元，下降0.9%；日用品类零售额11.12亿元，下降0.9%；化妆品类零售额6.1亿元，增长4.8%；金银珠宝类零售额13.52亿元，下降10.8%；家用电器和音像器材类零售额32.45亿元，增长0.5%；汽车类零售额145.16亿元，增长8.7%。

（二）交通邮政

全市邮政通讯业务收入56.9亿元，增长4.1%。其中，通讯业务收入40.4亿元，下降4.3%；邮政业务收入16.5亿元，增长32.6%。年末电话用户603.95万户，下降1.6%，其中移动电话用户488.61万户，增长0.2%。互联网宽带接入用户122.26万户，增长12.1%。

货运总量和货运周转量分别完成1.2亿吨公里和318.53亿吨公里，分别增长3.1%、

4.0％。客运量和旅客周转量完成 4667.7 万人公里和 35.3 亿人公里,分别下降 2.8％、2.9％。港口货物吞吐量 11027 万吨,下降 9.1％;集装箱吞吐量 62 万标箱,增长 10.3％。年末全市公路里程 10652.43 公里,新增 126.99 公里。年末高速公路里程 270.91 公里。

(三)现代服务

全市各类保险机构实现保费收入 123.81 亿元,增长 44.7％。其中,财产险保费收入 31.55 亿元,增长 14.9％;人身险保费收入 92.26 亿元,增长 58.8％。保险赔款总支出 18.74 亿元,增长 10.4％,其中,财产险支出 15.84 亿元,增长 11.4％;人身险支出 2.90 亿元,增长 4.9％。证券公司营业部累计开户 46.68 万户,比上年增加 11.5 万户。证券交易额 18767.79 亿元,增加 12600.74 亿元,其中,股票交易额 16332.48 亿元,增加 11816.02 亿元,占交易额的 87.02％;基金交易完成额 495.04 亿元,增加 91.80 亿元,占交易额的 2.64％。

扬州作为首批国家历史文化名城,也是旅游名城,2015 年旅游总收入 600.71 亿元,增长 12.2％。全年接待入境过夜游客 5.12 万人次,下降 4.3％。旅游外汇收入 5588.45 万美元,增长 13.6％。主要封闭式景区接待游客 909.52 万人次,增长 12％。全市拥有国家 A 级景区 34 家,其中,5A 级 1 家、4A 级 8 家、3A 级 13 家。省星级乡村旅游区(点)30 家,其中四星级 11 家。共有星级饭店 61 家,其中,五星级 4 家、四星级 12 家,客房出租率 67.4％。

二、扬州市流通产业发展现状与面临的问题

"十二五"时期,扬州市经济体制改革在继承中巩固发展、在创新中优化提升、在补齐短板中实现突破提供了强劲动力,但也必须正视重点领域和关键环节的改革与发展形势的要求尚有较大差距。市场体系有待进一步完善,社会资本进入市场还有诸多隐形壁垒,市场化要素配置机制尚不健全,政府职能转变还没有到位,部门分割、行业垄断等现象依然存在。以企业为主体的创新创业体制尚未完全建立,尤其是束缚现代流通业创新的体制机制障碍较多,城市国际化短板亟须精准发力,三区四县与主城区流通业一体化机制亟待完善,创新机制活力有待加强。

(一)发展现状

1. 住宿餐饮业持续低迷

受国际国内宏观经济环境、政府三公消费控制、禽流感疫情以及高温天气等多重因素制约,自去年末以来,集团消费、商务宴请等餐饮消费大幅下降,高端、大型餐饮企业受此影响显著。从抽样调查的企业来看,社区型、大众消费的餐饮企业销售保持平稳增长,高端餐饮企业销售下滑严重。

2. 移动商务市场加速形成

近年来,移动商务的市场成倍增长,有望成为带动整个电商行业高速发展的引擎。从智能手机的市场渗透来看,移动商务的市场正在加速形成。对扬州市而言,不论是智能手机的普及率还是网购的消费能力,都远高于全国平均水平,移动商务的发展将成为带动电子商务持续高速增长的重要引擎。

3. 业态发展冷热不均

受国际国内严峻经济形势影响,中高档消费品销售首当其冲,受房地产调控和家电"以旧换新"政策到期影响,家电销售下滑严重,国美、苏宁、五星电器销售额降幅都在 15％左

右。同样,在危机背景下,普通日用品消费影响较小,如超市、药品流通企业、网上购物、农村小超市的销售额均稳步增长。特别是通信器材、数码产品销售较为出色,如话机世界销售增幅将近 20%。

4.利润空间严重缩水

受人力资源、租金、原材料、物流等各类成本上升因素影响,各百强商贸企业的利润空间普遍严重缩水,除餐饮类企业整体与去年同期相比还有 4.80% 的增幅,其余在利润方面均为负增长,其中,汽车销售类企业的利润下滑得最为厉害。

(二)面临挑战

1.网点布局极不合理

流通网点布局存在不够合理的问题。商业网点规划缺少约束性,部分城区同型商业业态过于密集,导致恶性竞争。网点布局不平衡,城镇、中心城区中老城区群众消费比较便利,城乡接合部和新扩城区、新开发建设的居民住宅小区的社区商业不发达,居民日常消费不太便利;乡村尤其是边远乡村,由于交通欠发达,商业设施不够齐全,居民消费不方便。

2.人工成本过高

企业人工房租等经营成本偏高。商贸流通业绝大多数是劳动密集型产业,都面临"招工难"问题;发展连锁网点一般都是租赁别人的物业,物业租赁成本很高,近年人工费用大约占总成本的 49.37%,房屋租赁费用占总成本的近 17.93%,仅这两项就占了总成本的 67.3%;商贸流通业银行卡刷卡消费的手续费从 0.4% 到 2% 不等,特别是餐饮行业普遍在 2% 左右,增加了企业负担。

3.土地资源紧张

流通业用地遭遇市区土地瓶颈问题。因扬州市区土地资源稀缺、价格较高,扬州市物流企业和大型商贸连锁企业的配送中心、仓储设施用地大都采用租用的方式,很不稳定,给保障扬州各类生活必需品的供应带来隐患,如扬州快递行业非常发达,全国多家快递知名企业如圆通、申通等都在扬州发展迅速,有多个大型转运中心,由于用地问题其总部大都设在外地;考虑到土地成本因素,本市一家商贸龙头企业的配送中心也准备外迁。

三、扬州市流通产业发展措施与发展绩效

(一)转型升级加快

三次产业加快转型。五大千亿级产业、高新技术产业、战略性新兴产业产值分别占规上工业的 69.1%、44.5%、29.4%。新能源产业出口交货值增长 1.5 倍。节能环保产业产值增长 10.5%。工业机器人保有量增长 30%。建筑业总产值 3100 亿元,增长 12%。新创鲁班奖 2 项。建设综合性游客服务中心 10 个。高邮盂城驿创成国家 4A 级景区。广陵信息服务产业基地成为江苏首个省市共建"互联网产业园",市经济技术开发区"扬州智谷"获批省大数据特色产业园。软件和信息服务业收入增长 40% 以上。服务业增加值占 GDP 比重 43.5%,增长贡献率首次超过工业。

项目建设成效明显。扬州市新落户阿尔斯通高压母线管等世界 500 强及跨国公司项目 5 个,新增省认定跨国公司地区总部 2 家。省级重大项目比上年增加 5 个。新开工宝应日升铜合金等工业重大项目 50 个。近三年竣工的 65 个项目实现开票销售、入库税收分别占规

上工业的 18％和 25％。重大科技成果转化项目居全省第二。150 个亿元以上技改项目完成投资 191.2 亿元。新开工万达广场等服务业重大项目 42 个、竣工运营项目 29 个。新增规上工业企业 156 家、规上服务业企业 217 家。围绕增信心、稳增长,召开系列产业发展推进会和工业企业家千人大会,出台"服务企业 50 条"政策措施。工业万元开票销售入库税收增长 14.4％。用活 2 亿元企业应急专项资金。国税和地税为企业减、免、退税 115 亿元。帮助企业直接融资 180 亿元,"新三板"挂牌企业达 35 家。恒丰银行扬州分行开业。新增私营企业 2.1 万户、个体工商户 3.9 万户。新增中国驰名商标 6 件、省著名商标 49 件。

(二)创新活力增强

服务业重点领域改革深入推进。推进行政审批制度改革,实施企业注册登记"三证合一"和"一照一码"工作。在省内率先完成行业协会商会与行政机关脱钩。实施市级行政事业单位所属企业清理规范和全面监管,市属监管企业资产总额同比增长 18.2％。启动新一轮综合医改,城市公立医院全面实行药品零差率销售。新组建卫生与计划生育委员会。完成全市市场监管体制改革。实施食品药品监管体制改革。完成 300 个村土地承包经营权确权颁证。农村集体资产股份合作制、农村产权交易市场建设实现新突破。仪征被列为全国农民住房财产权抵押贷款试点。

流通业区域发展协调推进。《扬州市城市总体规划(2011—2020 年)》获国务院批准。扬州市成为长三角健康服务业专业委员会牵头城市。宁扬城际等 10 个项目成为南京都市圈重大基础设施合作项目。全市园区落户上海转移项目 20 个,总投资 301 亿元。文昌路西延、新万福路及万福大桥建成通车,仪征、江都到主城更加便捷。市区三区社会保险和民政福利实现"同城同步同标"。

(三)名城特质彰显

重大基础设施建设实现新突破。连淮扬镇铁路扬州段全线开工,宁启铁路复线电气化改造全面完成。扬州泰州机场获批一类航空口岸并开通 5 条国际(地区)航线。352 省道江都段、宿扬和江广高速加快建设。西部交通客运枢纽建成启用。城市南部快速通道、金湾路、611 省道沿湖大道、芒稻船闸扩建工程、界首运河大桥等开工建设。高邮运东船闸扩建工程建成通航,长江六圩弯道应急护岸工程、淮河入江水道整治主体工程完工。

交通物流管理水平不断完善。围绕建城 2500 周年,按序时推进 100 项城庆重大城建项目和 30 项政府主导城建项目,市民中心和科技馆、廖家沟中央公园主体工程、新体育场、李宁体育园等项目建成或运营。实施头桥水厂扩建工程,完成六圩污水处理厂三期工程。建成全市域桥梁信息管理系统与市区地下管线信息系统。着力推进文明城市建设长效化管理,开展农贸市场、交通秩序等 7 个专项整治,拆违、拆破、拆烂 309 处,在文明城市省级考评中名列前茅。创成省首批优秀管理城市。

总体来说,"十二五"期间,扬州跨江融合发展聚焦推进,商贸流通转型升级取得新成效。以"跨江融合发展综合改革试点"为总抓手,推进重点领域和关键环节改革,制定实施 168 项改革任务。以开放促发展,新增世界 500 强企业项目 38 个,进出口总量突破百亿美元,外经营业额年均增长 20％,开发园区对全市经济贡献率达 48.4％。实施创新驱动战略,高新技术产业产值实现翻番,科技进步贡献率达 60％,人才总量比 2010 年增长 56％。五次蝉联"全国科技进步先进市"称号,荣获国家创新型试点城市。

其次是扬州现代交通发展格局基本形成,区位优势得到新提升的五年。主动融入长三角,积极推进宁镇扬同城化。加快建设现代立体交通体系,扬州泰州机场、瘦西湖隧道、江六高速、新淮江公路等建成运营,连淮扬镇铁路等取得突破。高速公路、一级公路里程分别比"十一五"末增长 19.2%、78%。城建工程数量、体量和投资额超过前十年之和。顺利实施市区部分行政区划调整,中心城区面积由 309 平方公里扩大至 640 平方公里。

四、扬州市流通产业代表性行业发展状况

"十二五"时期,面对错综复杂的国内外环境,全市人民认真贯彻落实中央和省委各项决策部署,紧扣主题主线,坚持项目为王、人才为纲、生态为基、文化为魂、精致为要、民生为本,同心同向,共谋共商,保持定力、精准发力,经济社会发展保持了稳中有进的良好态势,较好地完成了"十二五"规划确定的主要目标任务,为"十三五"时期迈上新台阶、建设新扬州奠定了坚实基础。

(一)商贸流通实力实现新跃升

一批重大产业项目相继落户达产,实现了沿江 100 亿元、沿河 50 亿元重特大项目全覆盖,促进了经济持续稳定增长。全市地区生产总值相继迈上 3000 亿元、4000 亿元台阶,人均地区生产总值超过省均水平,一般公共预算收入突破 300 亿元。服务业增加值占地区生产总值的比重达到 43.9%,初步形成了以汽车、机械、旅游、建筑、软件和信息服务业、食品工业等基本产业为支撑的现代产业体系。扬州高新区升级为国家高新区。创成国家创新型试点城市、国家智慧城市技术和标准试点示范市。

(二)城市流通发展开启新格局

"一核多组团"的现代化大扬州发展格局基本形成,市区面积由 1024 平方公里扩大至 2310 平方公里,中心城区面积由 309 平方公里扩大至 640 平方公里。坚持开城先开路,连淮扬镇铁路扬州段全线开工,宁启铁路复线电气化改造完成;扬州泰州机场建成通航,并实现了一类航空口岸开放;沪陕高速(江都至六合段)、瘦西湖路和瘦西湖隧道、文昌路东西延伸、新万福路和万福大桥、新 328 国道、新淮江公路、新邮仪公路建成通车,西部客运枢纽建成投入使用。坚持治城先治水,实施了黄金坝闸站、平山堂泵站新建和扬州闸拆建等节点工程,完成文昌西路、扬子江路、文汇路等 65 处积水点的综合整治和 10 条黑臭河道整治。城市公用服务设施更加完善,政务服务中心、科技馆和青少年活动中心、妇女儿童活动中心、体育中心体育场等建成投入使用。

(三)龙头企业得到新发展

扬州市按照市场经济规律,培育打造一批拥有著名品牌和自主知识产权、主业突出、辐射范围广、核心竞争力强的大型商贸流通龙头企业。鼓励有实力的商贸流通企业发挥网络、品牌、信息、配送、管理等比较优势,整合社会资源,实现规模扩张,增强竞争能力,做大、做强企业,逐步走向集团化、规模化、品牌化的发展道路。深入实施商贸流通品牌创塑工作,加大对本地商贸企业的培育力度,支持做大、做强,打造自身品牌。深化"名品、名店、名人"工程和商业"老字号"振兴工程,培育发展"老字号",力争每个商贸流通行业创建 1—2 家同行业内有全国影响力的特色品牌企业或特色品牌服务。鼓励商贸流通企业创立和维护商标信誉,培育企业品牌,提高企业美誉度和品牌影响力。优化业务流程和交易方式,探索运用"互

联网＋物联网"技术,丰富营销手段。推广应用资源管理计划、供应链管理、需求链管理和商业智能等技术,推动商贸流通企业标准化管理、网络化运营、规范化发展。

五、"十三五"期间扬州市流通产业发展举措

"十三五"时期,扬州市发展既面临大有作为的重大战略机遇期,也面临诸多矛盾叠加、风险隐患增多的严峻挑战。世界经济深度调整有助于扬州市把握产业变革带来的新机遇,国内经济长期向好的基本面有利于扬州加快转变经济发展方式,国家"一带一路"和长江经济带建设将为扬州市发展提供长期利好。

(一)加快发展生产性服务业

以产业转型升级需求为导向,聚力发展研发设计、现代物流、融资租赁、信息技术服务、节能环保、检验检测认证、电子商务、商务咨询、服务外包、售后服务、人力资源服务和品牌建设等生产性服务业,引导和鼓励企业分离和外包非核心业务,向价值链高端延伸。搭建面向产业集群和中小企业的生产服务平台,整合优化生产服务系统,支持经济技术开发区、扬州高新区、食品产业园等产业园区建设生产服务功能区,加快构建与国际接轨的专业化生产性服务业体系。积极实施对接金融资本行动计划,招引金融企业来扬设立机构,鼓励社会资本投资民营银行,支持国有企业创建财务公司,把政府支持企业发展的各项政策性资金整合转化为政府股权投资母基金,引进更多的优质创业(股权)投资基金来扬落户,推动扬州市金融集聚区发展。到 2020 年,全市生产性服务业增加值超过 1500 亿元。

(二)优化服务业产业布局

构建"一带一圈多板块"市域服务业空间布局,推动服务业集聚集约发展。一带,即文昌路(东起江都区文昌东路与 S237 交叉,西至南京六合区,全线长约 70 公里)商贸商务产业带,布局包括总部、会展、购物、商务、科技、金融、文创、软件信息、服务外包等服务业重大项目,串起仪征枣林湾等山水资源、西区新城、文昌商圈、广陵新城、生态科技新城、江都新城市智慧商务区;一圈,即环邵伯湖养生度假旅游圈,借助运河北路北延,统筹推进沿湖区域的综合开发,加强产业布局规划控制,科学布局旅游等服务业项目,发挥该区域的最大效能;多板块,即推动主城区的蒋王商务商贸板块、瓜洲旅游度假板块、国家级和省级开发区生产性服务业板块、县(市)中心城镇板块发展。推进服务业集聚集约发展,培育提升 40 家市级和 10 家省级服务业集聚区。

(三)加快拓展流通经济发展新空间

加快消费升级,培育消费热点,深入推进放心消费创建工作,营造安全放心的消费环境。加快培育健康养老、信息、旅游、教育、文化等领域新的消费增长点,更多依靠扩大消费需求拉动经济增长。加快"智慧扬州"建设,重点提升信息消费供给能力和水平。发挥文化、旅游、美食等特色资源优势,加强资源融合,发展旅游健康和体育健康消费,努力打造省级健康产业集群发展示范区。鼓励发展个性化、智能化、定制式文化消费。到 2020 年,全社会消费品零售总额达到 1900 亿元,年均增长 9%。

实施网络强市战略,努力培育壮大工业、农业、商务、旅游、民生、交通、政务等各种业态的"互联网＋",促进跨界创新,优化互联网经济发展环境,提升产业集聚和竞争优势。大力发展"大数据"产业,推进公共数据资源开发利用,推动"一站式"的大数据电子政务平台建

设,深化信息资源共享应用。构建以云计算、大数据、移动互联网为重点的信息服务业体系,建设一批综合类、商品销售类、消费服务类和跨境贸易类电商平台,促进云计算、大数据、移动互联网、物联网等软件信息技术与基本产业、支柱产业及传统特色产业的融合创新发展。支持新型金融组织创新开展互联网业务。打造新兴软件名城,加快建设"一基地三板块",推进建设上海(扬州)网络视听产业园。2020年,全市软件和信息服务业业务收入比2015年翻两番;电子商务交易额达到1500亿元,云服务和云产业实现产值80亿元以上。

第十二章　南通市流通产业发展

一、南通市经济发展状况与流通产业发展贡献

(一)经济发展状况

2015 年,南通市上下全面贯彻党的十八大和十八届三中、四中、五中全会精神,认真落实习近平总书记系列讲话,特别是视察江苏重要讲话精神,主动认识新常态,积极适应新常态,奋力引领新常态,在省委、省政府的正确领导下,紧紧围绕"两个率先",全力落实"八项工程"、实现"八个领先",抢抓机遇、应对挑战,统筹推进经济、政治、文化、社会、生态文明建设和党的建设。国民经济总体处于稳健运行的合理区间,发展质态继续优化,转型升级成效显现,积极因素不断积累。

1. 国民经济平稳增长

初步核算,全市实现生产总值 6148.4 亿元,按可比价格计算,比上年增长 9.6%。其中:第一产业增加值 354.9 亿元,增长 2.9%;第二产业增加值 2977.5 亿元,增长 9.7%;第三产业增加值 2816.0 亿元,增长 10.5%。人均 GDP 达到 84236 元。按 2015 年平均汇率计算,人均 GDP 为 13525 美元,增长 8.1%。

2. 财政收入较快增长

全市实现一般公共预算收入 625.6 亿元,增长 13.8%,其中,税收收入 521.1 亿元,增长 13.9%,税收占比达到 83.3%,比上年同期提高 0.1 个百分点。地方公共财政预算收入占地区生产总值的比重达 10.2%,比上年提高 0.5 个百分点。

(二)流通产业发展贡献

1. 批发零售

2015 年全年社会消费品零售总额 2379.5 亿元,增长 9.9%。其中,城市消费品零售额 1749.5 亿元,增长 10.1%;农村消费品零售额 629.9 亿元,增长 9.1%。分行业看,批发和零售业消费品零售额 2177.5 亿元,增长 9.8%;住宿和餐饮业消费品零售额 202.0 亿元,增长 10.2%。

限额以上贸易单位商品零售额中,汽车类零售额比上年增长 4.7%;石油及制品类增长 2.5%;粮油食品类增长 7.6%;烟酒类增长 9.7%;服装鞋帽针织品类增长 11.0%;日用品类下降 3.7%;金银珠宝类下降 5.6%;家用电器和音像器材类增长 7.7%。

2. 交通物流

2015 年交通运输、仓储及邮政业增加值 220.3 亿元,比上年增长 3.1%。兴东国际机场陆续开通仁川、大阪、台北等 3 条国际(地区)航线,年末国内航线 15 条,开通周航班量 110 班,下降 9.8%;完成旅客运输量突破百万人次,达到 116.2 万人次,增长 24.6%;全年民航货

邮吞吐量 3.61 万吨，增长 13.3%。年末铁路南通站始发列车 13 对；全年铁路客运量 257.5 万人次，增长 1.6%；货运量 84.3 万吨，下降 7.5%。全年公路货运量 111662 万吨，增长 3.4%；公路客运量 9948 万人次，下降 0.5%。

南通港全年货物吞吐量 22077 万吨，增长 1.1%。其中，进港 13043 万吨，增长 0.2%；外贸吞吐量 5152 万吨，增长 7.0%。集装箱吞吐量 75.9 万标准箱，增长 6.7%，其中，外贸航线 31.3 万标准箱，下降 1.1%。

二、南通市流通产业发展现状与面临的问题

（一）发展现状

"十二五"期间，南通商贸流通行业以转变发展方式为主线，以改革和创新体制机制为发展动力，以促进消费和服务民生为立足点，实施信息化、资本化、国际化、低碳化四大战略，逐步提升发展现代商贸流通业，虽然取得了显著成效，但是仍存在着一些问题。一是商圈的吸引力有待进一步加强，南大街、新城区、市北新城等三大商圈由于缺乏特色，加之同质化发展，在辐射半径、辐射范围、消费能级等方面与苏锡常相比，仍存在较大差距；二是流通大企业的旗杆效应有待进一步放大，文峰集团、南通化轻等企业虽然在省内具有一定地位，但其核心竞争力尚无明显优势，南通市仍缺少类似苏宁、阿里巴巴、京东的旗舰型企业；三是新的增长点有待进一步培育，在一些支撑消费增长的传统因素逐渐消退的同时，行业内的新门类、新业态、新主体也相继出现，但短期内难以弥补传统增长点收缩带来的缺口；四是统筹推进商贸流通业发展的力度有待进一步提升，各地对限上企业培育的重视程度不够，限上企业对扩大消费的支撑作用不强。

（二）面临挑战

宏观经济进入提档降速新常态，企业可分配用于消费的资源受到影响，对商贸流通业持续高速增长带来一定压力。近年来，居民收入增速偏低，在一定程度上影响了消费潜力。由于物价、房价上涨的预期压力仍很大，居民储蓄意愿增强，消费意愿受到影响。

当前，消费结构正发生着三大转变：一是数量向质量的转变。居民对消费质量的追求是"十三五"期间消费结构变化的长期特点。二是物质向精神的转变。生活物资资料得到充分保证后，居民对于旅游、休闲、娱乐等服务型消费的需求将不断扩大。三是生存向发展的转变。居民越来越注重有关自身发展的消费，如医疗保健、教育学习、快捷交通和对称信息等。新的消费需求将在"十三五"期间进一步显现，给相应的消费市场供给侧带来了新的挑战。

电子商务的高速发展，给传统的批发零售等实体商业的发展带来一定的冲击，导致传统商业销售增速不断下降。传统商业缺少网络零售的强大价格优势，市场销售份额面临进一步被挤占的可能。传统商业的实体门店销售模式，在商品销售的时空上受到限制，许多市场机会因此流向电商企业。电商企业主动发展实体门店，走线上线下互动发展之路，将进一步抢走实体店的部分客源。传统的实体商业必须主动适应信息化的时代要求，加快转型升级，与新型的商业模式互动发展。

三、南通市流通产业发展措施与发展绩效

（一）产业规模进一步壮大

"十二五"期间,南通商贸流通业稳步发展,社会消费品零售总额不断攀升。逐步走向富裕小康生活的南通百姓,孕育着强大的生活消费需求。"十二五"期末,全市社消零总额2379.46亿元,比"十一五"期末净增1111.14亿元,年均增长13.4%。消费规模总量居全省第四位、长三角城市第七位。限上企业逐年增长。"十二五"期末,全市限额以上商贸企业2266家,比"十一五"期末净增1281家。大型购物中心快速增加。"十二五"期末,全市5000平方米以上的百货店、超市、各类购物中心、专卖店(专业店)212家,比"十一五"期末净增95家。

（二）流通体系进一步完善

全市城乡商品销售体系基本建成,"工业品下乡、农产品进城"的流通渠道更加畅通。"十二五"期末,全市工业品下乡销售额1772.3亿元,农产品进城销售额581.1亿元,分别比"十一五"期末增长75.7%、96.3%。城乡流通设施持续改善,城市的流通功能和节点作用更加明显。在《全国流通节点城市布局规(2015—2020年)》中,南通跻身全国66个区域级流通节点城市之一,初步实现了公路、铁路、水路、航空的综合效应。"十二五"期末,全市商贸物流总额15097.5亿元,比"十一五"期末增长86.87%,总量在全省位列前三。商业网点布局规划深入实施,全市城乡商业网点布局更加优化。通过实施"东进、南拓、中优、北延"战略,全市商业网点空间布局从"十一五"期末的"一核、两轴、三主、三次、六道口、十街、多点"发展为"十二五"期末的"3个市级商业中心、4个区级商业中心、10个城市综合体、18条特色商业街",创造了新的市场需求,拓展了新的发展空间,提供了新的商业业态。

（三）流通方式进一步发展

电子商务加速发展。电子商务改变了传统商业的思想维度,催生了新产品、新模式,推动了线上线下互动和实体商业的转型升级。"十二五"期末,全市电子商务交易额约1150亿元,其中,网络零售额约215亿元,占社消零总额的9.04%。商贸物流迅速发展。80%以上的重点商贸企业建有自有物流配送中心,家电、医药、烟草等专业物流形成一定规模,商贸物流的服务范围延伸至华东、华北、东北等地区大部分城市。物流配送水平稳步提高,商贸物流走出了第三方物流的发展路径。连锁经营稳步发展。连锁经营模式在全市批发和零售业、住宿和餐饮等行业中普遍应用,拓展了企业生存空间,形成了企业的规模效应。文峰大世界的百货连锁开创了全国百货业连锁的先河,叠石桥家纺市场的连锁经营为大型批发市场的转型升级提供了成功案例。"十二五"期末,全市7家大型连锁企业发展连锁门店达到50家以上,共发展门店2000余个;销售额超10亿元的连锁企业达到5家,实现销售额占全市社消零总额的13.8%。

四、"十三五"期间南通市流通产业发展举措

全面贯彻党的十八大和十八届三中、四中、五中、六中全会精神,以科学发展观为指导,牢固树立创新、协调、绿色、开放、共享的发展理念,按照"好上又好、能快则快"的总体要求,适应环境新变化、消费新趋势、技术新发展,激发企业主体活力,增强商贸发展内生动力,探

索商业新模式、新业态、新技术,促进流通信息化、标准化、集约化,推进流通业供给侧结构性改革,有序规划增量,优化空间布局,规范市场秩序,发挥流通对经济发展的拉动作用和居民安居乐业的保障作用,促使流通业在新形势下迸发出新的生机和活力。

1. 加快推进流通体制改革

加强县(市)区流通管理队伍建设,着力提高管理和服务水平。加快健全流通业发展的科学考评体系,增加流通业指标在地区和部门综合考评中的比重。不断完善、创新流通政策体系,激发各类社会主体加快发展流通业的积极性和主动性,形成有利于流通业发展的政策环境。加强对流通行业协(商)会的指导,加强行业协(商)会的自身建设,充分发挥行业协(商)会在推动全市流通业发展和实施行业管理中的作用。加强流通业相关部门之间的沟通与协作,形成加快推动流通业发展的整体合力。

2. 注重改革创新

强化流通创新的市场导向,推动传统流通企业改革创新。鼓励零售企业通过集中采购、买断经营、开发自有品牌等方式,提高自营比例。支持流通企业利用电子商务平台创新服务模式,拓宽市场营销渠道。引导流通企业在商品陈列、商场装饰、环境营造等方面突出创意特色,推动现代商业与传统文化融合创新,提升商业设施的文化内涵。鼓励各类创业孵化基地为内贸流通领域创业人员提供场地支持和孵化服务,支持发展校企合作、商学结合等人才培养模式。支持专业化创新服务机构发展,创新产学研合作模式,完善创新成果交易机制,积极发展各类商贸服务交易平台。

3. 加强政策引导

积极争取各级专项资金,推动土地、科技、资金、信贷、人才等要素向流通业倾斜,支持、引导全市流通业创新、集聚、健康发展。优化城市规划用地布局,适当增加流通设施用地比例。大力推进流通信息化,鼓励流通企业在商业设施和重要流通环节等方面加大科技投入,提高企业自主创新能力。引导金融机构加强和改善对流通企业的金融服务,不断拓展和创新服务内容和产品,更好地满足流通企业融资需求。建立和完善相应的授信制度,对经营效益好、信用意识强的优质流通企业加大信贷支持力度。积极拓宽流通企业融资渠道,帮助流通企业通过发行企业债、短期融资券、中期票据、中小企业集合债等直接融资工具筹集资金。鼓励、支持流通企业争创品牌,营造流通业发展的良好氛围。

第十三章　泰州市流通产业发展

一、泰州市经济发展状况与流通产业发展贡献

(一)泰州经济增长基本状况

"十二五"时期是泰州发展史上承前启后的五年。面对国内外、省内外形势的复杂变化,泰州市抓改革、强创新、稳增长、调结构,主动适应经济发展新常态,顺利完成了"十二五"发展的主要目标任务,经济持续平稳健康发展,社会保持和谐稳定。

1. 综合实力实现新提升

2015年全市完成地区生产总值3655.5亿元,为2010年的1.8倍,年均增长11.5%;人均地区生产总值7.88万元,为2010年的1.5倍,年均增长11.4%;一般公共预算收入322.2亿元,为2010年的1.89倍,年均增长13.5%;城乡居民人均可支配收入分别达3409元和16410元,年均增长11.3%和12.6%。

2. 产业结构调整取得新进展

泰州市转型升级综合改革试点工作初见成效,三次产业结构由2010年的7.4∶55.0∶37.6调整为6.3∶50.1∶43.6。传统产业向中高端推进,生物医药等新兴产业加快成长,高新技术产业产值占规模以上工业比重达42.5%,省级现代服务业集聚区达9家。农业现代化步伐加快,国家现代农业示范区成功获批,适度规模经营面积占耕地面积比重达56.2%。自主创新能力不断增强,连续五次入选国家科技进步先进市,成为国家创新型试点城市和国家知识产权示范城市。

3. 城乡统筹进入新阶段

"十二五"期间,泰州市坚持"做强龙头,带动全市"的总体战略,突出加大中心城市建设力度,着力构建新型城镇体系,加快建设美好宜居城市,全国文明城市、国家历史文化名城成功创建,城市美誉度和知名度不断提升。城乡发展一体化水平稳步提升,城市化进程明显加速,城市化水平由2011年的56.8%提升至2014年的60.15%。重大基础设施建设实现新突破,泰州长江大桥建成通车,扬泰机场正式通航,宁启铁路复线电气化工程全面完成,泰镇高速泰州段、阜兴泰高速泰州段、京沪高速江广段扩容工程开工建设。新农村建设深入推进,村庄环境整治提前一年实现全覆盖。

4. 改革开放迈出新步伐

"十二五"期间,泰州市全面深化改革,制定出台"五张清单",市级层面减少各类行政审批事项217项,非行政许可审批事项全部取消,实现"目录之外无审批"。在全省率

先实现企业登记"三证合一"全覆盖,率先推行排污权有偿使用和交易试点,率先推进科技创新券、高层次人才(团队)创业券、人才购房券"三券联动"。农村改革有序推进,农村承包地、宅基地和集体建设用地确权登记发证进展顺利,农村产权交易市场实现市(区)全覆盖。

(二)泰州市流通产业发展的贡献

经济发展包括"质"和"量"两个部分,流通产业不仅有助于"量"的增长,即促进 GDP 的增长,而且也有助于"质"的提升,即促进产业结构调整和升级。因此,构建功能良好的流通产业体系,确保流通产业的积极发展,有助于更好地组织和引导生产,满足消费者的异质化需求,最终建立以内需拉动经济增长的长效机制。

1. 流通产业对 GDP 的贡献

流通产业对 GDP 的贡献,可以通过流通产业所实现的产值占 GDP 的比重来衡量。比重越大,流通产业对 GDP 的贡献越大。流通产业作为第三产业的重要组成部分,其产值占 GDP 比重高低,与地区生产专业化水平以及市场化程度密切相关。换言之,商品与服务的市场化程度越高,流通产业对 GDP 的贡献越大。

2015 年泰州市社会消费品零售总额 1002 亿元,与 2011 年相比,年均增长率约为11.4%,与地区生产总值 11.1%的增幅相比基本持平;从社会消费品零售总额占地区生产总值的比重来看,"十二五"时期泰州市流通产业产值较为平稳,始终保持在 27%左右(见表 29)。

表 29　泰州市流通业产值及所占比重

年份	地区生产 总值(亿元)	社会消费品零售 总额(亿元)	流通产值占 GDP 的比重(%)
2011	2422.6	651.2	26.9
2012	2702	738	27.3
2013	3065	837	27.3
2014	3371	904	26.8
2015	3688	1002	27.2

数据来源:《泰州市统计年鉴》。

2. 流通产业对就业的贡献

流通产业具有进入壁垒低以及多层次性等优势,在吸纳劳动力就业方面能够发挥重要作用。"十二五"时期,泰州市住宿和餐饮业的从业人员数由 2011 年的 0.94 万人增至 2015年的 1.89 万人,年均增长率达 19.1%,与"十一五"初期相比,年均增长率高达 19.1%。从流通产业从业人员占城镇单位就业人员的比重来看,由于城镇单位就业人员增幅更快,导致流通产业从业人员所占比重由 2011 年的 6.8%下降至 2015 年的 3.8%(见下图 11)。

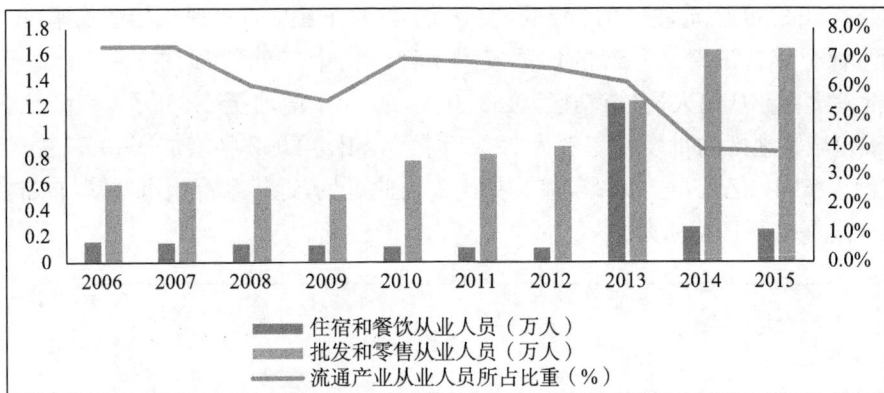

图 11　泰州市流通产业人员就业情况（市辖区）

数据来源：中经网统计数据库。

二、泰州市流通产业发展现状与面临的问题

（一）泰州市流通产业发展现状

1. 流通产业规模不断扩大

改革开放以来，泰州市流通产业实现了良好的发展，积极拉动了泰州的经济增长。下图 12 可见，2000 年泰州市社会消费品零售总额仅为 133.57 亿元，2015 年规模已扩大至 1001.6 亿元，15 年间年均增长率达 14.4%。在经济发展、GDP 增长的过程中，消费规模的不断扩张已成为一大有利因素；与此同时，流通产业的发展也积极拉动了劳动力就业。

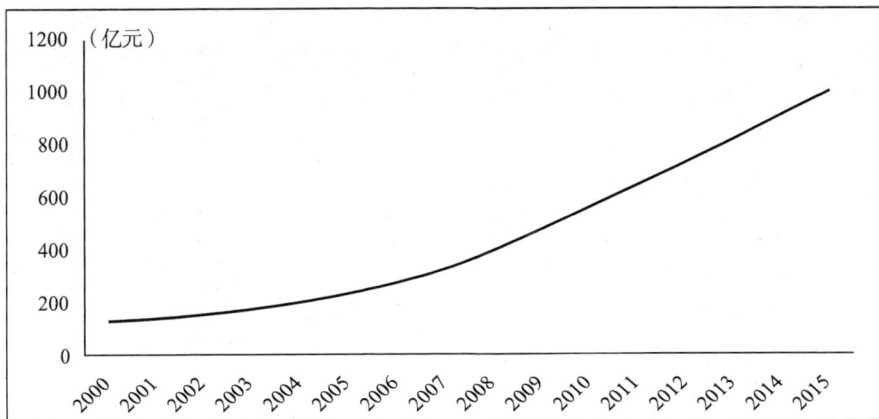

图 12　泰州市流通产业发展规模（2000—2015）

数据来源：《江苏统计年鉴》。

2. 批发零售业稳中有升

批发零售业连接着生产和消费，是商品流通的重要环节，是社会各产业部门的产品实现价值的重要媒介[1]。泰州市将批发零售业作为带动经济增长的主要动力。"十二五"末，泰州

---

[1]　余瑶.批发零售业对河南省经济发展的影响研究[D].西南财经大学硕士学位论文,2012:12.

市批发零售额863.59亿元,较2011年的553.6亿元(见下图13)实现年均增长率11.8%;批发零售额占社会零售消费品总额的比重较为平稳,由"十二五"初期的85%上升至86%。2011年,批发零售业从业人员(市辖区)0.83万人,2015年增加至1.64万人。分地区来看,2015年,泰州城镇地区的批发零售额为928.45亿元,相比2012年增加39.9%;乡村地区的批发零售额为73.19亿元,与2012年基本持平。由此可见,近年来泰州市城镇与农村地区的批发零售业发展差距日益加大。

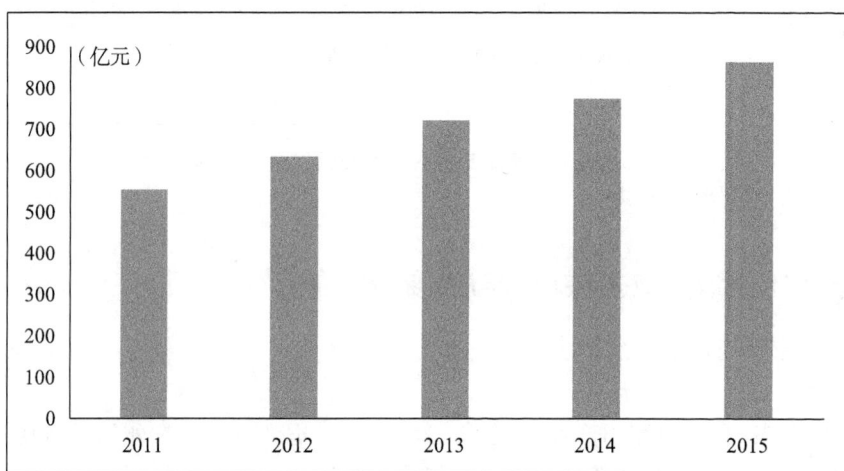

图13 泰州市批发零售总额(2011—2015)

数据来源:《江苏统计年鉴》。

3. 住宿餐饮业稳定发展

随着居民的收入增加以及消费水平的提高,社会消费方式和消费结构发生一定变化,泰州市的住宿餐饮业取得长足发展,这不仅有利于活跃市场经济,而且有助于推动收入再分配。2015年,住宿餐饮总额达到138.05亿元,比2011年增长41.4%,四年间年均增长率约为9.1%,占社会消费品零售总额的比重保持在15%左右。

(二)泰州市流通产业发展存在的问题

由于传统的流通产业具有劳动相对密集、技术含量较低、经营观念陈旧、经营方式老化等特点,在实际经营过程中,泰州市流通产业的发展空间受到一定限制,投入产出效益也相对较低,持续发展面临着诸多压力和问题。

1. 区域发展不平衡

近年来,泰州市对第三产业发展的重视程度不断增强,流通产业也取得了相应较快的发展,但由于多方面原因,区域发展还不平衡,表现出较大的差异性。从绝对值看,2015年,全市7个市(区)中,流通产业经济总量最高的泰兴市和靖江市分别实现增加值118.77亿元和117.8亿元,约为高新区的7倍。从占比来看,流通产业经济占比最高的兴化市和泰兴市占比水平达16.0%,超出高新区6个百分点。总体来说,受城市功能辐射影响,中心城区流通产业的发展水平遥遥领先于其他各市的发展,而且差距不断拉大。此外,乡村的流通产业发展速度过慢,严重滞后于城镇地区,差距日益加剧。

2. 商品流通功能未能得到充分发挥

批发零售企业商品购进、销售总额反映了批发零售贸易企业从国内外市场上购进商品、在国内市场上销售商品和出口商品的总量,深层次地体现了城市商品流通的辐射能力,社会消费品零售总额则体现了城市在区域范围内商贸中心地位和在商品流通方面的集聚能力。但泰州这三项指标在省内 13 个地级城市中的排名较为落后,2015 年泰州限额以上商品购进总额 1067.2 亿元,销售总额 1248.1 亿元,全社会消费品零售总额 1001.64 亿元,分别列全省第十二、第十一和第十位。全年公路货运量 2489 万吨,仅占全省总量的 2.1%。商贸流通业在基础设施、流通渠道及组织流通的能力方面存在明显的欠缺,直接制约了泰州区域性中心城市的建设规模和辐射效应。

3. 基础设施水平与服务能力有待提高

以社会消费品零售总额人均密度(社会消费品零售总额/区域常住人口)和空间配置密度(社会消费品零售总额/区域土地面积)、流通业活动单位总数三项指标加以考察,泰州服务基础设施水平与服务能力仍然有待提高,相对制约了泰州流通业服务能力的提升。其中,2015 年泰州人均社会消费品零售额 2.16 万元,仅占全省平均水平的 66.5%,占镇江的 61.5%,占扬州的 78.2%。每平方公里社会消费品零售总额 1731 万元,仅占全省平均水平的 71.7%,占镇江的 59.7%,占扬州的 92.2%。截至 2015 年末,泰州限额以上批发零售企业 752 家,单位数列全省第十位。

4. 企业经营效率和竞争能力亟待加强

泰州流通业企业经营效率从总体上看比较落后,无论从业人员、单位规模、社会价值创造还是资本运营获利能力,都处于较低水平。2013 年经济普查资料显示,泰州流通业企业户均从业人员 11 人,为全部行业的 46.7%,为工业企业的 40.7%。户均营业收入 1102 万元,为全部行业的 64.6%,为工业企业的 46.4%。此外,流通业受政策影响波动较大,2015 年全市限额以上批发零售、住宿餐饮企业实现营业盈余 23.5 亿元,较第二次经济普查(2008 年)相比下降 12%,营业利润率(营业利润/营业收入)仅为 2.3%,其中,住宿餐饮行业面临亏损经营,营业利润率分别为 −13.7% 和 −1.3%。

5. 物流企业规模小,业态发展不平衡

目前,泰州物流企业规模较小,物流运作现代化水平较低,物流中心和配送中心的建设及集装箱运输的发展还比较慢,绝大多数物流企业具有"小、少、弱、散"的特点,即经营规模小、市场份额少、服务功能少、高素质人才少,竞争力弱、融资能力弱,结构单一,缺乏网络或网络分散,经营秩序不规范,小生产特征明显。物流各环节还相互脱节,物流方式过于单一,物流市场无序竞争等现象普遍存在,直接导致了物流产业整体效益不佳,竞争力不强。物流管理又比较分散,物流部门条块分割的现象比较严重,每个部门都自成体系,缺少整合,加上大多数物流企业运营方式单一,综合性物流公司很少,使货物仓储、货物运输、货物配送无效作业环节的增加,物流速度的降低和物流成本的上升,造成物流环节上的浪费,管理成本加大,因而导致了物流业整体效益不佳,竞争力不强,从而难以为合资企业或外资企业提供综合性的物流服务,也很难实现社会物流与企业物流的一体化。

三、泰州市流通产业发展措施与发展绩效

流通是连接生产与消费的纽带,是连接国民经济各部门的桥梁。在市场经济条件下,消

费需求引导生产。因此,流通产业由社会再生产的末端产业转变为先导产业。流通产业的健康发展,对资源的优化配置、经济结构的有效调整、生产发展的合理引导、消费需求的积极推动、财政收入的增加、劳动就业机会的创造,乃至城镇化建设都具有重要意义。鉴于流通产业的重要性,泰州市采取了一系列行之有效的措施,促进流通产业内部的优化升级。

(一)积极培育流通龙头企业,提升核心竞争力

泰州市各级政府强化组织领导,将加快发展流通产业列入泰州市工作的重要内容。大力实施"规模企业培育计划",支持企业兼并重组、资本运作,引进国内外知名的电子商务、连锁经营、财经资讯等新兴商贸服务企业,重点支持市场竞争力强,市场占有率、知名度、美誉度、顾客忠诚度、无形资产价值高的企业,推动企业实现"又大又强"的转变,培育大型龙头企业,努力形成具有较强竞争力的大企业群。

(二)努力打造现代商贸业,增强商贸集聚能力

互联网思维日益深入地介入传统流通产业,从而催生了一系列新型商贸业态,如 B2B(企业对企业)、B2C(企业对消费者)、C2C(消费者对消费者)、G2B(政府对企业)、G2C(政府对消费者)等电子商务模式。互联网正快速改变着传统流通产业的版图和服务方式。在"互联网+"的大环境下,泰州市大力引进新型流通业态和现代经营方式,流通产业从流通主体、流通渠道、经营方式、经营业态,直至运行机制和管理体制都发生了巨大转变。零售业态由传统单一的百货店模式转变为超级市场、便民连锁店、专卖店、购物中心、农村连锁超市、农业生产资料连锁网络等多元化模式。互联网等电子商务手段的运用,减少了中间环节,更好地衔接起客户与商家,这一渠道扁平化和去中间化的过程可以使客户体验更加快捷、更加直接、更加实惠,随之而来的是,泰州市限额以上零售贸易法人企业数量、限额以上连锁零售门店数,以及销售额等均实现了飞跃。同时,泰州市进一步加强规划、政策和信息引导,大力支持商贸业提升品牌,重点发展新区商圈、济川路商业中心,提升西坝口商圈层次,加快培育县域商贸中心,不断增强城市商贸集聚能力。

(三)重点发展现代物流业,提高经济运行质量

现代物流业对于优化产业结构、增强企业发展后劲、提高经济运行质量具有重要作用。因而,泰州市立足区域制造业发展需求和生活消费需求,重点发展现代物流业。依托港口、铁路等重大交通设施,以泰州港(核心港区、泰兴港区、靖江港区)综合物流园、泰州城北物流园、江苏三江物流中心、兴化得胜湖港口建材物流园、姜堰经济开发区综合物流园等为重点,加强信息平台建设,积极推进多式联运,重点发展码头、仓储、加工及贸易四位一体的大物流,加快发展第三方、第四方物流,致力于将泰州建设成为区域性物流中心。

四、泰州市流通产业代表性行业发展状况

(一)新兴业态"互联网+"快速发展

随着互联网与电子商务技术的日臻成熟,"互联网+"快速发展,移动支付、美团外卖等分享经济不断发展扩大,泰州市越来越多的企业开始利用互联网拓展业务,来自互联网上的销售增长迅猛。2017年1—3月,全市限额以上企业实现网上零售额 3.06 亿元,同比增长35.5%,高于限额以上企业商品零售额 25.4 个百分点。同时,随着城市经济的快速发展,以购物中心为主导,融合零售、餐饮、服务等多种业态的城市商业综合体不断壮大,成为新兴消

费业态的另一重要增长点。

（二）住宿和餐饮业持续提升

住宿和餐饮业作为国民经济中的一个传统行业,在拓展就业渠道、提高居民生活质量、提升商务接待能力、促进经济繁荣发展等方面具有重要作用。2017年一季度,元旦、春节汇集,加上旅游节的东风,泰州市住宿餐饮行业总体运行平稳,服务能力不断提高。限额以上住宿和餐饮业实现营业额6.61亿元,同比增长9.2%,增速较上年提升4.6%。大众餐饮成为餐饮市场消费主流,有力地支撑全市餐饮业平稳发展。高档餐饮企业积极转型,成效显著,餐费收入逐步趋稳。

（三）交通物流融合发展

在供给侧改革的背景下,泰州市加强交通物流的融合发展,以降低社会物流成本,提质增效。立足于区域制造业发展需求和生活消费需求,依托港口、铁路等重大基础设施建设,如通扬线三级航道建设、连淮扬镇铁路淮泰联络线建设、盐泰锡常宜城际铁路等,重点发展现代物流业,服务于区域制造业和居民消费需求。其中一个典型是以国家级医药高新技术产业园的建设为依托,以全市医药重点企业、医药产业集群及现有物流企业为基础,重点发展医药原材料及其产品物流,形成由研发生产到物流配送完整的医药产业链,为医药产业的发展提供配套物流服务。建设医药专项物流信息形成与发布中心、医药专项产品储运配送中心和专项物流人才培训中心等公共服务平台;运用现代物流理念,整合运输、仓储、配送、货代、批发、零售以及信息服务等领域的资源,促进医药行业物流功能整合和服务延伸,加快传统物流企业向现代物流企业的转变,为中国医药城提供全方位服务,着力打造成全国最大的医药物流中心。

五、"十三五"期间泰州市流通产业发展举措

（一）推进流通产业政策和制度创新

"十三五"期间,泰州市应当着力于提高流通产业的效益与效率,这就要求进一步推进流通产业的政策和制度创新。首先,彻底打破行业垄断和地区封锁,为流通企业的公平竞争和快速发展提供制度保障;其次,进一步细化泰州市促进流通产业发展的税收、价格、土地等方面的政策,并根据形势变化,及时废止不合时宜的政策规定,研究出台新的扶持政策;第三,完善市场竞争规则,规范企业竞争行为,重视对企业无形资产的保护,促进知识型流通企业的发展;第四,在抓"大"的同时,还要扶"小",即加大对中小商贸流通企业的信贷支持,帮助其解决融资难等问题,创造有利于中小商贸流通企业发展的外部环境;第五,构建一个相对完善的流通产业发展综合评价指标体系,以便系统跟踪流通产业相关指标的动态变化。

（二）推进流通产业组织合理化

流通产业组织的合理化,旨在改善产业组织结构,促进规模经济的形成。因此,"十三五"时期,泰州市应当采取合理的产业组织政策,通过兼并、联合、融合、重组等方式,推动大型流通企业集团的组建,支持企业在更大规模、更大范围、更高平台上进行整合,以价值链为核心,将生产商、分销商、服务商、客户等联成完整的网链结构,从而形成具有竞争优势的战略联盟。

（三）推进城镇化建设促进流通产业

流通产业是连接生产与消费的重要纽带。在发达的市场经济条件下,流通以市场需求

为主导,流通业态的变化也由消费结构的变动所决定。因此,为促进现代流通产业的发展,就必须拉动消费,而城镇化建设是带动消费增长的一大有利因素。为此,泰州市应进一步合理有序地推进城镇化建设,着重增强城镇的经济实力和居民的消费能力,进而因势利导,发挥良好的区位优势,利用较好的经济发展环境和经济实力,重点拓展高附加值的流通领域。

(四)大力发展新型贸易方式

开展第二批跨境电商产业园和海外仓试点建设,加快国际服务外包示范区建设、国家药品进口口岸城市创建,积极申报综合保税区B区。主动融入"一带一路"国家战略。制定企业"走出去"产业目录,推动优势流通企业在"一带一路"沿线布局,实施跨国并购和境外上市,开展产能和装备制造合作,增强国际化竞争力。

第十四章　盐城市流通产业发展

一、盐城市经济发展状况与流通产业发展贡献

（一）经济综合实力增强，产业转型升级

盐城市在"十二五"规划期间，全市认真贯彻中央大政方针，坚决落实省委省政府和市委的决策部署，围绕"三先"追求、"四城"定位、"六大发展"战略布局，全面展开"建设新盐城、发展上台阶"的生动实践，经济社会取得了显著成就。

全市生产总值跨越两个千亿元台阶，从 2011 年的 2771 亿元增加到 2016 年的 4576 亿元，年均增长 11.1％；人均地区生产总值跨越三个万元台阶，从 38222 元增加到 63277 元，年均增长 11.4％；一般公共预算收入年均增长 8.3％；固定资产投资年均增长 21％；社会消费品零售总额从 895 亿元增加到 1631 亿元，年均增长 12.8％，消费对经济增长的贡献份额达 48.6％。

盐城市在经济总量持续增长的同时，三次产业结构由 15∶47.1∶37.9 调整为 11.7∶44.8∶43.5。服务业增加值年均增长 12.3％，建成 8 家省级现代服务业集聚区。高新技术产业产值年均增长 27.4％，占工业总产值的比重提高到 33.1％，获批国家创新型试点城市、国家知识产权试点城市。

（二）盐城市流通产业发展贡献

盐城市流通产业发展提速，总量规模不断扩大，有效带动和促进了经济转型升级，对盐城市经济发展的贡献越来越大。2016 年，全市第三产业总产值 1990.56 亿元，服务业增加值 1988.27 亿元，三大产业调整为 11.7∶44.8∶43.5，第三产业的比重大大提高，比重提高了 5.6％。消费是拉动经济增长的马车之一，全市消费对经济增长的贡献份额达 48.6％。服务业对盐城经济增长的贡献份额也大幅提高。2015 年，全市服务业对地区生产总值增长贡献率为 46.1％，成为拉动全市经济增长的重要引擎。服务业税收完成额占全市国税、地税总收入的 49.4％，服务业从业人员上升为 174 万人，占全市从业人口比重达到 39.1％。新增服务业企业 20330 户，合计注册资本 9445.7 亿元，从业人员 10.5 万人[①]，服务业已经成为吸纳社会劳动力就业、提高城乡居民收入的重要渠道。在新常态经济形势下，盐城市流通产业贡献份额逐步增加，有力地促进整体经济健康发展，拉动经济登上新台阶。

---

① 数据来源：射阳县政府信息公开网.盐城市人民政府办公室关于印发盐城市"十三五"服务业发展规划的通知 [EB/OL],2017 - 02 - 17.http://www.sheyang.gov.cn/zgsy/xxgk/InfoDetail/？InfoID＝8d663811 - 17b9 - 4537 - 8746 - dfba14ad0598,2016 - 12 - 23.

二、盐城市流通产业发展现状与面临的问题

（一）盐城市流通产业发展现状

1. 产业稳步增长，拉动经济增长

在"十三五"规划的开年之际，盐城市积极推进流通产业的发展，流通产业稳健发展，整体产业实现增长。盐城市的批发零售业发展势头良好，整体呈递增趋势。外资零售商和本土零售商促成盐城的现代化零售业态的发展，优化产业结构；批发业规模扩大和升级，兴起了新型经营模式。住宿餐饮业发展运行良好，限额以上法人企业数量增多。物流业现代化转型，推进物流重点项目建设，从而物流业整体发展势头强劲，指标全面增长，物流业特色显现，集聚效应突出，"互联网＋"推进，电商猛增。这些都推动了盐城市流通产业的发展，促进了盐城市经济更好更快的发展。

2016 年，盐城市实现社会消费品零售总额 1631 亿元，年均增长 12.8%，批发零售和住宿餐饮业零售额都有所增长。盐城物流业呈平稳增长态势，基础投入显著增加，规模不断扩大，企业快速成长，效率逐步提高。2016 年全市完成社会物流总额 1250 亿元，增长 16.2%，物流业增加值达 350 亿元，增长 16.7%。

2. 电子商务渗透产业，带动产业发展

盐城市结合本土实际，积极推进"互联网＋"行动计划，推进电子商务应用及发展，培育和集聚电子商务产业，加快促进电子商务向实体经济全方位渗透。全市流通产业中也渗透了电子商务，电子商务数量猛增，在住宿餐饮业上，利用 APP 进行消费；在物流业上，形成了电商物流配送网络。2015 年，全市完成电子商务交易额 1200 亿元，增长 26.3%；网络零售额 158 亿元，增长 31.6%。

3. 产业集聚效应显现，示范引领作用增强

盐城市始终将集聚区当作实现流通产业快速发展的主阵地，强化服务业的集聚集约发展。盐城市强调建设工业园区和专业市场的物流服务功能区，行业发展集聚优势明显。2015 年，全市拥有现代物流、科技信息等八大类市级以上集聚区 31 家，其中，省级集聚区 8 家，数量列苏北五市首位。丰港物流园区、阜宁港物流园区、建湖里下河物流园区、盐城城西南物流园区和华东农产品物流中心等的建设为本市经济社会转型提供了重要支撑。集聚区正日益成为支撑全市流通产业总量扩张、层次提升和结构优化的主阵地和主战场，对全市流通业发展的示范引领作用日益增强。

（二）盐城流通产业面临的问题

1. 产业发展水平不高，城乡差距拉大

纵观整个江苏省，盐城市的流通产业发展处于中下游地位。2015 年盐州市第三产业总值 1772.50 亿元，排第七位，占江苏省份额较小，与苏南地区的第三产业总值相差甚远，仅为苏州市第三产业生产总值的 1/4。2015 年盐城市的社会消费品零售总额达 1468.6 亿元，仍处于江苏省的第七位，与上游的城市存在较大的差距，盐城市的消费市场疲软，与盐城市产业和城镇化发展相对应的消费热点和消费空间亟待培育，寻找新的增长点。2015 年盐城市公路货运量 4977 万吨，在江苏省处于下游，与第一位的徐州市相差 11932 万吨，差距相当巨大，需要提升运输产业发展水平，需推动交通运输业向上下游关联产业延伸融合，创新运输

组织模式和业态,满足经济社会发展新需求。

表30　江苏省各市流通产业指标及排名(2015)①

地区	第三产业总值	排名	社会消费品零售总额	排名	公路货运量	排名
南京市	5571.61	2	4590.17	2	11986	3
无锡市	4183.11	3	2847.61	3	12716	2
徐州市	2460.07	6	2358.45	5	16909	1
常州市	2610.56	5	1990.45	6	10668	6
苏州市	7243.24	1	4461.62	1	11814	4
南通市	2815.97	4	2379.46	4	11091	5
连云港市	918.95	12	830.71	12	8215	7
淮安市	1260.76	11	970.74	11	5553	10
盐城市	1772.50	7	1468.60	7	4977	11
扬州市	1762.88	8	1236.96	8	6419	9
镇江市	1642.63	10	1113.71	9	6815	8
泰州市	1657.93	9	1001.64	10	2478	13
宿迁市	836.75	13	626.64	13	3711	12

　　盐城市城乡流通产业的发展存在较大的差距。2010—2015年,城乡社会消费品零售额差距不断扩大,2015年两者的零售额差额高达1314.94亿元。由于农村的批发零售业起步晚,发展不足,乡村消费市场较为疲软,全市应注重城乡发展兼顾,促进农村的批发零售业发展,缩小城乡之间的差距。在消费市场,农村居民收入低于城镇居民,导致消费需求不足;在交通运输上,农村的交通设施建设远远落后于城镇,使得物流发展缓慢。盐城市需进一步提高乡村流通产业发展,以城带乡,实现协同发展。

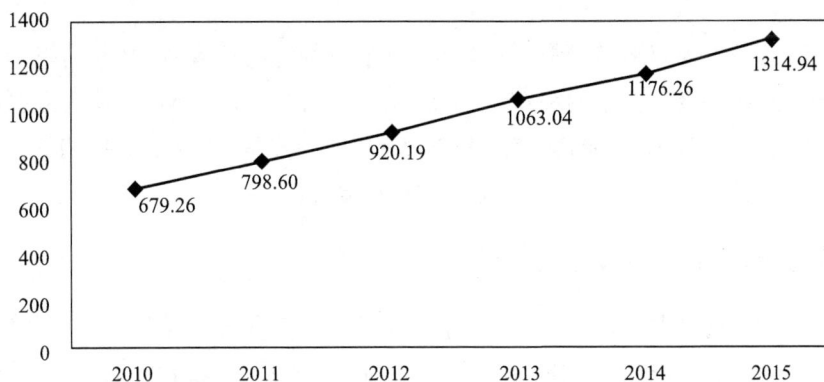

图14　盐城市城乡零售额差情况(2010—2015)

数据来源:《盐城统计年鉴》。

---

① 数据来源:2016年江苏统计年鉴[EB/OL]. http://www.Jssb.gov.cn/2016nJ/nJ20.htm,2017-02-21.

2. 产业内部结构不尽合理，从业人员素质普遍不高

盐城市流通产业内部结构不尽合理，新兴业态的流通产业发展相对缓慢。从内部结构来看，盐城仍以传统流通产业为主，新兴流通产业规模偏小，数量不多，所创造的增加值占服务业的比重偏低，总体处于起步阶段。

现代流通产业人才短缺，人才流失现象严重。现代流通产业中的知识和技术密集型行业对人才要求严格，需要长时间系统的学习培训才能上岗。企业辛苦培训的人才很容易被其他地区的企业挖走，挫伤了行业管理者的积极性。另外，高等院校相关专业的毕业生也多数选择现代流通产业发展相对更成熟的地区就业，势必影响盐城现代流通业的进一步发展。针对盐城缺少实用型物流人才、高水平的物流管理人员和物流工程技术人员的问题，引导全市的物流职业教育密切关注国外物流理论和国内物流市场的动态变化，适时调整相关课程设置，从教材、师资和实践等环节保证学生获得高水准的教育，着力打造物流职业经理人队伍、物流技术专家队伍和物流专门技能人才队伍。

3. 产业规模效应不足，产业竞争力不高

盐城市虽然流通产业整体呈增长趋势，但是流通产业规模效应相对不足，与苏南、苏中地区相比，全市缺乏龙头带动型和具有全球竞争力的服务业企业，到2015年底，全市尚无省百强企业，省级创新示范企业仅有2家。全市规模以上产业企业家数变动频繁，停产撤销时常发生，企业地址发生变化更是常有之事。由于外界不可预知因素以及复杂多变的经济环境，这些企业抗御风险能力较差。

在批发零售业上，连锁经营企业所占的市场份额小。在引进国外先进的连锁企业的同时，冲击了本土的连锁企业，大多数本土的连锁企业没有形成完善、规范化的经营体制，缺乏国外先进的经营理念和技术，信息化投入低，导致在抢占市场份额中处于劣势。

在住宿餐饮业上，餐饮企业集聚性不强，行业集中度较低。全行业来看，企业规模较小，仍处于自我摸索、自我积累、自我完善的发展阶段，企业利润低、承载重、支撑小、发展难的特点较为突出。

在物流业上，企业规模和实力都还比较小，技术装备仍比较落后，服务网络和信息系统不健全，服务方式和手段比较原始和单一，网络化的经营组织尚未形成，缺乏必要的竞争实力。物流企业经营管理水平较低，物流服务质量有待进一步提高，缺乏必要的服务规范和内部管理规程，经营管理粗放，很难提供规范化的物流服务。

三、盐城市流通产业发展措施与发展绩效

近年来，盐城市响应中央政策的号召，针对本市的经济发展情况和流通产业发展情况，在批发零售业、餐饮业、物流业等方面颁布了一系列的政策措施，整顿流通市场，优化流通产业结构，来促进流通产业的有序健康发展。

（一）全面推开"营改增"试点

"营改增"是我国目前推出的最重要的税制改革，也是最大的一项减税计划。在深化供给侧结构性改革的背景下，"营改增"也将确保所有行业税负只减不增，有利于推动产业

转型、结构优化。盐城市积极响应中央政策的号召,全面推开"营改增"试点,实现了增值税对货物和服务的全覆盖,基本消除了重复征税,打通了增值税抵扣链条,在推动产业转型、结构优化、消费升级、创新创业和深化供给侧结构性改革等方面将发挥重要促进作用。

(二)推动实体零售创新转型

实体零售是商品流通的重要基础,是引导生产、扩大消费的重要载体,是繁荣市场、保障就业的重要渠道。盐城市积极响应国家的号召,调整商业结构(区域、业态和商品结构),创新发展方式(经营机制、组织形式和服务体验),促进跨界融合(线上线下融合、多领域协同和内外贸一体化),优化发展环境(加强网点规划,推进简政放权、促进公平竞争和完善公共服务),强化政策支持(减轻企业税费负担、加强财政金融支持和开展试点示范带动)。

(三)加快电子商务发展

盐城市为进一步推进电子商务应用及发展,培育和集聚电子商务产业,颁布了《盐城市人民政府关于加快电子商务发展的意见》,以初步建立起比较完善的电子商务政策支持体系和物流配送、在线支付、信用服务等发展支撑体系,形成良好的电子商务产业发展环境为目标,加快电子商务基础设施建设,大力发展电子商务平台,加快推进电子商务应用,建立健全保障体系,进一步推动电子商务健康快速发展,为全面建成小康社会作出新的贡献。

(四)积极响应物流"十三五"规划

盐城市物流"十三五"规划中,加大对重点物流项目的投资力度,创建特色物流园区,并且 2015 年初发布了"关于加快电子商务发展的意见",鼓励发展电子商务,有力推动了电商快递物流的发展。物流业取得了显著成果。目前,全市拥有盐城现代物流园区、大丰港物流中心、城西南现代物流园区以及江苏里下河物流园区 4 个省级重点物流基地,江苏悦达环球物流、盐城中远物流有限公司等 9 家省级重点物流企业,形成了以市区为中心、各县城和港区为节点、沿 204 国道、沿海高速带状分布的物流功能集中区的架构,物流基地的辐射和带动作用逐步显现。

四、盐城市流通产业代表性行业发展状况

(一)批发零售业发展现状

1. 整体呈增长趋势,拉动经济增长

2016 年,盐城市实现社会消费品零售总额 1631 亿元,年均增长 12.8%。2006—2016年,社会零售总额增速显著,年均增速高达 16.24%。消费是拉动经济增长的引擎,全市消费对经济增长的贡献份额达 48.6%。2015 年全市批发业实现零售额 179.56 亿元,增长10.16%,零售业实现零售额 1140.89 亿元,增长 12.24%。2010—2015 年,两者分别以29.65%和 12.16%的速度逐年增长。从行业看,零售业是拉动增长的主力军,占社会零售总额的 86.91%,在极大程度上拉动了消费的增长,从而促进了经济的稳健增长。

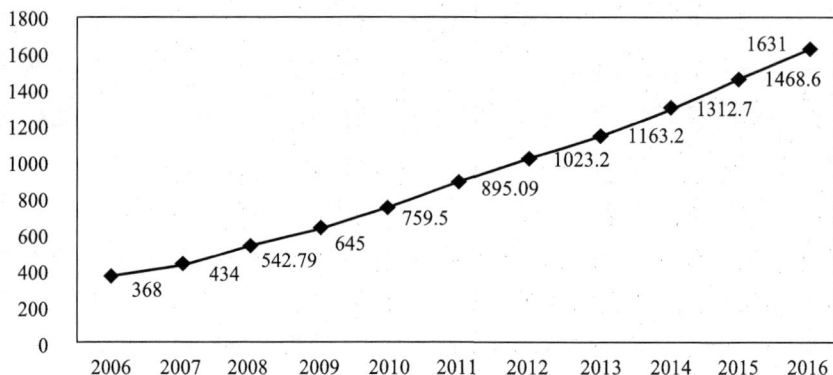

图 15　盐城市社会零售额趋势情况(2006—2016)①

表 31　盐城市批发零售业零售总额(2010—2016)

零售总额(亿元)	2010 年	2011 年	2012 年	2013 年	2014 年	2015 年
批发零售业	696.88	815.53	919.46	1048.44	1179.44	1320.54
批发业	54.05	99.32	125.29	139.42	163	179.56
零售业	642.82	716.21	794.17	909.01	1016.43	1140.89

数据来源:《盐城统计年鉴》。

2. 城乡零售额持续增长,两者差距较大

从地区来看,盐城市 2015 年城镇消费品零售额 719.38 亿元,增长 11.83%,其中,城区实销零售额 708.25 亿元,同比增长 11.03%;农村消费品零售额 76.83 亿元,增长 12.58%。2010—2015 年,城乡零售额呈现逐年递增趋势,城镇销售额和乡村销售额分别以年平均14.13%和 14.60%的增长率增长,两者增速持平。其中,城市零售额仍占社会消费品零售额的主导地位,乡村零售额与城镇零售额仍存在较大差距。

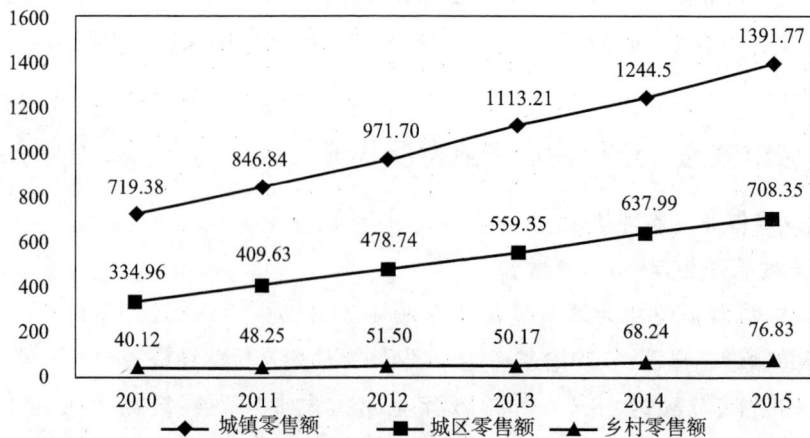

图 16　盐城市城镇、城区和乡村零售额趋势情况(2010—2016)

数据来源:《盐城统计年鉴》。

---

①　数据来源:《盐城统计年鉴》。

3. 批发零售业主体壮大,经营多元化

随着盐城市流通领域投资环境的不断改善,全市批发零售业经营主体规模扩大。2015年全市批发业限额以上法人企业数达 1406 个,营业面积高达 1537848 平方米,年末从业人员达 45109 人,资产合计 462.96 亿元。全市现拥有 14 个大型超市,49 个百货店,463 个专业店和 130 个专卖店。并且越来越多的国内知名连锁零售企业纷纷落户盐城,除世纪联华超市、时代超市、苏果超市、苏宁电器、国美电器外,家乐福、沃尔玛等跨国零售集团也纷纷落户盐城,连锁经营规模进一步扩大。江苏雅家乐集团有限公司、盐阜人民商场、盐城商业大厦等本土连锁经营企业也加大了规模的扩张,外来集团与本土企业的竞争,促使盐城批发零售业实现多元化经营。

(二)住宿餐饮业发展现状

1. 行业发展总体呈上升势态

2015 年,盐城市住宿餐饮业零售额达 148.14 亿元,同比增长 11.17%,其中,住宿业零售额为 15.29 亿元,增长 18.65%,餐饮业零售额为 132.95 亿元,下降了 0.23 个百分点。2010—2015 年,盐城市的住宿餐饮业零售额虽然期间有略微的下降,但总体趋势是上升的,住宿业和餐饮业的年均增幅分别达到了 18.31% 和 19.93%,上升势头还是比较迅猛的。

表 32 盐城市住宿餐饮业零售额和增长率(2010—2016)

年份	住宿业零售额(亿元)	增长率(%)	餐饮业零售额(亿元)	增长率(%)
2010	6.72		55.91	
2011	8.65	28.72	70.91	26.83
2012	11.33	30.98	103.74	46.30
2013	11.22	−0.97	114.94	10.80
2014	12.81	14.17	133.26	15.94
2015	15.20	18.65	132.95	−0.23

数据来源:《盐城统计年鉴》。

2. 住宿餐饮业企业数量增多

2015 年,盐城市住宿餐饮业限额以上的法人企业有 316 个,营业面积达 473159 平方米,年末全部从业人员达 16952 人,营业额达 32.87 亿元。在住宿业中,全市拥有 54 个限额以上法人企业,营业额达 7.42 亿元,有 24 个旅游饭店和 27 个一般旅馆,经济型酒店快速发展。在餐饮业中,全市拥有 262 个限额以上法人企业,营业额达 25.44 亿元,大部分餐饮企业是私营企业,私营企业占主导地位,有 174 个限额以上的法人企业,占 66.41%,大众化餐饮需求旺盛。

(三)物流业发展现状

1. 物流业呈平稳增长态势,各指标全面增长

2015 年盐城市物流业发展势头强劲,各项指标全面增长。全市物流企业中营业收入亿元以上的企业 35 家,省级重点物流企业达 16 家,省级物流基地 6 家,均处苏北首位;全年完成全社会货运量 1.56 亿吨,增长 4.9%,货运周转量 392 亿吨公里,增长 5%;民航货邮吞吐量 3006 吨,增长 39%;沿海港口完成货物吞吐量 7574.8 万吨,增长 24.1%,其中,大丰港区

累计完成货物吞吐量 4487.83 万吨,增长 9.5%。该市实现集装箱吞吐 17.08 万标箱,增长 65.5%;完成外贸吞吐量 881.13 万吨,增长 32.9%。全市邮政企业和规模以上快递服务企业业务收入 12.39 亿元,同比增长 24.9%。现拥有 4 个省级重点物流基地和 9 家省级重点物流企业,物流基地的辐射和带动作用显著。

2. 物流业特色显现,集聚效应突出

随着盐城自身特色产业的发展,盐城市物流业的特色日益显现。汽车物流规模较大、技术装备较为先进,拥有悦达物流、车城物流、久盈鑫物流三大物流公司。医药物流总量全省第一,拥有华晓医药物流、国药物流、康生医药物流等物流企业。快递物流高速发展,业务量年增长 40% 以上。农产品物流体量大,银海农家乐棉花拥有亚洲最大的棉花仓储库,宏健粮油、中储棉、中储粮、华东农产品物流中心规模较大。大丰港的港口物流,市现代物流园区商贸物流,城南物流园区汽车物流、城市配送物流,里下河物流园区特种钢材物流、煤炭物流等特色明显。盐城市强调建设工业园区和专业市场的物流服务功能区,行业发展集聚优势明显。大丰港物流园区(国际中转物流)、阜宁港物流园区(区域节点中转物流)、建湖里下河物流园区(专业市场配送物流)、盐城现代物流园区(都市商贸物流)、盐城城西南物流园区(服务产业基地的工业物流)、华东农产品物流中心(区域农产品配送物流)等为经济社会转型提供了重要支撑。

3. "互联网+"推进,电商猛增

在物流业新兴业态方面,盐城市增势迅猛。全市在 B2B 电商平台注册的企业近 1 万家,经阿里巴巴、中国制造网实地认证的企业 500 多家;B2C 在天猫商城注册 600 多家。盐城电商快递产业园功能建设不断完善,2015 年实现有效投入 1.6 亿元,新建分拨中心场地 3.2 万平方米,新入驻江苏省邮政速递物流有限公司盐城分公司等 6 家公司;全市完成电子商务交易额 1200 亿元,增长 26.3%;网络零售额 158 亿元,增长 31.6%[①]。

五、"十三五"期间盐城市流通产业发展举措

盐城市在"十二五"期间,经济综合实力增强,流通产业发展迈上新台阶,为今后产业发展奠定了良好基础。"十三五"时期,是盐城市全面建成小康社会,推动"建设新盐城、发展上台阶"的关键时期,必须抓住战略机遇,以加强供给侧改革为主线,以产业转型升级需求为导向,以现代服务业集聚区、重点项目、龙头企业为抓手,加快流通产业提挡加速,促进流通产业创新升级,努力实现全市流通产业总量扩大、结构优化、业态创新、品牌提升,为建设"强富美高"新盐城作出新贡献。

(一)盐城市服务业发展思路

1. 积极发展现代服务业

盐城市实施服务业发展三年行动计划,推动 31 个市级以上服务业集聚区提挡升级,推进 50 个服务业重点项目加快建设,促进金融服务、现代物流、汽车服务、科技服务等生产性服务业提挡加速,生产性服务业增加值占服务业的比重达到 41.5%。适应消费升级新趋势,

---

① 数据来源:东方网. 盐城物流业增加值或达 350 亿元[EB/OL]. http://news.eastday.com/eastday/13news/auto/news/society/20160203/u7ai5258338.html, 2016-02-03.

大力发展电子商务、文化创意、旅游休闲、健康养老等新兴服务业,推动实体零售等传统商贸流通业创新转型。

2. 构建现代化综合交通网络

全市加快构建包括高铁、高速、高架等多种运输方式无缝衔接的一张网,强力推进"5+1"高速铁路建设,开工建设盐通高铁、市区综合交通枢纽,做好盐泰锡常宜高铁前期工作,完成盐城境内盐宁、盐徐高铁架梁铺轨50%以上,基本建成盐连快铁盐城段主体工程,积极争取纳入京沪高铁新干线规划。推进大丰港区15万吨级深水航道、滨海港区7个5—10万吨级码头泊位、射阳港区5万吨级航道和响水灌河口5万吨级航道整治等工程建设。积极推动淮河入海水道航道工程前期工作。南洋机场T2航站楼建成投运。全力争取规划建设盐宁高速,推动阜建高速南连北延,完成一批国省道干线公路建设年度任务。

(二)《盐城市"十三五"服务业发展规划》

1. 打造现代物流

盐城市积极打造现代物流,与全市重点产业相衔接,依托沿海地区腹地经济,完善物流基础设施建设,加快物流园区、节点建设步伐,培育引进第三方、第四方物流企业,搭建物流信息平台和公共服务平台构建现代物流网络体系,促进现代物流业的提档升级。争取到2020年,物流业增加值达560亿元以上,年均增长15%左右,建成长三角北部区域性物流集散中心和江苏沿海主要商品出口通道。

2. 建设现代化商贸流通中心

盐城市按照"业态集聚、产业融合、服务多样和品牌高端"的原则,积极引进国内外商贸旗舰型企业、国际知名品牌和新型业态,打造市区三级商业中心体系,强化中心商圈集聚能力;引导商业网点智慧化升级改造,加强线上线下同步运营;建设各具特色的商业街区。争取到2020年,全市社会消费品零售总额达到2700亿元,年均增长率为13%,将盐城建设成为"一带一路"和长江经济带交接点最具活力的现代化商贸流通中心。

3. 电子商务

盐城市落实"互联网+"行动计划,坚持网络经济与实体经济相结合,推进线上线下一体化经营,加快促进电子商务向实体经济全方位渗透。引导发展平台经济,培育跨境电子商务平台和企业,促进跨境电商快速发展;加快推进电子商务应用,完善电商服务基础支撑体系,优化电商产业空间布局,进一步推动电子商务健康快速发展。争取到2020年,建立较为完善的电子商务政策支持体系和物流配送、在线支付、信用服务等发展支撑体系,全市电子商务交易额达到3000亿元,网络零售额达到400亿元,建成国家电子商务示范城市。

第十五章 淮安市流通产业发展

一、淮安市经济发展状况与流通产业发展贡献

(一)经济发展状况

2015 年,面对错综复杂的外部环境和不断加大的经济下行压力,全市上下深入贯彻落实中央和省委、省政府决策部署,积极适应新常态,牢牢把握上水平工作主线,统筹推进稳增长、调结构、促改革、惠民生、重生态、防风险各项工作,全市经济社会发展呈现出"稳中趋好、质态提升、投资加强、民生改善"的良好态势,为收官"十二五"画上圆满句号,为"十三五"良好开局奠定了坚实基础。

1. 经济平稳较快增长

2015 年全市实现地区生产总值 2745.09 亿元,按可比价格计算,比上年增长 10.3%。其中,第一产业增加值增长 3.6%,第二产业增加值增长 10.9%,第三产业增加值增长 11.3%。经济结构进一步优化,三次产业结构比例由上年的 11.7:44.2:44.1 调整到 11.2:42.9:45.9,实现产业结构"二三一"到"三二一"历史性转变。人均 GDP56460 元,按当年平均汇率折算为9065 美元。

2. 财政收入稳步增长

全年财政总收入 510.13 亿元,比上年增长 10.1%。其中,上划中央四税收入 159.82 亿元,增长 3.1%;一般公共预算收入 308.51 亿元,增长 13.5%。一般公共预算支出 513.41 亿元,增长 19.0%,其中,市级完成一般公共预算支出 117.07 亿元,比上年增长 26.8%;县区级完成一般公共预算支出 396.34 亿元,增长 16.9%。全市政府性基金支出 147.42 亿元,增长13.7%。

(二)流通产业发展贡献

1. 批发零售

消费市场运行平稳。2015 年实现社会消费品零售总额 970.74 亿元,比上年增长12.3%。按经营单位所在地统计,城镇消费品零售额 865.77 亿元,增长 12.1%;乡村消费品零售额 104.97 亿元,增长 13.1%。按消费形态统计,批发零售业完成零售额 874.22 亿元,增长12.3%;住宿餐饮业实现零售额 96.51 亿元,增长 11.4%。

消费热点保持活跃。限额以上单位实现社会消费品零售额 494.83 亿元,比 2014 年增长14.7%。其中,粮油、食品类增长 7.4%,烟酒类增长 18.6%,化妆品类增长 12.2%,金银珠宝类增长 11%,电子出版物及音像制品类增长 9.8%,五金电料类增长 21.7%,家具类增长21%,石油及制品类增长 11.8%,建筑及装潢材料类增长 20%,机电产品及设备类增长23.4%,汽车类增长 18.4%。

2. 交通物流

交通运输业较快发展。全市完成交通基础设施建设投资 42.30 亿元。现代有轨电车一期工程、高良涧船闸扩容工程建成投入使用。南马厂大道、开发大道北接线建成通车,京杭运河黄码大桥半幅通车,连淮扬镇铁路、徐宿淮盐铁路、503 省道机场连接线、235、346 省道涟水绕城段、348 省道洪泽南环段、南门立交、淮海路古淮河桥改造等重点项目开工建设,宿扬高速、235 国道盱眙段、新港二期等在建工程快速推进。年末公路总里程 13272.80 公里,比上年增加 198.60 公里,其中,高速公路里程 403.40 公里,一级公路里程 620.10 公里。完成公路、水路客运量 8531 万人次、周转量 47.15 亿人公里,分别比上年增长 1.1% 和 1.8%;货运总量 12023 万吨、周转量 362.06 亿吨公里,分别增长 6% 和 7.5%;完成港口集装箱吞吐量 13.50 万标箱,增长 31%;港口货物吞吐量 8004 万吨,增长 12.7%;完成航空旅客吞吐量 50.5 万人次,完成航空货邮吞吐量 3754 吨,比上年增长 9.8%。淮安—台湾实现直航,季节性旅游航线、经停航线和航空快递等加快发展。

邮电通讯业平稳发展。全年邮电业务收入 35.95 亿元,比上年增长 3.4%。其中,电信业务收入 25.56 亿元,下降 5.2%;邮政业务收入 10.39 亿元,增长 33.1%。全市年末固定电话用户 67.97 万户,下降 16.6%。全年移动电话用户 368.57 万户,下降 0.6%;年末互联网注册用户 76.11 万户,增长 5.7%。

二、淮安市流通产业发展现状与面临的问题

(一)发展现状

1. 基础设施建设稳步推进,加快物流发展

(1)综合交通网络布局不断完善

到 2015 年底,全市交通线网总里程达 1.5 万公里(公路 13273 公里,内河航道 1483 公里、铁路 100.5 公里,输油管道 145 公里),较"十一五"末(公路 11807 公里,内河航道 1485.7 公里,铁路 81 公里,输油管道 145 公里)增加 10.9%。公路建设率先发展,路网人口密度 26.94 公里/万人,全省第一。铁路建设取得实质性进展,连淮扬镇、徐宿淮盐两条高铁开工建设,淮安区域铁路枢纽地位基本确立,将成为全国高铁网的重要节点。宿淮铁路建成投运,全市铁路营运里程达到 100.53 公里,编制完成淮安综合客运枢纽规划方案和铁路中长期规划发展研究,推动了沂淮、宁淮等铁路规划进入国家层面研究。港航设施建设扩容升级,全面完成盐河航道整治工程,其中,三级以上航道 231 公里,比"十一五"末增长 159%,占比达 15.6%。内河港口总吞吐能力达 8000 万吨,较"十一五"末增加 66%。工业园区通用码头、城西作业区、杨庄、朱码二线船闸等一批重点港航项目建成投入使用,高良涧船闸扩容工程提前建成通航,通江达海、海河联运体系进一步完善。航空建设取得突破,2014 年 8 月一类航空口岸获国务院批准,2015 年 1 月通过国家验收正式对外开放,成为继南京、常州、无锡、徐州、盐城之后江苏省第六个对外开放的航空口岸,先后开通香港、韩国、台北等国家和地区航线,进一步架起了淮安对外交流的空中桥梁,助推了淮安临空经济的发展。年旅客吞吐量突破 50 万人次,货邮吞吐量年平均增幅达到 20%。目前,涟水机场二期扩建项目前期准备工作正在有序推进中。

(2)基础设施养护质态提升

养护与应急机械设备水平持续提升,建成了市级处置中心和淮阴区、涟水县、淮安区、盱眙县、金湖县五个县级公路应急基地,全面推广路政养护联合巡查,大力推进机械化养护发展,全市普通国省道公路养护与应急机械设备达到每百公里 65 台(套),一、二级公路机械化清扫率分别为 100％和 60％以上,小修作业机械化率达到 100％。积极组织航道扫床、航标维护等工作,统筹推进了淮河航线航标新改建工程、淮河官滩河航道疏浚工程、杨庄一线船闸上游左驳岸抢修加固工程、金湖航政艇专用码头工程、淮河—洪泽湖南线航标新改建工程、洪泽湖南线口门段疏浚及航标防撞设施等船闸养护改善工程,有效地保障了全市闸区内航道的安全畅通。顺利通过“十二五”全国干线公路养护管理检查,干、支线航道通航保证率分别达 98％和 90％以上,航标正常率达 99.9％以上,路域环境整治、运输市场监管等行业管理行为进一步规范。

2. 货运与物流服务水平不断提高,转型升级步伐加快

(1)三级物流基地体系加快布局

全市依托各层级交通枢纽(港口、机场、铁路站、公路货运站场和邮政网点等),充分利用交通区位优势,构建“以物流园区为骨干、物流中心为支撑、农村物流站点为补充”的三级物流体系,取得了一定成绩。依托交通枢纽形成的新港物流园区、金网物流中心等交通物流基地及依托产业形成的空港产业园、盐化工产业园、洪泽湖粮食物流园、淮安综合大市场等物流基地建设项目稳步实施。

(2)空港物流发展取得实质突破

2014 年 8 月一类航空口岸正式开放获国务院批准,有效支撑了涟水机场建设成为淮安对外开放的窗口、苏北地区重要的中心机场和苏北航空物流的集散地。港口物流发展稳步推进,港口货物吞吐量突破 8000 万吨,年平均增幅达到 13％;港口集装箱吞吐量达到 13.5万标箱,年平均增幅达到 30％,成为全省乃至全国内河航运的亮点。成功举办全市港口集装箱物流推介会,召开苏北运河沿线四市集装箱发展座谈会,港口集装箱行业的区域合作交流更加广泛,淮安苏北内河枢纽港的地位更加突出。临港产业集聚效益明显,“港产联动、港城协调发展”的格局已经形成,为淮安地方经济发展提供了有力支撑。

(3)货运物流企业不断壮大

“十二五”期间,引导发展国家 4A 级物流企业 10 家、3A 级物流企业 6 家,培育省重点物流基地和企业 19 家,省农村交通物流示范点 12 个、省级甩挂运输试点企业 2 家、国家级甩挂运输试点企业 1 家和“江苏快货”品牌企业 2 家,总数均居苏北首位。全市先后有 34 家(次)企业入选全省“50 佳”道路货运企业、“20 佳”水路货运企业和“10 佳”道路货运站场。宝洁、海尔、双汇、格力等大型企业均在淮安设立了分公司或仓储中心。

(4)运力结构加速优化

全市道路客运车辆发展至近 1833 辆,长途客运通达全国 14 个省级行政区。先后实施两轮内河船型标准化工程,长江干线船型标准化工程获省交通运输厅一等奖表彰,水路货运船舶平均载重吨增长至 614.9 吨,比“十一五”末增长 70％;公路货运车辆平均载重吨增长至10.2 吨,比“十一五”末增长 25.9％,运力结构大型化、专业化、标准化趋势明显。

(二)面临问题

1. 经济下行压力制约消费增长

当前宏观经济处于低位运行,国内市场需求不振,一些企业经营困难,经济增长新动力

不足和旧动力减弱的结构性矛盾比较突出,居民收入增长乏力,消费者信心不足,消费需求受到严重抑制。同时,汽车、石油制品、家居、建材、家电、金属材料等相关行业增长乏力,消费很难在短时间内有显著好转。

2. 居民收入增速降低影响即期消费

消费者的收入水平是制约消费品市场发展的最主要因素,它不仅影响居民的总体消费水平,而且直接关系到居民消费结构的合理化。一般而言,可支配收入水平越高,对社会消费品的购买力就越强,社会消费品零售总额就会增加。今年以来,全市常住居民人均可支配收入增长低于全市 GDP 和财政收入增速,在一定程度上影响了即期消费。

3. 汽车、石油等大类商品拉动不足

受汽车消费需求不旺、国际油价持续走低影响,2015 年,淮安汽车类和石油类商品零售额增幅分别为 18.4% 和 11.8%,较上年同期分别回落 8.3 个百分点和 14.3 个百分点。汽车类和石油类商品占线上零售额比重分别为 25.2% 和 13.8%,主要商品的增速明显回落对淮安消费品市场影响较大。

4. 网络购物冲击传统消费品市场

长期以来,淮安零售业态以传统商贸流通业为主,在网络购物普及的今天不可避免地流失相当部分的消费群体。2015 年,全市线上批零业法人单位借助公共网络平台进行商品销售的有 19 家,累计实现零售额 18.14 亿元,只占线上社会消费品零售总额比重的 3.7%。淮安电子商务发展相对滞后,随着网购市场的迅猛发展,造成了相当一部分消费外流,对淮安传统商贸市场也造成了很大冲击。

三、淮安市流通产业发展措施与发展绩效

2015 年,面对经济下行压力、内外需求乏力等因素的影响,市委、市政府沉着应对,完善落实一系列扩内需、促消费的政策措施,推动消费需求稳定增长。2015 年,全市消费品市场规模进一步扩大,商品供应充裕,消费品价格走势基本平稳,新型流通方式快速成长,城乡居民购买力不断增强,市场秩序进一步改善,消费品市场运行总体平稳,呈现稳中趋缓、增速逐季走高之势。

(一)消费品市场保持平稳增长

2015 年,全市实现社会消费品零售总额 970.74 亿元,比上年增长 12.3%。分季度看,一季度增长 12.0%,二季度增长 12.1%,三季度增长 12.2%,四季增长 12.7%,增幅呈逐季走高趋势。从四大行业看,批发业实现零售额 156.37 亿元,同比增长 10.2%;零售业实现零售额 717.85 亿元,同比增长 12.8%;住宿业实现零售额 11.32 亿元,同比增长 6.2%;餐饮业实现零售额 85.19 亿元,同比增长 12.2%。四大行业均实现平稳增长。

(二)板块同步增长差距较小

从全市九大板块来看,社会消费品零售总额增长速度步调较为一致,增幅最高与最低的县区之间相差 0.8 个百分点。有 5 个县区增长速度高于全市平均水平。涟水县与洪泽县增速并列第一,分别实现零售总额 117.20 亿元和 84.75 亿元,增速均为 12.8%,高于全市平均水平 0.5 个百分点,清浦区增速与全市平均水平持平,为 12.3%,清河区零售总额为 159.05 亿元,总量居全市第一,占全市比重为 16.4%。

（三）线上线下比重优化规模相当

2015年,淮安消费品市场规模继续稳步扩大,线上、线下零售额占比较均衡,线上增长相对较快。从总量上看,全市社会消费品零售总额970.74亿元,市场规模逐步扩大。从零售规模看,线上企业实现零售额494.83亿元,同比增长14.7%,占社会消费品零售总额的51%;线下企业实现零售额475.91亿元,同比增长9.8%,占社会消费品零售总额的49%。线上、线下社零总量相差不大,规模相当。

四、淮安市流通产业代表性行业发展状况

"十二五"时期,淮安市认真贯彻稳中求进总基调,统筹推进稳增长、调结构、促改革、惠民生、重生态等各项工作,以转型升级为主线,不断加快转变经济发展方式,有效提升了经济发展整体水平。五年来,全市服务业持续较快发展,为全市经济健康快速发展作出了积极贡献。

（一）服务业结构不断优化

批发零售业、住宿餐饮业等传统服务业规模稳步发展,服务水平和质量明显提高。从2015年与2010年各行业增加值占服务业增加值的比重比较来看,传统服务业中,批发零售业增加值占比提升了0.9个百分点,住宿和餐饮业占比提升了0.6个百分点,交通运输、仓储和邮政业增加值下降了0.5个百分点,房地产业占比下降了0.2个百分点;现代服务业中,租赁和商务服务业占比提升了2.1个百分点,居民服务、修理和其他服务业占比提升了1.6个百分点,金融业占比提升了0.6个百分点。

（二）现代物流水平不断强化

"十二五"期间,淮安市紧紧围绕市委市政府"两大目标"、"六大战略"决策部署,不断强化"有为交通、科学交通、精致交通、和谐交通"理念,重点围绕优化调整结构、强化网络衔接和推动运输一体化,积极探索推进综合交通运输体系建设,总体进展情况基本符合预期。交通运输服务经济产业发展和公众出行的能力和水平持续提升,对支撑和保障淮安经济社会发展起到了重要作用。

五、"十三五"期间淮安市流通产业发展举措

（一）构筑苏北现代流通业高地

着力完善"4+3"服务业特色产业体系,全力打造产业集中、发展集约、资源共享、功能互补的现代服务业集聚群,加速构筑布局合理、规模适当、配套齐全的苏北现代服务业集聚高地,全面打响游在淮安、购在淮安、食在淮安、学在淮安、医在淮安、居在淮安"六在淮安"品牌。到2020年,服务业增加值突破2000亿元,占GDP比重达到48%。

1. 加快商贸流通发展速度

在商贸流通业上,大力发展现货与电子交易、有形与无形相结合的现代商贸流通业,构建区域商贸集散中心。实施商贸提升工程,加快淮海—水渡口广场中央商业商贸区等核心商圈的结构调整和能级提升。做大、做强交易市场,推动淮安综合大市场创成国家级商贸示范功能区。加快培育总部经济。到2020年,商贸流通业增加值突破500亿元,培育年销售过亿元的零售企业30家左右,过亿元市场15个左右。

2. 抢抓物流发展机遇

在现代物流业上,抢抓机场、铁路、公路、航道建设等重点工程实施的机遇,大力发展现代物流业,打造区域性物流中心城市。大力发展商贸物流,建设区域商贸物流分拨中心及城市配送网络。配套发展产业物流,建设盐化新材料、特钢及装备制造、电子信息、食品等专业物流中心。扶持发展快递物流,打造区域快递集散中心,创建国家级快递物流园。积极发展公路、港口、铁路、航空物流,建设公铁、水水、铁水、空铁等多式联运体系。提升发展保税物流,创建虚拟口岸统一通关模式,将口岸延伸至内陆。大力发展仓储物流,设立仓储基地、分销配送中心、供应链仓储中心。到 2020 年,形成"一区、十园、九中心、多节点"的现代物流业空间布局体系,物流业增加值达到 400 亿元,全社会物流总费用与 GDP 比率降至 14%。

3. 积极培育现代流通业集聚区

按照产业集聚、布局集中、资源节约原则,科学确定集聚区分布、功能定位、发展目标、产业导向和空间布局,建设布局合理的现代服务业集聚区。"十三五"期间,新培育省级服务业集聚区 2—4 家、市级服务业集聚区 10—15 家。

(1) 中心商贸商务集群

主城区重点提升淮海路以及水渡口大道、翔宇大道沿线商贸商务发展层次,打造辐射功能强大的中央商贸商务区。生态新城依托行政中心、大剧院、图书馆、文化馆等公共服务载体以及城市生态公园、森林公园等生态休闲空间,加快淮安智慧谷、中国移动淮安呼叫中心、中兴智慧产业园建设,以总部经济、科技商务、科技金融等为特色,集聚发展金融与商务服务。以淮海东路—翔宇大道为连接线,连片发展老城区与生态新城商贸商务区,共同打造具有较强影响力的商贸商务服务集聚带。加快推进淮安软件园、宁淮现代服务业集聚区等省市级服务业集聚区建设。

(2) 综合市场集群

重点推进淮安综合大市场、城南消费品市场集群和城东生产资料市场集群建设。在淮阴城区北部建设汽车汽配、建材家居、小商品交易等消费品市场和钢材、木材等生产资料市场集群,建成辐射苏北地区的综合大市场。加快建设淮安现代商务集聚区、禧徕乐国际商贸城和宏进农副产品国际物流中心等载体,形成以食品、IT 电子消费品、家居小商品为主导的现代消费品市场集群。淮安经济技术开发区依托仕泰隆国际工业博览城布局生产资料市场集群,延伸招标采购、仓储运输、加工配送、网上交易等功能,打造服务市域及周边的生产资料市场集群。引导各县区专业市场集群发展。

(二) 强化现代基础设施支撑

1. 完善交通干线网络

建成连淮扬镇、徐宿淮盐铁路,力争开工宁淮城际铁路,推进沂淮铁路、新长铁路扩能改造的前期工作,构建米字型铁路网。推进高等级航道联网畅通,推动淮河入海水道叠加二级航道建设和张福河、金宝等航道升级改造及盐河航道畅通改造。构建"三纵两横一环"高速公路网,建成宿扬高速淮安段,实施京沪高速扩容工程,争取实施长深高速淮连段扩容改造、金湖至京沪高速宝应段工程。推进干线公路提档加密,重点建设 S503、S348 等公路。加快农村公路提档升级,全面提升农村公路通行能力。到 2020 年,镇村公共交通开通率 100%。

2. 建设现代物流基地

加强淮安港口与"一带一路"和长江经济带等沿线港口合作,完善港口物流布局,构建大通关体系。规划建设淮安新港、涟水港、头溪河港、盱眙港等内河港口物流园区,打造集多式联运和物流服务功能于一体的综合物流园区。加强淮安涟水机场与周边机场联动发展,加快发展集散分拨、仓储配送等延伸服务,推进物流企业落户空港产业园,打造区域航空物流中心。依托铁路网络,规划建设铁路物流园区,打造一体化的货运枢纽。

3. 构建多式联运枢纽

加快建设淮安高铁站综合客运枢纽和铁路专用线,构建物流客流的陆上大通道。加快千吨级以上等级为主导的内河码头建设,建成淮安亿吨大港主港区,建立衔接沿江沿海港口、辐射苏北地区的多式联运系统,到 2020 年,实现港口吞吐量超亿吨,内河港口集装箱通过能力达 30 万标箱以上,初步成为淮河生态经济带对接"一带一路"等国家和省战略的内河枢纽港口和水路开放窗口。推进淮安涟水机场二期工程建设,完善机场配套服务设施及集疏运公路建设。推进一票制客运联程联网第三方服务平台建设,发展公铁水空等多式联运服务体系。

第十六章　徐州市流通产业发展

一、徐州市经济发展状况与流通产业发展贡献

（一）徐州市经济发展状况概述

"十二五"时期是徐州经济社会发展取得重大成就、全面小康社会建设取得阶段性成果的五年。通过深入推进"八项工程"，全力实施"三重一大"，徐州市顺利完成了"十二五"规划确定的主要目标任务，经济、社会、城市、生态转型等均成效显著。

1. 综合经济实力迈上新台阶

"十二五"以来，徐州市主要经济指标增幅持续高于全国全省平均水平，经济总量先后突破 4000 亿元和 5000 亿元大关，年均增速 11.7%，高于全省 2.1 个百分点。2015 年实现地区生产总值 5320 亿元，跃居全省第 5 位、长三角城市前 8 名、地级以上城市 30 位左右。人均地区生产总值增至 10000 美元左右，是 2010 年的 1.7 倍。一般公共预算收入达到 530 亿元，是 2010 年的 2.3 倍。

2. 经济转型升级取得新进展

三次产业结构由 2010 年的 9.6：50.7：39.7 调整到 2015 年的 9：45：46，实现了由二三一到三二一的历史性跨越，服务业比重年均提升 1.3 个百分点。规模以上工业总产值达 12300 亿元，是 2010 年的 2.4 倍；高新技术产业产值占规模以上工业总产值比重达 36.2%，较 2010 年提高 15.4 个百分点；粮食总产量实现"十二连丰"，新增高效设施农业 78.8 万亩，总面积和占比继续稳居全省第一。科技进步贡献率达 53%，较 2010 年提高 6.9 个百分点，在全省率先实现大中型工业企业研发机构全覆盖。国家电子商务示范市、智慧城市、信息消费城市等试点稳步推进。

3. 新型城镇化发展开创新局面

"1530"新型城镇体系初步形成，常住人口城镇化率达 61%，较 2010 年提升 7.1 个百分点。区域性中心城市功能大幅提升，主城区建成区面积扩大 1 倍，音乐厅、奥体中心、淮海文博园等一批功能性项目建成使用，三环高架、轨道交通等"十大工程"顺利推进，城市步入立体交通新时代，综合交通枢纽地位进一步巩固，淮海经济区"八大中心"建设稳步推进。5 个中等城市规模和实力同步提高，"丰县崛起"和"突破睢宁"战略扎实推进，邳州、沛县、新沂在全国百强县排名持续提升。30 个特色鲜明的中心镇基本形成，经济总量和财政收入分别达到创建初的 2.5 倍和 3.5 倍。新农村建设步伐加快，累计新（改）建农村公路 2361 公里，2178 个行政村全部通达客运班车，改造农村危房 3.3 万户，10375 个自然村全部完成村庄环境整治。

4. 生态文明建设呈现新面貌

美丽徐州建设"五大行动计划"深入实施，列入全国首批水生态文明建设试点市，成功创

建国家环保模范城市、森林城市、卫生城市、生态园林城市，主要生态指标位居全省前列。单位 GDP 能耗累计下降 23.5%，节能减排超额完成省定任务，跻身国家节能减排财政政策综合示范市。林木覆盖率提高到 32.5%、保持全省领先，市区建成区绿化覆盖率达 43.6%、居全省第 2 位，300 亩以上的大型开放园林超过 30 个。水环境功能区 Ⅲ 类以上水体占比达 79%，五年提高 33 个百分点。复垦工矿废弃地和采煤沉陷区 18 万亩，高标准建成云龙湖、汉文化景区、吕梁山等精品风景区以及九里湖、潘安湖等生态修复示范工程，一城青山半城湖成为徐州的靓丽名片。

5. 改革开放迈出新步伐

扎实推进简政放权和行政审批制度改革，累计精简市级行政审批事项 219 项、幅度达 39%，非行政审批项目全部取消。综合行政执法体制改革试点、扩权强镇改革试点、街道办事处管理体制改革等有序推进。实行企业"三证合一"、"一照一码"。在全国发行首单保障房资产证券化产品，企业债发行额全省第一。颁发全国第一本不动产产权证书。综合医改全面推开，成立全省首家股份制现代化综合医院。对外开放深度拓展，"十二五"期间累计完成实际到账注册外资 77.8 亿美元、进出口 321.7 亿美元，分别是"十一五"的 2.6 倍、2.3 倍。徐州高新区晋级国家高新区，矿大科技园成为全省唯一的 A 类国家大学科技园，徐州经济技术开发区成为江北首家国家生态工业示范园区。保税物流中心通过省级预验收，"徐新亚"国际货运班列顺利开行。观音国际机场新开辟国（境）外航线 6 条，年旅客吞吐量达 135 万人次，成为苏北首个市民赴台自由行开放城市。

6. 人民生活水平实现新提升

2015 年城乡居民人均可支配收入分别达到 26219 元和 13982 元，年均分别增长 11% 和 13%，年均收入低于 4000 元的 87.7 万人口实现全面脱贫，城镇调查失业率控制在 5% 以下，社保五大险种基本实现全覆盖。民生"六大体系"建设和实事工程扎实推进，累计实施市区棚户区改造 2750 余万平方米。新（改、扩）建中小学 223 所，幼师、生物工程学院成功升专，所有县（市）区全部通过全国义务教育发展基本均衡国家级验收。新增三级医院 10 家，市中心医院新城区分院建成运营。文化体育事业加快发展，"舞动汉风"工程、"书香徐州"建设、文艺精品创作、好人文化建设成果丰硕。成功举办第 18 届省运会，跻身省体育强市，成为全国地市级武术之乡。

（二）徐州流通产业发展贡献

流通产业作为联系生产与消费的中枢产业，对社会再生产的顺利开展具有不可替代的作用，因而被誉为"现代经济的血脉和神经"[1]，并且已成为利润额增长最快的产业之一。同时，流通产业也是服务业的重要组成部分，在服务业中占比高、影响大，在国民经济中具有十分重要的地位。近年来，徐州市流通领域发生了巨大变化，产业规模迅速壮大，市场体系逐步完善，现代化水平明显提升，竞争能力日益增强，基本形成了流通主体多元化、流通业态多样化的良好局面。

1. 徐州市发展流通产业的意义

发展流通产业，是徐州市在经济发展过程中谋求区域性中心城市地位的必要手段。因

---

① 宋则,荆林波.中国流通理论前沿（四）[M].北京:社会科学文献出版社,2008.

为区域性中心城市的一个重要特征,就是要发挥生产要素的聚集和辐射作用,带动周边区域的发展,因而区域性中心城市必然同时是商贸中心城市。因此,徐州市必须要大力发展流通产业,构造健全的流通组织,获取强大的服务能力。此外,从流通产业与现代服务业的相互关系看,二者之间是一种共生共长的关系。因其与众多服务行业具有交叉的性质,抑或部分现代服务业是在流通产业的基础上延伸而来,现代服务业的发展离不开商贸、餐饮、住宿等周边商业设施的齐全配套。概括而言,徐州市发展流通产业,一方面有利于其谋求区域性中心城市的地位,一方面有利于其现代服务业的优化,促进产业结构升级。

2. 徐州市流通产业对 GDP 的贡献

流通产业对 GDP 的贡献,可以通过流通产业所实现的产值占 GDP 的比重来衡量。比重越大,流通产业对 GDP 的贡献也越大。流通产业作为第三产业的重要组成部分,其产值占 GDP 比重高低,与地区生产专业化水平以及市场化程度密切相关,即商品与服务的市场化程度越高,流通业对 GDP 的贡献也越大。

表 33　徐州市流通业产值及所占比重

年份	GDP (亿元)	流通产值 (亿元)	流通产值 占 GDP 比重(%)
2011	3551.65	1141.89	32.2
2012	4016.58	1312.50	32.7
2013	4519.82	1495.91	33.1
2014	4963.91	2099.20	42.3
2015	5319.88	2358.45	44.3

数据来源:《徐州统计年鉴》。

上表 33 可见,2015 年徐州市社会消费品零售总额 2358.45 亿元,与 2011 年相比,年均增长率约为 19.9%,远高于地区生产总值 10.6% 的增幅;从社会消费品零售总额占地区生产总值的比重来看,"十二五"时期徐州市流通产业产值占 GDP 的比重持续增加,从 2011 年的32.2% 升至 2015 年的 44.3%。由此可见,徐州市流通产业的发展极大地促进了地区生产总值的增长。

二、徐州市流通产业的发展现状与面临的问题

(一)徐州市流通产业发展现状

1. 流通产业规模不断扩大

改革开放以来,徐州市流通产业实现了良好的发展,积极拉动了徐州的经济增长。下图17 可见,2000 年泰州市社会消费品零售总额仅为 133.57 亿元,2015 年规模已扩大至 1001.6亿元,15 年间年均增长率达 14.4%。在经济发展、GDP 增长的过程中,消费规模的不断扩张已成为一大有利因素;与此同时,流通产业的发展也积极拉动了劳动力就业。

2. 批发零售业稳中有升

批发零售业连接着生产和消费,是商品流通的重要环节,是社会各产业部门的产品实现价值的重要环节。徐州市将批发零售业作为带动经济增长的主要动力。"十二五"末,徐州

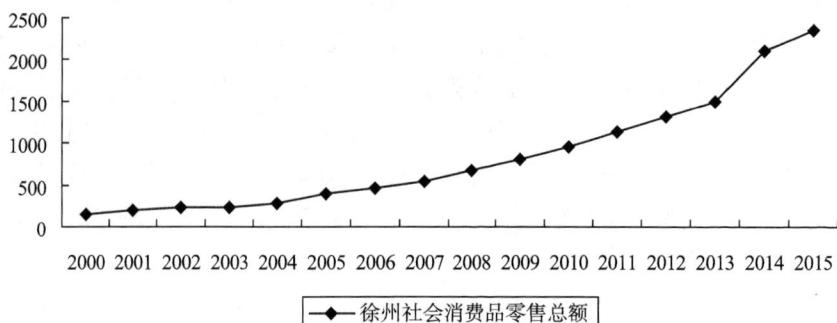

图 17　徐州市流通产业发展规模（2000—2015）

数据来源：《徐州统计年鉴》。

市批发零售额 2166.5 亿元，较 2011 年的 1016.11 亿元（见下图 18）实现年均增长率20.8％；批发零售额占社会零售消费品总额的比重由"十二五"初期的 89％ 上升至 91.9％。

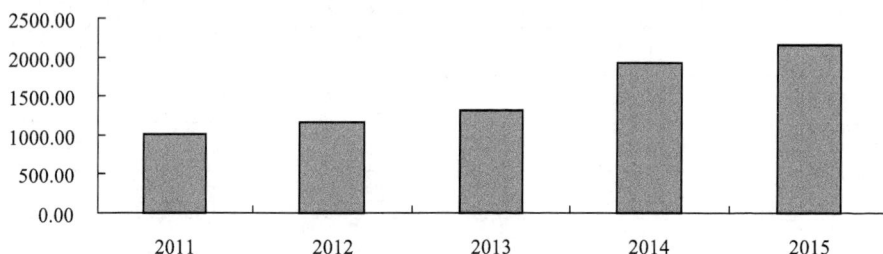

徐州市批发和零售总额 （亿元）

图 18　徐州市批发零售总额（2011—2015）

数据来源：《徐州统计年鉴》。

3. 住宿餐饮业稳定发展

随着居民的收入增加以及消费水平的提高，社会消费方式和消费结构发生了一定变化，徐州市的住宿餐饮业取得长足发展，这不仅有利于活跃市场经济，而且有助于推动收入再分配。2015 年，住宿餐饮总额达到 191.95 亿元，比 2011 年增长 53％，四年间年均增长率约为 11％，占社会消费品零售总额的比重由 11％ 下降至 8％ 左右，这主要是因为批发零售额所占的比重逐年升高。

4. 交通运输和邮电业发展平稳

作为"十二五"期间国家重点建设的综合交通枢纽，徐州城市形成了航空、铁路、公路、水运、管道"五路公共汽车"的现代立体交通系统。城市铁路客运量 20.83 亿人（不含旅客周转量），9700 万的年航空客运交通量，公路客运量 23 亿人，社会物流总额 500 亿元。2015 年徐州市完成公路货运量 16909 万吨、水路货运量 5656 万吨，合计增长 2.7％；分别完成公路、水路货物周转量 427.91 亿吨公里和 194.46 亿吨公里，分别增长 5.5％和 14.7％；完成公路旅客运输量 13347 万人次，公路旅客周转量 79.66 亿人公里，分别下降 11.4％和 1.6％。全年邮政电信业务总量 98.89 亿元，比上年增长 19.3％。邮政电信业务收入 74.97 亿元，增长 4.7％，其中，邮政行业业务收入 17.33 亿元，增长 42.4％；电信业务收入 57.64 亿元，下降 3.0％。

表 34　徐州市 2013—2015 年公路客运量及邮电业务收入

年份	公路客运量 （万吨）	公路客运量比 上年增长（%）	邮电业务收入 （亿元）	邮电业务 比上年增长（%）
2013	2.45	5.7%	70.42	14.8%
2014	1.5063	1.7%	71.57	1.6%
2015	1.3347	−11.4%	74.97	4.7%

数据来源:《徐州统计年鉴》。

（二）面临的问题

1. 综合竞争能力不够强

流通模式创新不够,流通结构不优,规模优势不明显,大型商贸流通骨干企业特别是本土企业数量较少、规模较小,缺乏知名品牌,支撑能力偏弱。区域性商贸中心功能、可持续竞争力亟待快速提升。

2. 流通产业现代化水平不高

在大规模采购、高效率配送、连锁化扩张、信息化支撑、流通方式创新、新型业态拓展方面相对滞后,组织化程度较低,行业集中度不高,相对于工业化和城镇化进程,流通产业现代化滞后,对全市经济社会发展引领和支撑作用的发挥仍有较大空间。

3. 城乡流通体系建设不均衡

城市大型商业网点布局不够合理,社区商业配套不足,农村流通体系建设相对滞后,农产品流通环节多、效率低、成本高。

4. 物流专业化程度不高,服务功能不全

目前,徐州市的物流运输、仓储的现代化水平较低,信息化程度不高。物流中心和配送中心的建设以及集装箱运输的发展还比较慢,生产与物流企业“大而全”、“小而全”的现象比较普遍,社会分工较低。第三方物流市场尚在培育时期,物流企业专业化操作程度低,物流行业的成本较高,效率低下,很难为企业提供综合性的物流服务。

三、徐州市流通产业的发展措施和发展绩效

（一）强力推进徐州商圈建设,商圈服务功能不断优化

近几年来,徐州市从“规划引导、项目强基、功能调优”三个方面入手,全力推进徐州商圈建设,不断夯实徐州流通产业发展基础。一是坚持规划引领。编制了徐州商圈发展规划,为主城区核心商圈科学规划了四个层级 104 个商贸服务功能区,进一步优化了城市商业空间布局;二是夯实发展基础。全市各板块持续加大对商业基础设施的投资力度,亿元以上商贸流通项目 3 年来累计完成投资约 600 亿元,万达广场、和信广场、澳东印象城、月星淮海环球港等商业综合体陆续投入运营,苏宁商务广场、三胞广场等一批重点项目主体完工,全市商业面积较“十一五”末增加 100 万平方米;三是优化服务功能。面对消费升级对传统商业带来的挑战,流通企业加快经营结构调整,加速由传统消费向体验、品质和绿色消费转型。以彭城广场为核心的中心商圈通过调整经营结构、优化消费业态,商圈消费集聚能力持续增强,2015 年实现销售额 120 亿元,其中,外来消费占比超过 30%,辐射半径超过 100 公里,成为省内仅次于南京新街口的第二大城市核心商圈。东部和信广场商圈、南部科技广场商圈、

西部人民广场商圈、新城区行政金融商务区、高铁生态商务区等副商圈功能不断增强，主城区基本形成优势互补、错位发展的"一极多核"城市商业发展新格局。

（二）深入实施互联网＋行动计划，转型升级步伐明显加快

2014年，徐州市获批"国家电子商务示范城市"。围绕示范城市创建，徐州市通过招商引资、系统培育、示范建设，不断创新电商发展模式，全市电商产业实现了跨越式增长。2015年全市电商交易额实现650亿元，连续两年增幅高于30％。电商示范体系建设成效凸显，五县(市)全部获评省级示范县，其中，睢宁县、新沂市、丰县获评"国家级电子商务进村综合示范县"，沙集镇东风村、马坡镇前八段村等21个村入选"省电子商务示范村"，数量位居全省第一，"沙集模式"成为全国农村电商推广示范。全市形成了典型带动、各具特色、竞相发展、相互补充的多层级示范体系。借助电商发展的良好态势，通过组织实施"互联网＋商贸流通＋专业市场＋农产品流通＋消费服务"四大行动计划，加快推进商贸流通产业转型升级，取得了显著成效，涌现了一批创新发展先进典型。

（三）全力推进内贸流通改革工程，惠民惠企成效显著

"十二五"以来，徐州市承担了多项国家级、省级示范试点改革工程和全市为民办实事工程，先后向上级争取各类专项扶持资金近2亿元，为加快推动徐州市商贸流通企业创新发展、改善居民生活和消费环境作出了积极贡献。2015年，徐州市获批全国物流标准化试点城市，该工程既是省、市两级全面深化改革重要事项，又是全市十大开放型经济平台建设项目之一，试点企业在标准化建设方面累计完成投资3亿元，带动社会投资20亿元，试点企业物流成本平均下降8个百分点，直接节约运营成本5000余万元，带动上下游500家企业流通效率提升。农贸市场(街坊中心)建设和管理是与广大市民日常生活息息相关的民生工程，截至目前，市区共完成58个农贸市场(街坊中心)的建设和改造任务，基本实现市区全覆盖，新增和改造营业面积20万平方米，并全面推行农贸市场专业化管理，市场环境发生了巨大变化，得到了广大市民的充分认可。肉类蔬菜流通追溯体系已完成基础建设，正逐步实现与骨干农产品批发、零售企业信息对接。

四、"十三五"期间徐州市流通产业发展举措

（一）加快徐州市综合交通枢纽建设

围绕构建新亚欧大陆桥沿线高速铁路通道，重点推进徐宿淮盐、郑徐客专、徐连客专建设，争取规划建设徐济、徐菏城际轨道交通和睢宁货运铁路，支持顺堤河、双楼港、邳州新港等疏港铁路专用线建设，形成国铁干线网络和城际铁路交通体系。围绕打造江海河联运新航道，加快实施亿吨大港二期、湖西航道二期、丰沛运河通航、徐洪河升级等重要港口航道工程，积极推动徐宿连航道建设相关工作。围绕构建畅通便捷的城际交通体系，积极推进徐明高速、台儿庄至睢宁高速、京沪高速新沂段拓宽等项目，加快建设徐州外环路和徐沛、徐淮等快速通道，加大省际边界地区交通基础设施建设力度，促进省际、城际道路交通互联互通。高标准建设徐州东站东侧子站房及配套设施，完成城市轨道交通一期、三环北路高架、金山东路东延和黄河路拓宽改造等市区交通工程，加快构建立体化的城市交通体系。全面优化城市交通换乘，进一步强化公共交通在城市交通体系中的主体地位，推行"e在路上"城市交通智能管理，努力缓解城市交通拥堵。促进货物换装"无缝对接"，优化完善铁路、公路、水

路、航空顺畅衔接、高效中转的现代综合交通运输体系。

（二）打造徐州现代商圈——突出"六化"

一是商贸信息化。利用电子商务等现代化技术,实施商贸流通业蓝海发展战略,加快推进徐州商圈无疆域化扩张;二是物流现代化。充分发挥徐州综合交通物流优势和商贸优势,加快徐州商贸物流业国际化进程,提升现代商圈开放度;三是经营连锁化。直营连锁和特许连锁向大范围、宽领域、多行业延伸,向规模化、品牌化、现代化方向拓展,推进零售商业集中度不断提升;四是业态高端化。向中央商务区(CBD)、游憩商业区(RBD)等现代商贸集聚功能区发展,搭建大宗商品流通交易指数发布平台,发展品牌直销店、工业品连锁配送等新型流通业态,形成多业态融合发展;五是消费多元化。在稳固传统商品消费的基础上,重点发展九类消费。即形成信息消费、旅游消费、文化消费、健康消费、教育消费、展会消费、商务消费、家政服务消费和信用消费;六是经济一体化。加快推进淮海经济区一体化进程,提升现代商圈开放度,促进区域经济深度协同发展,推动淮海城市群上升为国家战略。到 2020 年,徐州市流通产业规模总量将较 2013 年实现翻倍,年均增速保持省内和淮海经济区领先①。同时,都市规划区范围内"两带两轴多片"的现代商贸服务功能区体系确立,现代物流、信息技术得到充分运用,产业功能显著增强,流通效率大幅提升。彭城广场中央商务区规模总量、档次以及智慧化程度明显提升,核心辐射范围扩展至 200 公里。新城行政金融商务区、高铁生态商务区综合服务功能不断健全和完善,成为徐州现代商圈新的窗口和名片,使整个徐州现代商圈成为消费者近悦远来的淮海经济区第一商圈。

（三）优化拓展商贸服务功能区

1. 推动批发业转型升级,向创造型市场收益发展

重点结合金属、五金、化工、农副产品等专业性强、市场覆盖力强的商贸领域,适时推出淮海经济区专业商品、生产资料价格指数,以指导区域商贸一体化建设,推进流通业现代化建设。

2. 依托轨道交通,推进轨道交通商贸服务功能区规划和发展

同步做好轨道交通商贸服务功能区规划,形成无缝对接。积极借鉴其他国家、地区轨道商业建设经验,结合徐州特点,按照"地铁上盖物业"的设计理念,规划开发"一轨一站一楼"城市专业综合体。

3. 依托特色商业街建设经验,促进商贸服务功能区优化发展

重点优化提升和繁荣老东门、老街坊、世茂步行街、滨湖新天地、小南湖、彭城壹号、户部山、文博园、时尚大道、牌楼商业街等 18 条特色街区。加快规划建设回龙窝、龟山小镇、华夏广场、金龙湖小镇、小朱庄、雨润新城等 9 条特色街区。

4. 依托现代技术和产业资源,打造徐州特色物流园区和电子商务园区

大力发展以家居、家具、建材物流为特色的八里家居市场带、欧蓓莎大市场等,以石材物流为特色的铜山物流产业园,以农副产品全球购为特色的雨润全球采购中心,以家电、医药、汽车物流为特色的新城区现代生活物流产业园,以钢材、粮食、工程机械等生产资料物流为特色的允盛、宏康、万寨港等物流园(带),以保税物流为特色的双楼港物流园。

---

① 郑薇.打造消费高地 形成规模经济 锻造金融链条 优化发展环境打造淮海经济区第一商圈[N].徐州日报,
2014 - 10 - 14.

第十七章　连云港市流通产业发展

一、连云港市经济发展状况与流通产业发展贡献

（一）连云港市经济发展基本情况

连云港位于中国大陆东部沿海,长江三角洲北翼,江苏省东北部。东临黄海,与朝鲜、韩国、日本隔海相望,西与山东省临沂市和江苏省徐州市毗邻,南与江苏省淮安市和盐城市相连,北与山东省日照市接壤。

中共中央总书记习近平曾于 2009 年 4 月来连云港考察时说:"如果孙悟空的故事有现实版写照,就是连云港在新的时期新的世纪后发先至,构建新欧亚大陆桥,完成新时代的西游记"。

1933 年兴建的连云港位于西太平洋沿岸,在中国沿海港口群中格外引人注目。作为新亚欧大陆桥东桥头堡,连云港是连接大西洋、太平洋两大洋和美洲、亚洲、欧洲三大洲,沟通世界海陆运输的重要节点。随着经济全球化的深入,随着中国走向海洋时代,连云港得天独厚的区位优势和对区域经济的福射带动作用愈加凸现。作为中国中西部最便捷的出海口,连云港腹地广阔,辐射陇海兰新铁路沿线 11 个省(区)达 360 多万平方千米。伴随国家"西部大开发"和"中部崛起"战略的加快实施,连云港港口在服务中西部地区开发开放、促进中国区域经济协调发展上承担着更大的使命。连云港对接和服务腹地工作扎实有效,不仅在腹地广泛建设了一批无水港,更在陆桥运输和铁水联运工作上走在全国港口的前列,陆桥运输量和铁水联运量均名列全国首位。作为江苏唯一大型海港,连云港港在江苏沿东陇海线开发、沿海开发、振兴苏北三大区域发展战略中处于龙头地位,迅速昂起连云港这个龙头,摆在了江苏发展的重要日程上。作为连云港核心的战略资源,连云港港成为"以港强市"发展方针的基本支撑,其地位和作用不言而喻。正如一位国家领导人所言,"连云港不仅是连云港市的连云港,也不仅是江苏省的连云港,更是中国的连云港"。

（二）流通业发展基本情况

以其自身的"社会性、贡献率、就业率、关联度、不可替代性"等显著特征,在国民经济建设中已成为具有先导性作用的基础产业,对第一、二产业的发展起着重要的促进、引导作用。2015 年,连云港市紧紧抓住国家"一带一路"建设的重大战略机遇,坚持稳中求进的工作总基调,以改革创新促发展,以扩大开放求突破,着力加快转型升级,促进经济提质增效。全市经济运行稳中有进,战略地位不断提升,综合实力日益增强,产业发展、城乡面貌、港口建设、人民生活发生显著变化。全市地区生产总值 2160.64 亿元,较上年增长(下同)10.8%;总量迈上 2000 亿元新台阶,较上年增加 194.75 亿元,增速较上年快 0.6 个百分点。人均地区生产总值 48416 元,增长 10.3%,较上年增加 4139 元;固定资产投资 2077.35 亿元,增长

21.0%;社会消费品零售总额 830.71 亿元,增长 12.4%;一般公共预算收入 291.77 亿元,增长11.5%。物流、金融、旅游等服务业加快发展。新增国家 4A 级旅游景区 1 个,接待国内外游客 2684.77 万人次,增长 11.1%;实现旅游收入 343.92 亿元,增长 13.7%。

(三)批发零售

消费品市场运行良好。2015 年社会消费品零售总额 830.71 亿元,增长 12.4%。其中批发业 64.69 亿元,增长 12.3%;零售业 688.64 亿元,增长 11.3%;住宿业 9.71 亿元,增长11.5%;餐饮业 67.70 亿元,增长 24.4%。

网上零售发展迅速。2015 年限额以上贸易单位网上零售额 3.06 亿元,增长 102.8%。分商品种类看,百货类网上零售 2821 万元,增长 25.8 倍;体育用品及器材 12981 万元,增长133.7%;医药及器械类 1759 万元,增长 86 倍;汽车配件类 3279 万元,增长 159%;五金类2167 万元,增长 7.0%;珠宝首饰类 4777 万元,下降 21.7%;其他类 2057 万元,增长 37.0%。

(四)交通物流

港口支撑作用提升。2015 年港口货物吞吐量 2.11 亿吨,增长 0.3%,其中,内贸吞吐量首次跨上亿吨台阶,达到 1.11 亿吨,增长 11.1%,增幅较上年提高 6.9 个百分点;集装箱运量501 万标箱。依托港口优势,全市石油化工、钢铁冶金、机械装备等临港产业不断发展,三大产业的支撑作用不断增强。全市 20 强企业中,16 个企业是与港口有关的产业,前四大企业均为近几年投产的百亿元以上临港石化、钢铁企业。

交通运输平稳运行。2015 年全市交通运输客运总量 5601 万人次,其中,地方公路客运量 5058 万人次,地方交通旅客周转量 33.55 亿人公里,较上年分别下降 6.9% 和 4.7%;水路客运周转量 7704 万人公里,增长 4.0%。地方公路货运量 9508 万吨,增长 13.1%,地方公路货运周转量 189.34 亿吨公里,增长 12.4%;地方水路货运量 1722 万吨,增长 2.3%,地方水路货运周转量 124 亿吨公里,增长 1.5%;民航机场飞机起降 7802 架次,增长 11.8%,民航机场旅客吞吐量 70.90 万人次,增长 24.7%。

邮政通讯业务增长较快。2015 年邮政通讯业务收入 38.86 亿元,增长 2.3%。其中,邮政行业业务收入 9.44 亿元,增长 28.8%。邮政行业中快递业务收入 5.08 亿元,增长 44.8%,增速比邮政业务收入快 16.0 个百分点,总量占邮政业务收入的 53.8%,较上年高 6.1 个百分点;快递业务量 5197.48 万件,增长 45.0%,较上年高 4.1 个百分点。2015 年末,全市电话用户 502.09 万户,其中,移动电话用户 423.61 万户。互联网用户 351.62 万户,较年初增长27.9%,其中,固定宽带接入用户 82.69 万户,较年初增长 22.1%。

二、连云港市流通产业发展现状与面临的问题

2015 年及"十二五"时期,连云港市积极应对严峻挑战,落实宏观调控措施,抢抓沿海开发、长三角一体化、"一带一路"建设等多重叠加机遇,围绕中心,服务大局,奋发有为,扎实工作,较好地完成了各年度目标任务,保持了全市经济社会平稳较快发展,各项发展和改革工作取得了新成效。然而,受整体经济运行下行压力加大、经济处于结构调整和转型升级期、同期基数不断增大等多种因素影响,连云港市流通业的发展仍面临诸多挑战:

(一)港口城市较多,竞争激烈

从沿海港口来看,各地政府纷纷出台政策、整合港口资源,加大投入,聚集优势促进港口

上规模、大发展。连云港港南有上海港、宁波港竞争,北有天津港、青岛港打压,还有新近发展起来的日照港的威胁。此外,对港口的制约因素还有不少,比如,港口总体吞吐能力不足,港口超负荷运作。又如,港口基础设施结构性矛盾突出,大型深水泊位缺少,航道等级亟待进一步提升,专业化、规模化、集约化水平亟待提高。还有,港口的集疏方式相对单一,影响了物流业的周转和畅通。

目前,连云港港口的集疏70%依靠铁路运输,而铁路运输组织涉及国家铁路和港口铁路的协调组织问题,加之沿海铁路方案迟迟不决,也限制了通过能力的充分发挥。同时后防内河水网虽然密布,但是目前尚不具备畅通的海河联运条件,这些因素都一定程度上制约着港口物流的进一步发展。

港口综合通过能力弱,码头结构不合理,陆域狭窄;口岸查验能力不足;持续、快速上量迫切需要深水航道、大型矿石和原油码头等核心资源进一步发挥支撑作用。现代港口工业化城市建设迫切需要发挥港口的载体作用,港口物流、信息流、贸易的城市功能以及延伸的产业集聚还处在起步阶段。

(二)与物流相关的服务体系落后

金融、结算、保险、通信、信息技术等行业同样处于高度垄断、低质低效的发展阶段,因而在物流领域推广电子商务是很困难的。我国物流业企业内部自办各类专业服务,其专业化程度又不高,致使物流服务整体效益低下。

总体来看,中国的流通规模还比较小,效率比较低,现代化水平不高。目前,中国物流成本占GDP的比重大约为20%左右,而美国等发达国家只有10%左右。中国流通现代化的投入不足,对流通信息化建设的投资较少。与发达国家相比,中国流通业在资金规模、营销技术、管理方式等方面都存在很大差距,竞争能力还不强。

(三)现代流通方式起步早,推进慢

虽然连云港市连锁经营、物流配送、电子商务等现代流通方式业起步较早,但发展缓慢。流通业态主要还是依赖传统百货店、食品杂货店等传统业态。批发业尤其是重点批发企业还处于结构调整机制、转换阶段,组织形式管理水平制度创新等严重滞后。大型商品流通基础设施发展缓慢,制约着商品流通业的发展。

(四)企业管理水平较低

连云港市商贸流通企业的整体管理水平和信息化程度还比较低,与跨国商贸流通企业相比,在流动资本周转速度、企业库存、物流分销成本和企业信息化水平等许多方面都存在较大差距。连云港市物流分销成本约占销售额的17%—20%,而欧美、日本大约只有4%—7%。在美国等一些发达国家,往往对所有的超市、连锁店铺实行统一采购、统一配送、统一核算、统一管理"四统一"的规范化标准,而连云港市很多连锁企业通常只是统一了店名和标识,实际运作中仍各自为政,远未达到"四统一"的标准,顾客在统一商号的连锁店里,享受不到同样标准的价格和服务,存在连锁不连的现象。

(五)从业人员素质不高

长期以来,连云港市商贸企业从业人员文化水平一直比较低,尤其是商场管理人员中大学以上文化程度的比例很低,商场员工基本是初、高中毕业生。以批发零售和住宿餐饮业为例,就业人员总数中,大学以上学历仅占18.95%,而高中学历和初中学历人员占到总人数的

44.4％和36.65％。培训的机会很少,不能适应现代商业发展的需要。

(六)行业监管滞后,外部环境亟待改善

连云港市商品流通市场有序发展、规范管理、依法保护的运行机制尚未形成。行业规模的快速扩张,给监管带来了较大压力。无照经营、制假售假在一定范围内屡禁不止,商贸企业缺乏诚信、拖欠供应商货款和员工工资事件时有发生,给社会带来了不和谐因素。缺乏监督调控、市场建设的法规和健全有效的市场监管办法,严重地阻碍了商品交易市场的健康有序发展。此外,商品批发市场类型较多,结构复杂,很多商品批发市场缺少行业自律性组织,很难形成统一、开放、竞争、有序安全的行业体系。

(七)法律、法规体系建设相对落后

发达国家(如美国、日本和欧洲一些国家)商贸流通业的发展已具备了相当完备、成熟的法律、法规体系。如:英国于20世纪70年代先后颁布了《公平交易法》、《商品出售法》、《限制贸易行为法》,80年代出台了《竞争法》等来规范商贸流通业的发展;为了促进大型和小型零售店的合理布局,引导大中小流通企业的协调发展,日本政府于20世纪60年代先后制定出台了《大店法》、《小店法》;为了保护连锁商业的发展,美国政府先后制定了《谢尔曼法》、《克莱顿法》、《惠勒—利法》、《公平交易法》、《消费品定价法》等一系列法律。相比较而言,我国还只是初步建立了一些有关商贸流通的法律、法规,尚未建立起完善的法制体系。

三、连云港市流通产业发展措施与发展绩效

(一)推进沿海开发

连云港市紧抓沿海规划实施的政策效应,对沿海规划、省实施意见进行深入研究,推动国家东中西区域合作示范区获批设立,并获得中央财政补助资金,连云港高新区升级为国家级高新区,30万吨级航道一期建成通航,保税物流中心(B型)封关运作,连盐铁路、连淮扬镇铁路开工建设,陇海客运专线徐连段取得重要进展,机场空港实现临时开放,新机场选址获得国家民航局批复同意。其中,突出项目建设是加速产业布局发展和提升沿海开发后劲的有力支撑,针对连云港港口大产业小、有港口优势没有产业优势问题,坚持强化跟踪服务,狠抓重点项目建设不放松。2011—2015年,重点推进了重大基础设施、产业发展、滩涂围垦、载体平台四大类180个沿海开发重点项目,2015年度累计完成投资达到4000亿元。先后协调和成功组织了"聚集江苏沿海开发和连云港十二五跨越发展"高层论坛、"沿海开发纵深行"和"家家到"采访宣传活动、国家东中西区域合作示范区发展论坛、《对话——进入国家战略之后》异地同步直播活动、东中西联动新闻宣传推介活动、沿海开发三周年大型新闻行动、江苏沿海地区发展高层论坛等,连云港市沿海开发影响力不断攀升。

(二)建设重点项目

连云港市积极配合做好全市重点项目集中开工活动,集中力量组织实施500个年度重点项目,突出抓好市级层面推进的100个重大项目。协助配合并积极向省有关部门争取,连云港港30万吨级航道二期工程、徐圩港区防波堤工程、徐圩港区一期工程、中云台作业区三期码头工程、新海至徐圩港区公路、204国道、310国道等一批重点项目获得批复。积极争取中央、省预算内资金,五年来共争取中央预算内资金73711万元、省预算内资金2395万元,有力推进了连云港城建环保、棚户区改造和政法基础设施建设。编制上报PPP项目计划,

连云港列入国家发改委 PPP 项目库 10 个,涵盖水利、市政设施、交通、公共服务、资源环境等多个领域,总投资 70.6 亿元。30 万吨级航道一期、连云港港赣榆港区 10 万吨级航道一期工程、旗台作业区防波堤工程建成投运。徐圩港区、赣榆港区和灌河口港区建设快速推进。赣榆港区防波堤二期、徐圩港区防波堤工程正在加快建设。相关配套工程不断完善,港口集疏运体系更加合理。青连铁路、连盐铁路、连淮扬镇铁路正在快速推进。围绕构筑综合交通运输体系,基本建成连云港港北疏港高速公路、临海高等级公路、海滨大道等,全市基础设施得到进一步完善。

(三)提升现代服务业

连云港市狠抓载体建设,推进各项政策落实,加快服务业转型升级步伐。2015 年全市服务业增加值完成 850 亿元,较"十一五"末增长 75%,年均 15% 以上,增速完成"十二五"规划既定目标。现代物流、金融保险、科技服务、文化创意、服务外包、电子商务等新型服务业呈现良好发展势头。生活性服务业业态明显提升,商贸服务业改造步伐加快,商贸流通业多业态、多形式发展,城市商业网点结构和布局进一步优化,苏宁、大润发、乐天玛特等一批知名商贸服务综合体落户连云港;家得福、菜篮子网、四季农产品交易市场等地方生活服务业企业服务手段更加优化,规模不断扩大。健康服务、养老服务、家庭服务等一批城市公共服务业服务内涵更加丰富,服务方式更加多样,服务手段更加科学。

四、连云港市流通产业代表性行业发展状况

"十二五"期间,连云港市坚持狠抓第一要务,加快推动产业发展,经济建设迈上了新台阶。

(一)重大基础设施得到完善

组合大港基本形成,建成 30 万吨级深水航道一期工程,赣榆、灌河、徐圩两翼港区开港运营,综合通过能力达到 1.6 亿吨,为"十一五"末的 1.5 倍。新改建国省干线公路近 500 公里,总里程实现翻番,连盐、连淮扬镇、连青铁路开工建设,徐连高铁列入中铁总公司年度开工计划,疏港航道、盐河航道建成通航,实现千吨级船舶直通京杭大运河。新机场建设取得重要进展。电网建设完成固定资产投资 93 亿元,较"十一五"增长 72.2%。这些为港城发展提供了有力保障。

(二)综合口岸功能得到提升

中韩陆海联运列为全国试点。赣榆、徐圩港区实现临时开放,白塔埠机场获批一类开放口岸。与新加坡国际港务、巴西淡水河谷开展全面战略合作,新开通加密 38 条近远洋航线。海铁联运开通至霍尔果斯、西宁等国内班列,连新亚、连新欧班列开通运营。在淮安、洛阳等地设立"无水港"9 个。港口吞吐量、集装箱运量分别达 2.1 亿吨、501 万标箱,承担了全国 50%、中亚国家 60% 以上的大陆桥过境运输业务,海铁联运成为连云港的重要国际品牌。

(三)开放载体建设取得突破

抢抓机遇、主动对接,被国家确定为新亚欧大陆桥经济走廊首要节点城市、中哈物流合作基地和上合组织出海基地。在两国元首共同见证下,中哈物流合作基地项目一期建成启用。上合组织国际物流园建设全面推进。国家级、省级开发园区转型发展成效明显,成为全市经济发展的主阵地。国家东中西区域合作示范区获批,先导区建设全面拉开,一批开放合

作平台载体建成投用。成功举办两届连博会。

（四）开放型经济水平不断提升

累计利用外资40亿美元，年均增长近17%。外贸进出口377亿美元，较"十一五"实现翻番。高新技术产品出口以年均15%速度递增，农产品出口跃居全省首位。新批境外投资项目71个，协议对外投资额达12.6亿美元，企业"走出去"步伐明显加快。

"十二五"期间，连云港市不断优化城市功能布局，全面推进城乡一体化建设，海港城市特色日益彰显。城市布局日趋优化，顺利完成了新浦、海州两区合并，赣榆撤县建区。连云区与连云新城、徐圩新区与板桥工业园实现一体化发展。基本完成了"十二五"各项目标任务，主要指标好于去年同期、高于周边城市，规模以上工业增加值、外向型经济、城乡居民收入等指标虽低于预期，但增速居全省或苏北前列。

五、"十三五"期间连云港市流通产业发展举措

"十三五"时期，是实施"一带一路"战略、全面落实江苏沿海地区发展规划的关键时期，是深化改革、推动经济发展方式转变的战略机遇期，是实现全面小康社会建设目标、建设更高水平小康社会的决胜时期。"十三五"时期，国内外发展环境依然错综复杂，还有很大的不可预见性和不确定性，国际经济规则与秩序之争更加激烈。从国内环境来看，经济发展长期向好的基本面没有变，经济韧性好、潜力足、回旋空间大的基本特质没有变，经济持续增长的良好支撑基础和条件没有变，经济结构调整优化的前进态势没有变。特别是中央统筹国际国内两个大局，提出"两个一百年"和中华民族伟大复兴中国梦的奋斗目标、"四个全面"的战略布局、"五化同步"的发展要求、深入实施"一带一路"和长江经济带建设，为加快经济转型升级、提高国际竞争力带来新机遇、开辟新空间。作为新亚欧大陆桥经济走廊的东方起点，连云港市已规划建设中哈（连云港）物流中转基地、上合组织出海基地，是全省实施"一带一路"战略的核心区和先导区，"十三五"期间，连云港以建成联结"一带一路"的综合交通枢纽和物流中心为目标，深入落实"一带一路"战略，将为形成有机统一的开放格局打下坚实的基础。

（一）突出实施重大战略，增强持续协调发展能力

深入实施沿海开发。围绕重大产业发展布局，高质量梳理和推进一批"十三五"时期重点推进的沿海开发重大项目和2016年重点实施的沿海开发投资计划项目，并争取纳入省沿海开发重大投资计划，借助省级层面力量加快项目建设。

深入推进区域合作。抢抓丝绸之路经济带建设的机遇，深化与陆桥沿线国家、地区战略合作，着力打造丝绸之路经济带海上门户。将以产业、财政、科技、劳动力"四项转移"和南北共建开发区等各项政策落到实处，深入推进南北共建园区建设，并进一步提高参与长三角一体化进程的层次和水平。

（二）突出扩大有效投入，促进经济持续健康发展

港产城全面融合发展。始终突出开放发展取向，抓住、用好"一带一路"等战略机遇，大力发挥港口、口岸优势促进开放发展，推进企业、城市、人才国际化，放大向东开放优势，做好向西开放文章，拓展对内对外开放新空间，构建全方位开放新格局、新体制。强化港口龙头地位，完善港口功能，打造便捷口岸，壮大港口经济，显著增强港口竞争力。增强港口对港产

城融合发展的支撑作用,深化港城互动、港产联动,更好地服务临港产业和海滨城市发展。提高港口竞争力,持续壮大产业对港口、城市发展的支撑,不断增强中心城区的人口、产业集聚功能,形成以港口发展集聚临港产业、以临港产业振兴带动城镇发展、以城镇功能提升促进港口产业繁荣的互动格局。

努力扩大直接融资规模。大力推进企业债券发行工作,进一步充实拟发债企业项目库,加强对效益较好、偿债能力较强的骨干企业摸底调研,探索直接融资新模式,积极研究中小企业私募债券等新型融资方式,适时加以推进。继续做好创业投资工作,加强汇报争取,争取尽快出台《引导基金管理暂行办法》及市本级配套资金统筹方案,顺利开展与省引导基金的合作。加强要素保障,对全市有融资需求特别是因资金问题停缓建的项目进行排查,会同人民银行、金融办开展银企对接活动,合理调配项目资源,定期向金融机构推介有融资需求的重点项目,积极帮助项目单位做好项目包装,规范、完善各类审批手续,落实各项贷款条件,促进供需对接。

(三)突出提升质量效益,加快经济发展方式转变

推动现代服务业提速发展。充分发挥"一带一路"建设的交汇点、国家级区域性物流枢纽城市、国家级重点海港、山海一体知名旅游城市的优势,突出发展现代港口物流、休闲旅游、商贸流通支柱性服务业产业。提升发展金融、商务会展、科技服务、电子商务等重点产业,充分发挥自身优势,形成独具连云港特色的产业发展模式,大力提升连云港市现代服务业发展能级。坚持合理布局,推动集聚发展,着眼于未来发展定位,优化空间布局,推进同种专业类型的服务业企业在空间上相对集中,大力发展具有集聚和集约效应的现代服务业集聚区,强化产业定位与品牌创塑,强化公共服务平台建设和服务功能完善,整合产业链配套协作与专业分工,增强要素集聚吸引能力,提高服务供给水平,努力实现服务业的集聚发展。坚持先进制造业与现代服务业双轮驱动,产业融合,联动发展。结合全市产业结构调整,以优化生产制造业为服务核心,顺应制造业对现代服务业需求。加快产业链重组与外包合作,引领制造业分离生产性服务业,引导制造业内部服务功能外部化。达到服务促进生产,生产带动服务,实现互动共赢、融合发展的新格局。

第十八章　宿迁市流通产业发展

一、宿迁市经济发展状况和流通产业发展贡献

(一) 宿迁市经济发展状况

"十二五"时期,宿迁市围绕"推进更大突破、实现全面小康"奋斗目标,大力实施"产业强市、城乡统筹、外向带动、创业富民、科教优先、生态立市"的发展战略,扎实推进稳增长、促改革、调结构、惠民生、防风险等工作,经济社会发展实现了新的重大跨越。

1. 综合经济实力迈上新台阶

"十二五"期间,宿迁市经济发展势头良好,经济实力大幅提升,经济总量突破 2000 亿元。2015 年全市地区生产总值达 2126.19 亿元,年均增长 11.8%;一般公共预算收入达到235.67 亿元,年均增长 21.3%;固定资产投资完成 1838.97 亿元,年均增长 23%,增幅高于全省和苏北的平均水平。

2. 经济结构调整呈现新态势

宿迁市二、三产业占 GDP 比重由 82.4% 提高到 87.9%;规模以上工业主营业务收入突破 3500 亿元;新兴产业销售收入占规模以上工业销售收入比重接近 20%;市域"4+4"和县区"2+1"主导产业加速集聚。农业基础地位更加稳固,粮食产量连年增长,农业产业化经营程度明显提高。旅游、商贸等生活性服务业快速发展,金融、物流、信息等生产性服务业迅速崛起,电子商务、休闲娱乐、健康养老等新业态快速发展。

3. 基础设施建设取得新进展

综合交通体系建设全面展开,区域交通设施进一步完善,新建宿(州)宿(迁)淮(安)铁路、宿(迁)新(沂)高速公路(宿迁段)、325 省道淮安至宿迁段、344 省道沭阳段、宿(州)扬(州)高速宿迁段。徐宿淮盐铁路开工建设。运河宿迁港一期投入使用。成子河船闸建成通航。新增 220 千伏电网变电站 12 座,110 千伏电网变电站 25 座,累计新增变电容量 401.25万兆伏安,高压配电网供电能力显著增强。南水北调、分淮入沂等工程进展顺利,水利基础设施建设持续加强,防洪抗灾能力稳步提高,区域供水、建制镇污水处理等基础设施明显改善。4G 网络覆盖全市,建成江苏第三、苏北首个全光网城市。数字城市地理空间框架基本建成,"数字城管"实现全覆盖。

4. 改革开放进程步入新阶段

政府职能转变和机构改革稳步推进,服务型政府建设取得新成效。行政审批事项大幅度缩减,资格资质去行政化、中介机构培育、社会组织建设、政府购买服务、资源要素价格、诚信体系建设等方面改革走在全国全省前列,在全国率先推行商事制度改革,颁发国内首张"三证合一"营业执照,率先在全国开启"一证一号"改革。金融改革深入推进,在苏北率先实

现企业债融资、票据融资、信托融资、私募债融资的整体突破。宿迁、沭阳经济技术开发区成功创成国家级开发区。南北挂钩合作不断深化，全市6个南北共建园区全部位列全省第一方阵。

5. 民计民生建设得到新改善

坚持问题和需求导向，全力做好群众最关心、最急需的民生实事，让群众更多分享到改革发展的成果。城乡居民收入连续增长，2015年城镇居民可支配收入、农村居民人均可支配收入分别达到22272元、12772元，年均增长11.8%、13%。99.5万农村低收入人口全部达到年收入4000元的脱贫标准，360个经济薄弱村全部实现"新八有"目标。就业规模稳步扩大，社会保障体系更加完善。法治建设、平安建设水平全省领先，社会治安综合治理工作绩效位居全省前列，社会安定有序、团结和谐、充满活力。

（二）宿迁市流通产业发展贡献

1. 宿迁市发展流通产业的意义

流通产业是连接生产与消费的桥梁和纽带，在国民经济中发挥着先导性和基础性作用，既能创造需求，也能满足需求。同时，随着城乡居民收入水平的提高，居民消费正从温饱型向舒适型转变，从注重消费量的扩张向注重消费质的提高转变，从物质消费为主向服务消费为主转变，居民消费意愿和消费升级将不断增强。因此，无论是应对外需不足、满足省内消费需求，还是强化内需拉动、推动经济平稳较快发展，都需要大力发展流通业。

2. 宿迁市流通产业对GDP的贡献

一个城市的发展既取决于批发商业的发展，也取决于零售商业的发展。批发商业不仅通过广阔的商品流通网络将城市内部与外部相连接，而且还通过信息与金融功能的强化使城市之间形成了一定的层级关系。如果批发商业发达，则说明该城市向城市外部的组织与个人提供物品与服务的能力强，即该城市的产出能力强，因而城市的影响力与贡献度也就比较大。如果零售商业发达，则说明该城市向城市内部的组织与个人提供物品与服务的能力强，即该城市的投入能力强。而批发产业和零售产业都是流通产业的重要组成部分，因此，一个城市的流通产业越发达，该城市的发达程度和竞争力也就相应较强。而流通产业产值占GDP或GNP的比重高低，与地区商品与服务的市场化程度及社会化、专业化生产水平有关，因此，通过流通产业所实现的产值占GDP或GNP的比重来衡量流通产业对GDP或GNP的贡献大小。这一比重越大，流通产业对GDP或GNP的贡献也越大。换言之，商品与服务的市场化程度越高，社会化、专业化水平越高，流通业对GDP或GNP的贡献也越大。

2015年宿迁市社会消费品零售总额626.64亿元，与2011年相比，年均增长率约为16.8%，与地区生产总值11.1%的增幅相比基本持平；从社会消费品零售总额占地区生产总值的比重来看，"十二五"时期宿迁市流通产业产值略有上升，从25.5%上升至29.5%。

表35 宿迁市2011—2015年流通产业值及所占比重

年份	地区生产总值（亿元）	社会消费品零售总额（亿元）	流通产值占GDP的比重（%）
2011	1320.83	336.26	25.5
2012	1522.03	388.23	25.5

年份	地区生产 总值(亿元)	社会消费品零售 总额(亿元)	流通产值占 GDP 的比重(%)
2013	1706.28	442.43	25.9
2014	1930.68	564.80	29.3
2015	2126.19	626.64	29.5

数据来源:《宿迁统计年鉴》。

二、宿迁市流通产业发展现状及面临的问题

(一)流通产业发展现状

1. 流通产业规模不断扩大

建市以来,宿迁市流通产业实现了良好的发展,积极拉动了经济增长。下图 19 可见,2000 年宿迁市社会消费品零售总额仅为 133.57 亿元,到 2015 年规模已扩大至 1001.6 亿元,15 年间年均增长率达 14.4%。在经济发展、GDP 增长的过程中,消费规模的不断扩张已成为一大有利因素;与此同时,流通产业的发展也积极拉动了劳动力就业。

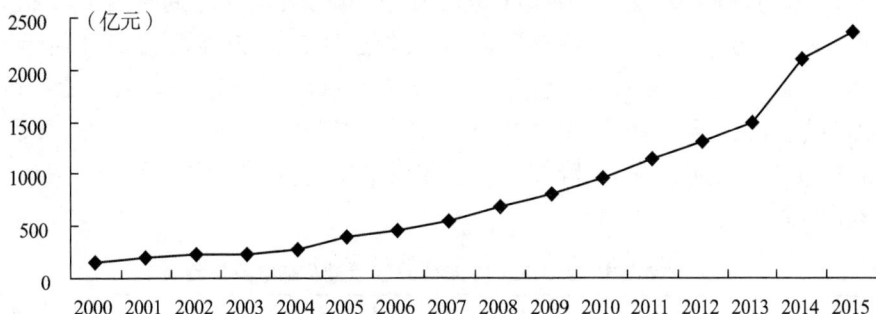

图 19　宿迁市流通产业发展规模(2000—2015)

数据来源:《宿迁统计年鉴》。

2. 批发零售业稳中有升

批发零售业连接着生产和消费,是商品流通的重要环节,对社会各产业部门产品价值的实现具有重要影响作用。宿迁市将批发零售业作为带动经济增长的重要动力。"十二五"末,宿迁市批发零售额 547.14 亿元,较 2011 年的 294 亿元(见下图 20)实现年均增长率16.8%;批发零售额占社会零售消费品总额的比重始终保持在 87%左右。

3. 住宿餐饮业稳定发展

随着居民的收入增加以及消费水平的提高,社会消费方式和消费结构发生了一定变化,宿迁市的住宿餐饮业取得长足发展,这不仅有利于活跃市场经济,而且有助于推动收入再分配。2015 年,住宿餐饮总额达到 79.5 亿元,比 2011 年增长 88.1%,四年间年均增长率约为17%,占社会消费品零售总额的比重始终保持在 13%左右。

4. 交通运输业和邮政通信业有序发展

2015 年,宿迁市邮政通信业快速发展,交通运输业低速增长。邮政通信业实现邮电业

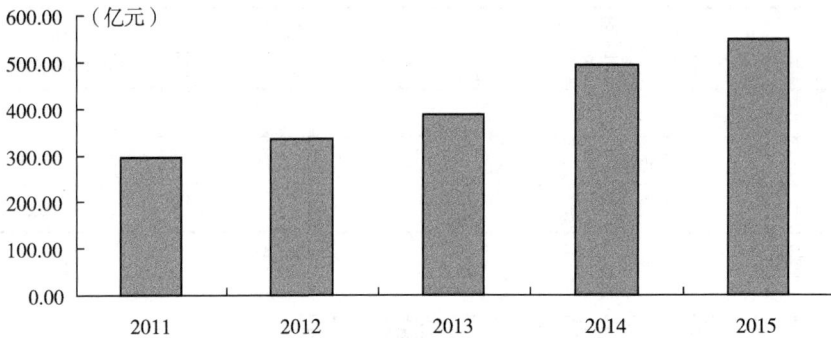

图 20 宿迁市批发零售总额(2011—2015)

数据来源:《宿迁统计年鉴》。

务总收入 65.66 亿元,比上年增长 23.5%。其中,邮政快递业务收入 36.92 亿元,增长 46.2%;电信业务收入 28.73 亿元,增长 3.0%。快递业务快速发展,全年完成快递业务量 2.79 亿件,比上年增长 54.4%;实现快递业务收入 32.86 亿元,增长 51.8%,快递业务量和业务收入均排全省第三位。年末有国际互联网用户 339.30 万户,比上年末净增 14.30 万户。宿迁市全市完成客运量 7176 万人,比上年增长 3.5%;实现旅客运输周转量 47.7 亿人公里,比上年增长 4.4%。受水路货运量下滑影响,完成货运量 5035 万吨,比上年下降 8.2%。其中,公路货运 3861 万吨,增长 5.0%;水路货运 1174 万吨,下降 35.0%。实现货物运输周转量 163.5 亿吨公里,比上年下降 8.2%。其中,公路货物周转量 129.3 亿吨公里,增长 5.3%;水路货物周转量 34.3 亿吨公里,下降 37.9%。完成港口货物运输吞吐量 1468 万吨,比上年下降 36.4%。

表 36 宿迁市 2013—2015 年公路客运量及邮电业务收入

年份	公路客运量 (万吨)	公路客运量 比上年增长(%)	邮电业务收入 (亿元)	邮电业务 比上年增长(%)
2013	16384	9.3%	33.07	33.5%
2014	10356	4.7%	55.5	38.8%
2015	7176	3.5%	65.66	23.5%

数据来源:《宿迁统计年鉴》

(二)宿迁市流通业发展存在的问题

1.“边缘化”问题制约流通业发展

宿迁既处于长三角经济区的边缘,又处于全省“三沿”战略布局的边缘,沿东陇海线产业带和徐州都市圈对宿迁的辐射带动能力很弱,难以产生拉动效应。边缘化问题严重制约了流通产业经济的发展。突破边缘化约束,积极参与地区竞争,变发展压力为发展动力,变边缘区为交叉辐射区是当前面临的严峻挑战。

2.资金、技术、人才短缺,影响流通业发展

流通业结构性矛盾仍然突出,传统行业占据主导地位的现状没有得到改善,商贸支撑力不强,对农民及外来务工人员的吸纳能力较弱。

3. 大型商贸中心功能亟待加强

虽然建成了幸福路商业带及宿迁·义乌国际商贸城等诸多市场,但与其他地区相比,区域化、国际化发展方面差距相当大,还没有形成一个对周边地区具有较大影响力的市场网络。新区的商业设施和资源配套还比较分散,中心城市尚未形成一批具有一定规模、一定影响、不同梯度的商业中心区。商贸服务业发展严重滞后于工业经济发展,在不同程度上还处于县级规模发展水平。

4. 流通业建设相对滞后

建筑规划与商业规划不协调一致;商业网点布局、建设随意性大;现代物流、商务服务、文化休闲等开发力度不大;高档次的购物、餐饮、娱乐场所缺乏等。新城区人气不足、商气不旺,这些都严重制约了商贸流通业的快速发展。

三、宿迁市流通产业的发展措施及发展绩效

(一)加大对流通业发展的政策扶持力度

1. 设立专项引导资金

对新建大型商业基础、专业市场,品牌店和知名品牌商品进驻,以及重点项目、重点企业、成长型企业设置转向资金,给予相应的引导和奖励,对国家和省重点商贸流通企业和项目,给予相应的配套扶持资金。

2. 把招引流通产业大项目列入招商引资考核范围

把引进投资大型商业基础设施建设项目和知名品牌经营项目,按照引进工业项目一样同等考核、同标准奖励,鼓励引进高水平商业企业对宿迁投资。(1)制定土地优惠政策。引导投资商建设大型商业设施,对单体面积超过一定标准的,收取的土地出让金予以奖励返还。(2)制定基础设施配套的优惠政策。对重要商品的储备设施、大型农产品批发市场、大型物流配送中心等实行政策性倾斜。(3)制定税收奖励政策。对兴办大型商业企业的,在银行贷款和税收返还方面予以倾斜。

3. 完善中心城市交通网络建设

提升中心城市公共服务功能,构建“四纵四横双环”城市交通主骨架。加大中心城区与三县间的市县公交和中心城区与宿豫区、宿城区乡镇间的农村公交补贴力度,方便市县城市间的人流、物流,吸引更多的农村居民进城购物消费。中心城区的城市公共交通应适应中心城市组团式发展需要,扩大站点覆盖面,优化线网结构和运力配置,公交线路和停靠站点要向居民小区、商业区、工业园区、学校园区等城市功能区延伸。积极引导城市公共交通向农村延伸,增加线路、延长时间和营运里程,促进中心城市的人气、商气提升。

(二)大力发展现代流通业

1. 大力发展以河运港口为依托的现代物流业

大力发展仓储、加工、运输、配送、通关、信息咨询等服务,尽快形成大型港口综合物流园区。加快引进一批现代物流企业,提高第三方物流企业整体竞争力。采用现代物流管理技术和装备,建立公共物流信息平台,促进物流网络体系形成,加强物流专业设施整合。

2. 大力发展连锁经营业

坚持推进连锁企业规模化、规模企业连锁化和连锁行业多元化相结合,不断提高连锁业

在商贸流通业中的比重。积极推进大企业、大集团战略,重点培育主业突出、核心竞争力强的连锁企业,通过兼并联合、资产重组、参股控股,发展直营连锁、加盟连锁、特许经营等方式,扩大现有连锁企业的经营规模。

3. 加快传统业态的升级

运用现代流通组织形式、新型业态和现代流通技术,促进传统商业的升级和转型,推动和鼓励传统百货店向购物中心、专业店、专卖店发展,通过开设分店等形式实行连锁经营。积极支持和引导农贸市场改造升级,鼓励"农加超"、"农改超"等不同模式共同发展。

4. 推动电子商务发展

支持"互联网+物联网"等新型流通业态发展。鼓励大型流通企业整合资源,建设一体化的电子商务平台。鼓励流通企业应用电子商务进行商品批发交易,发挥大型骨干流通企业和大宗商品市场的作用,开展农产品、日用工业品和生产资料的网上批发交易。加快实行银行卡结算的步伐。研究、制定商贸服务业受理银行卡推广方案,提高商户银行卡结算的普及率,改善持卡消费的环境。

(三)大力发展商贸服务业

培育大型餐饮企业、特色美食街(城),打造美食之都。发展生态休闲餐饮,引导、支持城郊农家乐、度假村成片连线向规模化、高档化和特色化方面发展。以"三名"评定活动(名厨、名菜、名店)为平台,培育扶持一批餐饮大店、名店,全力打造地方餐饮品牌。以"放心早餐工程"为抓手,加快培育年营业额 10 亿元以上的餐饮龙头企业。全力挖掘、振兴"红楼"、"三园"等中华老字号品牌,以老字号为依托,实施规模化生产和连锁化经营,提升竞争实力。

四、"十三五"期间宿迁市流通产业的发展举措

(一)构建综合交通运输体系

抢抓国家"一带一路"、长江经济带和省东陇海经济带综合立体交通发展机遇,加大重大交通基础设施的建设力度,打通"主动脉",畅通"微循环",丰富"毛血管",实现公路、铁路、水运、航空联动发展,构建联网畅通、能力匹配、功能齐全的现代综合交通运输体系。第一,加速发展铁路,全力推进徐宿淮盐高速铁路、宿迁高铁站建设;积极配合实施新长铁路宿迁段扩能改造工程;推进连宿合、宁宿新等铁路前期研究,力争纳入国、省际铁路网规划。第二,优化提升公路网络,织密公路网络,加强宿迁与邻市、中心城市与市域副中心城市、重点中心镇的快速交通联系,率先实现公路基本现代化。规划建设宿迁—沭阳—连云港、泗阳—泗洪高速,建设泗许高速公路泗洪段,实现与邻近城市的直达联系,市域范围形成三横两纵高速公路网。第三,提升港口功能。不断加快运河宿迁港建设步伐,促进港口提升转型发展,实现港产镇一体联动发展,逐步发展成为多功能、综合性的现代化内河港口和海河联运的重要物流基地。

(二)推进商贸流通业发展

1. 提升商贸服务业发展能级

加强对商贸服务业发展的指导,推动传统商贸服务业积极适应市场需求,加快转型升级步伐;大力推进现代服务业项目建设,培育新兴消费热点;引导城区商圈核心企业之间实行错位发展、差别竞争,推动中心城市商圈提升人气、集聚商气。

2. 提升"互联网＋"支撑力度,提升促消费水平

推行"互联网＋商贸流通"发展模式,鼓励商家加强实体店与线上平台的深度融合,开展网上批发零售业务,提升便捷服务水平。针对不同时期的消费特点,组织商家围绕新兴消费,发挥自身的优势和特色,举办各类主题促消费活动,进一步繁荣市场,拉动城乡消费。

3. 提升粮食流通行业管理水平

积极开展"双打"工作,加大对成品油市场、酒类流通、粮食市场的执法检查,严厉打击扰乱市场的违法违规行为,确保群众"喝上放心酒、吃上放心粮、用上放心油",努力维护规范有序的市场环境。

(三)推进流通产业优化升级

按照"一区多点"总体布局,引导电子商务业态和功能聚集,加快电子商务基地建设和知名电商企业招引,重点推进中国宿迁电子商务产业园建设,全力创建国家电子商务示范城市。积极引导电子商务企业拓展国内外网络消费市场,实现宿迁制造的网络品牌化发展。加快推动跨境电子商务发展,培育一批跨境电商龙头示范企业。加快电子商务服务企业发展,积极招引策划、创意、信用、监测、认证等服务机构,构建便捷高效的电子商务服务体系。推进产业组织、商业模式、生产方式、供应链、物流链创新,支持基于互联网的各类创新。围绕商品交易、服务供给、要素支撑等重点方向,加快建设一批功能完备、配套完善的平台经济集聚区。进一步加强与京东集团、阿里巴巴、苏宁云商等综合性电商平台合作,引导本土企业自建网络平台,推行个性化需求的精益生产模式和生产定制化,将宿迁市打造成交易规模大、集聚程度高、支撑体系强、发展环境好、具有较强竞争力和区域辐射力的全国知名电子商务城市。

市场篇

江苏凌家塘农副产品批发市场

一、江苏凌家塘农副产品批发市场简介

江苏凌家塘市场发展有限公司(原江苏凌家塘农副产品批发市场)创建于 1992 年 9 月，2004 年整体改制建立现代企业制度，是农业产业化国家重点龙头企业、国家农业部定点批发市场、商务部重点联系市场、江苏省重点物流基地，于 2008 年 1 月整体搬迁到位于常州市武进区邹区镇常金大桥北侧的新址，地处 312 国道、常金公路交会处，与沪宁高速公路、大运河、常州机场紧紧相连。

经营来自江苏、山东、河北等 20 多个省(市)的蔬菜、果品、粮油、水产品等十大类 1000 多个品种，辐射苏、浙、皖及华东地区，常驻经营户 1600 多户，成为江苏省规模最大的农副产品批发市场，是华东地区重要的农产品集散中心、价格中心，为全国农产品批发十强市场。随着经营范围的不断开阔和经营局面的不断打开，公司的年交易量和交易额也在逐年提高，1996 年交易额突破 10 亿元，1998 年交易额突破 20 亿元，2001 年交易额突破 30 亿元，2003 年交易额突破 50 亿元，2007 年交易额突破 100 亿元，2010 年交易额突破 180 亿元，2011 年交易额突破 200 亿元。

新凌家塘农副产品批发市场规划面积 1306 亩，总投资 8.02 亿元，总体布局为"八区一街八中心"，主要指蔬菜区、果品区、粮油副食品区、水产冷冻食品区、物流配载区、加工配送区、仓储冷藏区、生活配套服务区；配套商业及后勤服务街；物流信息中心、加工配送中心、检测检疫中心、会展拍卖中心、电子结算中心、电子监控中心、信息服务中心、物业管理中心。目前已完成新凌家塘市场一期工程，建成面积 40 万平方米，形成"一路四区"(蔬菜区、果品区、粮油副食品区、水产区)的经营格局，环市场道路全长 4.7 公里。随着新市场的启用，停车场、仓储、35 KV 变电所等功能设施更加完善，天然气、水、电、电信等服务配套设施齐全，垃圾中转站、污水处理站等环保设施更加到位，新建了大型电子显示屏、全方位的电子监控系统，促进了市场布局更加合理、监控手段更加先进，设施更加完善，市场整体面貌焕然一新。

市场下一步将以现代化加快基础设施建设，完善市场服务功能，重点建设加工配送、仓储保鲜区的建设步伐，依靠现代加工包装、冷藏保鲜、农产品检测检疫等手段，积极发展连锁超市、直接配送、代采购等新型流通组织，形成多层次、多业态、多种经营方式的农副产品配送体系，从而降低农产品二次运输成本，增加农产品质量保障，为消费者、经营单位提供更为便利、安全的农产品配送服务。

二、江苏凌家塘农副产品批发市场的发展优势

（一）交通区位优势

江苏凌家塘市场发展有限公司(原江苏凌家塘农副产品批发市场)创建于 1992 年 9 月，2004 年整体改制建立现代企业制度，于 2008 年 1 月整体搬迁到位于常州市武进区邹区镇常金大桥北侧的新址，地处 312 国道、常金公路交会处，与沪宁高速公路、大运河、常州机场紧紧相连。便利的交通运输条件是江苏凌家塘农副产品批发市场成长的前提。

（二）市场物流优势

物流配载作为现代物流的新型业务，必将成为物流增效的利润源泉。物流配载区可提供货物的储存、中转和信息流的处理及提供第三方物流企业优质服务和信息发布平台，同时也拓展了产业链，促进产业层次升级和企业向现代服务业转型。由于巨大的物流、人流、资金流和信息流汇集于市场，使市场成为农副产品交换、信息交换的区域中心，借助新市场的区位优势和便利的交通条件，开展物流配载服务，不仅能够降低农产品的运输成本，为货主增收，也能使市场获得更低的价格，达到双赢效果。

（三）政策扶持优势

专业市场要得到快速发展，离不开政府部门从政策放宽、行政指导、服务保障等方面的大力支持。江苏凌家塘农副产品批发市场的发展能够得到当地政府第一时间的政策支持，充分运用国家、省、市各级政府对"菜篮子工程"、现代服务业的有关扶持政策，导入现代物流理念和经营方式，在做大、做强传统批发交易的基础上，增强物流配载和农产品配送功能，整合区域资源，加强产业链延伸，降低农产品物流成本，提升市场竞争力。同时，市场秉承了政府主导的公益性质，既保证了规范管理，又没有设立各类名目的收费项目，使得政府和商户之间形成了良好的合作关系，心往一处想，劲往一处使，从而极大地提升了市场的整体运作效率。

三、江苏凌家塘农副产品批发市场远景规划

（一）市场定位

江苏凌家塘农副产品批发市场将以良好的企业经营和资金投入机制为保证，以现代交易、结算、信息、检测、储藏、物流等技术为支撑，贯彻"科技兴市"的原则，保障经营平台的实用性、可塑性、招揽性，同时满足现代物流交易的经济性、安全性、便捷性，致力于把新观念、新体制、新科技与市场这一典型商业活动相结合，努力做到经济效益、社会效益、环境效益最佳结合，达到三赢，建立完善整合的功能分区和高效畅通的流通流线的华东最大、远距离影响全国的、年交易额超 200 亿元的现代化的集农副产品批发交易集散地与信息发布于一体的综合性现代物流中心。

（二）市场功能

主要包括产品交易、加工配送、物流配载和仓储冷藏，同时加强市场配套服务功能，完善价格信息服务，会展拍卖，电子商务、生活配套、金融电讯和行政管理功能。形成以蔬菜为龙头，以果品、水产品为支撑，以粮油副食品、冷冻食品为主体的综合性集散型流通体系。此外，还需积极发展冷鲜肉等新兴品种市场，鼓励和扶持肉制品大企业、大品牌来场经营。探

索建立公司自主经营的净菜加工配送中心,引进冷冻、保鲜技术,提高蔬菜加工保存科技含量,同时也积极鼓励有实力的经营大户引进先进的加工工艺和生产设备,开展农副产品生产加工配送,实现农产品的二次增值。合作创建无公害蔬菜研发中心,加强对农副产品的科研开发和新品储备,进一步提高了市场精深加工产品的科技含量和竞争力。

(三)空间结构

通过对基地的深入分析,对产业背景的剖析,形成以交易为核心,功能为线索,道路为框架,绿化为衬托,重点节点为支柱,构筑整体地块内建筑的空间秩序,形成"一环、二带、四区、四节点"的结构框架。

(四)平面布局

根据外围道路及内部组织要求,凌家塘农副产品批发市场的规划布局为"一街"、"八区"、"八中心"。"一街"是指沿新312国道一侧和岳阳路两侧的配套商业及后勤服务街,利用市场所吸引的人流,依托商铺进行经营活动。"八区"包括蔬菜交易区、果品交易区、粮油荤副食品交易区、水产品交易区、物流配载区、生活配套服务区、仓储区和加工配送区。其中,蔬菜交易区、果品交易区、粮油荤副食品交易区、水产品交易区是市场的主要经营场所。"八中心"包括物业管理中心、信息服务中心、电子结算中心、会展拍卖中心、电子监控中心、检测检疫中心、加工配送中心、物流信息中心。其中,前四个中心集中设在生活配套服务区内的市场管理和综合服务大楼以及名优产品展销大厅内,其余分散于市场内。

四、江苏凌家塘农副产品批发市场的发展策略建议

(一)实现"一体两翼"的发展战略

在做大、做强传统批发交易的基础上,实现"一体两翼"的发展战略,"一体":以整合农副产品供应链为主体,大力推进"菜篮子工程"建设,努力增强服务城市功能;"两翼":一是强化食品冷链建设、构建农产品加工配送园区;二是发展物流配载服务、建造大型多功能物流市场。着力打造江苏最强、华东一流、辐射全国的现代服务业航母,从而实现凌家塘市场的可持续发展。

(二)建立名特优农产品展示中心

利用该中心的集散效应和配送中心平台,扩大无公害农产品、绿色食品、有机食品销售,实现农产品优质优价,带动农产品育种、种植、加工、流通产业的整体提升。

(三)完善基础设施,加快物流发展

增强物流配载和农产品配送功能,整合区域资源,加强产业链延伸,降低农产品物流成本,提升市场竞争力,形成现代新型农产品物流模式。以现代化加快基础设施建设,完善市场服务功能,重点建设加工配送、仓储保鲜区的建设步伐,依靠现代加工包装、冷藏保鲜、农产品检测检疫等手段,积极发展连锁超市、直接配送、代采购等新型流通组织,形成多层次、多业态、多种经营方式的农副产品配送体系,从而降低农产品二次运输的成本,增加农产品质量保障,为消费者、经营单位提供更为便利、安全的农产品配送服务。

(四)加强农产品结构调整

以信息化引导农业结构调整,促进新农村建设,进一步完善信息化系统建设,促进市场供求信息资源得到快速稳定的交换共享,加速传统农业的结构调整和优化升级;以规范化提

升市场管理服务水平,促进文明诚信形象,进一步建立健全市场经营、管理人员守则等规章制度,提升市场管理服务水平。以标准化提高农产品的质量,增强农产品竞争力,进一步健全完善农产品质量检验检测体系,逐步建立规范高效的农产品流通标准,实现农产品从田头到餐桌的全过程监督。

（五）力争向"两端"延伸发展

做大、做强主体经营,重在整合农副产品供应链,在依托凌家塘农副产品市场的基础上,整合农副产品供应商,不断完善和发展农副产品批发交易。一端向上游努力整合生产方,采取合作、入股、联营等方式向生产基地延伸,并打好政策牌,争取更多政府扶持;另一端向下游与一些从事鲜活农产品流通的企业及大型连锁超市合作,开展"农超对接",自建或联营农产品销售实体,满足市场和消费者需求,做强凌家塘市场的支柱产业。

（六）拓展电子商务

适应新时代发展潮流,在建设农展中心的同时,成立农产品电子商务中心,为场内经营业户和广大的需求客户提供电子交易操作平台,培育"网上凌家塘",不断具备交易登记、在线查询、在线商品浏览、网络支付等功能,从而发展电子商务,实现农副产品网上交易。

中国叠石桥国际家纺城

一、中国叠石桥国际家纺城的简介

中国叠石桥国际家纺城,位于素有"江海门户"之称的海门市西北角,总占地面积35万平方米,总建筑面积50万平方米,日均人流量3万人次以上。

数字化的家纺城,中国家纺一线品牌强势入驻,世界最具名气的家纺城始建于1982年,位于海门市三星镇与通州市川港、姜灶三镇的交界处;由叠石桥家纺城、绣品城、三星工贸园区、物流中心、商贸城五大部分组成,占地77150平方米,拥有8000多个营业门面及摊位;是全国最大的绣品专业市场,被国务院经济发展中心列为"中华之最";还被中国纺织工业协会授予"中国家纺绣品名城"称号。叠石桥市场经国家工商总局核准命名为"中国叠石桥国际家纺城"。2007年,江苏叠石桥家纺市场三期工程经海门市委、市政府批准启动建设。该项目位于家纺市场规划区东南侧,东临震蒙大道、南接星海路、西与通州接壤、北连大岛路。由杭州建筑设计研究院和中国华西工程设计建设有限公司规划设计,项目总占地606亩,建筑总面积70万平方米,其中,地上建筑面积58万平方米,地下建筑面积12万平方米,设有立体式机动停车位5080个,其中,地面830个,屋面1280个,地下2920个,工程总投资约25亿元。

三期工程的建成将为叠石桥市场打造成中国家纺知名品牌集聚区、中国家纺科技创新研发设计基地、中国家纺信息化示范基地、中国家纺指数发布基地、中国家纺产品集散中心、世界家纺产品生产基地的目标奠定坚实的基础,从而进一步放大叠石桥家纺产业"引领中国,脉动世界"的集群和辐射效应,使江苏叠石桥家纺市场真正成为中国家纺之都、纺织之城、购物天堂、旅游胜地。

二、中国叠石桥国际家纺城的未来发展

按照叠石桥家纺产业发展第十一个五年规划、2020年的远景目标和园区建设社会主义新农村建设的要求:园区确定了"市场建设为龙头、园区建设为主线、城市建设为抓手、和谐建设为目标、强区富民为目的"的发展思路,把园区建设成为新兴产业的集贸区、科技创新的先行区、体制创新的示范区和现代化新城区。为实现这一宏伟目标,占地606亩、总投资额25亿元的叠石桥三期工程已经开工建设,园区的建设者们正依托产业优势、地域优势、人才优势、政策优势、服务优势,高起点开发、高标准建设、高效率管理、高科技助推,使得园区高速健康发展。到2010年,叠石桥家纺产业集群总体生产规模达到1000亿元,叠石桥家纺市场的总成交额达到500亿元,对外贸易200亿元,叠石桥家纺产业集群的辐射面积达到1000平方公里,从业人员50万人,叠石桥交易市场占地6平方公里,常住人口10万人;到2020

年,叠石桥家纺产业集群的总体生产规模达到 2000 亿元,叠石桥家纺市场的成交额达到 1000 亿元,对外贸易 500 亿元,从业人员 100 万人,叠石桥交易市场占地 15 平方公里,常住人口 30 万人,把叠石桥打造成规模最大、配套设施最好、服务质量最优的家纺之都、纺织之城、购物天堂、旅游胜地,努力跻身全国服装鞋帽市场五强之列。

三、中国叠石桥国际家纺城的发展优势

(一)区位优势

中国叠石桥国际家纺城,位于素有"江海门户"之称的海门市西北角。中国叠石桥国际家纺城,位于有"华夏绣品第一镇"、"中国家纺绣品名镇"之美誉的江苏省级开发区——海门工业园区。中国叠石桥国际家纺城始建于 1982 年,它地处长江入海口,南接海太汽渡、通常汽渡和南通港集装箱码头,西邻南通机场、南通火车站、宁启高速公路叠石桥出口至家纺城仅需 3 分钟,从苏通大桥到上海只需一个多小时。

(二)历史文化优势

叠石桥家纺业发展源远流长。早在清末状元张謇创办纺织工业的影响下开始发展,至今已有 100 多年历史。张謇创办的南通学院附属女红传习所(后发展为南通工艺美术学校)里的学员曾带过叠石桥人做艺徒,这些人成了叠石桥家纺产业最初的开拓者、经营者以及艺技传授者。党的十一届三中全会以后,大批的能工巧匠和善于经营的人,得到了党和政府的支持,消除了疑虑,冲破了精神枷锁,放开手脚发展家纺业。从此,叠石桥家纺产业走上了健康发展的轨道。

(三)电子商务优势

随着互联网科技的高速发展,电子商务在商品流通领域的前沿带动作用越来越突出。电子商务能够通过互联网辐射至全球市场,能够全天候 24 小时不间断开展商品交易活动,交易成本和信息搜寻成本非常低廉,拥有传统商务模式无法企及的巨大优势。未来的商贸流通时代,是网络经济和电子商务的时代。在电子商务迅速崛起的时代,谁抢先抓住机遇,取得行业领先地位,谁就能夺得整个行业的领导权和话语权。

叠石桥电子商务批发市场网站引入了新一代电子商务系统,将构建国内最专业的家纺电子商务批发平台。用电子商务的手段提升整个家纺行业的业务发展,打破地域和时间的界限,使企业的资源最大化。为企业打造一个新的展示、交易、服务的平台。叠石桥电子商务批发市场网站平台具有重要性、迫切性和现实性意义,叠石桥电子商务批发市场网站是现有叠石桥家纺实体市场的必要拓展,是即将竣工投入使用的叠石桥三期市场现代化的最好体现,是整个中国叠石桥国际家纺城的提挡升级。

(四)政策扶持优势

1983 年后,乘改革开放的东风,政府专门出台文件,积极鼓励和支持家纺产业的发展,并根据家纺市场发展的情况,先后六次将市场加以扩建,总投资 6 亿多元。面对家纺业的迅猛发展和用地需求不断增加的实际情况,2001 年 11 月,三星镇党委、政府规划和建设三星工贸园区,分为四个区域:商贸示范区、工业密集区、居住聚集区、行政管理区。

(五)品牌优势

截至目前,注册各类商标 600 多个,建立了多家家纺产品研发机构,30 多个家纺品牌获

南通市级以上荣誉称号。其中,"凯盛"品牌获得了全国家纺名牌称号;"亚萍"家纺荣获"中国女性最喜爱的家纺产品";"凯帝"等获得了江苏省著名商标;"华伦天奴"、"鳄鱼"、"红豆"、"杉杉"等 20 多个国内外知名品牌加盟叠石桥家纺。现在,依靠科技、注重创新、推崇品牌、做大规模已经成为广大叠石桥家纺人的共识和不断前进的力量源泉。

四、中国叠石桥国际家纺城的发展策略建议

(一)扩大专业市场规模

为了把市场做大做强,中国叠石桥国际家纺城需要进一步扩大市场规模。一方面,可以通过拓宽业务范围,增加产品种类,来吸引更多的国内外客户;另一方面,可以进行招商引资,适当降低商铺租金和费用,提高中国叠石桥国际家纺城商铺的利用率,实现市场的规模升级。可以依靠自身区位、产业集聚力、品牌凝聚力、政策优待性等独特优势,进一步推广丝绸博览会、产销对接会等展会活动,积极组织全国乃至国外企业集体参展,挖掘出新的市场商机,扩大丝绸市场本身的影响力,为纺织企业开拓国内、国际市场提供有效的支持与服务。

(二)加快实行"走出去"战略

中国叠石桥国际家纺城在海外纺织品市场具有一定的影响力,"一带一路"发展战略也在大力支持和鼓励各行各业走出国门,向海外市场发展。因此,应当充分利用"一带一路"战略构想带来的全新发展机遇,大力发展对外贸易。可以在海外市场设立销售点、中转站,进一步拓展东方丝绸市场的海外辐射范围,开辟新的国外市场,获得更广阔的发展空间。

(三)加快建设核心市场

做好中国叠石桥国际家纺城的总体发展规划,严格执行相关计划,加快核心市场的建设,使中国叠石桥国际家纺城的业态分布得到进一步完善。推进市场载体建设,力求将中国叠石桥国际家纺城打造成集商品交易、产品展示、信息交流、物流配送、商务服务、生活配套等功能于一体的大型集成化纺织品采购交易中心。

(四)加强品牌战略意识

品牌是人们对一个企业及其产品、服务、文化价值的社会认同,是能带来增值的无形资产。中国叠石桥国际家纺城作为拥有品牌优势的纺织品交易市场,更应当加强品牌战略意识,促进品牌优势的进一步发挥。一方面,要进一步加强中国叠石桥国际家纺城现在所拥有的商标,"凯盛"、"亚萍"等的品牌建设,提升品牌影响力和含金量;另一方面,要积极培养和引导市场参与者的品牌意识,做好产品质量把关工作,增加市场品牌产品数量,提升市场产品的整体品质,从而带动市场品牌的进步和发展。

(五)完善服务平台功能

中国叠石桥国际家纺城应当大力开发并充分利用已有的平台功能,加强平台管理,为企业提供全方位服务,帮助企业推进科技创新、经营创新、管理创新,引导服务平台推动完成转型升级。同时,应当加强其电子商务平台的性能和功能扩展,简化程序,完善服务,引导更多纺织行业供求双方进驻电商平台,增加网上交易量,扩展网上交易品种范围,健全电子平台交易管理制度和规则,提高网站运营维护工作团队的技术水平,保障电子商务平台稳定高效运行。应当增强对纺织产品的质量检测能力,提升科技平台的社会化技术服务能力,为中国叠石桥国际家纺城上交易的纺织产品质量提供真实可靠的保障,提升市场交易产品的竞争

力。应当加强知识产权服务平台对企业的指导能力,帮助企业制定知识产权发展规划,为市场企业建立和保护自身知识产权提供技术指导服务,提高企业的核心竞争力。

(六) 加强人才培养

当前,中国宏观经济正处于深度调整转型期,给中国叠石桥国际家纺城的发展带来了全新的机遇和挑战。要在新形势下抢占新先机,必须进行深入的改革和创新。要实现创新突破,拥有一支高素质人才队伍是关键。一方面,应当加大从外部引进文化创意、科技创新方面的高素质人才,引导其实现转型升级;另一方面,应当加强对市场内部从业人员的培训力度,强化人才队伍,推动市场从业人员整体水平的提升,带动整个市场向前发展。

江苏省东海县水晶市场

一、江苏省东海县水晶市场的简介

东海县地处江苏省连云港市西部,与山东省交界。"东海水晶"主产区集中在东海县的安峰、房山、驼峰、牛山、洪庄、白塔埠、平明镇王烈村、东海农场等乡镇,由于特殊的地质结构,在东海地表浅层常能捡到上等的水晶。现在,"中国地矿"在东海安峰镇已打好了亚洲第一"深井",用来了解和研究地球的地质演化和东海的特殊地质结构。由于生成条件的差异,同样是水晶,但有很大区别。

东海县是世界天然水晶原料集散地,有着"世界水晶之都"美誉,以蕴藏量大、质地纯正而著称于世,"东海水晶甲天下"。东海天然水晶储量约为 30 万吨,其质量、储量位居全国之首。2007 年,"东海水晶"成功实施国家地理标志产品保护。在水晶的带动下,全县有 20 多万人从事水晶产业,整个产业年产值达 100 亿元,已经成为东海经济的重要支柱,并形成了世界重要的水晶集散地。2013 年,东海水晶入选为 20 个"江苏符号"之一。东海水晶的开发利用可追溯到 19 世纪,但真正普及为人们所熟知是近几十年来的事,特别是近年来,随着当年政府水晶节的连续成功举办,许多人通过水晶认识了东海,许多企事业单位通过对水晶的需求认识了东海的水晶企业。巨大的贸易量使东海事实上成为世界水晶的集散地。2016年,东海县被世界工艺美术协会冠名为"世界水晶之都"。东海水晶城被称为"中国水晶工艺礼品城",年成交额超过 30 亿元,其中,进出口额占 30%以上。

二、江苏省东海县水晶市场的优势

(一)资源优势

东海天然水晶储量约为 30 万吨,其质量、储量位居全国之首。早在 2003 年,水晶存储量全国第一的东海县就被评为"中国水晶之都"。此后,东海开始注重水晶产业规模化、品牌化、国际化发展,突出水晶工艺的传承、创新和交流,积极拓展产业发展空间,努力打造名副其实、内涵丰富的"水晶之都"。东海人常年在马达加斯加、巴西、南非等国家采购水晶原石,年水晶原石进口量达 3 万吨。同时,全县有 500 多家企业从事出口业务,年出口额 15 亿元。拥有阿里巴巴网上商城和中国水晶城实体销售线上、线下两大市场,全县水晶网店达 1.9 万家,年交易额超过 40 亿元。2016 年水晶产业交易额突破 120 亿元,成功获评"世界水晶之都"。

(二)文化优势

水晶文化是水晶爱好者在长期收藏和研究后的新文化产物,是资深收藏家追求玩赏的心得和艺术升华,是对水晶全面认识的总结,是对自然矿物赋予生命力的文化运动。由"水晶收藏第一人"现任《石来运好水晶工艺品有限公司》董事长朱景强先生发起,凭己独特的理念开启了水晶文化的先河,开创了天然水晶行业的新时代。其开拓者的第一项创举,是将一块天然水晶赋予一个生动的名字—"哈雷彗星"。1991 年开始,连续成功举办了 13 届国际水晶节,荣获长三角最具影响力会展节庆品牌。"大姐吴兆娥"、"石来运好"被认定为中国驰名商标,拥有"至善坊"、"海龙水晶"等 6 个江苏省著名商标、江苏省名牌产品。成立中国珠宝玉石首饰行业协会水晶分会、江苏省水晶文化研究会、东海县水晶宝石行业协会,创刊发行全国唯一的水晶专业杂志—《东海水晶》。

（三）人才优势

东海水晶城以"立足东海、放眼世界"的发展理念,走出了一条"办一个市场,兴一门产业,富一方群众"的市场发展道路,已成为世界水晶原材料集散中心、产品销售中心、产品研发中心、信息服务中心和人才培养中心。在水晶城的带动下,全县水晶行业从业人员超过 10万人,常年有 3000 多人在世界各地采购水晶。

三、江苏省东海县水晶市场的挑战

（一）缺乏规模效应,运作成本高

东海的水晶企业,多数规模都比较小,产业集群未实现规模效应,有限资源未形成有效整合。东海现在分散为四个销售中心,都是同质化竞争,许多企业靠拼价格赢市场,使得水晶产品体现不出它的文化价值。此外,东海水晶市场中存在多种运作机制,有些是以精品店存在,产品种类比较多,有些是以专卖店存在,产品单一但价格高昂。同时,水晶产品属于易碎、易损坏的物品,需要很好的保护措施,自然价格不菲,因此,对于小企业来说是一项不小的开支。

（二）批发管理体制不完善

虽然我国一直在加强物流基础设施建设,但是总体来说,基础仍然比较薄弱,存在诸多问题。物流管理体制表现为横向分散,纵向集中。这种横向的分散不利于国家统一管理和规划,纵向集中常常使人们轻视对物流的管理。一个地方物流项目的投资、建设分散进行,互不联系,各成体系,缺乏统一规划,造成重复建设,浪费资源,且各个系统水平普遍落后,得不到发展。

（三）现代化程度低,缺乏自主品牌

制约水晶企业做大、做强的主要因素是品牌弱。作为新兴产业,天然水晶在工艺品、珠宝业所占份额越来越大,品味越来越高,但是东海品牌少,市场认可度不高。此外,虽然东海水晶市场不断发展,但一直沿用比较传统的批发配送方式,缺乏现代化管理模式,导致信息不能共享,严重影响了水晶批发配送的速度和效率。现代化程度偏低,与现代信息技术不能很好地结合,成为东海水晶持续发展的桎梏。

四、江苏省东海县水晶市场的经营模式

（一）实体经营

实体经营指商家或个人通过实体店铺进行经营销售的一种模式。这种方式的优点是眼见为实,可信度高;单笔交易额高,可以接到大单。但也存在一些缺点,成本较大,资金占用

率高;经营成本高,销售渠道单一;宣传推广成本较高,见效周期长,等等。天然水晶产品纯净透明,具有良好的保健功效和祝福含义,因此,近年来越来越受到人们的重视和喜爱。通过实体经营的方式,可以将天然水晶最有魅力的一面直观地传达给目标客户。在现阶段,除国内东海水晶产地以外,能够看到天然水晶的地方并不多,因此,也不会产生对天然水晶的强烈需求。但如果在逛街或旅游的时候,发现一家水晶店,往往会驻足停留,带来很多偶然性的购买,并且这种偶然性的购买,还将在未来的实体店水晶销售中占据较大的销售份额。

（二）网络平台

水晶网络营销是指商家或个人通过淘宝、拍拍、易趣、独立商城等网络平台,借助网络开展的一种营销模式。该方式的优点是减轻资本运营,无须大量压货;无地点限制,扩大销售范围;房租低,无须选择繁华地段;也存在一些缺点,门槛低,竞争激烈;产品同质化严重,价格战盛行;信用危机,成交率低;客单价低,等等。天然水晶的网络营销兴起于2005年,到2010年11月,仅入驻淘宝商城的水晶类商家就已超过700家。如今,在中国水晶之都——江苏东海,甚至达到了每家经营水晶的店铺都有一个或多个网店的地步。

（三）加盟模式

加盟就是该企业组织或者说加盟连锁总公司与加盟店二者之间的持续契约的关系。根据契约,总公司必须提供一项独特的商业特权,并加上人员培训、组织结构、经营管理以及商品供销的协助;而加盟店也需付出相对的报偿;它是一种经济而简便的经商之道,经由一种商品或服务以及行销方法,以最小的风险和最大的机会获得成功。加盟特许经营的经营形式种类有很多,依出资比例与经营方式大概可以分为自愿加盟、委托加盟与特许加盟。

加盟体系的优点是投资风险明显降低很多,经营管理经验累积较为快速且有效,进货成本低廉等。但也存在一些缺点,加盟店大部分每年或每月要负担促销推广费用,因需另外负担加盟金,开业后各项营运出资会比一般自行经营负担高,此外,实际融入店内经营需长时间培养才能养成。

（四）批发模式

所谓批发商业市场就是指向再销售者,产业和事业用户销售商品和服务的商业市场。该方式的优点是促进上游生产环节产品结构的有效调整和下游零售业经营品种结构调整,对中小零售商提供低成本、齐全商品和配送服务的支持,现代物流或配送、走新型工业化道路、吸纳就业、带动相关产业的发展。存在的缺点是国有批发商业萎缩,非国有批发商业组织化程度低、经营不规范,严重削弱批发商业"大批量、低成本"的经济优势和优化资源配置的功能。造成流通不畅,资金周转缓慢,流通费用上升,流通效率低下的局面,从而降低了国民经济的整体运行质量和效益。

五、江苏省东海县水晶市场的发展策略建议

（一）建立更加完善的现代物流体系

物流是产品供应链的生命线,也是东海水晶能够在销售终端获得价格优势的根本原因。在现有的物流系统的基础上,进一步打造完善的现代物流体系,不仅有助于进一步将流通成本内部化,减少流通环节成本损耗,同时也有助于规范管理,健全去向查询机制,提升供应链的整体效益。应当将物流配送信息与电子平台信息更加紧密地结合起来,使物流配送系统

更趋于合理化,达到商品流通能力的最优化配置。同时,应当加大对配送部门的资金投入。

(二)建设国家现代化物流企业

现代化物流的目标是建立一体化经营,不看重单个企业的价值,更注重的是各个企业总的增值力。网络化、信息化、全球化是现代物流的基本特征。通过一体化规划和管理,实现不同部门和企业之间的物流合作,可使资源充分优化利用和配置。建立现代物流,应首先要求打破我国现在的管理体制,消除行业和地方的保护主义。制定统一的贸易管理政策,规范统一的运输管理,建立统一的物流市场,积极鼓励和主持民间资本、外资等多元化形式的投资,建立公正公平竞争的市场环境。

(三)着力提升品牌价值

随着中国经济的持续发展和人民收入水平的不断提高,人们的消费结构、消费行为和消费心理都发生了变化。消费者不仅仅看重商品质量,也越来越重视商品的品牌效应。因此需要转变发展方式,积极打造出一批高质量、高价值的品牌,并以此形成示范效应,带动整个东海水晶市场的转型升级。同时,可以进一步整合商务会展和旅游购物既有资源,举办一系列面向游客的大型旅游购物活动,提升口碑和人气,加强东海水晶市场品牌的推广力度。

(四)充分开发电商平台

在现有电子商城的基础上,进一步构建包含产品更新、时尚资讯、信息统计于一体的信息发布综合管理平台,提高供求双方信息沟通的效率。同时,可以选择与电子商务龙头企业(如阿里巴巴集团)进行战略合作,吸收借鉴先进的电子商务发展模式,进一步扩充 B2B、B2C、C2C、O2O 等新兴电子商务模式,为网络上的消费者提供更为全面、舒适、放心的服务,从而更好地促进企业、商家的发展,还可以通过整合已有的电子商务资源,引入专业化的电子平台运营商,搭建符合电子商务发展趋势需求的、以电子商业软件服务业为核心的电子商务产业园,提高其在技术水平上的优势,为今后的横向发展开拓新的渠道。

常熟国际汽配城

一、常熟国际汽配城的简介

常熟国际汽配城是中国汽车工业协会和全国汽配市场联合会指定的重点培育市场,亦是常熟市人民政府重点建设工程和五大重点市场之一,被中国商业联合会评定为全国三十大专业市场以及全国十大优秀汽配城。常熟国际汽配城已经成为全国工商联汽车配件用品业商会常务理事、中国五交化商业协会副会长、中国五金制品协会理事以及全国诚信市场建设基地,在中国专业市场中具有良好的影响。

国际汽配城占地面积20万平方米,建筑面积约24万平方米,主要由国内外汽车、摩托车及零配件生产企业、经销商、代理商和全国知名车业服务企业等入驻经营为主流的新型汽车后市场的贸易服务平台,设立品牌专卖、展示展销、网上采购、汽车维修、汽车美容等专项区域,以有形市场和电子商务相结合的方式,精心创建集贸易服务、现代物流、连锁配送为一体的汽摩配综合大市场。汽配城硬件设施先进,店面都是无框玻璃门,每个路口都装有探头,实行24小时录像控制,保安24小时巡逻。通讯、电力、电视、光缆等所有管线都预埋地下。在软件上,除成立市场经营管理公司之外,还成立业主委员会和市汽摩配商会,将物业管理、经营管理和行业管理都有机地融合在一起。

常熟国际汽配城锁定"立足华东、服务全国"的发展目标,引进国内外最新的经营管理模式—"市场国际化,经营现代化,管理社会化"。公司将把它真正建成为健康发展、竞争有序的华东汽摩配大世界。常熟国际汽配城投资置业有限公司已将市场的所有权与经营权分离,成立了专业的市场经营管理公司,用专业人士进行专业化管理。一期商铺530间,出租率已达70%以上,上海新奇特、大唐、合肥叉车等150多家业内知名企业已经率先加盟入驻。

二、常熟国际汽配城的发展优势

(一)区位优势

常熟市位于江苏省东南部,地处长江三角洲经济发达地区,紧临上海、苏州、无锡、南通等大中城市,是长三角地区物流、交通枢纽。204国道、205、323省道贯通全市,苏嘉杭高速和沿江高速交汇于常熟,连接长江太湖的五级绿色航道望虞河穿园而过。园区道路网和高速公路、城区道路网相连接,从园区5分钟可上高速公路,半小时内可到达苏州、无锡、昆山、张家港、太仓,1小时可到达上海、常州,2小时可到达南京、杭州,到国家一类口岸常熟港仅15分钟,已于2008年6月正式通车的苏通长江大桥将长江南北连为一体,交通更加便利快捷。

(二)产业集群优势

随着观质汽车整车项目建设、新整车项目的进入和新的一批汽车零部件企业的落户建设投产,将为常熟市汽车产业发展带来强劲的牵引带动作用。常熟市已引进包括日本丰田、三菱电机、德国大陆集团三菱电机、住友、日清纺、明和汽车模具等在内的知名汽车零部件厂商,分布在各开发区内,可以很好地给整车厂进行配套,促进了汽车汽配商贸城的发展。

(三)产业结构优化

新常态下,所有产业都在转变发展方式,目前汽车汽配商贸城发展思路也正在发生转变,产业的结构得到优化。主要表现为:第一,由单个零部件向总成系统转变,例如,大陆集团刹车系统、三菱电机控制系统、德尔福汽车发电机等;第二,由单纯制造向研发、贸易、物流转变,如成功引进了总投资达 6.8 亿美元的丰田研发中心以及丰田物流等项目。

三、常熟国际汽配城的发展定位

(一)以"五化"为发展目标

以整车产品规模化、重要零部件本地化、关键技术自主化、产品应用多样化、市场销售多元化为目的。围绕汽车及其零部件产业重大项目的引进、企业的发展和壮大,采取有力的措施做好环境建设。要进一步改善投资软环境,积极主动做好服务工作;进一步优化市场环境、信誉环境和人文环境;建立重大项目跟踪服务机制。引进和培养专业人才,为常熟市的汽车及其零部件产业发展提供人才支撑,加大对高层次紧缺型且对口的科技人才的引进和使用,建立健全教育培训体系,建立科技创新决策顾问制度。

(二)产业结构合理化,提升产业链

打造整车与零部件相互促进、互动发展的布局合理、结构优化、具有国际竞争实力的汽车及零部件产业格局;依托区域实际情况,完成价值链、企业链、供需链三个维度的产业链升级。在价值链方面,加快产品的"高端化",加快核心零部件在研发和生产上的突破;在企业链方面,实现大、中、小企业间协调发展和有机融合,推进企业兼并重组,充分利用资源;在供需链方面,加快引进汽车发动机、汽车电子等常熟市产业链中薄弱环节的项目和现代企业;延伸服务链条,注重汽车后市场对零部件的需求,加快汽车维修、汽车改装、汽车美容等服务业的发展以进一步提升常熟市汽车产业的整体竞争力。

(三)构建现代化汽车产业体系

构建以整车为带动、以关键零部件为支撑、以科技研发为引领、其他零部件和汽车生产性服务业为配套的现代化汽车产业体系。积极推进汽车及零部件企业信息化建设,努力建立汽车产业信息网络平台,完善常熟市信息服务体系建设。充分发挥汽车行业协会等社会服务、中介机构在收集、分析、提供国内外汽车市场信息、技术信息、人才信息、产学研合作信息、行业法律法规信息、投融资信息等方面的作用,全方位为行业和社会提供服务。

四、常熟国际汽配城的发展策略建议

(一)建设完整的产业链,做大做强汽车零部件产业

大力引进整车生产企业,积极围绕整车企业建设完整的产业链,本着补链和优化的原则引进缺少的关键零部件生产企业,吸引配套企业向整车企业周边聚集,进一步形成具有鲜明特色的汽车产业集聚区。从现有劳动密集型向技术密集型方向转变,从低附加值、位于产业链低端的汽车内饰件、通用件等产品类别向高附加值、具有核心竞争力的发动机、底盘等关

键零部件方向转变。

（二）合理规划产业布局，推进产业集聚发展

按照产业集聚、工业企业向园区集中的原则，合理规划汽车及零部件产业布局，积极推进产业的集聚发展。具体以整车企业重点向经济技术开发区及东南经济开发区两大核心区域集聚，并以两大核心区域为中心向周围乡镇辐射延伸，形成集汽车产业生产、物流、汽车相关服务业于一体的汽车产业布局，构建常熟市独具特色的汽车产业的发展空间布局，形成"两大核心区八大特色产品集聚区"汽车产业布局体系。

（三）加大科技投入，鼓励创新

大力鼓励企业加大技术研发创新，提升产品的科技含量，从而提高汽车及零部件企业的核心竞争力和市场占有率，同时带动技术研发平台的入驻，加强产学研的合作力度。加大科技研发投入，全力打造汽车行业科技研发新高地，将科技研发作为推动常熟市汽车零部件产业发展的重要动力。支持企业走技术引进消化和自主开发相结合的创新发展之路。围绕"经科教联动、产学研结合、校所企共赢"的发展目标，充分挖掘高校、科研院所的智力资源，加强企业与高等院校、科研院所联系、交流与合作，通过举办产学研对接会等方式，促进高校、科研院所与企业建立产学研战略联盟。

（四）引进生产性服务业企业，增强竞争力

引进生产性服务业企业，如汽车物流、汽车金融等，从而真正形成一条完整的、具有较强竞争力的汽车产业链。在现有的汽车服务业的基础上，以产业园区建设为载体，大力发展品牌服务，引导专用车及汽车零部件生产企业与汽车服务业对接，促进常熟市汽车产业走"专、精、特、优"之路，做大、做强汽车产业及现代汽车服务业。建设集品牌汽车交易、汽车零配件供应、汽车检测维修、现代物流配送、二手车置换、信息化配套服务为一体的全市最大的、功能最完善的综合性汽车汽配交易中心，打造汽车服务业完整产业链。

（五）加快专业人才队伍建设

引进优秀管理人员和技术人员，加强专业技术人才队伍建设，努力造就汽车行业专业技术人才和研发人员，激发他们的积极性、主动性、创造性，形成人才辈出、各尽其才、各得其所的良好局面。扩大专业技术人才队伍培养的规模，提高专业技术人才的创新能力。构建分层、分类的专业技术人才继续教育体系，加快实施专业技术人才知识更新工程。加大汽车研发、知识产权、现代物流等现代服务业人才的培养开发力度，重视传统服务业各类技术人才的培养。

企 业 篇

江苏同曦集团有限公司

一、集团简介

江苏同曦集团有限公司是一家集多元化为一体的集团型企业,总部商圈位于江苏省南京市江宁东山新市区的核心地块,地铁1号线贯通双龙大道,将同曦三个商场紧密连接在一起,形成一个大的自回旋商业区,辐射江宁及周边地区,为江宁及周边百姓的生活以及城市发展作出了贡献,有力地带动了整个江宁商业圈的繁荣发展。自1999年6月创立以来,同曦集团致力于地产、商业、铝业、篮球、文化传媒等多领域的投资和发展,跻身江苏省知名龙头企业行列。

同曦集团旗下现包括南京同曦房地产开发有限公司、南京同曦假日百货有限责任公司、南京同曦万尚商城有限公司、南京同曦瑞都购物广场有限公司、江苏同曦篮球俱乐部有限公司、南京汇川商务休闲有限公司、南京万尚广告传媒有限公司、安徽同曦金鹏铝业有限公司、盐城金时代房地产开发有限公司、南京曦日童心婴幼儿保育发展有限公司、南京同曦文化创意有限公司、南京同曦物业管理有限公司、北京视界聚焦文化传媒有限公司、南京同曦上友电子商务有限公司等子分公司20余家,总注册资本16亿元,原始净利润超过20亿元,市场现值150亿元左右。2016年,同曦集团员工总数超2000人,年平均销售30多亿元,年利税过亿元。

二、企业文化

企业目标:打造品牌企业、实力企业、诚信企业。

企业经营理念:诚信、合作、共赢、发展。

企业管理理念:以人性化管理为根本,以制度化管理为准绳。

企业工作理念:执行力是第一行动力,不找不行的理由,只找能行的方法。

企业用人理念:以德才选人、以诚信用人、以贡献留人。

安全理念:安全第一、预防为主、狠抓落实、群防群控。

企业价值观:以人为本、共享阳光,开发与经营并举,繁荣一方、回报社会。

企业道德观:谦虚谨慎、开放宽容、真挚诚信、仁爱互助。

企业质量观:严把细节、全程控制、质量第一、追求卓越。

企业员工精神:忠诚奉献、拼搏进取、居安思危、不言放弃。

三、发展历程

2001年,在集团领导层的高瞻远瞩之下,实力日益雄厚的同曦集团正式进驻南京市江宁区胜太路,开始了"同曦鸣城"的开发与建设,创建百家湖商圈。目前,同曦鸣城已成为江宁开发区的商业中心,并被南京市政府规划为南京百家湖商圈的龙头。开发的项目有同曦鸣城、同曦艺术家园、同曦胜泰华府、同曦新贵之都、同曦大都会、同曦大厦、同曦青春水岸家园、同曦瑞都、同曦江宁一号住宅等十余个项目。盐城同曦鸣城是同曦集团在盐城市中心倾力打造的地区标准最高、品种最全、最具商业文化价值的大型综合性商业中心,盐城同曦鸣城以全新的理念、优秀的品质,已成为盐城市核心商圈的旗帜,也必将引领盐城市商业未来的发展。

2004年5月1日,江宁第一家以流行时尚为定位的大型综合型百货同曦假日百货正式开业,标志着同曦集团成功进军商业地产领域。之后,同曦集团先后建立了时尚购物中心同曦万尚城、航母级的高端时尚文创购物中心同曦瑞都购物广场商业综合体,成为江宁商圈的定位之作,为百家湖商圈的繁荣再添浓墨重彩的一笔,这彰显着同曦集团在商业地产领域的雄厚实力。

同曦集团在安徽投资两亿元兴建了同曦金鹏铝业,"力争创建安徽最大、华东最强的铝材厂,繁荣一方经济,造福一方百姓"。新上项目体现创新意识、科技含量水平高,为金鹏铝业晋级新铝业奠定基础,现年产能已近2亿吨,年产值已突破2亿元,三到五年时间内产能产值将实现双增长翻两番。2016年6月13日,安徽同曦金鹏铝业股份有限公司挂牌申请获得批准,在新三板成功挂牌上市。

2015年,同曦集团正式进军艺术领域。同曦艺术产业在短短几年时间里取得了飞跃发展。现已拥有《美术聚焦》杂志、《彩墨中国》杂志、同曦艺术网、同曦艺术馆、同曦艺术投资中心、五彩石拍卖公司、同曦文化艺术培训中心、北京视界聚焦等公司机构,已经构建了涵盖专业美术杂志、艺术门户网站、艺术品投资收藏、艺术品场馆经营、艺术品拍卖交易、文化艺术培训的完整产业布局,并且艺术品金融化的相关工作也在稳步推进中。

四、公司支柱产业

(一)地产

2001年2月,实力日益雄厚的同曦集团正式进军房地产,成立南京同曦房地产开发有限公司,逐步形成了以房地产为龙头,以商业为支撑,涵盖地产、商业、铝业、广告文化等领域配套完整的产业链,在跨行业经营的过程中,始终保持着强劲的发展势头。十年来,同曦地产与江宁撤县建区同步,历经十年的磨砺和积淀,与江宁楼市同成长共繁荣,以江宁领跑者的姿态见证并参与了江宁楼市的起步、发展和成熟。

(二)商业

主要有瑞都购物广场、万尚商城、假日百货、汇川文化商务。

(三)铝业

安徽同曦金鹏铝业股份有限公司是同曦集团有限公司全资子公司,一家集产品设计、研发生产、铝材深加工为一体的高新技术企业(前身是南京金鹏铝业有限责任公司)。生产基地位于美丽而富饶的淮河之畔——蚌埠固镇经济开发区,交通便利,信息发达,是长三角众多铝材企业中的一颗璀璨明珠。金鹏铝业现能生产90多个系列、5000多种规格的建筑及工业型材,产品系列广泛,涉及门窗、幕墙、家具、家电、灯饰、洁具、汽车、机械、医疗、军工等行业。

（四）篮球

江苏同曦篮球俱乐部于 2007 年 9 月在古都南京正式成立,2007 年底正式组队,开始征战全国男子篮球联赛（NBL 联赛）。七年 NBL 征程,球队从未缺席 NBL 四强,更是四进 NBL 总决赛,并两夺 NBL 总冠军。接下来,俱乐部将以打造"规范高效的俱乐部"为目标,进一步规范管理,健全内部体系,明确分工,目标长远,着力加强队伍梯队建设,完善同曦青训体系,培养出更多的优秀篮球人才,实现"血液自造",为中国篮球作出积极贡献。

五、公司未来发展方向

根据当前及未来整体经济发展趋势,在做强做大传统产业的基础上,同曦集团现已将文化产业、体育产业、儿童产业等文创产业调整作为公司未来 3—5 年的重点发展方向,同时将大力发展线上与线下结合、实体与资本结合的产业生态链,完成文—体—童—网一体转型升级的更高目标,加快助推形成产业链合力,全面适应百姓切身需求,以"新"制胜,缔造快速、稳健、创新、可持续发展的长青伟业。

同曦集团在企业多元化与创新发展的道路上不断取得骄人业绩,这些与同曦集团以为员工、为社会、为国家做贡献为使命,传承公益慈善爱心文化,大力实施人才优化的战略密不可分。正是因为"以人为本、共享阳光,开发与经营并举,繁荣一方、回报社会"的企业价值理念,才使得同曦集团成为人才和社会各界力量的"吸磁体",确立了企业竞争优势,有力地促进了企业持续发展壮大。

苏果超市有限公司

一、公司基本情况

苏果超市有限公司,创立于1996年7月18日。它的前身是江苏省果品食杂总公司,"苏果"二字即取自其中的"苏"和"果"两字。2004年6月,华润控股苏果85%股权。经过20年的艰苦创业历程,截至2015年,苏果网点总数2086家,员工总数56000人,年销售规模308亿元。苏果超市是江苏最大的连锁超市企业,在全国连锁企业当中连续12年位列前十强,全国快速消费品零售企业前四强。且在中国连锁经营协会(CCFA)发布2015年中国特许连锁百强榜单中,苏果超市位居第二。目前,其店铺网络覆盖江苏、安徽、山东、湖北、河北、河南六个省份,直营网点目前重点在江苏、安徽及湖北等三个省份拓展。

20年来,苏果一直坚持秉承的五大发展战略:区域领先发展战略、多业态协同战略、营地(根据地)战略、开拓农村市场战略、双轮驱动战略。形成了6种经营模式:苏果社区店、苏果标超店、苏果便利店、苏果平价店、好的便利店和苏果购物中心。其企业精神概括为"团结、苦干、开拓、奉献"。并将企业精神内涵理解为:坚韧不拔的意志,永不言败的信念,拼搏进取的精神,开拓创新的意识,以情感民的宗旨。其中,苏果的创新意识是其不断发展、壮大的源泉。正是在其多年的坚持之下,2011年"苏果"商标被国家工商总局认定为中国驰名商标。

苏果的经营理念是:"中国苏果,百姓生活"。这一定位很明确,以4000—7000平方米的社区店为主要发展方向和特色。苏果在南京最先推出24小时便利店,并将多种服务项目引入其中。苏果也是南京第一家将服务于老百姓"菜篮子"的生鲜经营项目全方位引入超市的零售企业。为了适应城市发展规划,苏果针对社区的新特点,开发了5000平方米左右的生鲜加强型综合超市,设计出生鲜、食品、百货、杂货、休闲小吃一条龙的服务。苏果的发展得到各级党委政府的重视和关怀,国务院前总理温家宝同志对苏果发展先后三次作出重要批示,并两度亲临苏果视察指导。"苏果模式"作为中国零售业的典型案例,已成为经济学界、零售行业内以及南京高等院校教研人员关注和研究的对象,各高校莘莘学子也纷纷以苏果为实习基地和参与社会实践的良好平台。

二、市场定位

(一)最初的农村市场定位

1988年,江苏南京已经成为国内外商家的必争之地,继续在城市发展将难以有很大的突破。通过分析,苏果超市经营者们决定定位农村市场,大举进军农村。苏果超市开拓农村市场的做法主要有品牌的输出、规范的管理、优质的服务,用直营、加盟等多种方式,将连锁超市这种业态形式引入农村,存进农村商业的发展。通过多年的努力,苏果超市在农村市场站稳脚跟,取得绝对的市场优势,成绩显著。2005—2009 年,苏果超市已经开发村级的农家店有 800 多家,在县和县以下开设的连锁店面已达 1100 家,占店面总数的 60%,其中,乡镇和村店达 800 家。

(二)农副产品为主的生活用品定位

如今,苏果超市依然以经营农副产品及其加工品为主,其经营的三大品类中食品占比 45%、生鲜商品占比 15%、百货品类占比 40%。苏果超市农副产品及其加工品的最主要特点就是品种多、新鲜、便宜,它的供货渠道很多,这保证了其农副产品及其加工品品种的齐全,几乎涵盖了所有的农副产品及其加工品;由于与供货方关系密切,从订单的发出、产品的加工生产、配送过程到最终上架的时间比较短,且能够以比较低的价格购进优质产品,保证了其农副产品及其加工品的新鲜、便宜,正是因为这些特点,苏果超市成为它所在地的人们购买农副产品及其加工品的首选。

(三)目前的区域性超市定位

苏果超市区域性市场定位是以江苏为中心,覆盖周边省市,包括安徽、山东、湖北、河北、河南,在这些地区取得了良好的业绩,尤其是在江苏、安徽、湖北三省,成为区域性的连锁超市巨头。以江苏南京为例,苏果超市占据着超市业态 50% 以上的市场份额,是江苏省超市零售业最大的商贸流通企业。苏果现已成为集批发、配送、物流、加工、零售于一体的大型连锁企业。

三、公司成就

作为本土零售商业的领军企业,苏果的健康发展赢得了政府和社会的充分认可。1999年起,苏果连年被评为"江苏省优秀企业";2003 年,苏果被评为纳税信用等级 A 级单位;2004 年,苏果被授予"中国商业名牌企业";2005 年,苏果 CEO 马嘉樑蝉联"中国零售业十大风云人物";2006 年,苏果被授予"中国零售业区域明星企业";2007 年,苏果被授予"中国零售业十大优秀特许加盟品牌";2008 年,"苏果"品牌、CEO 马嘉樑被中国商业联合会双双授予"中国商业服务业改革开放 30 周年功勋大奖";2009 年,董事长马嘉樑荣获"中国合作经济年度人物评委会特别奖";2010 年,苏果被中国连锁经营协会授予"2010 年度员工最喜爱的公司";2011 年,董事长马嘉樑被授予"中国商业入世 10 年最具影响力人物";2012 年,中国连锁经营协会第十四届会议暨 2012 中国零售领袖峰会授予苏果董事长马嘉樑中国连锁业"突出成就奖",马嘉樑成为中国连锁行业唯一一位连续三届获此殊荣的商业创业企业家;2013 年 4 月,马嘉樑董事长被华润集团授予"朱友蓝奖";2014 年 11 月,马嘉樑董事长被中国连锁协会授予"终身成就奖"。

多年来,苏果作为民族商业、本土企业,非常注重承担社会责任。在 2003 年抗击非典、2008 年抗击雪灾、2012 年食盐风波等事件当中,企业积极主动承担起稳定物价、保障供应、平抑市场的社会责任,2013 年承担亚青会保供服务、2014 年参与青奥会保供服务等,多次受到省委、省政府的表彰和肯定,并被南京市政府授予有功单位。

四、发展经验

(1)把握市场机会,果断实施战略转向。苏果从开展批发业务起家,但苏果创业者马嘉樑凭借多年的商战经验,认识到不掌握销售终端终究要被市场淘汰,于是果断调整战略方向,坚定走连锁零售之路。

(2) 紧贴“百姓生活”,真诚实践“为民”宗旨。苏果以“中国苏果,百姓生活”为基本经营理念,以“为民、便民、利民”为经营宗旨,并认真付诸实践。

(3) 立足错位竞争,开展差别化经营。一是不断创新业态,形成多业态组合;二是区域性密集分布,实施“蜂窝战略”。

(4) 开拓农村市场。把农村市场作为重要发展区域,率先进入,赢得先机。苏果60%的网点开设在县及县以下农村,50%的销售来自农村市场。目前,连锁网点不断向镇村延伸,推进网络下沉,将商品供应服务做到了农村居民家门口。

(5) 培植核心竞争力,用信息化整合供应链。用信息平台对接供应商和厂家,形成中央集中采购技术;用信息化整合物流配送技术;用信息化网络掌控门店销售。

五、未来发展规划

改革转型谋发展,创新实干踏新程。2016年,苏果将坚持“客户思维”导向,加快向互联网+模式转型,锐意创新,内涵增长,推进精益管理,和谐零供关系,弘扬员工文化,为巩固“全国一流,区域第一”战略定位而不懈努力。

海澜之家股份有限公司

一、公司简介

海澜之家股份有限公司位于江苏省江阴市新桥镇,成立于 1997 年,2000 年在上海证券交易所挂牌上市,股票代码 600398。公司是一家大型服装企业,业务涵盖品牌服装的经营以及高档精纺呢绒、高档西服、职业服的生产和销售。其中,品牌服装的经营包括品牌管理、供应链管理和营销网络管理等。海澜之家服饰有限公司为其名下子公司,它的成立促进了海澜之家股份有限公司不同的服装品牌发展。今年针对旗下"爱居兔"、"海一家"和"圣凯诺",将推出不同的促销活动,如在网上或在不同的城市举办时装展览会,在多媒体投放广告等。公司立足于品牌和平台的双重运作模式,努力为每一位客户提供优质的产品和服务,通过建立产业链战略联盟,建立统一的营销网络。

通过对加盟店的类直营管理,实现了门店统一形象和快速扩张;通过以共赢的理念整合服装产业链资源,带动整个产业链经营的良性循环,产业链各方承担有限风险,有效化解经营风险,最大化地创造价值。目前,公司已形成独具特色与竞争优势的"总部品牌管理—生产外包—总库物流—连锁销售"运营管理模式,在行业整体低迷的形势下实现了持续快速发展。

2015 年,公司始终致力于打造"国民品牌"的战略目标,着眼于终端市场,挖掘市场潜力,以精准的产品定位,不断满足消费者日趋理性的服装需求,以独特的经营模式,强化高性价比优势,以类直营的门店管理,提高大数据应用,以丰富的产品营销,提升品牌价值,延续了良好的增长态势。截至 2015 年 12 月 31 日,公司拥有门店 3990 家,其中,"海澜之家"门店 3517 家,"爱居兔"门店 306 家,"海一家"门店 167 家。

二、公司产品

(一)海澜之家

海澜之家服饰有限公司成立于 2002 年,位于美丽富饶的长三角地区,是一家品牌强势、管理精良、技术领先、引领时尚的大型现代化服饰供应链销售管理平台企业。2014 年 4 月 11 日,"海澜之家"成功重组上市,成为中国服装业的龙头股。2015 年 9 月 17 日,胡润研究院发布《2015 胡润品牌榜》,海澜之家以品牌价值 110 亿元人民币成为首个品牌价值突破百亿的中国服装品牌,蝉联中国服装家纺行业品牌第一。

"海澜之家"定位为快速消费品、生活必需品,并以平价策略占领市场,以优质的产品、丰富的款式、大众的价格、贴心的服务,为顾客送上超值的消费体验,"海澜之家——男人的衣柜",已经为大众消费群所追捧。

(二)圣凯诺

"圣凯诺"创立于 20 世纪 90 年代,专注于高端团体定制,是中国高端职业服市场的开创者与领军者。二十余年来,圣凯诺沿袭了英国萨维尔街的定制格调,秉承简洁雅致、内涵稳重的设计风格,采用国际流行的意大利版型,以精良严谨的制作工艺,完美地塑造了新成功主义的形象,成为国内高级职业装的首选品牌。圣凯诺拥有世界一流的服装生产流水线,数字化控制生产全过程,科技与服装完美统一,先后通过 ISO9001 质量管理体系、ISO14001 环境管理体系和 QHSAS18001 职业健康安全管理体系认证。

(三)"EICHITOO"品牌

"爱居兔"是一家集时尚、休闲风格于一体,设计、采购、销售环环相扣的服装品牌企业。2013 下半年,EICHITOO 升级做女装,划分产品为都市生活、都市 OFFICE、都市时尚三个系列,整体风格时尚而不张扬,简约而注重细节,较高的性价比下,仍坚持服装的高品质,既引领时尚潮流,又有着经典传承。国际流行的色彩、时尚潮流的面料、干净利落的版型,彰显 EICHITOO 都市优雅气质,赢得广大现代女性的青睐和追捧。品牌广告语:"爱,美一天",既是对人性中向善和爱美的召唤,又是对追求都市精致生活的广大女性消费者的承诺,穿爱居兔,爱,美一天!

(四)"海一家"

"海一家"是海澜之家旗下一个全新的自主服饰商城,于 2013 年正式面世。独特个性的门头形象、超大规模的男装卖场、丰富齐全的产品序列、顾客自选的营销模式、整洁舒适的购物环境,吸引着最广大的消费者。海一家"以全国省会城市和经济较发达地级市的一类商圈为门店选址标准,目前已拥有门店 200 多家。接下来,仍会快速推进门店开设,实现品牌的快速发展。

三、公司经营状况

2015 年底,公司实现营业收入 158.30 亿元,比上年同期增加 28.30%,归属于上市公司股东的净利润 29.53 亿元,比上年同期增长 24.35%。,总资产达到 234.42 亿元,其中流动资产为 188.55 亿元。营业利润率为 24.87%,销售净利率为 18.66%。基本每股收益 0.66 元;并拟向全体股东每 10 股派发现金红利 3.30 元(含税),共计 14.83 亿元。

表 37　海澜之家股份有限公司近年来业绩

	基本每股收益(元)	营业收入(万元)	净利润(万元)
2014/12/31	0.54	1233844	237477
2015/3/31	0.19	458439	86792
2015/6/30	0.37	793291	166587
2015/9/30	0.51	1132469	228957
2015/12/31	0.66	1583011	295313
2016/3/31	0.21	513054	95762
2016/6/30	0.39	876251	177284
2016/9/30	0.54	1206735	241442

四、公司营销方式

(一)"男人的衣柜"深入人心

关于品牌的营销,海澜之家上市之初就采用了"男人的衣柜"的品牌口号和"一年逛两次海澜之家"的广告语,并且邀请年轻的影视明显担任代言人,将其经营方式和市场定位打出。男人的衣柜能准确表达出其产品的人群定位,又能表达出其产品的完全性。

(二)综艺节目+公益活动的营销

2014年海澜之家赞助国内综艺真人秀节目《奔跑吧兄弟》,2015年又继续赞助其第二季节目的播出,通过赞助节目嘉宾的衣服宣传其品牌。在节目中,衣服快速被撕烂将海澜之家的服装质量推上了微博热搜;在之后的节目中又持续推出风格各异的服饰和撕不烂的衣服又将其口碑挽回,这"一推一拉"的方式迅速将品牌知名度打开。

海澜之家还独家冠名了中央电视台《吉尼斯中国之夜》2014年国庆特别节目,此外还获得该节目2015年春节期间的冠名权。

2014年9月,海澜之家携手网易推出"多一克温暖"的主题公益营销活动。"多一克温暖"关注贫困山区学生和老师的过冬服装问题,以羽绒服为切入点,在互联网上进行传播,在线下门店进行送祝福卡的活动来提高对贫困山区师生的关注度。于2014年10月23日和11月20日分别去到贫困山区送爱心物资。通过触动人心的公益温暖入手,海澜之家传达爱心的同时打出品牌知名度也是一种特别的营销方式。

五、公司未来发展方向

(一)全渠道布局

海澜之家于2012年上线其电商业务,2014年正式成立电商事业部,并且入驻天猫、京东、亚马逊等电商平台,采用线上线下同款同价的方式布局O2O模式,形成了全渠道的销售模式。2015年上半年,海澜之家电商业务收入达2.1亿元人民币,较2014年同期增长了95.59%。

(二)大数据的整合

数据化对于企业的转型和互联网化起着最为基础性的作用。海澜之家在发展过程中,将产业链的资源整合到日程的入库、销售都通过大数据连接起来,能够实时把控、观察预测市场的情况以及产品用料情况等,形成了一个以数据为基础的扁平化管理模式。

(三)计划推出CRM系统

海澜之家计划在2016年与微软、IBM等科技公司合作开发CRM系统,完善会员系统和机制,加强用户黏性,形成高复购率。有数据称,海澜之家目前用于会员的回馈费用每年会达到1500万现金,与电商广告费相比要高很多。

海澜之家今年发布的《2015年胡润排行榜》中以110亿元人民币的价格蝉联服装家纺类榜首,它的成就也不无道理,其经营模式,营销方式和互联网的种种手段都是其发展的过程。海澜之家作为一家年轻的中国本土服装品牌,其发展的经验是有很大的学习和借鉴意义的。

南京钢铁股份有限公司

一、公司简介

南京钢铁集团有限公司(以下简称南钢集团)前身为南京钢铁厂,始建于1958年,是当时国务院批准建设的我国冶金行业18家地方骨干企业之一(称为十八罗汉)。南京钢铁集团地处当今中国经济发展最活跃长三角地区——南京,自备铁路与津浦线相接,公路、水路四通八达,得天独厚,自备万吨级码头依傍长江黄金水道,连接上海,通往世界。

南钢集团是江苏省兴建最早的钢铁联合企业、国家特大型工业企业。1959年7月30日,江苏省第一座255立方米高炉建成;1975年,江苏省第一个中板厂建成;1996年元月,从意大利引进的70万吨高功率电炉投产;2004年,南钢宽中厚板项目建成投产,其核心技术、关键设备和三级计算机控制系统均选用了国际最新技术,被国内外专家称为6个世界第一。

南钢集团将"艰苦创业、开拓创新"作为企业精神,经过一代代南钢人传承、弘扬,已形成了一种重在奋斗、贵在进取、乐于奉献、追求卓越的企业文化,培育了一批批优秀人才,有的已走上了国家、省市政府领导岗位。国家、省市政府始终支持南钢的建设发展,20世纪70年代曾创造年产32万吨钢的好成绩;80年代,南钢率先先后实行两轮"三包一挂"承包经营和厂长负责制等改革举措,"三年三大步",1988年南钢产钢50万吨。

1996年7月,南京钢铁厂进行公司制改革,成立南京钢铁集团有限公司,并以其为核心组建了南钢集团,当年产钢突破100万吨。2000年9月,南钢集团有限公司控股的南钢股份在上海证券交易所成功发行上市。2003年4月,南钢集团有限公司实施了整体改制并进行资产重组,从国有独资企业转变为非国有控股企业,实现了体制机制的重大转变。

南钢集团旗下拥有南京钢铁联合公司、南京三金房地产公司等10余家子公司。集团投资的企业以钢铁制造为主业,经营范围涉及采选矿、房地产开发与销售、工程设计、工程建设施工、钢结构制作安装、冶金铸造、机械制造与加工、金属材料及冶金副产品加工、物流、医院、宾馆餐饮等领域。2008年,集团实现销售收入550.6亿元,2009年,集团实现销售收入513亿元,在中国企业500强排第98名,在中国制造业500强排第39名,现已发展为中国特大型钢铁企业集团,江苏省重点企业集团。

二、公司文化

"合创文化",是在南钢求精求强的战略导向下,在继承"两创精神"传统文化的基础上,对新时期文化发展主题的崭新定位。"合创文化"是对"创文化"、"合文化"、"精文化"这三大主流文化的整合和提升。"合创文化"的根基在于以"创业创新"为核心内涵的南钢传统文化——"两创文化"。

"合创文化"主题思想确立为:在继承和发扬"两创文化"精髓的基础上,强化以"共荣共享"为基本内涵的"合文化"、以"精益卓越"为基本内涵的"精文化"。"合文化"、"创文化"、"精文化"共同组成"合创文化",三者之间不可分割,合为一体,并具有明确的内在逻辑:"合"是强化"创"的前提,"创"是实现"精"的路径;即合而创之,以创求精。

(1)"合"是基本前提。所谓"合",着重于强化内部的沟通与配合、外部的交流与合作,进一步深化人力资源管理,强调每个下属单位、每个部门乃至每个工作岗位,既是各司其职的独立战略单元,更是无缝连接、合力创效的价值链条。狠抓管理对标工作,并在形成一整套定价、销售、监督、考核、信息、服务与专职推进的研产销一体化体系基础上,通过建立快速的市场反应机制,不断满足用户的合理需求,与用户实现合作共赢。

(2)"创"是根本路径。所谓"创",主要表现为继承和发展"艰苦创业、开拓创新"的"两创精神"。全员注重内部与外部相结合的学习创新,共同致力于企业经营管理的不断提升。在积极开放的创新思维的引导下,整合利用一切可控的有益资源;通过构筑上下游产业链,强化资源管控能力,挖掘企业生产经营的创造潜力,注重品种与科技增益,不断创造企业新的效益增长点。

(3)"精"是战略导向。所谓"精",是坚持不懈地走"以精求强"的南钢特色之路。在"做精、做强、做大"的整体战略思维体系中,"做精"是实现"做强、做大"的重要前提。创建国际一流的受尊重的钢铁企业,要从管理模式、产品结构、服务特色等各个方面进行全面提升,实现管理精细化、产品精品化和服务精益化,不断巩固和提升南钢模式,铸造南钢自身独特的核心竞争力。

三、公司经营状况

2016 年前三个季度实现营业收入 176.79 亿元,同比增长了 2.04%(2016 年一、二、三季度增速分别为 -2.57%、26.52%、12%);净利润为 2.28 亿元,同比增长了 147.39%。截至 2016 年 9 月 30 日,该公司资产总额达 335.80 亿元,其中,固定资产为 220.04 亿元,流动资产总额为 82.61 亿元。

表 38　南京钢铁股份有限公司近年来公司业绩

	基本每股收益 (元)	营业收入 (亿元)	净利润 (亿元)	每股净资产 (元)
2014/12/31	0.0753	278.85	2.92	3.47
2015/3/31	0.0192	62.57	0.75	0.87
2015/6/30	0.009	118.67	0.35	0.41
2015/9/30	-0.1224	173.24	-4.74	-5.71
2015/12/31	-0.6276	222.52	-24.32	-33.16
2016/3/31	0.0028	48.01	0.11	0.18
2016/6/30	0.0367	108.75	1.46	2.28
2016/9/30	0.0574	176.79	2.28	3.54

四、经营理念

为了让更多的投资者了解南钢股份,公司将把投资者关系管理作为公司治理的一项重要制度,加以全面推进和建立,同时牢固树立为中小投资者服务的意识,把为投资者服务、维护投资者权益作为公司一切运作行为的基础,加强与投资者的信息沟通,认真履行信息披露义务,保证信息披露的及时性和真实性,进一步增强公司信息透明度。按规范的股份公司模式运作,以市场为导向,以经济效益为中心,以科技进步为动力,以现代管理为依托,突出发展主业,使公司成为管理先进、产品享有盛誉、具有市场竞争能力和自我发展能力的股份公司,实现全体股东利益最大化。

五、公司未来发展方向

2016 年 4 月 23 日,在南京鹿源生态度假酒店召开了南钢集团改制企业第二十七次信息交流会一致认为宏观经济形势依然严峻,企业要坚定不移地走改革发展的道路。改制公司要加大管理模式的变革,以适应现代化市场和互联网＋商业模式的需求:一要解放思想、不依赖南钢,实现创新突破、向外拓展业务;二要不断提高企业竞争能力,在南钢新产业集团发展中,整合优势资源,谋求配套发展;三要不断提升企业的竞争状态和竞技状态,努力提高企业的生存能力和发展后劲。我国钢铁工业正处于结构大调整的关键时期,结构调整的必然结果是优胜劣汰。面对这一严峻形势,公司将依据国家的产业政策和技术政策,以市场为导向,以提升企业盈利能力、竞争能力、可持续发展能力为目标,以结构调整为主线,在继续抓好现有生产线挖潜增益工作的同时,坚持技术进步的方针,坚持走优质高效、设备大型化、生产专业化的路子,以发展高档次的宽幅专用板材为主导产品,长材、板材相结合,高起点、高强度、高效率地组织推进工艺技术结构调整和产品结构调整。

当前,南钢集团正以打造"绿色南钢、智慧南钢、和谐南钢、卓越南钢"为不懈追求,全力推动钢铁主业向着"管理先进、环境优美,国内一流、国际知名的现代化钢铁企业"目标前进。集团各子公司也不断拓展经营领域和范围,持续提升经营管理水平和盈利能力,积极谋求与钢铁主业协调健康发展。

金陵饭店股份有限公司

一、公司基本情况

金陵饭店股份有限公司由南京金陵饭店集团有限公司作为主发起人,联合江苏交通控股有限公司、江苏省出版印刷物资公司、新加坡欣光投资有限公司和南京消防技术服务事务所四家发起人,于 2002 年 12 月 30 日发起设立,2002 年 12 月 31 日进入上市辅导期,2007年 4 月在上海证券交易所上市,成为全流通后国内酒店业首发上市第一股、江苏省首家上市旅游企业。其经营范围包括住宿;制售中餐、西餐、自助餐、冷热饮、焙烤食品;食品零售(限各类预包装食品、饮料、茶叶,限分支机构经营);房地产开发、销售;商业地产销售等。

公司以五星级金陵饭店为主体,酒店连锁经营为核心,构建了"酒店投资管理、旅游资源开发、酒店物资贸易"三大业务板块的发展格局。公司下辖金陵旅游发展有限公司、新金陵饭店有限公司、金陵酒店管理有限公司、金一村连锁酒店有限公司、金陵贸易有限公司、江苏苏糖糖酒有限公司、金陵汇德物业服务有限公司等 7 家全资、控股子公司,南京金陵置业发展有限公司、紫金财产保险股份有限公司等 2 家参股公司。至 2015 年底,公司总资产 32.40亿元,净资产 14 亿元,员工总数 1457 人。

公司以创建百年民族品牌的使命感和可持续发展的战略思路,大力实施品牌战略,优化产业布局,推进资本运作,创新经营管理,促进了品牌运营和资本扩张不断推进,在经济社会环境复杂严峻的挑战中实现了经营业绩的持续突破,品牌价值、发展质量和综合实力的显著提升。公司成立以来,营业收入增长 206%,净利润增长 866%,净资产增长 485%,经营业绩在江苏酒店业 32 年保持第一,在全国酒店业名列前茅。金陵连锁酒店突破 128 家,管理规模位居"全球酒店集团 50 强"第 37 位,在管五星级酒店总数位居全国第一。建筑面积 17 万平方米、57 层的"金陵饭店亚太商务楼"投入运营后,金陵饭店客房总数近千间,成为江苏省最大规模的五星级酒店综合体;占地 1300 亩位于江苏盱眙的"金陵天泉湖旅游生态园"稳步推进,将打造成全国一流的生态旅游度假区和养生养老示范区。

二、企业文化

公司将诚信、责任与创新为导向,积极推进人才强企战略,注重内部生态环境的创造,构筑"员工与企业同成长、共受益"的命运共同体,将"凝聚人、关爱人、激励人、成就人"的理念融入经营管理,将"以人为本"体现在对员工价值、尊严、健康和幸福的关注上。系统实施人力资源的规划、开发与管理,着力健全人才机制,完善职业生涯规划,优化激励约束机制,修订薪酬分配方案,加大人才引进储备力度,营造了公平公正、和谐开放的人文环境,形成了以发展汇聚人才、以人才推动发展的良性循环。公司成立十年来,吸纳社会专业人才、应届大学生 426 名,人才库储备各类人才 700 名。员工流出率仅为 6.4%,远低于行业 27% 的平均水平;工作十年以上员工占 63%,十五年以上员工占 58%;300 多位骨干被派往境外高校和著名酒店集团培训,60 多人赴海外长期研修,保持了人才队伍的凝聚力和国际化品质。其企业文化可概括为以下五个方面:

(1)愿景和使命:打造世界级品质的"中国服务"新标杆,创建具有国际影响力的百年民族品牌。

(2)核心价值观(体现在企业对顾客、员工、股东、社会等利益共同体作出的承诺):"四个空间"的创造:致力于为宾客提供超越期望值的高品质产品和服务,为宾客营造温馨的生活空间;致力于凝聚人、引导人、激励人,塑造高素质团队,为员工创造职业成长空间;致力于提升品牌影响力、国际竞争力和持续发展力,为股东创造发展盈利空间;致力于关注民生,创造丰富的物质财富和精神财富,为社会创造更大价值空间。

(3)经营宗旨:细意浓情,追求卓越。

(4)企业精神:诚信、团结、专业、创新。

(5)行为准则:以人为本、创新为魂,用心做事、诚信守诺、互利共赢。

三、企业成就

作为中国现代酒店业的先行者,金陵饭店为中国旅游业的发展创造了禁得起风雨考验的人文精神,以一如既往的思想文化、管理智慧与优秀品质,赢得了宾客、同行的尊重和社会各界的赞誉。

公司坚持民主管理、民主监督,坚持工会委员会、职工代表座谈会、管理人员民主测评、企务公开、集体合同、职工监事等制度。深入开展群众性合理化建议活动,引导员工为经营发展献计献策,不断完善征集、评价、实施、反馈和奖励机制,每年收到合理化建议 600 多条,采纳率达 60%,创造经济效益数十万元。公司四度蝉联世界 HR 实验室评定的"中国 TOP100 最佳雇主",被省总工会授予"模范职工之家""女职工工作先进集体",荣获"江苏省合理化建议与技术改进组织管理先进集体"。饭店餐饮部被国家人事部、国家旅游局授予"全国旅游系统先进集体";嘉宾厅被团中央授予"全国青年文明号标杆单位";前厅销售党支部被授予"省属企业先进基层党组织";餐饮部、客房部、工程部、前厅部、安全部、中餐部梅苑餐厅分别被省部属企事业工会授予"工人先锋号"、"五一巾帼标兵岗"称号。前厅部礼宾组被国际金钥匙组织授予"金钥匙钻石服务奖",中餐部梅苑餐厅荣膺中国酒店金枕头奖——"中国十大商务餐厅",两度蝉联《美食与美酒》评选的"中国 BEST50 最佳餐厅";"金陵"国际化生态餐饮体系被省部属企事业工会评为全省十大"职工优秀创新成果"。

此外,以培育学习型组织、提高专业竞争力为抓手,组织了大量专题讲座、事迹报告会、参观座谈等活动,加强科学文化知识、业务技能培训以及形势政策和国情教育,形成全员学习、终身学习的良好风尚和浓厚氛围。以"卓越金陵钥匙"、"成长、效益、发展、共赢"、"为企业发展培养匹配的人才团队"为主题,不断创新培训的理念、内容和形式,组织经营管理研讨会、服务质量分析会,举办英语等级考试,设立"金陵讲坛"、"金陵学习坊"、"快乐外语吧",全年实施"服务品质与危机处理"、"细意浓情之我见"、"饮食与养生"、"红楼梦文化沙龙"等 60 多项主题培训以及部门交叉培训、E-LEARNING 网络培训、户外拓展训练,开展了"金逗豆奖"优质服务竞赛活动。2012年共开设培训课程1053门,培训课时2469小时,受训17028人次。

四、经营业绩

2016年前三季度,公司实现营业收入6.06亿元,同比增长12.73%,其中,第三季度营业收入达2.04亿元,同比增长了9.16%。净利润达0.36亿元,同比增长了55.15%,第三季度更是环比增长了111.50%。此外,公司的加权净资产收益率为2.52%,净利润现金含量达289.05%。根据截止到2016年9月30日的数据,该企业资产总额达30.76亿元,其中,货币资金达3.49亿元,流动资产总额8.66亿元,固定资产达13.43亿元。

表39 金陵饭店近年来公司业绩

	基本每股收益(元)	营业收入(亿元)	净利润(万元)	净资产收益率(%)
2014/12/31	0.133	6.13	3985.24	2.94
2015/3/31	0.011	1.71	316.98	0.23
2015/6/30	0.055	3.42	1656.52	1.18
2015/9/30	0.077	5.19	2070.49	1.64
2015/12/31	0.166	7.36	4985.29	3.61
2016/3/31	0.028	1.97	834.35	0.59
2016/6/30	0.057	3.92	1712.70	1.21
2016/9/30	0.119	6.06	3570.38	2.52

五、经营发展

(一) 酒店投资管理

金陵饭店多次投入巨资对客房、餐厅、公共区域、设备系统、IT系统及设施用品进行全面升级改造,着力体现金陵独具的人文素养和中国文化底蕴,营造舒适、高雅、温馨的精品商务酒店氛围。在中国酒店业它率先实施信息化战略规划,实现了以信息化手段提升传统服务业的突破。金陵中央预订系统成为国内首家拥有自主知识产权的酒店预订系统,金陵饭店物流系统成为酒店业电子采购的示范样板。

金陵饭店亚太商务楼是中国现代酒店先行者金陵饭店推出的又一扛鼎之作。亚太商务楼由世界一流团队负责建造,汇聚了尖端科技并营造人性、智能、高效的国际商务体验。亚太商务楼将传承金陵品牌的卓越品质与深厚底蕴,与金陵饭店之端庄相映生辉,并同金陵饭店世贸中心一起合力构筑南京高端国际商务综合体,续写金陵新的传奇。

南京金陵酒店管理有限公司系金陵饭店股份有限公司控股子公司,注册资本996.5万元,股份公司持股63.87%,主要从事受托管理高星级酒店业务,下辖苏州金陵嘉珑酒店管理有限公司。管理公司三度蝉联酒店业权威杂志《HOTELS》评选的"中国年度酒店集团十强",六度蝉联"中国最受欢迎本土酒店品牌"。2015年底,公司总资产15351万元,净资产9821万元。

（二）酒店物资贸易

江苏金陵贸易有限公司系金陵饭店股份有限公司控股子公司，注册资本2000万元，股份公司持股90%，主要业务为酒店物资采购。公司积极做好连锁酒店联合采购支撑工作，深化"金陵酒店采购网"B2B电子商务平台建设，至2015年底总资产18053万元，净资产5629万元。"金陵酒店采购网"成为中国酒店业电子采购的示范样板，已建立12000个酒店物资品种、500家供应商实现网上交易，系统的高效运作和规模效应大幅降低了酒店营运成本。

江苏苏糖糖酒食品有限公司系江苏金陵贸易有限公司控股子公司，注册资本3000万元，金陵贸易持股52.2%，主要业务为中外名酒等商品的经销业务。面对相关政策影响、市场需求下滑，公司积极采取转型措施，调优商品结构，大力压缩库存，加快资金周转，扩大电商分销渠道，做优机制、做精业务、做深市场，目前已拥有茅台、五粮液、张裕、拉菲、卡斯特等450个品种酒水在江苏地区的总经销代理权，成为江苏省内中高档酒类品牌的最大营运商，至2015年底总资产14503万元，净资产3270万元。

六、公司未来发展目标

金陵饭店股份有限公司着力打造世界级精品商务型饭店，积极构筑资本运作平台，在南京市中心商业区投资建设金陵饭店扩展工程。以资本为纽带，通过新建、收购、控股、租赁经营、受托管理等途径，拓展酒店连锁经营，延伸相关旅游产业链，推动品牌化、资本化、规模化、国际化发展，创建具有国际影响力的百年民族品牌。

江苏恒力集团有限公司

一、公司简介

恒力集团始建于 1994 年,是以石化、聚酯新材料、地产和织造等四大板块为主业,热电、机械、金融、酒店等多元化发展的国际型企业。集团现拥有超大型 PTA 工厂、功能性纤维生产基地和织造企业,员工 6 万多人,建有国家"企业技术中心",企业竞争力和产品品牌价值均列国际行业前列。

2016 年恒力集团总营收 2516 亿元,位列中国企业 500 强第 65 位、中国民营企业 500 强第 8 位、中国制造业企业 500 强第 21 位,获国务院颁发的"国家科技进步奖"和"全国就业先进企业"等殊荣,还先后被评为"中国化纤行业环境友好企业""全国纺织工业先进集体""国家火炬计划重点高新技术企业""全国企业文化建设先进单位",多项产品荣获"中国驰名商标""全国用户满意产品"等称号。目前,恒力集团旗下有恒力石化股份有限公司、苏州吴江同里湖旅游度假村股份有限公司两家上市公司、十多家实体企业,分别在苏州、大连、宿迁、南通、营口等地建有生产基地。

在石化板块,恒力石化(大连长兴岛)产业园一期 PTA 项目于 2012 年 9 月 19 日成功投产,刷新了国际同行业的多项纪录。在聚酯新材料板块,恒力集团全套原装进口世界一流设备,年聚合产能 250 万吨。在地产板块,10 多家地产公司总开发量超 1000 万平方米。在织造板块,作为企业产业链的纵向延伸,恒力集团织造企业共拥有 12000 套自主研发的喷水织机和喷气织机,8500 台倍捻机及其配套设备。

集团全套引进年产 120 万吨进口熔体直纺设备,德国原装高速加弹机 249 台,在业界被称为"中国大陆多孔丝专家""全球最大的超亮光丝生产基地""全球最大的工业丝生产基地"。企业在德国法兰克福、日本大阪等著名城市成立"恒力研发中心",为企业进行高端差别化产品的研发,开发出的高端产品价格是常规产品的 4—5 倍,备受市场青睐。"超细旦涤纶低弹丝""涤纶牵伸丝"被认定为国家"高新技术产品",自主研发的吸湿排汗功能性纤维填补了国内高端服装差别化原料的空白。

二、企业荣誉

恒力集团是"全国 500 强企业""全国百强民营企业""江苏省百强企业""国家火炬计划重点高新技术企业""国纺织工业先进集体""全国企业文化建设先进单位""中国化纤行业环境友好先进企业""中国质量诚信企业""全国低碳经济示范单位",企业多项产品被评为"中国名牌""国家免检""全国用户满意产品"等称号。中国纺织工业联合会发布"2012—2013 年度中国纺织服装企业竞争力 500 强"榜单,恒力集团以第一名的成绩成为全国纺织服装企业竞争力最强者。在同期公布的"2012 年度中国纺织服装行业主营收入 100 强企业"和"2012—2013 年度中国长丝织造行业竞争力 10 强企业"等名单中,恒力均名列榜首。

恒力集团坚持实施品牌战略和市场战略两大工程,自主研发能力在全国纺织业处于领先地位,同时积极开拓国内外高端市场,坚持自主创新,不断提升核心竞争能力,成立"恒力国际研发中心"和"恒力产学研基地",聘请德国、日本、韩国和中国台湾等地的资深专家,组成国际研发团队,为企业进行高端差别化产品的研发。截至目前,恒力集团已先后承担国家级、省级以及行业协会的重大科技计划项目 50 多项,自主研发聚酯纤维关键技术获"国家科技进步奖"。

三、主导产业

(一)织造产业

作为企业产业链的纵向延伸,恒力集团织造企业共拥有 12000 套喷水织机、喷气织机,8500 台倍捻机及其配套设备,已成为全球最大的织造企业。在集团科技创新战略的指引下,织造企业不断加大科技投入力度,加快自主创新步伐,2012 年有 7000 多个新品种投放市场,其中的 30％属于自主研发。企业自主研发的多种实用新型面料获得国家专利,多项产品荣获国家免检产品、国家纺织流行面料入围奖、江苏省高新技术产品证书。

(二)金融产业

恒力集团旗下吴江市苏南农村小额贷款股份有限公司、宿迁市宿城区恒生农村小额贷款有限公司经江苏省人民政府金融工作办公室批准,成为江苏省第一批试点单位。小额贷款公司总注册资金超 5 亿元,拥有专业的贷款管理团队,积极帮助青年创业、就业,以实际行动参与支农惠农工程,为广大中小企业和农户提供及时有力的金融支持,受到社会各界的高度关注和好评。

(三)热电产业

恒力集团秉承"助力经济、造福社会"的方针,在热电领域取得长足发展。集团旗下苏州苏盛热电有限公司与恒力石化(大连长兴岛)产业园采用先进的控制系统、环保性能优异的循环流化床锅炉,额定装机容量 300 MW、额定供汽量 1640 T/H。热电企业全面推行标准化管理模式,建立现代电力生产企业经营机制,努力实现"提高能源综合利用,促进地区经济发展"的宏伟目标,成为一流热电生产企业。

(四)机械产业

苏州华毅机械有限公司成立于 2001 年,占地 80000 平方米,现有职工 300 多人。公司拥有各种国际先进的 CNC 数控加工中心,数控车床 60 余台(套),专业生产纺织机械。公司形成设计研发—机械加工—组合装配—调试试机—售后服务的整套生产体系,产品具有可靠的质量保证。现生产能力为每月 600 台/套。

苏州华毅机械有限公司自成立以来,始终以研发生产高新科技的纺织机械为理念。为了适应市场需求,提高产品的创新能力,公司先后研发生产了 HY708 平织机型、HY728 重磅多臂机型、HY728 - S 双层双经轴重磅机型。幅宽:190—360 cm,单喷或多喷引纬系统等。依客户要求可配有传统机械送经和机械卷取,或配置全电脑控制的电子送经、电子卷取系统。产品远销印度、印度尼西亚、巴西、越南、泰国、韩国、土耳其、埃及、中国台湾等十几个国家和地区。

四、社会责任

（一）社会贡献

在企业发展壮大过程中，恒力集团积极开展党群工作，紧密围绕企业生产建设创造性地开展工作，形成奋发向上、力争一流的良好氛围。同时尽心尽力地履行社会责任，积极支持慈善事业的发展，扶助弱势群体。企业创立至今，各类捐款累计已 6 亿多元。

（1）带动经济发展。恒力集团不断深化转型升级，积极完善产业链，领跑民营经济发展，在实现自身可持续发展的同时，为促进地区经济社会发展贡献力量。2014 年，恒力集团销售额 1635 亿元，对社会的发展起到了积极促进作用。企业连续多年上榜省级"纳税大户"。

（2）助推产业升级。恒力集团位列中国 500 强企业、中国百强民营企业前列，坚持科技研发和自主创新，对增强产业集群优势和转型升级起到推动、引领作用。作为行业的领军企业，恒力集团先后荣获"国家科技进步奖"、"中国纺织工业协会产品开发突出贡献奖"等奖项，并被认定为"国家火炬计划高新技术企业"。

（3）解决就业问题。恒力集团根据全产业链战略规划，先后在苏州、宿迁、大连、南通等地区投资建设石化和纺织高新技术产业园，向社会提供 50000 多个就业岗位，为保持就业局势稳定、优化就业环境作出了突出贡献。企业连续多年上榜江苏省"就业先进单位"，荣膺"全国就业与社会保障先进民营企业"、"全国就业先进企业"称号。

（二）环境保护

恒力集团坚持"绿色恒力、生态恒力、和谐恒力"发展理念，提高资源利用率，探索绿色发展模式，建设资源节约型、环境友好型企业，走出了一条良性循环发展之路。企业率先在全国同行业中实施中水回用工程，进行能源系统优化改造，兴建"沼气回用"项目，先后通过了 ISO 环境管理体系认证和欧洲绿色环保认证。近些年，恒力集团在环境保护方面工作成果显著，取得了明显的经济效益与社会效益，先后荣获国家首批"资源节约型、环境友好型"试点企业、"中国化纤行业环境友好企业"、"全国低碳经济示范单位"、"江苏省环境友好企业"、"江苏省节能减排科技创新示范企业"等多项荣誉称号。

五、公司未来发展愿景

"建世界一流企业，创国际知名品牌"。展望未来，恒力集团将继续多元化全产业链发展，为中国民族工业的腾飞竭尽全力！

扬子江药业集团有限公司

一、公司简介

扬子江药业集团创建于 1971 年,是一家跨地区、产学研相结合、科工贸一体化的国家大型医药企业集团,也是科技部命名的全国首批创新型企业。集团总部位于江苏省泰州市,现有员工 13000 多人,总占地面积 300 多万平方米。旗下 20 多家成员公司分布于泰州、北京、上海、南京、广州、成都、苏州、常州等地;营销网络覆盖全国各省、市、自治区。

多年来,集团始终秉承"求索进取,护佑众生"的使命,践行"高质、惠民、创新、至善"的核心价值观,坚持自主创新、质量强企"双轮驱动",企业发展步入快车道,自 1996 年起,企业综合经济效益连续十多年位居江苏省医药行业首位,并跻身全国医药行业前五强、中国企业500 强、全国纳税 500 强。据国家工信部公布的数据,扬子江药业集团有限公司主营业务收入名列 2014 年度、2015 年度中国医药工业企业百强榜第一名。相继荣获"江苏省质量奖""全国五一劳动奖状""全国守合同重信用企业""全国文明单位""中国幸福企业""中国质量奖提名奖"等称号,至今蝉联全国医药行业质量管理(QC)成果评比一等奖总数"十二连冠",并于 2015 年 10 月荣获两项国际 QC 金奖,荣获"2015 质量之光质量标杆企业""2014 年度中国幸福企业",成为民族医药工业的一面旗帜。

二、公司地位

2015 年 12 月 12 日,由中国品牌建设促进会、中国国际贸易促进会、中国资产评估协会等单位联合发起,中央电视台向全球发布中国品牌价值评价榜,通过专家评价打分、严格核查、过程监督和模型测算等环节,扬子江药业集团以 143.97 亿元的品牌价值和 913.3 分的品牌强度强势上榜,位列中国生物医药类品牌价值第一名,品牌强度第二名,成为中国制药领域最具价值第一品牌。此前,在 2014 年度中国品牌价值排行榜上,扬子江药业获得品牌强度第一,品牌价值第二。

集团坚持以创新引领发展,把研发创新作为企业发展战略基点,加快实施三药并举研发创新战略。企业每年技术创新投入占销售收入比例达 3% 左右,依托产学研联合建成设施一流的江苏省(扬子江)新药研究院,拥有国家级企业技术中心、药物制剂新技术国家重点实验室、中药国家工程研究中心等创新研发平台,现有专业化研发团队近 1000 人,具备化学药、中成药、生物药研发创新能力。经过多年的持续积累和创新,产品体系中西药并举,覆盖 10多个领域、10 多种剂型、200 多个品规。企业目前针对重大疾病在研的各类药物近 200 个,通过自主研发、产品创新,集团相继开发出胃苏颗粒、荜铃胃痛颗粒、百乐眠胶囊、苏黄止咳胶囊、蓝芩口服液、香芍颗粒、双花百合片等一大批独家特色的中药品种,形成"研发一批、生产一批、储备一批"的产品梯队,有力保证了企业的持续健康发展。

集团视质量为企业的生命,制定了高于国家法定标准的产品质量内控标准,坚定奉行"产品质量源于设计"的理念,大力实施六西格玛管理和卓越绩效管理,积极开展 QC 小组活动,每年的 3 月和 9 月开展两次质量月活动,不断完善质量保证体系。2 个产品荣获"国家科技进步二等奖",50 个省级以上高新技术产品奖,另有 20 多个产品质量达到欧美药典标准,产品奥美拉唑肠溶胶囊成功出口德国市场。到 2013 年底,集团 37 个生产车间全部通过新版 GMP 认证,比国家规定时间提前两年通过。另还有 4 个车间、6 个制剂品种和 1 个中药提取物通过欧盟 GMP 认证。

为产品走向国际市场奠定了良好基础。集团自 2005 年以来蝉联全国医药行业 QC 成果评比一等奖总数"十二连冠",并被中国食品药品检定研究院、江苏省食品药品监督管理局指定为实训基地。2014 年 2 月,省政府正式公布了 2013 年度江苏省质量奖获奖名单,扬子江药业位列"江苏省质量奖"5 家获奖企业第 1 名,成为全省制药行业唯一入选者。

三、社会责任

集团发展不忘回报社会,多年来在赈灾、扶贫、拥军、助学以及各种人道主义救助活动中始终走在全社会的前列。企业至今连续 10 多年独家资助"中华医学科技奖"评选,鼎力支持祖国医学科技进步。连续 10 多年拥军不辍,关爱子弟兵健康;联合国家五部委承办大型社会公益活动"关爱西部健康行动",总投入 4000 多万元。在 2003 年抗非斗争中,扬子江捐赠价值 500 万元的药品,并捐资 100 万元设立"扬子江抗非救助基金"。汶川和玉树大地震发生后,扬子江在第一时间向灾区捐赠 2300 多万元的药品和现金,成为地震后外省市第一个进入灾区的企业。天津港"8·12 特别重大火灾爆炸"事故发生,深深牵动着全体扬子江人的心,集团捐赠 300 万元支援天津爆炸事故救助。2016 年,集团又向"6.23"盐城龙卷风灾区捐赠 500 万药品和现金用于灾后救助。为广泛救助社会弱势群体,集团专门成立了"扬子江慈善会"。据不完全统计,企业至今已累计向社会捐赠款物总价值逾 4 亿元。集团被授予"2014 年度卓越企业社会责任大奖""中国企业社会责任杰出企业""全国医药企业社会责任贡献奖"等殊荣。

扬子江药业具有优良的拥军传统,自 1995 年起,每年的建军节前夕,都开展向全国各驻地部队赠药慰问活动。从雪山高原到南海前哨,从东海之滨到戈壁沙漠,处处涌动着扬子江浓浓的拥军情。1997 年"七一"前夕,为欢送中国人民解放军驻香港部队官兵进驻香港,扬子江出资协办大型欢送晚会,向驻港部队赠送了价值数十万元的药品。2004 年,扬子江人不远万里赴西沙群岛慰问守岛官兵,捐赠了价值 20 万元的空调和其他生活用品。2006 年 7 月 31 日,扬子江药业集团随泰州市代表团前往舟山,慰问了泰州舰官兵,在此次活动中,扬子江药业向泰州舰捐赠了 10 万元资金,用于改善官兵的物质文化生活,并与泰州舰签订了军民共建协议。这艘承载着水兵"母亲城"光荣的现代化军舰,见证了"扬子江"人爱国拥军的赤诚之情。2007 年,扬子江药业在北京举办以礼赞英雄母亲为主题的大型拥军优属活动。多年来,扬子江药业拥军不辍,累计向部队赠送药品、款物近 5000 万元。

四、质量建设

(一)质量方针

(1)公司所有活动遵循"求索进取、护佑众生"的企业理念;

(2)以"科技为健康服务"的指导思想,建立严格、科学、系统的质量保证体系;

(3)务实、诚信、发展,建立一流企业。

(二)质量目标

(1)年度产品一次合格率不低于99.7%;

(2)每月市场上投诉产品质量问题不得高于2起;

(3)市场抽检合格率100%;

(4)接受药监部门检查,不得出现严重不符合项;

(5)技术革新,促进产品质量,每年进行各种技术攻关不少于20项。

五、公司发展方向

经过40多年的持续积累和创新,凭借不断投入的研发资源和立足市场的营销布局,扬子江药业保持着具有多样性且良性发展的产品线。目前,集团主要产品中西药并举,处方药与非处方药并重,形成了心脑血管药、抗微生物药、消化系统药、抗肿瘤药、解热镇痛药等10多个系列,涵盖20多种剂型、200多个品规的产品体系。其中,9个产品被列为"国家中药保护品种",9个产品被评为"中国名优品牌",41个产品被认定为高新技术产品,100多个品种被纳入国家医保目录。

面向未来,奋进中的扬子江药业集团以振兴民族医药为己任,抱着科学、严谨、负责的态度,竭诚为全人类的健康服务。"十三五"期间,集团大力实施五大工程战略,加快推进由"扬子江制造"向"扬子江创造"转变,努力向着世界一流制药企业的目标不懈进取。

江苏悦达集团有限公司

一、公司基本情况

江苏悦达集团是在我国改革开放大潮中发展成长起来的大型国有企业,经过30多年的拼搏努力,目前位列全国130强、江苏前5强、综合销售超千亿,利税过百亿,拥有近4万名员工、资产总额550多亿元。悦达坚持"集团多元化,子公司专业化"的发展战略,构建了悦达投资、悦达能源、悦达商贸、悦达矿业、悦达地产、悦达资本、悦达汽车发展、悦达健康8大产业平台和综合管理、新兴产业2个事业部的"8+2"产业布局体系;与韩国现代起亚、法国家乐福、德国黛安芬、德国艾文德、英国咖世家、印度马恒达、瑞典德瑞等国际知名企业携手合作,走出了一条以国际化带动新型工业化的成功之路,为盐城发展和苏北振兴作出了贡献。近年来,集团荣获"全国先进基层党组织"、"中华慈善奖"、"全国企业现代化管理创新成果一等奖"、"全国扶贫开发先进集体"等荣誉称号。

1994年,悦达集团控股企业——悦达投资在上海证券交易所上市,成为苏北第一家上市公司。2001年,悦达集团控股企业——悦达控股在香港联交所上市,成为江苏省首家在港发行红筹股的企业。1994年起,悦达跻身于全国最大工业企业500强,1996年被列入全国520户重点国有企业,2003年、2004年、2005年连续进入江苏省规模企业前20强。2006年,实现综合销售额318.6亿元,利税15.28亿元,上交各项税金10.7亿元,为盐城市财政收入首超百亿作出了较大贡献,继续保持江苏长江以北地区领先的位次,跻身江苏十强,并入选中国最大500家企业,列第89位。

二、企业规模

(一)在机械制造方面

悦达汽车项目遵循国家产业政策,2001年11月,悦达与东风汽车公司、现代汽车集团在北京签署了战略重组协议,悦达汽车成功列入国家汽车产品目录。2002年3月,悦达、东风、现代起亚三方正式签署合资合同。2005年10月28日,东风悦达起亚汽车有限公司第二工厂开工仪式在盐城隆重举行。汽车第二工厂总投资68亿元,设计产能30万辆轿车和25万台发动机,是苏北地区最大的工业投资项目,于2007年12月8日正式投产。到"十一五"末将形成年产43万辆的汽车工业规模,成为江苏最大、全国重要的轿车生产基地。目前,东风悦达起亚拥有千里马、嘉华、远舰、赛拉图、瑞欧等多款时尚车型,被评为50家成长性最好的汽车制造企业之一。

(二)能源方面

悦达集团在山西、陕西、内蒙古投资拥有年产能力达2000万吨的煤矿。其中,2004年

10月16日,悦达集团与陕西煤业集团正式签署合作开发黄陵煤矿项目,总投资33亿元。悦达集团收购黄陵二号矿年产1000万吨矿井46％股权,是苏陕两省最大的经济合作项目。2005年4月29日,黄陵二号煤矿有限公司揭牌。2005年底正式投产试运营。2006年12月10日,悦达与内蒙古准格尔旗乌兰渠煤炭有限责任公司在鄂尔多斯举行乌兰渠煤矿项目股权受让签字仪式。该矿地质储量约1亿吨,可开采50年以上,上海悦达新实业受让该项目公司75％的股权。未来几年间,悦达煤炭开采、调运总量将达2000万吨。悦达云南铅锌矿业项目公司于2006年7月25日在云南大理正式挂牌。目前,悦达在这些项目的投资上已经具备了一定的规模,为提高集团整体资产质量和运行质量提供了可靠的保障。

（三）基础设施投资方面

近年来,悦达根据国家产业政策和市场环境变化,1995年,出资2100万美元收购204国道盐城新阜段67％股权;1997年,出资1000多万美元收购106国道河北廊坊段51％股权;1999年,出资5.2亿元收购徐州三环路80％股权;2000年,出资12.6亿元受让京沪高速沂淮江段21％股权;2001年,出资8亿元收购陕西西铜高速70％经营权;2004年9月,出资12.8亿元收购京大高速山西段80％的股权;2004年10月,悦达投资拥有扬州西绕城高速21％的股权。2007年8月31日,悦达在山西投资的第二条高速公路汾平高速正式开工建设。目前,悦达已控股、参股经营的高等级公路达8条。在公路投资领域已具规模,良好而稳定的投资回报有力地支撑着集团其他产业蓬勃发展。

（四）在房地产开发领域

悦达准确把握上海房地产市场的脉搏,致力打造体现时代风尚的经典小区,地处中山公园商圈的路易凯旋宫在2003年上海最受欢迎楼盘评选活动中荣膺综合金奖。2004年11月,总面积5.6万平方米的上海"悦达国际大厦"在静安区成功奠基。未来几年间,悦达的房地产总面积将达80万平方米。

（五）纺织工业项目

1993年,悦达与具有百年历史的欧洲著名时装企业德国黛安芬集团合资兴办了盐城国际妇女时装有限公司,生产享誉世界的"黛安芬"（Triumph）牌妇女内衣及相关产品。二期工程和全国配送中心投入运行。三期工程（仓储和分销中心）2006年8月8日正式建成。目前,纺织工业项目——江苏悦达纺织集团有限公司年产规模达2000万件,年出口创汇5000万美元,利税6000万元,成为集生产、仓储于一体的亚洲地区最大的国际妇女内衣生产基地。

三、公司业绩

2016年前三季度公司实现营业收入11.36亿元,同比增长－16.39％,营业利润率为7.90％。其中,三季度实现营业收入3.71亿元,第二季度实现营业收入4.10亿元,同比上涨了15.47％。前三季度实现净利润利润8882万元,每股收益为0.1元,每股净资产7.43元,总资产达97.56亿元,固定资产11.72亿元。

表40　江苏悦达集团近年来公司业绩

项　目	基本每股收益（元）	营业收入（亿元）	净利润（亿元）	每股净资产（元）
2014/12/31	1.25	22.83	10.66	
2015/3/31	0.165	4.00	1.41	7.40
2015/6/30	0.326	9.06	2.81	7.57
2015/9/30	0.17	13.58	1.46	7.58
2015/12/31	0.15	17.64	1.30	7.43
2016/3/31	0.037	3.55	0.32	7.46
2016/6/30	0.095	7.65	0.81	7.42
2016/9/30	0.1	11.36	0.89	7.43

四、企业文化

（一）经营理念

"脚踏着坚实的土地，面对着崭新的世纪，悦达人大步走来，将命运紧紧掌握在自己手里……"这是《悦达人的歌》，作为悦达集团的企业之歌曾获全国企业歌曲大赛一等奖。在三十多年的创业历程中，悦达人培育并形成了以"心悦至上，诚达天下"为核心的企业文化体系。

（二）企业精神

悦达集团通过企业精神的培养和弘扬，不断增强全体悦达人自强不息的精神力量，不断丰富全体悦达人昂扬向上的精神世界，不断保持全体悦达人奋发有为的精神状态，鼓舞全体悦达员工万众一心、坚韧不拔地朝着百年悦达的宏伟目标不断前进。

在悦达30年的发展历程中，悦达全体员工披荆斩棘，奋力拼搏，不断培育和发展着悦达的企业精神。悦达精神，最突出的就是勤奋做事，踏实做人；就是自强不息，百折不挠；就是超越自我，锐意创新；就是不惧艰险，无私奉献；就是志存高远，笑到最后。悦达正是依靠这种企业精神，在前进的道路上才搬走了一个又一个绊脚石，树立了一个又一个里程碑，缔造了为世人关注的"悦达现象"，为世人称道的"悦达速度"，为世人惊叹的"悦达效应"。

这个悦达精神，是悦达集团创业壮大的强大动力；这个悦达精神，是悦达集团解决当前结构性矛盾，进一步焕发生机和活力的精神财富；这个悦达精神，是悦达集团未来发展的重要力量。她将在继承发扬的基础上，顺应时代和企业的发展要求，不断为之增添新的内涵。

五、公司未来发展规划

展望未来，悦达将抢抓沿海开发和长三角一体化两大战略机遇，不断调整提高现有产业，积极进军新兴产业，大力推进"二次创业"，努力培育新的增长点。今年，力争跻身千亿级企业行列，为打造百年悦达奠定更为坚实的基础。

苏宁云商集团股份有限公司

一、公司简介

苏宁云商集团股份有限公司 1996 年 05 月 15 日成立,经营范围包括家用电器、电子产品、办公设备、通信产品及配件的连锁销售和服务,空调配件的销售,制冷空调设备及家用电器的安装与维修,计算机软件开发、销售、系统集成,百货、自行车、电动助力车、摩托车、汽车的连锁销售,实业投资,场地租赁,柜台出租,国内商品展览服务,企业形象策划,经济信息咨询服务,人才培训,商务代理,微型计算机配件、软件的销售,微型计算机的安装及维修,废旧物资的回收与销售,乐器销售,工艺礼品、纪念品销售,国内贸易,代办(移动、电信、联通)委托的各项业务,移动通讯转售业务,货物运输代理,仓储,装卸搬运等。

2004 年 7 月,苏宁电器股份有限公司成功上市。2013 年 9 月,包括苏宁银行在内的 9 家民营银行名称获得国家工商总局核准。2014 年 1 月 27 日,苏宁云商收购团购网站"满座网"。2014 年 10 月 26 日,中国民营 500 强发布,苏宁以 2798.13 亿元的营业收入和综合实力名列第一。2015 年 8 月 10 日,阿里巴巴集团投资 283 亿元人民币参与苏宁云商的非公开发行,占发行后总股本的 19.99%,成为苏宁云商的第二大股东。12 月 21 日全面接手原江苏国信舜天足球俱乐部。2016 年 8 月,全国工商联发布"2016 中国民营企业 500 强"榜单,苏宁控股以 3502.88 亿元的年营业收入名列第二。2016 年 12 月 21 日,苏宁银行获批,黄金老担任苏宁银行行长。2017 年 1 月,苏宁收购估值 42.5 亿元天天快递的全部股份。

二、公司业绩

2016 年前三个季度,公司实现营业收入 1038.63 亿元,同比增加 11%。其中,第三季度营业收入 351.38 亿,季度环比减少 4.67%;前三季度净利润减少 3.04 亿元,同比减少了 672.42%。资产总额达 1336.55 亿元,同比增加了 52.50%,其中,固定资产为 125.34 亿元,流动资产总额为 751.12 亿元。公司未分配利润 158.62 亿元,股东权益 642.18 亿元。

表 41　苏宁云商近年来公司业绩

	基本每股收益(元)	营业收入(亿元)	净利润(亿元)	每股净资产(元)
2014/12/31	0.12	1089.25	8.67	3.70
2015/3/31	−0.04	294.48	−3.32	3.99
2015/6/30	0.05	630.37	3.48	4.05
2015/9/30	0.01	935.70	0.53	4.00

续　表

	基本每股收益（元）	营业收入（亿元）	净利润（亿元）	每股净资产（元）
2015/12/31	0.12	1355.48	8.73	4.13
2016/3/31	−0.04	318.43	−2.96	4.07
2016/6/30	−0.02	687.15	−1.21	6.36
2016/9/30	−0.04	1038.63	−3.04	6.90

三、公司近期发展情况

（一）发展物流

2013年2月21日,中国两大家电零售商之一的苏宁云商集团股份有限公司宣布其新运营模式和组织架构,融合其线上线下平台。公司副董事长孙为民还说,未来三年公司将投资180—220亿元人民币发展物流项目。在大数据中心驱动下,整合本季度商品,统一发送。未来征召250人的队伍处理消费者投诉。2014年2月7日,苏宁宣布已经通过国家邮政局快递业务经营许可审核,获得国际快递业务经营许可。苏宁由此成为国内电商企业中第一家取得国际快递业务经营许可的企业,今后将可以与FedEx、DHL、UPS、TNT四大国际快递公司一样从事国际快递业务。

（二）登陆硅谷

2013年11月19日在美国硅谷启动了首个海外研究院,迈出其加速互联网转型、布局全球研发的重要一步。苏宁硅谷研究院初期投资500万美元,现有10人左右,未来3年将达到200人。

（三）投资PPTV

2013年10月28日,苏宁宣布联合弘毅投资斥资4.2亿美元战略投资PPTV,收购后者约74%的股权,其中,苏宁占到44%的股权,将成为PPTV第一大股东,苏宁也借此进军网络视频行业。

截至2013年12月31日,苏宁云商已通过子公司Great Universe Limited向PPLive Corporation支付对价款21777.62万美元,该对价款以自有资金及向国家开发银行申请的并购贷款支付。剩余对价款依据协议规定,将在交割后一年内支付完成。在本次交易完成后,Great Universe Limited将持有PPTV 44%股权,成为其第一大股东。

（四）获阿里巴巴战略投资

2015年8月10日,阿里宣布将以约283亿元人民币战略投资苏宁,成为第二大股东;苏宁将以140亿元人民币认购不超过2780万股的阿里新发行股份;双方将打通线上线下,全面提升效率,为中国及全球消费者提供更加完善的商业服务。

苏宁云商辐射全国的1600多家线下门店、3000多家售后服务网点、5000个加盟服务商以及下沉到四五线城市的服务站将与阿里巴巴强大的线上体系实现无缝对接。

（五）与万达合作

2015年9月6日上午,万达与苏宁发布重大战略合作。王健林和张近东将正式携手,双方将在商业业态和商管层面进行深度合作。这次合作间接让阿里、腾讯、百度凑在了同一张桌子上,线下线上商业竞争格局将迎来重大调整。

(六) 收购国际米兰

2016 年 6 月 6 日,苏宁集团与国际米兰合作尘埃落定,苏宁控股集团在南京召开苏宁并购国际米兰媒体通报会(简称通报会),苏宁体育产业集团以约 2.7 亿欧元的总对价,通过认购新股及收购老股的方式,获得国际米兰俱乐部约 70% 的股份。交易完成后,埃里克·托希尔(ErickThohir)旗下的 ISC 仍持有约 30% 的股份。苏宁集团收购国米过半股份,成为蓝黑军团的第一大股东。

四、社会责任

苏宁云商 2015 年 CSR 报告中说明,企业的发展是追求自身经济价值增长的过程,也是不断满足社会公众期望的过程。苏宁坚持社会化企业的理念,在公司的发展战略和日常运营中全面落实社会责任管理理念和实践。苏宁不仅要做零售业乃至全社会最好的企业,更要做对零售业和社会可持续发展最具价值的企业。

(一) 可持续发展背景与趋势

互联网时代下,跨界整合、生态圈构建、全球化竞争成为新的发展趋势,资源优势互补、平台开放共享成为各行各业共同前进的方向。2015 年,苏宁在完成互联网零售模式的成型、定型之后,又将多年锻造出来的"互联网零售 CPU"全面开放和共享,以回馈社会。随着从"需求侧"到"供给侧"的经济增长方式的转变以及"互联网+"行动计划的深入推进,未来苏宁将以"引领产业生态,共创品质生活"为使命,全面输出能力、链接资源、构筑平台,打造合作共赢的生态圈,提供更能满足消费者需求的优质产品和服务,实现零售业社会、经济、环境综合价值的最大化。

(二) 社会责任模型

根据企业的发展战略、品牌声誉、行业影响、人才建设以及各利益相关方的期望,苏宁以"阳光使命"为核心,推行责任理念,落实责任实践。坚持"服务是苏宁的唯一产品",持续增强经营能力,与员工、合作伙伴共赢发展,在为社会奉献价值的同时实现环境友好。

价值使命:持续增强盈利能力,对股东和投资者负责;

共赢使命:积极带动产业发展,对合作伙伴发展负责;

服务使命:不断提升服务能力,对广大客户权益负责;

员工使命:提供才华施展平台,对全体员工发展负责;

环境使命:携手供应链上下游,对生态环境建设负责;

和谐使命:竭尽全力奉献爱心,对和谐社会发展负责。

五、未来展望

"互联网+"行动计划的国家战略布局之下,互联网与社会各领域、各行业的融合创新,正深刻改变着传统的生产方式、商业模式和管理模式。"互联网+",其中的加号不是单纯的叠加,而是连接与融合,广泛连接技术、人、服务、资源,深度融合互联网与实体经济。为此,苏宁集团不断努力,促进线上线下融合,推动开放、共享、融合的新商业文明,与政府、投资者、合作伙伴、供应商、用户、公众及所有可能影响到的利益相关方携手,开拓创新,不断完善"一体、两翼、三云、四端"的互联网零售模式,实现社会价值的最大化,践行"引领产业生态,共创品质生活"的新使命。

供给侧结构性改革将促进零售业继续向商业本质——商品创新、业态创新,供应链优化、零售商和供应商关系创新升级——转型。为此,苏宁将进一步提升互联网零售的核心运营能力、物流能力和服务能力,并将资源社会化,不独为我所用,更为行业所用、为世界所用。苏宁希望所有实体伙伴们能通过苏宁的入口,进入互联网的新平台和新世界;希望所有互联网的伙伴们,通过苏宁的接口,与传统企业合作,开发应用更人性化的技术、优化服务体验,最终抵达共同的出口——满足用户更多的需求和更高的要求。

同时,苏宁的大门将向更多的有志、有才之士敞开,并提供成长和展示的舞台,打造敬业、专业的事业团队。苏宁将关注对社会环境、人文环境、生态环境的影响,推动行业和地区健康发展。苏宁也将注重公益发展,助人自助、精准帮扶,让每个角落的每个人都能有尊严、有能力创造自己的美好生活。

江苏阳光集团股份公司

一、公司简介

创建于 1986 年的江苏阳光集团,是国家重点企业集团和国家重点扶持的行业排头兵,涉足毛纺、服装、生物医药、房地产、新能源等产业,是毛纺织行业唯一的国家级创新型企业,年产高档服装 350 万套、高档精纺呢绒 3500 万米,是全球最大的毛纺生产企业和高档服装生产基地。2006 年,成为中国纺织行业唯一获得"世界名牌"和"出口服装免验"荣誉的企业。2007 年,国际标准化组织/纺织品技术委员会(ISO/TC38)国际秘书处落户阳光,成为国内首家承担 ISO/TC38 国际秘书处工作的企业单位,标志着阳光纺织技术水平达到了国际领先水平。2008 年,新品牌"阳光时尚"在上海、南京开店面市,标志着阳光开始直接走向零售市场,从而大大提升了阳光毛纺、服装主产业的综合实力。2013 年,阳光集团实现销售337 亿元,利税 30 亿元。

阳光集团坚持以产品创新、技术创新为主导,建立了以"一站三中心"为主要支撑的技术创新体系,即博士后科研工作站、国家级技术中心、国家级毛纺新材料工程技术研究中心、江苏省毛纺技术开发中心,配置了世界最先进的检测设备和纺、织、染、服装的生产流水线,以平均每天 50 多个新品的开发能力,阳光集团始终在国内保持领先水平,步入了国际先进行列。目前,阳光集团不仅承担了 40 个国家科研项目的科研攻关,还一直致力于发展自主核心技术,累计申报各类专 513 项,获授权专利 337 项,共参与 43 项国际和国家行业的标准制订工作。

二、企业文化

(一)发展战略

集团战略:以房地产业为重点,专注做好房地产、教育、酒店三大产业;强化资本运作;把阳光集团建设成为最受尊敬的企业。各产业目标:房地产业上做最快速成长的房地产运营商;教育上创百年名校;酒店上要做本土第一的酒店管理公司。

(二)企业使命:缔造品质福祉天下

阳光的三大主业,可以满足广大客户在居住、旅行、餐饮、健康休闲和接受教育等几个最重要方面的需求,既包含物质、功能、技能,也包含道德、情感和心理上的满足,为他们缔造高尚的生活品质;而且也为股东、员工、合作者创造价值,提升他们的生活品质。与此同时,企业又以造福天下为己任,关注民生,效力国家,为社会创造价值,忠实履行企业的社会责任。

(三)企业愿景:做最受尊敬的企业

做最受尊敬的企业,就是引导企业在关注利益目标的同时,关注社会、关注环境、关注弱势群体等,营造一个重社会责任、重诚信的企业而受到社会的关注和尊敬。

2007年,《经济观察报》与北大联合公布的"最受尊敬企业"参选者必须同时满足以下条件:(1) 企业的注册地在中国大陆,或者其主营业务60%以上在中国大陆;(2) 企业的主要经营业务不属于非健康产业;(3) 企业在中国大陆的运营时间至少在五年以上;(4) 企业的某项主营业务进入行业前10名;(5) 企业每年的营业额连续三年在5亿元以上,并不能在最近的连续三年中利润亏损;(6) 社会责任感:包括对环境可持续性发展的贡献、社区与股东的关系、员工的薪酬福利培训、产品或服务中的商业伦理;无重大CSR(企业社会责任)问题。

(四)文化内核:阳健不息,光华恒升

(五)投资管理策略:投资多元化管理专业化

现代企业所追求的终极目标已经不是利润最大化,而是可持续成长,企业必须考虑在既有事业范围之外的成长,多元化经营是企业由单一化向多样化的基本成长模式的重大转换,是对新成长领域的探索甚至是探险。实施"投资多元化"的战略时,必须以"管理专业化"相辅相成,形成合理的结构,采取以资本经营为主、资本经营与品牌经营相结合的形式,以产权为纽带参与对子企业的管理和控制,在优化产品经营的基础上输出品牌和管理。

三、主要财务指标

2016年前三季度公司实现营业收入15.60亿元,同比增长3.84%,净利润1.31亿元,同比增长了100.13%。其中,第三季度实现营业收入5.39亿元,同比增长−8.15%,第二季度实现营业收入5.87亿元,同比增长35.18%。截止到2016年9月3日,江苏阳光资产总额达45.87亿元,其中,固定资产为18亿元,流动资产总额为22.84亿元。

表42　江苏阳光集团股份公司近年来公司业绩

项　目	基本每股收益(元)	营业收入(亿元)	净利润(亿元)	每股净资产(元)
2014/12/31	0.044	22.65	0.79	0.95
2015/3/31	0.0028	3.69	0.05	0.94
2015/6/30	0.016	9.53	0.28	0.95
2015/9/30	0.037	15.02	0.65	0.98
2015/12/31	0.062	20.50	1.11	1.00
2016/3/31	0.018	4.34	0.34	1.03
2016/6/30	0.047	10.21	0.84	1.06
2016/9/30	0.0735	15.6	1.31	1.08

四、公司创新体系

集团技术中心被认定为国家级技术中心,同时拥有一所毛纺研究所和中国毛纺企业中唯一一家企业博士后科研工作站,在美国、意大利、澳大利亚、中国香港、北京、上海、广州、成都、南京、沈阳等国家和地区设立了信息机构,同时与清华大学、中国服装大学等20多所高校紧密联合,以"赶超世界先进毛纺技术,引导国内毛纺市场"为目标,形成了"国内领先、国际同步"的新品开发机制、技术攻关和产、学、研一体化的技术创新体系。产品以新品、精品、功能性产品为特色,拥有 20 个大类 6000 多个品种,其中,50 个产品被认定为省级高新技术产品,10 个产品被认定为国家级重点新产品,5 个产品被认定为省高新技术产品,3 个产品列入国家火炬计划项目,"新风格精纺呢绒"、"机可洗免烫精纺呢绒"列入国家技术创新项目计划。

(一) 技术中心

江苏阳光集团技术中心是中国毛纺行业企业的一家国家级技术中心。技术中心总投资 4500 万元,配置了从德国、英国、瑞士等发达国家引进的全套电脑设计系统、电子测色系统、电子配液系统及毛织物特殊性能试验仪器等先进设备。技术中心共有研究、开发人员 171 人,其中,博士、硕士研究生、高级工程师和本科以上学历比例达到 50%。中心下设毛纺研究院、产品开发中心、中心试验室、信息中心、试制车间(工段)、染整研究所和综合管理部,其中中心试验室被认定为出口商品生产企业一级检测实验室。技术中心承担品种开发、技术攻关质量检测等项目,是国家重点工业性试验项目、国家火炬计划项目、国家技术创新项目的主要承担部门。

(二) 博士后科研工作站

江苏阳光集团博士后科研工作站设立于 2000 年,建设资金近亿元,是一个开放性、国际性的科研工作站。科研工作站设立后,引起了种类专家、海内外留学生的极大兴趣,已培养一名博士后完成课题出站,在站博士后一人。另有美国加州大学、麻省理工学院等多位留学生即将进站。工作站将为入站的博士后提供充裕的科研经费和优厚的工作待遇。

五、公司发展规划

在今后的发展中,阳光集团将继续全面贯彻科学发展观,积极应对国际国内经济环境变化,加快转变经济发展方式,按照"传统产业高新化、高新产业规模化、品牌经营专业化、资本运作产业化"的总体目标,紧紧围绕"产业规模、科技含量、品牌、产品附加值、节能降耗、竞争力"等六个提升,加快转型升级,把阳光集团建设成为主业突出、品牌卓越、研发力强,具有跨行业经营能力的、多产业的国际品牌集团。

政策篇

1.国务院关于深化流通体制改革加快流通产业发展的意见

发布机构:国务院

名称:国务院关于深化流通体制改革加快流通产业发展的意见

文号:国发[2012]39号

成文日期:2012-08-03

发布日期:2012-08-07

内容概述:

各省、自治区、直辖市人民政府,国务院各部委、各直属机构:

改革开放以来,我国流通产业取得长足发展,交易规模持续扩大,基础设施显著改善,新型业态不断涌现,现代流通方式加快发展,流通产业已经成为国民经济的基础性和先导性产业。但总的看,我国流通产业仍处于粗放型发展阶段,网络布局不合理,城乡发展不均衡,集中度偏低,信息化、标准化、国际化程度不高,效率低、成本高问题日益突出。为适应新形势下经济社会发展需要,加快推进流通产业改革发展,现提出如下意见:

一、指导思想、基本原则和主要目标

(一)**指导思想**。以邓小平理论和"三个代表"重要思想为指导,深入贯彻落实科学发展观,围绕提高流通效率、方便群众生活、保障商品质量、引导生产发展和促进居民消费,加快推进流通产业发展方式转变,着力解决制约流通产业发展的关键问题,有效降低流通成本,全面提升流通现代化水平。

(二)**基本原则**。坚持发挥市场作用与完善政府职能相结合。在更大程度上发挥市场配置资源的基础性作用,遵循价值规律和市场规则,强化企业在市场中的主体地位;提升政府公共服务、市场监管和宏观调控能力。坚持深化改革与扩大开放相结合。深化流通领域各项改革,为流通产业发展提供制度保障;继续推进流通产业对内对外开放,以开放促改革促发展。坚持促进发展与加强规范相结合,加大对重点领域和薄弱环节的支持力度,推动流通产业加快发展;强化规范市场秩序,提升行业发展质量,切实保障和改善民生。坚持立足当前与着眼长远相结合。既要紧密结合当前需要,着力降低流通成本,又要注重长远发展,建立流通引导生产、促进消费的长效机制。

(三)**主要目标**。到2020年,我国流通产业发展的总体目标是:基本建立起统一开放、竞争有序、安全高效、城乡一体的现代流通体系,流通产业现代化水平大幅提升,对国民经济社会发展的贡献进一步增强。

——流通领域提高效率降低成本效果显著,批发零售企业流动资产周转速度加快,全社会物流总费用与国内生产总值的比率明显降低。

——现代信息技术在流通领域得到广泛应用,电子商务、连锁经营和统一配送等成为主要流通方式,连锁化率达到 22% 左右,商品统一配送率达到 75% 左右,流通产业整合资源、优化配置的能力进一步增强。

——流通主体的竞争力明显提升,形成一批网络覆盖面广、主营业务突出、品牌知名度高、具有国际竞争力的大型流通企业。

——流通产业发展的政策、市场和法制环境更加优化,市场运行更加平稳规范,居民消费更加便捷安全,全国统一大市场基本形成。

二、主要任务

(四)加强现代流通体系建设。依托交通枢纽、生产基地、中心城市和大型商品集散地,构建全国骨干流通网络,建设一批辐射带动能力强的商贸中心、专业市场以及全国性和区域性配送中心。推动大宗商品交易市场向现货转型,增加期货市场交易品种。优化城市流通网络布局,有序推进贸易中心城市和商业街建设,支持特色商业适度集聚,鼓励便利店、中小综合超市等发展,构建便利消费、便民生活服务体系。鼓励大型流通企业向农村延伸经营网络,增加农村商业网点,拓展网点功能,积极培育和发展农村经纪人,提升农民专业合作社物流配送能力和营销服务水平。支持流通企业建立城乡一体化的营销网络,畅通农产品进城和工业品下乡的双向流通渠道。大力发展第三方物流,促进企业内部物流社会化。加强城际配送、城市配送、农村配送的有效衔接,推广公路不停车收费系统,规范货物装卸场站建设和作业标准。加快建设完整先进的废旧商品回收体系,健全旧货流通网络,促进循环消费。

(五)积极创新流通方式。大力推广并优化供应链管理,鼓励流通企业拓展设计、展示、配送、分销、回收等业务。加快发展电子商务,普及和深化电子商务应用,完善认证、支付等支撑体系,鼓励流通企业建立或依托第三方电子商务平台开展网上交易。创新网络销售模式,发展电话购物、网上购物、电视购物等网络商品与服务交易。统筹农产品集散地、销地、产地批发市场建设,构建农产品产销一体化流通链条,积极推广农超对接、农批对接、农校对接以及农产品展销中心、直销店等产销衔接方式,在大中城市探索采用流动售卖车。围绕节能环保、流通设施、流通信息化等关键领域,大力推进流通标准应用。鼓励商业企业采购和销售绿色产品,促进节能环保产品消费,支持发展信用消费。推动商品条码在流通领域的广泛应用,健全全国统一的物品编码体系。

(六)提高保障市场供应能力。支持建设和改造一批具有公益性质的农产品批发市场、农贸市场、菜市场、社区菜店、农副产品平价商店以及重要商品储备设施、大型物流配送中心、农产品冷链物流设施等,发挥公益性流通设施在满足消费需求、保障市场稳定、提高应急能力中的重要作用。完善中央与地方重要商品储备制度,优化储备品种和区域结构,适当扩大肉类、食糖、边销茶和地方储备中的小包装粮油、蔬菜等生活必需品储备规模。强化市场运行分析和预测预警,增强市场调控的前瞻性和预见性。加强市场应急调控骨干企业队伍建设,提高迅速集散应急商品能力,综合运用信息引导、区域调剂、收储投放、进出口等手段保障市场供求基本平衡。

（七）**全面提升流通信息化水平**。将信息化建设作为发展现代流通产业的战略任务，加强规划和引导，推动营销网、物流网、信息网的有机融合。鼓励流通领域信息技术的研发和集成创新，加快推广物联网、互联网、云计算、全球定位系统、移动通信、地理信息系统、电子标签等技术在流通领域的应用。推进流通领域公共信息服务平台建设，提升各类信息资源的共享和利用效率。支持流通企业利用先进信息技术提高仓储、采购、运输、订单等环节的科学管理水平。鼓励流通企业与供应商、信息服务商加强合作，支持开发和推广适用于中小流通企业的信息化解决方案。加强信息安全保障。

（八）**培育流通企业核心竞争力**。积极培育大型流通企业，支持有实力的流通企业跨行业、跨地区兼并重组。支持中小流通企业特别是小微企业专业化、特色化发展，健全中小流通企业服务体系，扶持发展一批专业服务机构，为中小流通企业提供融资、市场开拓、科技应用和管理咨询等服务。鼓励发展直营连锁和特许连锁，支持流通企业跨区域拓展连锁经营网络。积极推进批发市场建设改造和运营模式创新，增强商品吞吐能力和价格发现功能。推动零售企业转变营销方式，提高自营比重。支持流通企业建设现代物流中心，积极发展统一配送。加强知识产权保护，鼓励流通品牌创新发展。

（九）**大力规范市场秩序**。加强对关系国计民生、生命安全等商品的流通准入管理，形成覆盖准入、监管、退出的全程管理机制。充分利用社会检测资源，建立涉及人身健康与安全的商品检验制度。建立健全肉类、水产品、蔬菜、水果、酒类、中药材、农资等商品流通追溯体系。加大流通领域商品质量监督检查力度，改进监管手段和检验检测技术条件。依法严厉打击侵犯知识产权、制售假冒伪劣商品、商业欺诈和商业贿赂等违法行为。加强网络商品交易的监督管理。规范零售商、供应商交易行为，建立平等和谐的零供关系。加快商业诚信体系建设，完善信用信息采集、利用、查询、披露等制度，推动行业管理部门、执法监管部门、行业组织和征信机构、金融监管部门、银行业金融机构信息共享。细化部门职责分工，堵塞监管漏洞。

（十）**深化流通领域改革开放**。建立分工明确、权责统一、协调高效的流通管理体制，健全部门协作机制，强化政策制定、执行与监督相互衔接，提高管理效能。加快流通管理部门职能转变，强化社会管理和公共服务职能。在有条件的地区开展现代流通综合试点，加强统筹协调，加快推进大流通、大市场建设。消除地区封锁和行业垄断，严禁阻碍、限制外地商品、服务和经营者进入本地市场，严厉查处经营者通过垄断协议等方式排除、限制竞争的行为。鼓励民间资本进入流通领域，保障民营企业合法权益，促进民营企业健康发展。进一步提高流通产业利用外资的质量和水平，引进现代物流和信息技术带动传统流通产业升级改造。支持有条件的流通企业"走出去"，通过新建、并购、参股、增资等方式建立海外分销中心、展示中心等营销网络和物流服务网络。积极培育国内商品市场的对外贸易功能，推进内外贸一体化。

三、支持政策

（十一）**制定完善流通网络规划**。制定全国流通节点城市布局规划，做好各层级、各区域之间规划衔接。科学编制商业网点规划，确定商业网点发展建设需求，将其纳入城市总体规划和土地利用总体规划。乡镇商业网点建设纳入小城镇建设规划。各地制定控制性详细规划和修建性详细规划时应充分考虑商业网点建设需求,做好与商业网点规划的相互衔接。完善社区商业网点配置,新建社区(含廉租房、公租房等保障性住房小区、棚户区改造和旧城改造安置住房小区)商业和综合服务设施面积占社区总建筑面积的比例不得低于10%。地方政府应出资购买一部分商业用房,用于支持社区菜店、菜市场、农副产品平价商店、便利店、早餐店、家政服务点等居民生活必备的商业网点建设。严格社区商业网点用途监管,不得随意改变必备商业网点的用途和性质,拆迁改建时应保证其基本服务功能不缺失。各地可根据实际发布商业网点建设指导目录,引导社会资金投向。

(十二)**加大流通业用地支持力度**。按照土地利用总体规划和流通业建设项目用地标准,在土地利用年度计划和土地供应计划中统筹安排流通业各类用地。鼓励利用旧厂房、闲置仓库等建设符合规划的流通设施,涉及原划拨土地使用权转让或租赁的,经批准可采取协议方式供应。政府对旧城区改建需搬迁的流通业用地,在收回原国有建设用地使用权后,经批准可以协议出让方式为原土地使用权人安排用地。鼓励各地以租赁方式供应流通业用地。支持依法使用农村集体建设用地发展流通业。制定政府鼓励的流通设施目录,对纳入目录的项目用地予以支持。依法加强流通业用地管理,禁止以物流中心、商品集散地等名义圈占土地,防止土地闲置浪费。

(十三)**完善财政金融支持政策**。积极发挥中央政府相关投资的促进作用,完善促进消费的财政政策,扩大流通,促进资金规模,重点支持公益性流通设施、农产品和农村流通体系、流通信息化建设,以及家政和餐饮等生活服务业、中小流通企业发展、绿色流通、扩大消费等。鼓励银行业金融机构,针对流通产业特点,创新金融产品和服务方式,开展动产、仓单、商铺经营权、租赁权等质押融资。改进信贷管理,发展融资租赁、商圈融资、供应链融资、商业保理等业务。充分发挥典当等行业对中小和微型企业融资的补充作用。拓宽流通企业融资渠道,支持符合条件的大型流通企业上市融资、设立财务公司及发行公司(企业)债券和中期票据等债务融资工具。引导金融机构创新消费信贷产品,改进消费信贷业务管理方式,培育和巩固消费信贷增长点。

(十四)**减轻流通产业税收负担**。在一定期限内免征农产品批发市场、农贸市场城镇土地使用税和房产税。将免征蔬菜流通环节增值税政策扩大到有条件的鲜活农产品。加快制定和完善促进废旧商品回收体系建设的税收政策。完善并落实家政服务企业免征营业税政策,促进生活服务业发展。落实总分支机构汇总纳税政策,促进连锁经营企业跨地区发展。积极推进营业税改增值税试点,完善流通业税制。

(十五)**降低流通环节费用**。抓紧出台降低流通费用综合性实施方案。优化银行卡刷卡费率结构,降低总体费用水平,扩大银行卡使用范围。加快推进工商用电用水同价。落实好鲜活农产品运输"绿色通道"政策,确保所有整车合法装载运输鲜活农产品车辆全部免缴车辆通行费,结合实际完善适用品种范围。切实规范农产品市场收费、零售商供应商交易收费等流通领域收费行为。深入推进收费公路专项清理,坚决取缔各种违规及不合理收费,降低偏高的通行费收费标准。从严审批一级及以下公路和独立桥梁、隧道收费项目。按照逐步有序的原则,加快推进国家确定的西部地区省份取消政府还贷二级公路收费工作进度。

四、保障措施

(十六)**完善流通领域法律法规和标准体系**。推动制定、修改流通领域的法律法规,提升流通立法层级。抓紧修订报废汽车回收管理办法,积极推动修改商标法、反不正当竞争法、广告法和消费者权益保护法等法律,研究制定典当管理、商业网点管理、农产品批发市场管理等方面的行政法规。全面清理和取消妨碍公平竞争、设置行政壁垒、排斥外地产品和服务进入本地市场的规定。积极完善流通标准化体系,加大流通标准的制定、实施与宣传力度。

(十七)健全统计和监测制度。加快建立全国统一科学规范的流通统计调查体系和信息共享机制,不断提高流通统计数据质量和工作水平。加强零售、电子商务、居民服务、生产资料流通等重点流通领域的统计数据开发应用,提高服务宏观调控和企业发展的能力。扩大城乡市场监测体系覆盖面,优化样本企业结构,推进信息采集智能化发展,保证数据真实、准确、及时,加快监测信息成果转化。

(十八)发挥行业协会作用。完善流通行业协会的运行机制,引导行业组织制定行业规范和服务要求,加强行业自律和信用评价。支持行业协会为流通企业提供法律、政策、管理、技术、市场信息等咨询及人才培训等服务,及时反映行业诉求,维护企业合法权益。

(十九)强化理论体系、人才队伍和基层机构建设。深化流通领域理论和重大课题研究,完善我国现代流通产业发展的理论和政策研究体系。大力培养流通专业人才,加快形成高校、科研院所与部门、行业企业联合培养人才的机制,积极开展职业教育与培训,提高流通专业人才培养质量。加强干部队伍建设,提高基层干部的服务意识和监管执法能力。加强基层流通管理部门建设,充实一线力量,保证基层流通管理工作通畅有效。

(二十)加强组织领导。国务院有关部门、地方各级人民政府要高度重视加快流通产业改革发展的重要性,切实加强组织领导,根据要求抓紧制定具体实施方案,完善和细化政策措施,确保各项任务落实到位。建立由商务部牵头的全国流通工作部际协调机制,加强对流通工作的协调指导和监督检查,及时研究解决流通产业发展中的重大问题。各地要将加快流通产业改革发展作为调结构、转方式、惠民生的重要抓手,完善配套政策和监管措施,保障流通产业改革发展所需资金,促进流通产业持续健康发展。

2.《深化流通体制改革加快流通产业发展重点工作部门分工方案》

发布机构:国务院办公厅

名称:国务院办公厅关于印发深化流通体制改革加快流通产业发展重点工作部门分工方案的通知

文号:国办函〔2013〕69号

成文日期:2013-05-30

发布日期:2013-06-05

内容概述:

国务院有关部门:

《深化流通体制改革加快流通产业发展重点工作部门分工方案》(以下简称《分工方案》)已经国务院同意,现印发给你们,请认真落实。

有关部门要认真贯彻落实《国务院关于深化流通体制改革加快流通产业发展的意见》(国发〔2012〕39号)精神,按照《分工方案》的要求,将涉及本部门的工作进一步分解和细化,抓紧制定具体落实措施。同一项工作涉及多个部门的,牵头部门要加强协调,部门间要主动密切协作。商务部要认真做好统筹协调、督促检查工作。工作落实中的重大问题及时向国务院报告。

一、加强现代流通体系建设

(一)依托交通枢纽、生产基地、中心城市和大型商品集散地,构建全国骨干流通网络,建设一批辐射带动能力强的商贸中心、专业市场以及全国性和区域性配送中心。(商务部、发展改革委、交通运输部、农业部、供销合作总社。列第一位者为牵头部门,下同)

(二)推动大宗商品交易市场向现货转型,增加期货市场交易品种。(商务部、证监会按职责分工负责)

(三)优化城市流通网络布局,有序推进贸易中心城市和商业街建设,支持特色商业适度集聚,鼓励便利店、中小综合超市等发展,构建便利消费、便民生活服务体系。鼓励大型流通企业向农村延伸经营网络,增加农村商业网点,拓展网点功能,积极培育和发展农村经纪人,提升农民专业合作社物流配送能力和营销服务水平。支持流通企业建立城乡一体化的营销网络,畅通农产品进城和工业品下乡的双向流通渠道。(商务部、农业部、工商总局、供销合作总社)

(四)大力发展第三方物流,促进企业内部物流社会化。加强城际配送、城市配送、农村配送的有效衔接,推广公路不停车收费系统,规范货物装卸场站建设和作业标准。(发展改

革委、商务部、交通运输部、工业和信息化部按职责分工负责）

（五）加快建设完整先进的废旧商品回收体系，健全旧货流通网络，促进循环消费。（商务部、发展改革委、工业和信息化部、供销合作总社）

二、积极创新流通方式

（六）大力推广并优化供应链管理，鼓励流通企业拓展设计、展示、配送、分销、回收等业务。（商务部、工业和信息化部、发展改革委按职责分工负责）

（七）加快发展电子商务，普及和深化电子商务应用，完善认证、支付等支撑体系，鼓励流通企业建立或依托第三方电子商务平台开展网上交易。创新网络销售模式，发展电话购物、网上购物、电视购物等网络商品与服务交易。（商务部、发展改革委、工商总局、工业和信息化部、农业部、供销合作总社按职责分工负责）

（八）统筹农产品集散地、销地、产地批发市场建设，构建农产品产销一体化流通链条，积极推广农超对接、农批对接、农校对接以及农产品展销中心、直销店等产销衔接方式，在大中城市探索采用流动售卖车。（发展改革委、商务部、农业部、粮食局、供销合作总社按职责分工负责）

（九）鼓励商业企业采购和销售绿色产品，促进节能环保产品消费，支持发展信用消费。（财政部、发展改革委、商务部、工业和信息化部按职责分工负责）

（十）围绕节能环保、流通设施、流通信息化等关键领域，大力推进流通标准应用。推动商品条码在流通领域的广泛应用，健全全国统一的物品编码体系。（质检总局、商务部）

三、提高保障市场供应能力

（十一）支持建设和改造一批具有公益性质的农产品批发市场、农贸市场、菜市场、社区菜店、农副产品平价商店以及重要商品储备设施、大型物流配送中心、农产品冷链物流设施等，发挥公益性流通设施在满足消费需求、保障市场稳定、提高应急能力中的重要作用。（发展改革委、商务部、农业部、粮食局、供销合作总社按职责分工负责）

（十二）完善中央与地方重要商品储备制度，优化储备品种和区域结构，适当扩大肉类、食糖、边销茶和地方储备中的小包装粮油、蔬菜等生活必需品储备规模。（发展改革委、商务部、财政部、粮食局按职责分工负责）

（十三）强化市场运行分析和预测预警，增强市场调控的前瞻性和预见性。加强市场应急调控骨干企业队伍建设，提高迅速集散应急商品能力，综合运用信息引导、区域调剂、收储投放、进出口等手段保障市场供求基本平衡。（发展改革委、商务部、农业部、财政部、粮食局按职责分工负责）

四、全面提升流通信息化水平

（十四）将信息化建设作为发展现代流通产业的战略任务，加强规划和引导，推动营销网、物流网、信息网的有机融合。鼓励流通领域信息技术的研发和集成创新，加快推广物联网、互联网、云计算、全球定位系统、移动通信、地理信息系统、电子标签等技术在流通领域的应用。（工业和信息化部、商务部、发展改革委、粮食局）

（十五）推进流通领域公共信息服务平台建设，提升各类信息资源的共享和利用效率。（商务部、发展改革委、工业和信息化部、粮食局）

（十六）支持流通企业利用先进信息技术提高仓储、采购、运输、订单等环节的科学管理水平。鼓励流通企业与供应商、信息服务商加强合作，支持开发和推广适用于中小流通企业的信息化解决方案。（商务部、发展改革委、工业和信息化部、粮食局、供销合作总社）

（十七）加强流通领域信息安全保障。（工业和信息化部、公安部）

五、培育流通企业核心竞争力

（十八）积极培育大型流通企业，支持有实力的流通企业跨行业、跨地区兼并重组。支持中小流通企业特别是小微企业专业化、特色化发展，健全中小流通企业服务体系，扶持发展一批专业服务机构，为中小流通企业提供融资、市场开拓、科技应用和管理咨询等服务。（商务部、发展改革委、农业部、粮食局、供销合作总社）

（十九）鼓励发展直营连锁和特许连锁，支持流通企业跨区域拓展连锁经营网络。（商务部、供销合作总社）

（二十）积极推进批发市场建设改造和运营模式创新，增强商品吞吐能力和价格发现功能。推动零售企业转变营销方式，提高自营比重。（商务部、发展改革委、农业部、粮食局、供销合作总社按职责分工负责）

（二十一）支持流通企业建设现代物流中心，积极发展统一配送。（发展改革委、商务部、粮食局、供销合作总社按职责分工负责）

（二十二）加强知识产权保护，鼓励流通品牌创新发展。（商务部、工商总局、质检总局）

六、大力规范市场秩序

（二十三）加强对关系国计民生、生命安全等商品的流通准入管理，形成覆盖准入、监管、退出的全程管理机制。（商务部、工商总局、质检总局、公安部、工业和信息化部、食品药品监管总局、粮食局按职责分工负责）

（二十四）充分利用社会检测资源，建立涉及人身健康与安全的商品检验制度。加大流通领域商品质量监督检查力度，改进监管手段和检验检测技术条件。细化部门职责分工，堵塞监管漏洞。（质检总局、工商总局、商务部、公安部、粮食局）

（二十五）建立健全肉类、水产品、蔬菜、水果、酒类、中药材、农资等商品流通追溯体系。（商务部、农业部、供销合作总社）

（二十六）依法严厉打击侵犯知识产权、制售假冒伪劣商品、商业欺诈和商业贿赂等违法行为。加强网络商品交易的监督管理。规范零售商、供应商交易行为，建立平等和谐的零供关系。（商务部、发展改革委、公安部、工商总局、质检总局）

（二十七）加快商业诚信体系建设，完善信用信息采集、利用、查询、披露等制度，推动行业管理部门、执法监管部门、行业组织和征信机构、金融监管部门、银行业金融机构信息共享。（商务部、发展改革委、公安部、工商总局、质检总局、人民银行、银监会）

七、深化流通领域改革开放

（二十八）建立分工明确、权责统一、协调高效的流通管理体制，健全部门协作机制，强化政策制定、执行与监督相互衔接,提高管理效能。加快流通管理部门职能转变,强化社会管理和公共服务职能。在有条件的地区开展现代流通综合试点,加强统筹协调,加快推进大流通、大市场建设。(商务部、发展改革委、粮食局)

(二十九)消除地区封锁和行业垄断,严禁阻碍、限制外地商品、服务和经营者进入本地市场。(商务部、税务总局会同发展改革委、工商总局等部门负责)

(三十)严厉查处经营者通过垄断协议等方式排除、限制竞争的行为。(发展改革委、工商总局等部门按职责分工负责)

(三十一)鼓励民间资本进入流通领域,保障民营企业合法权益,促进民营企业健康发展。(商务部、发展改革委)

(三十二)进一步提高流通产业利用外资的质量和水平,引进现代物流和信息技术带动传统流通产业升级改造。支持有条件的流通企业"走出去",通过新建、并购、参股、增资等方式建立海外分销中心、展示中心等营销网络和物流服务网络。(发展改革委、商务部按职责分工负责)

(三十三)积极培育国内商品市场的对外贸易功能,推进内外贸一体化。(商务部牵头)

八、制定完善流通网络规划

(三十四)制定全国流通节点城市布局规划,做好各层级、各区域之间规划衔接。(商务部牵头)

(三十五)科学编制商业网点规划,确定商业网点发展建设需求,将其纳入城市总体规划和土地利用总体规划。乡镇商业网点建设纳入小城镇建设规划。各地制定控制性详细规划和修建性详细规划时应充分考虑商业网点建设需求,做好与商业网点规划的相互衔接。完善社区商业网点配置,新建社区(含廉租房、公租房等保障性住房小区、棚户区改造和旧城改造安置住房小区)商业和综合服务设施面积占社区总建筑面积的比例不得低于10%。严格社区商业网点用途监管,不得随意改变必备商业网点的用途和性质,拆迁改建时应保证其基本服务功能不缺失。各地可根据实际发布商业网点建设指导目录,引导社会资金投向。(住房城乡建设部、商务部、国土资源部)

九、加大流通业用地支持力度

(三十六)按照土地利用总体规划和流通业建设项目用地标准,在土地利用年度计划和土地供应计划中统筹安排流通业各类用地。鼓励利用旧厂房、闲置仓库等建设符合规划的流通设施,涉及原划拨土地使用权转让或租赁的,经批准可采取协议方式供应。鼓励各地以租赁方式供应流通业用地。支持依法使用农村集体建设用地发展流通业。依法加强流通业用地管理,禁止以物流中心、商品集散地等名义圈占土地,防止土地闲置浪费。(国土资源部、商务部、住房城乡建设部、发展改革委、农业部)

(三十七)制定政府鼓励的流通设施目录,对纳入目录的项目用地予以支持。(商务部、国土资源部、住房城乡建设部、发展改革委)

十、完善财政金融支持政策

(三十八)积极发挥中央政府相关投资的促进作用,完善促进消费的财政政策,扩大流通促进资金规模,重点支持公益性流通设施、农产品和农村流通体系、流通信息化建设,以及家政和餐饮等生活服务业、中小流通企业发展、绿色流通、扩大消费等。(发展改革委、财政部、商务部、农业部、工业和信息化部、粮食局、供销合作总社按职责分工负责)

(三十九)鼓励银行业金融机构针对流通产业特点,创新金融产品和服务方式,开展动产、仓单、商铺经营权、租赁权等质押融资。改进信贷管理,发展融资租赁、商圈融资、供应链融资、商业保理等业务。充分发挥典当等行业对中小和微型企业融资的补充作用。拓宽流通企业融资渠道,支持符合条件的大型流通企业上市融资、设立财务公司及发行公司(企业)债券和中期票据等债务融资工具。引导金融机构创新消费信贷产品,改进消费信贷业务管理方式,培育和巩固消费信贷增长点。(人民银行、银监会、发展改革委、商务部、证监会按职责分工负责)

十一、减轻流通产业税收负担

(四十)在一定期限内免征农产品批发市场、农贸市场城镇土地使用税和房产税。将免征蔬菜流通环节增值税政策扩大到有条件的鲜活农产品。加快制定和完善促进废旧商品回收体系建设的税收政策。完善并落实家政服务企业免征营业税政策,促进生活服务业发展。落实总分支机构汇总纳税政策,促进连锁经营企业跨地区发展。积极推进营业税改增值税试点,完善流通业税制。(财政部、税务总局)

十二、降低流通环节费用

(四十一)抓紧出台降低流通费用综合性实施方案。优化银行卡刷卡费率结构,降低总体费用水平,扩大银行卡使用范围。加快推进工商用电用水同价。切实规范农产品市场收费、零售商供应商交易收费等流通领域收费行为。(发展改革委、人民银行、银监会、商务部、粮食局)

(四十二)落实好鲜活农产品运输"绿色通道"政策,确保所有整车合法装载运输鲜活农产品车辆全部免缴车辆通行费,结合实际完善适用品种范围。(交通运输部、发展改革委、财政部、商务部)

(四十三)深入推进收费公路专项清理,坚决取缔各种违规及不合理收费,降低偏高的通行费收费标准。从严审批一级及以下公路和独立桥梁、隧道收费项目。按照逐步有序的原则,加快推进国家确定的西部地区省份取消政府还贷二级公路收费工作进度。(交通运输部、发展改革委、财政部、监察部、国务院纠正行业不正之风办公室)

十三、完善流通领域法律法规和标准体系

(四十四)推动制定、修改流通领域的法律法规,提升流通立法层级。抓紧修订报废汽车回收管理办法,积极推动修改商标法、反不正当竞争法、广告法和消费者权益保护法等法律,研究制定典当管理、商业网点管理、农产品批发市场管理等方面的行政法规。全面清理和取消妨碍公平竞争、设置行政壁垒、排斥外地产品和服务进入本地市场的规定。(法制办、商务部、发展改革委、公安部、工商总局、农业部、质检总局、粮食局)

(四十五)积极完善流通标准化体系,加大流通标准的制定、实施与宣传力度。(质检总

局、商务部）

十四、健全统计和监测制度

（四十六）加快建立全国统一科学规范的流通统计调查体系和信息共享机制，不断提高流通统计数据质量和工作水平。加强零售、电子商务、居民服务、生产资料流通等重点流通领域的统计数据开发应用，提高服务宏观调控和企业发展的能力。（统计局、商务部、发展改革委、粮食局、供销合作总社）

（四十七）扩大城乡市场监测体系覆盖面，优化样本企业结构，推进信息采集智能化发展，保证数据真实、准确、及时，加快监测信息成果转化。（商务部、粮食局）

十五、加强组织领导

（四十八）建立由商务部牵头的全国流通工作部际协调机制，加强对流通工作的协调指导和监督检查，及时研究解决流通产业发展中的重大问题。（商务部牵头）

3.《物流业发展中长期规划(2014—2020 年)》

发布机构:国务院

名称:国务院关于印发物流业发展中长期规划(2014—2020 年)的通知

文号:国发[2014]42 号

成文日期:2014 - 09 - 12

发布日期:2014 - 09 - 12

内容概述:

各省、自治区、直辖市人民政府,国务院各部委、各直属机构:

现将《物流业发展中长期规划(2014—2020 年)》印发给你们,请认真贯彻执行。

一、总体要求

(一)指导思想

以邓小平理论、"三个代表"重要思想、科学发展观为指导,深入贯彻党的十八大和十八届二中、三中全会精神,全面落实党中央、国务院各项决策部署,按照加快转变发展方式、建设生态文明的要求,适应信息技术发展的新趋势,以提高物流效率、降低物流成本、减轻资源和环境压力为重点,以市场为导向,以改革开放为动力,以先进技术为支撑,积极营造有利于现代物流业发展的政策环境,着力建立和完善现代物流服务体系,加快提升物流业发展水平,促进产业结构调整和经济提质增效升级,增强国民经济竞争力,为全面建成小康社会提供物流服务保障。

(二)主要原则

市场运作,政府引导。使市场在资源配置中起决定性作用和更好发挥政府作用,强化企业的市场主体地位,积极发挥政府在战略、规划、政策、标准等方面的引导作用。

优化结构,提升水平。加快传统物流业转型升级,建立和完善社会化、专业化的物流服务体系,大力发展第三方物流。形成一批具有较强竞争力的现代物流企业,扭转"小、散、弱"的发展格局,提升产业规模和发展水平。

创新驱动,协同发展。加快关键技术装备的研发应用,提升物流业信息化和智能化水平,创新运作管理模式,提高供应链管理和物流服务水平,形成物流业与制造业、商贸业、金融业协同发展的新优势。

节能减排,绿色环保。鼓励采用节能环保的技术、装备,提高物流运作的组织化、网络化水平,降低物流业的总体能耗和污染物排放水平。

完善标准,提高效率。推动物流业技术标准体系建设,加强一体化运作,实现物流作业各环节、各种物流设施设备以及物流信息的衔接配套,促进物流服务体系高效运转。

深化改革,整合资源。深化物流业管理体制改革,进一步简政放权,打破行业、部门和地区分割,反对垄断和不正当竞争,统筹城市和乡村、国际和国内物流体系建设,建立有利于资源整合和优化配置的体制机制。

(三) 发展目标

到 2020 年,基本建立布局合理、技术先进、便捷高效、绿色环保、安全有序的现代物流服务体系。

物流的社会化、专业化水平进一步提升。物流业增加值年均增长 8% 左右,物流业增加值占国内生产总值的比重达到 7.5% 左右。第三方物流比重明显提高。新的物流装备、技术广泛应用。

物流企业竞争力显著增强。一体化运作、网络化经营能力进一步提高,信息化和供应链管理水平明显提升,形成一批具有国际竞争力的大型综合物流企业集团和物流服务品牌。

物流基础设施及运作方式衔接更加顺畅。物流园区网络体系布局更加合理,多式联运、甩挂运输、共同配送等现代物流运作方式保持较快发展,物流集聚发展的效益进一步显现。

物流整体运行效率显著提高。全社会物流总费用与国内生产总值的比率由 2013 年的 18% 下降到 16% 左右,物流业对国民经济的支撑和保障能力进一步增强。

二、发展重点

(一) 着力降低物流成本

打破条块分割和地区封锁,减少行政干预,清理和废除妨碍全国统一市场和公平竞争的各种规定和做法,建立统一开放、竞争有序的全国物流服务市场。进一步优化通行环境,加强和规范收费公路管理,保障车辆便捷高效通行,积极采取有力措施,切实加大对公路乱收费、乱罚款的清理整顿力度,减少不必要的收费点,全面推进全国主要高速公路不停车收费系统建设。加快推进联通国内、国际主要经济区域的物流通道建设,大力发展多式联运,努力形成京沪、京广、欧亚大陆桥、中欧铁路大通道、长江黄金水道等若干条货畅其流、经济便捷的跨区域物流大通道。

(二) 着力提升物流企业规模化、集约化水平

鼓励物流企业通过参股控股、兼并重组、协作联盟等方式做大做强,形成一批技术水平先进、主营业务突出、核心竞争力强的大型现代物流企业集团,通过规模化经营提高物流服务的一体化、网络化水平,形成大小物流企业共同发展的良好态势。鼓励运输、仓储等传统物流企业向上下游延伸服务,推进物流业与其他产业互动融合,协同发展。鼓励物流企业与制造企业深化战略合作,建立与新型工业化发展相适应的制造业物流服务体系,形成一批具有全球采购、全球配送能力的供应链服务商。鼓励商贸物流企业提高配送的规模化和协同化水平,加快电子商务物流发展,建立快速便捷的城乡配送物流体系。支持快递业整合资源,与民航、铁路、公路等运输行业联动发展,加快形成一批具有国际竞争力的大型快递企业,构建覆盖城乡的快递物流服务体系。支持航空货运企业兼并重组、做强做大,提高物流综合服务能力。充分发挥邮政的网络、信息和服务优势,深入推动邮政与电子商务企业的战略合作,发展电商小包等新型邮政业务。进一步完善邮政基础设施网络,鼓励各地邮政企业因地制宜地发展农村邮政物流服务,推动农资下乡和农产品进城。

（三）着力加强物流基础设施网络建设

推进综合交通运输体系建设，合理规划布局物流基础设施，完善综合运输通道和交通枢纽节点布局，构建便捷、高效的物流基础设施网络，促进多种运输方式顺畅衔接和高效中转，提升物流体系综合能力。优化航空货运网络布局，加快国内航空货运转运中心、连接国际重要航空货运中心的大型货运枢纽建设。推进"港站一体化"，实现铁路货运站与港口码头无缝衔接。完善物流转运设施，提高货物换装的便捷性和兼容性。加快煤炭外运、"北粮南运"、粮食仓储等重要基础设施建设，解决突出的运输"卡脖子"问题。加强物流园区规划布局，进一步明确功能定位，整合和规范现有园区，节约、集约用地，提高资源利用效率和管理水平。在大中城市和制造业基地周边加强现代化配送中心规划，在城市社区和村镇布局建设共同配送末端网点，优化城市商业区和大型社区物流基础设施的布局建设，形成层级合理、规模适当、需求匹配的物流仓储配送网络。进一步完善应急物流基础设施，积极有效应对突发自然灾害、公共卫生事件以及重大安全事故。

三、主要任务

（一）大力提升物流社会化、专业化水平

鼓励制造企业分离外包物流业务，促进企业内部物流需求社会化。优化制造业、商贸业集聚区物流资源配置，构建中小微企业公共物流服务平台，提供社会化物流服务。着力发展第三方物流，引导传统仓储、运输、国际货代、快递等企业采用现代物流管理理念和技术装备，提高服务能力；支持从制造企业内部剥离出来的物流企业发挥专业化、精益化服务优势，积极为社会提供公共物流服务。鼓励物流企业功能整合和业务创新，不断提升专业化服务水平，积极发展定制化物流服务，满足日益增长的个性化物流需求。进一步优化物流组织模式，积极发展共同配送、统一配送，提高多式联运比重。

（二）进一步加强物流信息化建设

加强北斗导航、物联网、云计算、大数据、移动互联等先进信息技术在物流领域的应用。加快企业物流信息系统建设，发挥核心物流企业整合能力，打通物流信息链，实现物流信息全程可追踪。加快物流公共信息平台建设，积极推进全社会物流信息资源的开发利用，支持运输配载、跟踪追溯、库存监控等有实际需求、具备可持续发展前景的物流信息平台发展，鼓励各类平台创新运营服务模式。进一步推进交通运输物流公共信息平台发展，整合铁路、公路、水路、民航、邮政、海关、检验检疫等信息资源，促进物流信息与公共服务信息有效对接，鼓励区域间和行业内的物流平台信息共享，实现互联互通。

（三）推进物流技术装备现代化

加强物流核心技术和装备研发，推动关键技术装备产业化，鼓励物流企业采用先进适用技术和装备。加快食品冷链、医药、烟草、机械、汽车、干散货、危险化学品等专业物流装备的研发，提升物流装备的专业化水平。积极发展标准化、厢式化、专业化的公路货运车辆，逐步淘汰栏板式货车。推广铁路重载运输技术装备，积极发展铁路特种、专用货车以及高铁快件等运输技术装备，加强物流安全检测技术与装备的研发和推广应用。吸收引进国际先进物流技术，提高物流技术自主创新能力。

（四）加强物流标准化建设

加紧编制并组织实施物流标准中长期规划，完善物流标准体系。按照重点突出、结构合

理、层次分明、科学适用、基本满足发展需要的要求,完善国家物流标准体系框架,加强通用基础类、公共类、服务类及专业类物流标准的制定工作,形成一批对全国物流业发展和服务水平提升有重大促进作用的物流标准。注重物流标准与其他产业标准以及国际物流标准的衔接,科学划分推荐性和强制性物流标准,加大物流标准的实施力度,努力提升物流服务、物流枢纽、物流设施设备的标准化运作水平。调动企业在标准制修订工作中的积极性,推进重点物流企业参与专业领域物流技术标准和管理标准的制定和标准化试点工作。加强物流标准的培训宣传和推广应用。

(五)推进区域物流协调发展

落实国家区域发展整体战略和产业布局调整优化的要求,继续发挥全国性物流节点城市和区域性物流节点城市的辐射带动作用,推动区域物流协调发展。按照建设丝绸之路经济带、海上丝绸之路、长江经济带等重大战略规划要求,加快推进重点物流区域和联通国际国内的物流通道建设,重点打造面向中亚、南亚、西亚的战略物流枢纽及面向东盟的陆海联运、江海联运节点和重要航空港,建立省际和跨国合作机制,促进物流基础设施互联互通和信息资源共享。东部地区要适应居民消费加快升级、制造业转型、内外贸一体化的趋势,进一步提升商贸物流、制造业物流和国际物流的服务能力,探索国际国内物流一体化运作模式。按照推动京津冀协同发展、环渤海区域合作和发展等要求,加快商贸物流业一体化进程。中部地区要发挥承东启西、贯通南北的区位优势,加强与沿海、沿边地区合作,加快陆港、航空口岸建设,构建服务于产业转移、资源输送和南北区域合作的物流通道和枢纽。西部地区要结合推进丝绸之路经济带建设,打造物流通道,改善区域物流条件,积极发展具有特色优势的农产品、矿产品等大宗商品物流产业。东北地区要加快构建东北亚沿边物流带,形成面向俄罗斯、连接东北亚及欧洲的物流大通道,重点推进制造业物流和粮食等大宗资源型商品物流发展。物流节点城市是区域物流发展的重要枢纽,要根据产业特点、发展水平、设施状况、市场需求、功能定位等,加强物流基础设施的规划布局,改善产业发展环境。

(六)积极推动国际物流发展

加强枢纽港口、机场、铁路、公路等各类口岸物流基础设施建设。以重点开发开放试验区为先导,结合发展边境贸易,加强与周边国家和地区的跨境物流体系和走廊建设,加快物流基础设施互联互通,形成一批国际货运枢纽,增强进出口货物集散能力。加强境内外口岸、内陆与沿海、沿边口岸的战略合作,推动海关特殊监管区域、国际陆港、口岸等协调发展,提高国际物流便利化水平。建立口岸物流联检联动机制,进一步提高通关效率。积极构建服务于全球贸易和营销网络、跨境电子商务的物流支撑体系,为国内企业"走出去"和开展全球业务提供物流服务保障。支持优势物流企业加强联合,构建国际物流服务网络,打造具有国际竞争力的跨国物流企业。

(七)大力发展绿色物流

优化运输结构,合理配置各类运输方式,提高铁路和水路运输比重,促进节能减排。大力发展甩挂运输、共同配送、统一配送等先进的物流组织模式,提高储运工具的信息化水平,减少返空、迂回运输。鼓励采用低能耗、低排放运输工具和节能型绿色仓储设施,推广集装单元化技术。借鉴国际先进经验,完善能耗和排放监测、检测认证制度,加快建立绿色物流评估标准和认证体系。加强危险品水运管理,最大限度减少环境事故。鼓励包装重复使用和回收再利用,提高托盘等标准化器具和包装物的循环利用水平,构建低环境负荷的循环物流系统。大力发展回收物流,鼓励生产者、再生资源回收利用企业联合开展废旧产品回收。推广应用铁路散堆装货物运输抑尘技术。

四、重点工程

（一）多式联运工程

加快多式联运设施建设,构建能力匹配的集疏运通道,配备现代化的中转设施,建立多式联运信息平台。完善港口的铁路、公路集疏运设施,提升临港铁路场站和港站后方通道能力。推进铁路专用线建设,发挥铁路集装箱中心站作用,推进内陆城市和港口的集装箱场站建设。构建与铁路、机场和公路货运站能力匹配的公路集疏运网络系统。发展海铁联运、铁水联运、公铁联运、陆空联运,加快推进大宗散货水铁联运、集装箱多式联运,积极发展干支直达和江海直达等船舶运输组织方式,探索构建以半挂车为标准荷载单元的铁路驼背运输、水路滚装运输等多式联运体系。

（二）物流园区工程

在严格符合土地利用总体规划、城市总体规划的前提下,按照节约、集约用地的原则,在重要的物流节点城市加快整合与合理布局物流园区,推进物流园区水、电、路、通讯设施和多式联运设施建设,加快现代化立体仓库和信息平台建设,完善周边公路、铁路配套,推广使用甩挂运输等先进运输方式和智能化管理技术,完善物流园区管理体制,提升管理和服务水平。结合区位特点和物流需求,发展货运枢纽型、生产服务型、商贸服务型、口岸服务型和综合服务型物流园区,以及农产品、农资、钢铁、煤炭、汽车、医药、出版物、冷链、危险货物运输、快递等专业类物流园区,发挥物流园区的示范带动作用。

（三）农产品物流工程

加大粮食仓储设施建设和维修改造力度,满足粮食收储需要。引进先进粮食仓储设备和技术,切实改善粮食仓储条件。积极推进粮食现代物流设施建设,发展粮食储、运、装、卸"四散化"和多式联运,开通从东北入关的铁路散粮列车和散粮集装箱班列,加强粮食产区的收纳和发放设施、南方销区的铁路和港口散粮接卸设施建设,解决"北粮南运"运输"卡脖子"问题。推进棉花运输装卸机械化、仓储现代化、管理信息化,加强主要产销区的物流节点及铁路专用线建设,支持企业开展纺织配棉配送服务。加强"南糖北运"及产地的运输、仓储等物流设施建设。加强鲜活农产品冷链物流设施建设,支持"南菜北运"和大宗鲜活农产品产地预冷、初加工、冷藏保鲜、冷链运输等设施设备建设,形成重点品种农产品物流集散中心,提升批发市场等重要节点的冷链设施水平,完善冷链物流网络。

（四）制造业物流与供应链管理工程

支持建设与制造业企业紧密配套、有效衔接的仓储配送设施和物流信息平台,鼓励各类产业聚集区域和功能区配套建设公共外仓,引进第三方物流企业。鼓励传统运输、仓储企业向供应链上下游延伸服务,建设第三方供应链管理平台,为制造业企业提供供应链计划、采购物流、入厂物流、交付物流、回收物流、供应链金融以及信息追溯等集成服务。加快发展具有供应链设计、咨询管理能力的专业物流企业,着力提升面向制造业企业的供应链管理服务水平。

（五）资源型产品物流工程

依托煤炭、石油、铁矿石等重要产品的生产基地和市场，加快资源型产品物流集散中心和物流通道建设。推进晋陕蒙（西）宁甘、内蒙古东部、新疆等煤炭外运重点通道建设，重点建设环渤海等大型煤炭储配基地和重点煤炭物流节点。统筹油气进口运输通道和国内储运体系建设，加快跨区域、与周边国家和地区紧密连接的油气运输通道建设，加强油气码头建设，鼓励发展油船、液化天然气船，加强铁矿石等重要矿产品港口（口岸）物流设施建设。

（六）城乡物流配送工程

加快完善城乡配送网络体系，统筹规划、合理布局物流园区、配送中心、末端配送网点等三级配送节点，搭建城市配送公共服务平台，积极推进县、乡、村消费品和农资配送网络体系建设。进一步发挥邮政及供销合作社的网络和服务优势，加强农村邮政网点、村邮站、"三农"服务站等邮政终端设施建设，促进农村地区商品的双向流通。推进城市绿色货运配送体系建设，完善城市配送车辆标准和通行管控措施，鼓励节能环保车辆在城市配送中的推广应用。加快现代物流示范城市的配送体系发展，建设服务连锁经营企业和网络销售企业的跨区域配送中心。发展智能物流基础设施，支持农村、社区、学校的物流快递公共取送点建设。鼓励交通、邮政、商贸、供销、出版物销售等开展联盟合作，整合利用现有物流资源，进一步完善存储、转运、停靠、卸货等基础设施，加强服务网络建设，提高共同配送能力。

（七）电子商务物流工程

适应电子商务快速发展需求，编制全国电子商务物流发展规划，结合国家电子商务示范城市、示范基地、物流园区、商业设施等建设，整合配送资源，构建电子商务物流服务平台和配送网络。建成一批区域性仓储配送基地，吸引制造商、电商、快递和零担物流公司、第三方服务公司入驻，提高物流配送效率和专业化服务水平。探索利用高铁资源，发展高铁快件运输。结合推进跨境贸易电子商务试点，完善一批快递转运中心。

（八）物流标准化工程

重点推进物流技术、信息、服务、运输、货代、仓储、粮食等农产品及加工食品、医药、汽车、家电、电子商务、邮政（含快递）、冷链、应急等物流标准的制修订工作，积极着手开展钢铁、机械、煤炭、铁矿石、石油石化、建材、棉花等大宗产品物流标准的研究制订工作。支持仓储和转运设施、运输工具、停靠和卸货站点的标准化建设和改造，制定公路货运标准化电子货单，推广托盘、集装箱、集装袋等标准化设施设备，建立全国托盘共用体系，推进管理软件接口标准化，全面推广甩挂运输试点经验。开展物流服务认证试点工作，推进物流领域检验检测体系建设，支持物流企业开展质量、环境和职业健康安全管理体系认证。

（九）物流信息平台工程

整合现有物流信息服务平台资源，形成跨行业和区域的智能物流信息公共服务平台。加强综合运输信息、物流资源交易、电子口岸和大宗商品交易等平台建设，促进各类平台之间的互联互通和信息共享。鼓励龙头物流企业搭建面向中小物流企业的物流信息服务平台，促进货源、车源和物流服务等信息的高效匹配，有效降低货车空驶率。以统一物品编码体系为依托，建设衔接企业、消费者与政府部门的第三方公共服务平台，提供物流信息标准查询、对接服务。建设智能物流信息平台，形成集物流信息发布、在线交易、数据交换、跟踪追溯、智能分析等功能为一体的物流信息服务中心。加快推进国家交通运输物流公共信息平台建设,依托东北亚物流信息服务网络等已有平台,开展物流信息化国际合作。

(十)物流新技术开发应用工程

支持货物跟踪定位、无线射频识别、可视化技术、移动信息服务、智能交通和位置服务等关键技术攻关,研发推广高性能货物搬运设备和快速分拣技术,加强沿海和内河船型、商用车运输等重要运输技术的研发应用。完善物品编码体系,推动条码和智能标签等标识技术、自动识别技术以及电子数据交换技术的广泛应用。推广物流信息编码、物流信息采集、物流载体跟踪、自动化控制、管理决策支持、信息交换与共享等领域的物流信息技术。鼓励新一代移动通信、道路交通信息通讯系统、自动导引车辆、不停车收费系统以及托盘等集装单元化技术普及。推动北斗导航、物联网、云计算、大数据、移动互联等技术在产品可追溯、在线调度管理、全自动物流配送、智能配货等领域的应用。

(十一)再生资源回收物流工程

加快建立再生资源回收物流体系,重点推动包装物、废旧电器电子产品等生活废弃物和报废工程机械、农作物秸秆、消费品加工中产生的边角废料等有使用价值废弃物的回收物流发展。加大废弃物回收物流处理设施的投资力度,加快建设一批回收物流中心,提高回收物品的收集、分拣、加工、搬运、仓储、包装、维修等管理水平,实现废弃物的妥善处置、循环利用、无害环保。

(十二)应急物流工程

建立统一协调、反应迅捷、运行有序、高效可靠的应急物流体系,建设集满足多种应急需要为一体的物流中心,形成一批具有较强应急物流运作能力的骨干物流企业。加强应急仓储、中转、配送设施建设,提升应急物流设施设备的标准化和现代化水平,提高应急物流效率和应急保障能力。建立和完善应急物流信息系统,规范协调调度程序,优化信息流程、业务流程和管理流程,推进应急生产、流通、储备、运输环节的信息化建设和应急信息交换、数据共享。

五、保障措施

(一)深化改革开放

加快推进物流管理体制改革,完善各层级的物流政策综合协调机制,进一步发挥全国现代物流工作部际联席会议作用。按照简政放权、深化行政审批制度改革的要求,建立公平透明的市场准入标准,进一步放宽对物流企业资质的行政许可和审批条件,改进审批管理方式。落实物流企业设立非法人分支机构的相关政策,鼓励物流企业开展跨区域网络化经营。引导企业改革"大而全"、"小而全"的物流运作模式,制定支持企业分离外包物流业务和加快发展第三方物流的措施,充分整合利用社会物流资源,提高规模化水平。加强与主要贸易对象国及港澳台等地区的政策协调和物流合作,推动国内物流企业与国际先进物流企业合作交流,支持物流企业"走出去"。做好物流业外资并购安全审查工作,扩大商贸物流、电子商务领域的对外开放。

(二)完善法规制度

尽快从国民经济行业分类、产业统计、工商注册及税目设立等方面明确物流业类别,进一步明确物流业的产业地位。健全物流业法律法规体系,抓紧研究制修订物流业安全监管、交通运输管理和仓储管理等相关法律法规或部门规章,开展综合性法律的立法准备工作,在此基础上择机研究制订物流业促进方面的法律法规。

（三）规范市场秩序

加强对物流市场的监督管理,完善物流企业和从业人员信用记录,纳入国家统一的信用信息平台。增强企业诚信意识,建立跨地区、跨行业的联合惩戒机制,加大对失信行为的惩戒力度。加强物流信息安全管理,禁止泄露转卖客户信息。加强物流服务质量满意度监测,开展安全、诚信、优质服务创建活动。鼓励企业整合资源、加强协作,提高物流市场集中度和集约化运作水平,减少低水平无序竞争。加强对物流业市场竞争行为的监督检查,依法查处不正当竞争和垄断行为。

（四）加强安全监管

加强对物流企业的安全管理,督促物流企业切实履行安全主体责任,严格执行国家强制标准,保证运输装备产品的一致性。加强对物流车辆和设施设备的检验检测,确保车辆安全性符合国家规定、设施设备处于良好状态。禁止超载运输,规范超限运输。危险货物运输要强化企业经理人员安全管理职责和车辆动态监控。加大安全生产经费投入,及时排查整改安全隐患。加大物流业贯彻落实国家信息安全等级保护制度力度,按照国家信息安全等级保护管理规范和技术标准要求同步实施物流信息平台安全建设,提高网络安全保障能力。建立健全物流安全监管信息共享机制,物流信息平台及物流企业信息系统要按照统一技术标准建设共享信息的技术接口。道路、铁路、民航、航运、邮政部门要进一步规范货物收运、收寄流程,进一步落实货物安全检查责任,采取严格的货物安全检查措施并增加开箱检查频次,加大对瞒报货物名行为的查处力度,严防普通货物中夹带违禁品和危险品。推广使用技术手段对集装箱和货运物品进行探测查验,提高对违禁品和危险品的发现能力。加大宣传教育力度,曝光违法违规托运和夹带违禁品、危险品的典型案件和查处结果,增强公众守法意识。

（五）完善扶持政策

加大土地等政策支持力度,着力降低物流成本。落实和完善支持物流业发展的用地政策,依法供应物流用地,积极支持利用工业企业旧厂房、仓库和存量土地资源建设物流设施或者提供物流服务,涉及原划拨土地使用权转让或者租赁的,应按规定办理土地有偿使用手续。认真落实物流业相关税收优惠政策。研究完善支持物流企业做强做大的扶持政策,培育一批网络化、规模化发展的大型物流企业。严格执行鲜活农产品运输"绿色通道"政策。研究配送车辆进入城区作业的相关政策,完善城市配送车辆通行管控措施。完善物流标准化工作体系,建立相关部门、行业组织和标准技术归口单位的协调沟通机制。

（六）拓宽投资融资渠道

多渠道增加对物流业的投入,鼓励民间资本进入物流领域。引导银行业金融机构加大对物流企业的信贷支持,针对物流企业特点推动金融产品创新,推动发展新型融资方式,为物流业发展提供更便利的融资服务。支持符合条件的物流企业通过发行公司债券、非金融企业债务融资工具、企业债券和上市等多种方式拓宽融资渠道。继续通过政府投资对物流业重点领域和薄弱环节予以支持。

（七）加强统计工作

提高物流业统计工作水平,明确物流业统计的基本概念,强化物流统计理论和方法研究,科学划分物流业统计的行业类别,完善物流业统计制度和评价指标体系,促进物流统计台账和会计核算科目建设,做好社会物流总额和社会物流成本等指标的调查统计工作,及时准确反映物流业的发展规模和运行效率;构建组织体系完善、调查方法科学、技术手段先进、队伍素质优良的现代物流统计体系,推动各省(区、市)全面开展物流统计工作,进一步提高物流统计数据质量和工作水平,为政府宏观管理和企业经营决策提供参考依据。

(八)强化理论研究和人才培养

加强物流领域理论研究,完善我国现代物流业理论体系,积极推进产学研用结合。着力完善物流学科体系和专业人才培养体系,以提高实践能力为重点,按照现代职业教育体系建设要求,探索形成高等学校、中等职业学校与有关部门、科研院所、行业协会和企业联合培养人才的新模式。完善在职人员培训体系,鼓励培养物流业高层次经营管理人才,积极开展职业培训,提高物流业从业人员业务素质。

(九)发挥行业协会作用

要更好地发挥行业协会的桥梁和纽带作用,做好调查研究、技术推广、标准制订和宣传推广、信息统计、咨询服务、人才培养、理论研究、国际合作等方面的工作。鼓励行业协会健全和完善各项行业基础性工作,积极推动行业规范自律和诚信体系建设,推动行业健康发展。

六、组织实施

各地区、各部门要充分认识促进物流业健康发展的重大意义,采取有力措施,确保各项政策落到实处、见到实效。地方各级人民政府要加强组织领导,完善协调机制,结合本地实际抓紧制定具体落实方案,及时将实施过程中出现的新情况、新问题报送发展改革委和交通运输部、商务部等有关部门。国务院各有关部门要加强沟通,密切配合,根据职责分工完善各项配套政策措施。发展改革委要加强统筹协调,会同有关部门研究制定促进物流业发展三年行动计划,明确工作安排及时间进度,并做好督促检查和跟踪分析,重大问题及时报告。

4. 商务部关于促进商贸物流发展的实施意见

发布机构:商务部

名称:商务部关于促进商贸物流发展的实施意见

文号:商流通函[2014]790 号

发布日期:2014-09-22

内容概述:

为贯彻落实 2013 年国务院召开的部分城市物流工作座谈会和 2014 年 6 月国务院常务会通过的《物流业发展中长期规划》精神,促进商贸物流发展,降低物流成本,引导企业做大做强,完善服务体系,更好地保障供给,支撑国民经济稳步增长,现提出如下意见。

一、高度重视商贸物流工作

商贸物流是指与批发、零售、住宿、餐饮、居民服务等商贸服务业及进出口贸易相关的物流服务活动,是整个物流过程中对成本影响比较大的环节,新技术应用和商业模式创新最为集中,作为现代物流的重要组成部分,直接关系到生产资料流通和生活资料流通的顺利运行。促进商贸物流发展,有利于降低物流成本、提高物流效率;有利于货畅其流,繁荣市场;有利于改善交通和环境状况,促进城市化健康发展;有利于提升流通产业竞争力,更好地发挥其在国民经济中的基础性、先导性作用。

近年来,在各级商务主管部门的共同努力下,商贸物流体系逐步形成,信息化、现代化水平显著提高,服务功能不断拓展,涌现出一批商业模式先进、供应链整合能力强的商贸物流企业。但从整体上看,商贸物流小、散、乱,专业化、社会化、标准化程度低,运作成本高、效率低等问题没有根本扭转,与国际先进水平还存在较大差距。各级商务主管部门要高度重视商贸物流发展,认真贯彻落实国务院部分城市物流工作座谈会精神,深入扎实开展工作,努力使商贸物流成为内贸工作"上台阶"的突破口。

二、提高社会化水平

引导生产和商贸流通企业改变"大而全"、"小而全"的运作模式,剥离或外包物流功能,实行主辅业分离。支持商贸物流企业开展供应商管理库存(VMI)、准时配送(JIT)等高端智能化服务,提升第三方物流服务水平。有条件的企业可以向提供一体化解决方案和供应链集成服务的第四方物流发展。支持传统仓储企业转型升级,向配送运营中心和专业化、规模化第三方物流发展,鼓励仓储、配送一体化,引导仓储企业规范开展担保存货第三方管理。支持货代物流企业发展壮大,为各类企业开拓国内和国际市场提供支撑。

大力发展共同配送,继续做好城市共同配送试点工作,鼓励推广共同配送、统一配送、集中配送等先进模式。依托专业化第三方物流或供应商为多个商贸企业、社区门店、市场入驻商户等共同配送;依托物流园区推广配送班车,开展干线与支线结合的城区集中配送;支持大型连锁零售企业通过集中采购提高统一配送率,利用其物流系统为所属门店和社会企业统一配送;整合存量配送资源,在学校、社区、地铁等周边设立末端配送站或建设公共自助提货柜等。

三、提高专业化水平

(一)大力发展电子商务物流。推进商贸物流和电子商务的协同发展及业务流程再造。鼓励电子商务企业加强与商贸物流企业的合作,合理选择物流网络节点,完善信息共享和利益分配机制。支持电子商务企业与社区便利店合作开展网订店取(送)。支持商贸物流企业扩展服务功能,提升服务能力,在配送中心建设、网点开发、车辆保障等方面加大投资和改造力度,有条件的企业要"走出去",布设集散中心和网络,满足跨境电子商务的快速发展要求。

(二)加强冷链物流建设。鼓励各类农产品生产加工、冷链物流、商贸服务企业改造、新建一批适应现代流通和消费需求的冷链物流基础设施。引导使用各种新型冷链物流装备与技术,推广全程温度监控设备,完善产地预冷、销地冷藏和保鲜运输、保鲜加工的流程管理和标准对接,逐步实现产地到销地市场冷链物流的无缝衔接,降低损耗,保障商品质量安全。

(三)加快生产资料物流转型升级。鼓励生产资料物流企业充分利用新技术和新的商业模式整合内外资源,延长产业链,跨行业、跨领域融合发展,增强信息、交易、加工、配送、融资、担保等一体化综合服务能力,由单纯的贸易商、物流商,向供应链集成服务商转型。支持生产资料生产、流通企业在中心城市、交通枢纽、经济开发区和工业园区有序建设大宗生产资料物流基地和物流园区,促进产业适度集聚。整合农村农资流通和配送网点资源,建立健全覆盖县级区域和中心乡镇的农资物流配送网络。

(四)鼓励绿色物流发展。引导一批商贸物流园区向绿色物流功能区转型,加大绿色物流装备、技术、仓储等设施的推广使用力度。完善再生资源回收体系,建立服务于生产和消费的逆向物流网络,促进资源的循环利用。

四、提高标准化水平

创新商贸物流标准宣传贯彻和实施促进的工作机制,提高标准的通用性和统一性。根据社会需求与工作重点,利用各种形式,加强商贸物流标准化理念推广与知识普及。支持各类企业、社会团体积极参与商贸物流标准的制修订。加快商贸物流管理、技术和服务标准的推广,鼓励有关企业采用标准化的物流计量、货物分类、物品标识、物流装备设施、工具器具、信息系统和作业流程等。以标准化托盘循环共用试点工作为切入点,逐步提高全社会标准托盘普及率,促进相关配套设施设备的标准化改造。

选择基础较好、积极性高的地区、园区和企业开展商贸物流标准化应用推广工作,鼓励和指导上述单位加大基础设施、装备技术、服务流程、内部管理等领域的标准化实施力度,培育商贸物流标准化服务和管理品牌;加强行业与行业、企业与企业之间的标准衔接和统一,引导全行业提高标准应用水平、经营管理水平、产品质量水平和从业人员资质水平。

五、提高信息化水平

支持商贸物流企业与生产企业、批发零售等企业通过共用信息系统,实现数据共用、资源共享、信息互通。通过中央和地方两级示范,支持以企业为主体的物流综合信息服务平台发展,发挥平台整合调配物流资源,解决物流信息不对称、接口标准不统一等矛盾,实现精准化、可视化管理等功能,并搭载企业诚信、托盘循环共用、物流金融、跨境电子商务、商品溯源、通关便利化、多式联运等各种增值服务,为广大商贸物流企业特别是中小企业提升组织化和信息化水平,降低交易成本提供有利条件。有条件的地区还可协调相关部门,开展政府物流信息共享平台建设,将现有交通、工商、税务、海关等部门可公开的电子政务信息进行整合后,向社会公开,实现便民利企的物流政务资源共享。

六、提高组织化水平

鼓励物流企业通过参股控股、兼并重组、协作联盟等方式做大做强,形成一批技术水平先进、主营业务突出、核心竞争力强的大型现代物流企业集团,通过规模化、集约化经营提高物流服务的一体化、网络化水平。鼓励运输、仓储等传统物流企业向上下游延伸服务,推进物流业与其他产业融合、协同发展。引导物流企业共同投资建设重要物流节点的仓储设施,合理布局物流园区(中心、基地),增强服务功能,提高服务能力和集约化发展水平。鼓励商贸物流企业提高配送的规模化和协同化水平,依托商业、邮政等网点,形成覆盖城乡的物流配送网络。支持服务中小企业的物流信息服务平台建设,引导企业集聚规范发展。

七、提高国际化水平

进一步完善外商投资商贸物流领域的法律法规,提高利用外资的质量和水平。除涉及国家安全和重大公共利益外,放开外资准入限制,加快构建统一公平、竞争有序的大市场。继续深化落实第三方物流、物流配送中心、专业批发市场、仓储设施等领域的对外开放政策。鼓励外资参与城市内交通物流体系建设。推进国内物流企业同国际先进物流企业的合作,引进和吸收国外促进商贸物流发展的先进理念和商业模式。

以"丝绸之路经济带"和"海上丝绸之路"沿线区域物流合作为重点,在"一带一路"国内外沿线主要交通节点和港口建设一批物流中心。积极开展务实、高效的国际区域物流合作,推进国际物流大通道建设。支持建设商贸物流型境外经济贸易合作区,鼓励有条件的商贸物流企业"走出去"和开展全球业务。

以国际商品交易中心、重点进出口口岸为依托,通过完善货物储存、配送功能,提高进出口货物集散能力,探索建立海外仓库、物流基地和分拨中心。充分利用《内地与香港关于建立更紧密经贸关系的安排》(CEPA)、《内地与澳门关于建立更紧密经贸关系的安排》(CEPA)、《海峡两岸经济合作框架协议》(ECFA)、自由贸易试验区及地方对外开放先行先试平台和载体,促进商贸物流率先发展。

八、加强组织领导,完善保障措施

(一)建立健全工作机制,做好协调服务。做好部门间的政策协调和工作配合,加强各级商务主管部门联动。完善各级商贸物流工作机制，为加快商贸物流发展提供组织保障和服务支撑。各级商务主管部门要把商贸物流工作作为内贸流通工作重点，明确分管领导和专门处室，加强人员配备，保障工作开展。有条件的地方，可依据商务部、财政部有关城市共同配送的业务指导文件，自行组织城市共同配送试点。

（二）**优化物流发展环境，加强诚信建设**。发挥商务主管部门在整顿和规范市场秩序中的牵头作用，反对地方保护、消除区域封锁，查处价格欺诈、以次充好、虚假仓单、重复质押等违法违规行为。注重发挥行业组织作用，建立物流信息披露管理制度和激励惩戒机制，增强企业诚信意识和风险防范意识。利用社会化物流信息平台，获取诚信大数据，对诚实守信、合法经营、社会责任强的企业予以支持、鼓励和宣传，对破坏市场秩序、诚信缺失的企业将其列入黑名单并向社会公布，提高其失信成本。积极为"走出去"的物流企业提供政策、法律、咨询、市场信息等配套服务。

（三）**落实财税土地政策，加大扶持力度**。根据各地实际情况，统一规划、合理安排政策和资金支持商贸物流发展。对工业、商贸流通企业实行主辅分离，辅业改制兴办第三方物流企业，或通过优化资源配置整合、重组成立的物流企业，或在企业内部重组涉及企业资产、股权变动的，可与有关部门研究减免行政事业性收费。抓紧落实现有的物流企业大宗商品仓储设施用地税收减半政策。积极争取将物流企业配送中心、连锁企业配送中心项目内用于建设仓储设施、堆场、货车通道、回转场地及停车场（库）等物流生产性设施用地列入工业、仓储用地范畴，并研究降低公共性、公益性商贸物流用地的投资强度要求。

积极推动解决城市配送车辆通行难、停靠难、卸货难、罚款多、收费多"三难两多"等问题，有关部门出台便于配送车辆通行及停靠的具体措施，降低道路通行费用。

（四）**夯实统计基础，加强人才培养**。完善商贸物流统计调查方法和指标体系。加强对商贸物流需求、费用、市场规模、投资、价格等指标的统计分析，及时反映商贸物流的发展规模和运行效率。通过学历教育、继续教育等多种方式培养市场急需的经营管理和专业技术人才，提高实践能力。推动产学研结合，鼓励商贸物流理论研究，引导工商企业树立现代物流理念，加大宣传力度，营造全社会重视和支持商贸物流发展的舆论氛围。

5. 国务院关于推进国内贸易流通现代化建设法治化营商环境的意见

发布机构:国务院

名称:国务院关于推进国内贸易流通现代化建设法治化营商环境的意见

文号:国发〔2015〕49 号

成文日期:2015 - 08 - 26

发布日期:2015 - 08 - 28

内容概述:

各省、自治区、直辖市人民政府,国务院各部委、各直属机构:

国内贸易流通(以下简称内贸流通)是我国改革开放最早、市场化程度最高的领域之一,目前已初步形成主体多元、方式多样、开放竞争的格局,对国民经济的基础性支撑作用和先导性引领作用日益增强。做强现代流通业这个国民经济大产业,可以对接生产和消费,促进结构优化和发展方式转变。党中央、国务院高度重视内贸流通工作,对深化改革、开展内贸流通体制改革发展综合试点工作作了部署。为深入贯彻落实党中央、国务院的决策部署,现就推进内贸流通现代化、建设法治化营商环境提出以下意见。

一、总体要求

(一)指导思想

全面贯彻党的十八大和十八届二中、三中、四中全会精神,按照国务院部署要求,主动适应和引领经济发展新常态,坚持问题导向与超前谋划相结合、顶层设计与基层探索相结合、整体推进与重点突破相结合,加快法治建设,推动体制机制创新,优化发展环境,完善治理体系,促进内贸流通发展方式转变,推动我国从流通大国向流通强国转变,更好地服务经济社会发展。

(二)基本原则

坚持以市场化改革为方向。充分发挥市场配置资源的决定性作用,打破地区封锁和行业垄断,促进流通主体公平竞争,促进商流、物流、资金流、信息流自由高效流动,提高流通效率,降低流通成本。

坚持以转变政府职能为核心。进一步简政放权,加强事中事后监管,推进放管结合、优化服务,做好规划引导,完善促进政策,增强调控能力,增加公共产品和公共服务供给,推进信息公开和共享。

坚持以创新转型为引领。顺应"互联网+"的发展趋势,加快现代信息技术应用,完善促进创新的体制机制,推动内贸流通内涵式发展、可持续发展。

坚持以建设法治化营商环境为主线。健全内贸流通法律法规、标准、信用等制度体系，提升监管执法效能，依法规范市场主体行为，加快建设法治市场。

（三）主要目标

到2020年，基本形成规则健全、统一开放、竞争有序、监管有力、畅通高效的内贸流通体系和比较完善的法治化营商环境，内贸流通统一开放、创新驱动、稳定运行、规范有序、协调高效的体制机制更加完善，使内贸流通成为经济转型发展的新引擎、优化资源配置的新动力，为推进内贸流通现代化夯实基础。

二、健全内贸流通统一开放的发展体系

（四）加强全国统一市场建设，降低社会流通总成本

消除市场分割。清理和废除妨碍全国统一市场、公平竞争的各种规定及做法。禁止在市场经济活动中实行地区封锁，禁止行政机关滥用行政权力限制、排除竞争的行为。推动建立区域合作协调机制，鼓励各地就跨区域合作事项加强沟通协商，探索建立区域合作利益分享机制。

打破行业垄断。完善反垄断执法机制，依法查处垄断协议、滥用市场支配地位行为，加强经营者集中反垄断审查。禁止利用市场优势地位收取不合理费用或强制设置不合理的交易条件，规范零售商供应商交易关系。

（五）统筹规划全国流通网络建设，推动区域、城乡协调发展

推进大流通网络建设。提升环渤海、长三角、珠三角三大流通产业集聚区和沈阳—长春—哈尔滨、郑州—武汉—长沙、成都—重庆、西安—兰州—乌鲁木齐四大流通产业集聚带的消费集聚、产业服务、民生保障功能，打造一批连接国内国际市场、发展潜力较大的重要支点城市，形成畅通高效的全国骨干流通网络。

推进区域市场一体化。推进京津冀流通产业协同发展，统筹规划建设三地流通设施，促进共建共享。依托长江经济带综合立体交通走廊，建设沿江物流主干道，推动形成若干区域性商贸物流中心，打造长江商贸走廊。将流通发展所需的相关设施和用地纳入城乡规划，实施全国流通节点城市布局规划，加强区域衔接。

推进城乡流通网络一体化。统筹规划城乡商业网点的功能和布局，提高流通设施利用效率和商业服务便利化水平。整合商务、供销、邮政等各方面资源，加强农村地区商业网点建设。加强对贫困地区、民族地区、边疆地区和革命老区市场建设的支持，保障居民基本商业服务需要。

创新流通规划编制实施机制。县级以上地方人民政府要将内贸流通纳入同级国民经济和社会发展规划编制内容，做好流通规划与当地土地利用总体规划和城乡规划的衔接，确保依法依规推进流通设施项目建设，各地制修订相关规划时应充分征求本行政区域流通主管部门的意见。探索建立跨区域流通设施规划编制协调机制和相关部门之间规划衔接机制，推动规划对接、政策联动和资源共享。

（六）构建开放融合的流通体系，提高利用国际国内两个市场、两种资源的能力

实施流通"走出去"战略。加大对流通企业境外投资的支持，统筹规划商贸物流型境外经济贸易合作区建设，支持企业建设境外营销、支付结算和仓储物流网络，推动国内流通渠

道向境外延伸,打造全球供应链体系。鼓励流通企业与制造企业集群式"走出去",促进国际产能和装备制造合作。鼓励电子商务企业"走出去",提升互联网信息服务国际化水平。

创建内外贸融合发展平台。服务"一带一路"战略,促进国内外市场互联互通,打造内外贸融合发展的流通网络。培育一批经营模式、交易模式与国际接轨的商品交易市场。打造一批内外贸结合、具有较强国际影响力的大型会展平台。发展一批连接国际国内市场、运行规范有序的跨境贸易电子商务综合服务平台。

进一步提高内贸流通领域对外开放水平。放开商贸物流等领域外资准入限制,鼓励外资投向共同配送、连锁配送以及鲜活农产品配送等现代物流服务领域。更加注重引进国外先进技术、管理经验、商业模式和知名品牌,鼓励跨国公司在华设立采购、营销等功能性区域中心。

(七)完善流通设施建设管理体系,加强流通领域重大基础设施建设

创新基础性流通设施建设模式。对于公益性农产品批发市场建设,通过多种形式建立投资保障、运营和监督管理新模式,增强应对突发事件和市场异常波动的功能。

完善微利经营的流通设施建设保障制度。落实新建社区商业和综合服务设施面积占社区总建筑面积的比例不得低于10%的政策,优先保障农贸市场、社区菜市场和家政、养老、再生资源回收等设施用地需求。加强大型物流节点和公共物流配送设施系统性布局、协同性建设,提升物流配送的集约化水平。

改进市场化商业设施建设引导方式。支持有条件的城市开展城市商业面积监测预警,定期发布大型商业设施供给信息,合理引导市场预期。统筹大型实体和网络商品交易市场建设,避免盲目重复建设。

三、提升内贸流通创新驱动水平

(八)强化内贸流通创新的市场导向

推动新兴流通方式创新。积极推进"互联网+"流通行动,加快流通网络化、数字化、智能化建设。引导电子商务企业拓展服务领域和功能,鼓励发展生活消费品、生产资料、生活服务等各类专业电子商务平台,带动共享、协同、融合、集约等新兴模式发展。促进农产品电子商务发展,引导更多农业从业者和涉农企业参与农产品电子商务,支持各地打造各具特色的农产品电子商务产业链,开辟农产品流通新渠道。推广拍卖、电子交易等农产品交易方式。大力推进电子商务进农村,推广农村商务信息服务,培育多元化的农村电子商务市场主体,完善农村电子商务配送服务网络。促进电子商务进社区,鼓励电子商务企业整合社区现有便民服务设施,开展电子商务相关配套服务。

推动传统流通企业转型模式创新。鼓励零售企业改变引厂进店、出租柜台等经营模式,实行深度联营,通过集中采购、买断经营、开发自有品牌等方式,提高自营比例。鼓励流通企业通过兼并、特许经营等方式,扩大连锁经营规模,提高经营管理水平。鼓励流通企业发挥线下实体店的物流、服务、体验等优势,与线上商流、资金流、信息流融合,形成优势互补。支持流通企业利用电子商务平台创新服务模式,提供网订店取、网订店送、上门服务、社区配送等各类便民服务。引导各类批发市场自建网络交易平台或利用第三方电子商务平台开展网上经营,推动实体市场与网络市场协同发展。推动流通企业利用信息技术加强供应链管理,

鼓励向设计、研发、生产环节延伸,促进产业链上下游加强协同,满足个性化、多样化的消费需求。大力发展第三方物流和智慧物流,鼓励物联网等技术在仓储系统中的应用,支持建设物流信息服务平台,促进车源、货源和物流服务等信息高效匹配,支持农产品冷链物流体系建设,提高物流社会化、标准化、信息化、专业化水平。

推动绿色循环低碳发展模式创新。鼓励绿色商品消费,引导流通企业扩大绿色商品采购和销售,推行绿色包装和绿色物流,推行绿色供应链环境管理,推动完善绿色商品认证制度和标准体系。鼓励旧货市场规范发展,促进二手商品流通。研究建立废弃商品回收的生产者、销售者、消费者责任机制,加快推进再生资源回收与垃圾清运处理网络体系融合,促进商贸流通网络与逆向物流体系(即商品废弃后,经消费端回到供应端的活动及过程,包括废物回收、再制造再加工、报废处理等)共享。制订内贸流通领域节能节水和环保技术、产品、设备推广目录,引导流通企业加快设施设备的节能环保改造。

推动文化培育传播形式创新。弘扬诚信文化,加强以诚信兴商为主的商业文化建设。加强对内贸流通领域传统技艺的保护,支持中华老字号创新发展,促进民族特色商品流通。鼓励商品创意设计创新,支持消费类产品提升新产品设计和研发能力,以创意设计增加消费品附加值。提升商业设施的文化内涵,引导流通企业在商品陈列、商场装饰、环境营造等方面突出创意特色,增加商业设施和商业街区的文化底蕴,推动现代商业与传统文化融合创新。建立健全品牌发展公共服务体系。促进传统节庆、民俗文化消费,培育健康文明的消费文化。

(九)增强内贸流通创新的支撑能力

完善财政金融支持政策。加快设立国家中小企业发展基金,加大对包括流通领域在内的各领域初创期成长型中小企业创新创业的支持。支持发展创业投资基金、天使投资群体,引导社会资金和金融资本加大对流通创新领域的投资。完善流通企业融资模式,推广知识产权质押融资,依法合规开展股权众筹融资试点,支持创业担保贷款积极扶持符合条件的中小流通企业。

健全支撑服务体系。推动现代物流、在线支付等电子商务服务体系建设,鼓励各类创业孵化基地为电子商务创业人员提供场地支持和孵化服务,支持发展校企合作、商学结合等人才培养模式。支持专业化创新服务机构发展,创新产学研合作模式。完善创新成果交易机制,积极发展各类商贸服务交易平台。研究建立流通创新示范基地,鼓励创业创新基地提高对中小流通企业的公共服务能力和水平。

推动流通企业改革创新。加快发展内贸流通领域混合所有制经济,鼓励非公有资本和国有资本交叉持股、相互融合。鼓励流通企业通过兼并重组整合创新资源,提高创新能力。各地可根据实际情况,依法完善相关政策,按照主体自愿的原则,引导有条件的个体工商户转为企业。

(十)加大内贸流通创新的保护力度

加强知识产权保护。严厉打击制售侵权假冒商品行为,加大对反复侵权、恶意侵权等行为的处罚力度。研究商业模式等新形态创新成果的知识产权保护办法。完善知识产权保护制度,健全知识产权维权援助体系,合理划分权利人举证责任,缩短确权审查、侵权处理周期。

引导电子商务平台健康发展。推动电子商务平台企业健全交易规则、管理制度、信用体系和服务标准，构建良好的电子商务生态圈。加强区域间统筹协调，引导各地有序建设电子商务交易平台。

四、增强内贸流通稳定运行的保障能力

（十一）完善信息服务体系

强化大数据在政府内贸流通信息服务中的应用。利用大数据加强对市场运行的监测分析和预测预警，提高市场调控和公共信息服务的预见性、针对性、有效性。推进部门间信息共享和信息资源开放，建立政府与社会紧密互动的大数据采集机制，形成高效率的内贸流通综合数据平台。夯实内贸流通统计基层基础，完善行业统计监测制度，建立完善电子商务、服务消费等统计调查制度，完善综合统计与部门统计协作机制，强化统计监测制度执行刚性。

推动内贸流通行业中介组织开展大数据的推广应用。利用政府采购、服务外包等方式，鼓励行业中介组织深入挖掘和研发大数据公共服务产品，加强对大数据技术应用的宣传和推广，服务流通企业创新转型和大数据产业发展需要。

鼓励流通企业开展大数据的创新应用。引导流通企业利用大数据技术推进市场拓展、精准营销和优化服务，带动商业模式创新。建立社会化、市场化的数据应用机制，推动第三方电子商务平台等企业开放数据资源，引导建立数据交换交易的规范与标准，规范数据交易行为。

（十二）创新市场应急调控机制

完善市场应急调控管理体系。按照统一协调、分级负责、快速响应的原则，健全市场应急供应管理制度和协调机制。应对全国范围和跨区域市场异常波动由国务院有关部门负责，应对区域性市场异常波动主要由当地人民政府负责。

健全突发事件市场应急保供预案。细化自然灾害、事故灾难、公共卫生事件、社会安全事件等各类突发事件情况下市场应急保供预案和措施。根据突发事件对市场影响的范围和程度，综合运用信息引导、企业采购、跨区域调运、储备投放、进口组织、限量供应、依法征用等方式，建立基本生活必需品应急供应保障机制。

完善商品应急储备体系。建立中央储备与地方储备、政府储备与商业储备相结合的商品应急储备体系。建立储备商品定期检查检验制度，确保储备安全。推广商业储备模式，推进商业储备市场化运作和储备主体多元化。

增强市场应急保供能力。建设应急商品数据库，及时掌握相关应急商品产销和库存情况，保障信息传导畅通和组织调度科学有序。实施应急保供重点联系企业动态管理，保持合理库存水平，增强投放力量，合理规划设置应急商品集散地和投放网点。探索利用商业保险稳定生活必需品供应机制，推动重要生活必需品生产流通保险产品创新。

（十三）构建重要商品追溯体系

建设重要商品追溯体系。坚持政府引导与市场化运作相结合，以食用农产品、食品、药品以及其他对消费者生命健康有较大影响的商品为重点，利用物联网等信息技术建设来源可追、去向可查、责任可究的信息链条，逐步增加可追溯商品品种。

完善重要商品追溯体系的管理体制。坚持统一规划、统一标准、分级建设、属地管理的原则,整合现有资源,建设统一的重要商品追溯信息服务体系,形成全国上下一体、协同运作的重要商品追溯体系管理体制。推进跨部门、跨地区追溯体系对接和信息互通共享。地方各级人民政府要建立商品追溯体系持续有效运行的保障机制。

扩大重要商品追溯体系应用范围。完善重要商品追溯大数据分析与智能化应用机制,加大商品追溯信息在事中事后监管、行业发展促进、信用体系建设等方面的应用力度,提升追溯体系综合服务功能。

五、健全内贸流通规范有序的规制体系

(十四)加快推进流通立法

完善流通法律制度。加快推进商品流通法立法进程,确立流通设施建设、商品流通保障、流通秩序维护、流通行业发展以及市场监管等基本制度。推动完善知识产权和商业秘密保护、网络信息安全、电子商务促进等法律制度。

健全流通法规规章。完善反垄断、反不正当竞争法律的配套法规制度,强化对市场竞争行为和监管执法行为的规范。加快制订内贸流通各行业领域的行政法规和规章,规范相关参与方行为,推动建立公平、透明的行业规则。对内贸流通领域与经济社会发展需要不相适应的现行法规、规章及规范性文件,及时予以修订或废止。

推进流通领域地方立法。坚持中央立法与地方立法相结合,鼓励地方在立法权限范围内先行先试。

(十五)提升监管执法效能

加强流通领域执法。创新管理机制,加强执法队伍建设,合理配置执法力量,严格落实执法人员持证上岗和资格管理制度。健全举报投诉服务网络,完善受理、办理、转办和督办机制。开展商务综合行政执法体制改革试点。

推进行政执法与刑事司法衔接。建立信息共享、案情通报和案件移送制度,完善案件移送标准和程序,相关工作纳入中央、省、市、县四级人民政府统一建设的行政执法与刑事司法衔接信息共享平台。

创新市场监管方式。加强事中事后监管,坚持日常监管与专项治理相结合。加强大数据等现代信息技术在监管执法中的应用,推进行政处罚案件信息公开和流通企业信息公示,加强市场监管部门与行业协会商会、专业机构的合作,引入社会监督力量。创新企业产品质量执法检查方式,推行企业产品质量承诺制度。创新电子商务监管模式,健全消费者维权和交易争端解决机制。

(十六)加强流通标准化建设

健全流通标准体系。加快构建国家标准、行业标准、团体标准、地方标准和企业标准相互配套、相互补充的内贸流通标准体系。扩大标准覆盖面、增强适用性,加强商贸物流、电子商务、农产品流通、居民生活服务等重点领域标准的制修订工作。

强化流通标准实施应用。建立政府支持引导、社会中介组织推动、骨干企业示范应用的内贸流通标准实施应用机制。推动建立经营场所服务标准公开公示制度,倡导流通企业以标准为依据规范服务、交易和管理行为。

完善流通标准管理。加快内贸流通标准管理信息化建设,简化行业标准制修订程序、缩短制修订周期。选择具备条件的社会团体开展团体标准试点。建立重点标准实施监督和评价制度,加强标准在认证认可、检验检测、市场准入、执法监督等行政管理中的使用。

(十七)加快流通信用体系建设

推动建立行政管理信息共享机制。以统一社会信用代码为基础,推动各地建设流通企业信用信息系统并纳入全国统一的信用信息共享交换平台,实现信息互通共享。建立健全企业经营异常名录、失信企业"黑名单"制度及跨部门联合惩戒机制,依法向社会提供信用信息查询服务。在行政管理中依法使用流通企业信用记录和信用报告,对企业实施信用分类管理。

引导建立市场化综合信用评价机制。在商品零售、居民服务等行业推动建立以交易信息为基础的企业信用评价机制。引导商品交易市场、物流园区以及第三方电子商务平台等建立入驻商户信用评价机制,鼓励按照信用级别向入驻商户提供差别化的信用服务。

支持建立第三方信用评价机制。支持信用调查、信用评估、信用保险、商业保理等信用服务行业加快发展,创新信用产品和服务。鼓励行业协会商会建立会员企业信用档案,推动具有上下游产业关系的行业协会商会建立信用信息共享机制。

六、健全内贸流通协调高效的管理体制

(十八)处理好政府与市场的关系

明确政府职责。加强内贸流通领域发展战略、规划、法规、规章、政策、标准的制订和实施,整顿和规范市场经济秩序,推动信用建设,提供信息等公共服务,做好生活必需品市场供应应急调控,依法管理特殊流通行业。深化行政审批制度改革,依法界定内贸流通领域经营活动审批、资格许可和认定等管理事项,加快推广行政审批"一个窗口"受理,规范行政许可流程,取消涉及内贸流通的非行政许可审批。结合市场准入制度改革,推行内贸流通领域负面清单制度。

严格依法履职。建立健全内贸流通行政管理权力清单、部门责任清单等制度,公开涉及内贸流通的行政管理和资金支持事项。

(十九)合理划分中央与地方政府权责

发挥中央政府宏观指导作用。国务院有关部门要研究制订内贸流通领域全国性法律法规、战略、规划、政策和标准,加强跨区域整顿和规范市场经济秩序、信用建设、公共服务、生活必需品市场供应应急调控,按国务院有关规定对特殊流通行业进行监督管理。

强化地方人民政府行政管理职责。地方各级人民政府要加强内贸流通领域全国性法律法规、战略、规划、政策和标准的贯彻实施,结合当地特点,制订本地区的规划、政策和标准,着力加强本行政区域整顿和规范市场秩序、信用建设、公共服务、应急保供等职责。

(二十)完善部门间协作机制

进一步理顺部门职责分工。商务主管部门要履行好内贸流通工作综合统筹职责,加强与有关部门的沟通协调,完善工作机制,形成合力。探索建立内贸流通领域管理制度制定、执行与监督既相互制约又相互协调的行政运行机制。

探索建立大流通工作机制。鼓励有条件的地方整合和优化内贸流通管理职责,加强对

电子商务、商贸物流、农产品市场建设等重点领域规划和政策的统筹协调。

（二十一）充分发挥行业协会商会作用

推进行业协会商会改革。积极稳妥推进内贸流通领域行业协会商会与行政机关脱钩，厘清行业协会商会与行政机关的职能边界，创新行业协会商会管理体制和运行机制，推动建立政府与行业协会商会的新型合作关系。

支持行业协会商会加快发展。制订支持和鼓励内贸流通领域行业协会商会发展的政策措施，提升行业服务和管理水平，发挥其在加强行业自律、服务行业发展、反映行业诉求等方面的作用。

各地区、各部门要充分认识推进内贸流通现代化、建设法治化营商环境的重要意义，切实抓好各项政策措施的落实，重要的改革要先行试点，及时总结和推广试点经验。各地区要结合本地实际，因地制宜制订实施方案，出台有针对性的具体措施，认真组织实施。各部门要明确分工，落实责任，加强协调，形成合力。商务部会同有关部门负责对本意见落实工作的统筹协调、跟踪了解、督促检查，确保各项任务措施落实到位。

6.国务院办公厅关于推进线上线下互动加快商贸流通创新发展转型升级的意见

发布机构:国务院办公厅
名称:国务院办公厅关于推进线上线下互动加快商贸流通创新发展转型升级的意见
文号:国办发[2015]72号
成文日期:2015－09－18
发布日期:2015－09－29
内容概述:

各省、自治区、直辖市人民政府,国务院各部委、各直属机构:

近年来,移动互联网等新一代信息技术加速发展,技术驱动下的商业模式创新层出不穷,线上线下互动成为最具活力的经济形态之一,成为促进消费的新途径和商贸流通创新发展的新亮点。大力发展线上线下互动,对推动实体店转型,促进商业模式创新,增强经济发展新动力,服务大众创业、万众创新具有重要意义。为落实国务院决策部署,推进线上线下互动,加快商贸流通创新发展和转型升级,经国务院同意,现提出以下意见:

一、鼓励线上线下互动创新

(一)**支持商业模式创新**。包容和鼓励商业模式创新,释放商贸流通市场活力。支持实体店通过互联网展示、销售商品和服务,提升线下体验、配送和售后等服务,加强线上线下互动,促进线上线下融合,不断优化消费路径、打破场景限制、提高服务水平。鼓励实体店通过互联网与消费者建立全渠道、全天候互动,增强体验功能,发展体验消费。鼓励消费者通过互联网建立直接联系,开展合作消费,提高闲置资源配置和使用效率。鼓励实体商贸流通企业通过互联网强化各行业内、行业间分工合作,提升社会化协作水平。(商务部、网信办、发展改革委、工业和信息化部、地方各级人民政府)

(二)**鼓励技术应用创新**。加快移动互联网、大数据、物联网、云计算、北斗导航、地理位置服务、生物识别等现代信息技术在认证、交易、支付、物流等商务环节的应用推广。鼓励建设商务公共服务云平台,为中小微企业提供商业基础技术应用服务。鼓励开展商品流通全流程追溯和查询服务。支持大数据技术在商务领域深入应用,利用商务大数据开展事中事后监管和服务方式创新。支持商业网络信息系统提高安全防范技术水平,将用户个人信息保护纳入网络安全防护体系。(商务部、工业和信息化部、发展改革委、地方各级人民政府)

(三)**促进产品服务创新**。鼓励企业利用互联网逆向整合各类生产要素资源,按照消费需求打造个性化产品。深度开发线上线下互动的可穿戴、智能化商品市场。鼓励第三方电子商务平台与制造企业合作,利用电子商务优化供应链和服务链体系,发展基于互联网的装备远程监控、运行维护、技术支持等服务市场。支持发展面向企业和创业者的平台开发、网店建设、代运营、网络推广、信息处理、数据分析、信用认证、管理咨询、在线培训等第三方服务，为线上线下互动创新发展提供专业化的支撑保障。鼓励企业通过虚拟社区等多种途径获取、转化和培育稳定的客户群体。（商务部、工业和信息化部、网信办、地方各级人民政府）

二、激发实体商业发展活力

（四）**推进零售业改革发展**。鼓励零售企业转变经营方式，支持受线上模式冲击的实体店调整重组，提高自营商品比例，加大自主品牌、定制化商品比重，深入发展连锁经营。鼓励零售企业利用互联网技术推进实体店铺数字化改造，增强店面场景化、立体化、智能化展示功能，开展全渠道营销。鼓励大型实体店不断丰富消费体验，向智能化、多样化商业服务综合体转型，增加餐饮、休闲、娱乐、文化等设施，由商品销售为主转向"商品＋服务"并重。鼓励中小实体店发挥靠近消费者优势，完善便利服务体系，增加快餐、缴费、网订店取、社区配送等附加便民服务功能。鼓励互联网企业加强与实体店合作，推动线上交流互动、引客聚客、精准营销等优势和线下真实体验、品牌信誉、物流配送等优势相融合，促进组织管理扁平化、设施设备智能化、商业主体在线化、商业客体数据化和服务作业标准化。（商务部、发展改革委）支持新型农业经营主体对接电子商务平台，有效衔接产需信息，推动农产品线上营销与线下流通融合发展。鼓励农业生产资料经销企业发展电子商务，促进农业生产资料网络营销。（农业部、发展改革委）支持零售企业线上线下结合，开拓国际市场，发展跨境网络零售。（商务部）

（五）**加快批发业转型升级**。鼓励传统商品交易市场利用互联网做强交易撮合、商品集散、价格发现和信息交互等传统功能，增强物流配送、质量标准、金融服务、研发设计、展览展示、咨询服务等新型功能。鼓励传统批发企业应用互联网技术建设供应链协同平台，向生产、零售环节延伸，实现由商品批发向供应链管理服务的转变。支持发展品牌联盟或建设品牌联合采购平台，集聚品牌资源，降低采购成本。深化电子商务应用，引导商品交易市场向电子商务园区、物流园区转型。以电子商务和现代物流为核心，推动大宗商品交易市场优化资源配置、提高流通效率。鼓励线上行业信息服务平台向综合交易服务平台转型，围绕客户需求组织线下展示会、洽谈会、交易会，为行业发展提供全方位垂直纵深服务。（商务部、工业和信息化部、发展改革委）

（六）**转变物流业发展方式**。运用互联网技术大力推进物流标准化，重点推进快递包裹、托盘、技术接口、运输车辆标准化，推进信息共享和互联互通，促进多式联运发展。大力发展智慧物流，运用北斗导航、大数据、物联网等技术，构建智能化物流通道网络，建设智能化仓储体系、配送系统。发挥互联网平台实时、高效、精准的优势，对线下运输车辆、仓储等资源进行合理调配、整合利用，提高物流资源使用效率，实现运输工具和货物的实时跟踪和在线化、可视化管理，鼓励依托互联网平台的"无车承运人"发展。推广城市共同配送模式，支持物流综合信息服务平台建设。鼓励企业在出口重点国家建设海外仓，推进跨境电子商务发展。（发展改革委、商务部、交通运输部、邮政局、国家标准委）

（七）**推进生活服务业便利化**。大力推动吃住行及旅游、娱乐等生活服务业在线化，促进线上交易和线下服务相结合，提供个性化、便利化服务。鼓励餐饮企业发展在线订餐、团购、外卖配送等服务。支持住宿企业开展在线订房服务。鼓励交通客运企业、旅游景点及文化演艺单位开展在线订票、在线订座、门票配送等服务。支持家政、洗染、维修、美发等行业开展网上预约、上门服务等业务。鼓励互联网平台企业汇聚线下实体的闲置资源,发展民宿、代购、合乘出行等合作消费服务。(商务部、旅游局、文化部、交通运输部)

（八）**加快商务服务业创新发展**。鼓励展览企业建设网上展示交易平台,鼓励线上企业服务实体展会,打造常态化交流对接平台,提高会展服务智能化、精细化水平。支持举办中国国际电子商务博览会,发现创新、引导创新、推广创新。提升商务咨询服务网络化水平。(商务部)提升知识产权维权服务水平。(知识产权局)积极探索基于互联网的新型服务贸易发展方式,培育服务新业态,推动服务贸易便利化,提升商务服务业国际化水平。(商务部)

三、健全现代市场体系

（九）**推进城市商业智能化**。深入推进智慧城市建设,鼓励具备条件的城市探索构建线上线下互动的体验式智慧商圈,支持商圈无线网络基础设施建设,完善智能交通引导、客流疏导、信息推送、移动支付、消费互动、物流配送等功能,健全商圈消费体验评价、信息安全保护、商家诚信积累和消费者权益保障体系。实施特色商业街区示范建设工程,鼓励各地基于互联网技术培育一批具有产业特色、经营特色、文化特色的多功能、多业态商业街区。(商务部、发展改革委、科技部、工业和信息化部、人民银行、工商总局、地方各级人民政府)

（十）**推进农村市场现代化**。开展电子商务进农村综合示范,推动电子商务企业开拓农村市场,构建农产品进城、工业品下乡的双向流通体系。(商务部、财政部)引导电子商务企业与农村邮政、快递、供销、"万村千乡市场工程"、交通运输等既有网络和优势资源对接合作,对农村传统商业网点升级改造,健全县、乡、村三级农村物流服务网络。加快全国农产品商务信息服务公共平台建设。(商务部、交通运输部、邮政局、供销合作总社、发展改革委)大力发展农产品电子商务,引导特色农产品主产区县市在第三方电子商务平台开设地方特色馆。(商务部、地方各级人民政府)推进农产品"生产基地＋社区直配"示范,带动订单农业发展,提高农产品标准化水平。加快信息进村入户步伐,加强村级信息服务站建设,强化线下体验功能,提高新型农业经营主体电子商务应用能力。(农业部)

（十一）**推进国内外市场一体化**。鼓励应用互联网技术实现国内国外两个市场无缝对接,推进国内资本、技术、设备、产能与国际资源、需求合理适配,重点围绕"一带一路"战略及开展国际产能和装备制造合作,构建国内外一体化市场。(商务部、发展改革委、网信办)深化京津冀、长江经济带、"一带一路"、东北地区和泛珠三角四省区(福建、广东、广西、海南)区域通关一体化改革,推进全国一体化通关管理。(海关总署)建立健全适应跨境电子商务的监管服务体系,提高贸易便利化水平。(商务部、海关总署、财政部、税务总局、质检总局、外汇局)

四、完善政策措施

（十二）**推进简政放权**。除法律、行政法规和国务院决定外,各地方、各部门一律不得增设线上线下互动企业市场准入行政审批事项。根据线上线下互动特点,调整完善市场准入资质条件,加快公共服务领域资源开放和信息共享。(有关部门按职能分工分别负责)简化市场主体住所(经营场所)登记手续,推进一照多址、一址多照、集群注册等住所登记制度改

革,为连锁企业、网络零售企业和快递企业提供便利的登记注册服务。(工商总局)

（十三）**创新管理服务**。坚持促进发展、规范秩序和保护权益并举,坚持在发展中逐步规范、在规范中更好发展。注意规范方式,防止措施失当导致新兴业态丧失发展环境。创新管理理念、管理体制和管理方式,建立与电子商务发展需要相适应的管理体制和服务机制,促进线上线下互动,充分发挥流通在经济发展中的基础性和先导性作用。开展商务大数据建设和应用,服务监管创新,支持电子商务产品品牌推广。(商务部、工商总局、质检总局)在不改变用地主体、规划条件的前提下,各类市场主体利用存量房产、土地资源发展线上线下互动业务的,可在5年内保持土地原用途、权利类型不变,5年期满后确需办理变更手续的,按有关规定办理。(国土资源部)

（十四）**加大财税支持力度**。充分发挥市场在资源配置中的决定性作用,突出社会资本推动线上线下融合发展的主体地位。同时发挥财政资金的引导作用,促进电子商务进农村。(财政部、商务部)营造线上线下企业公平竞争的税收环境。(财政部、税务总局)线上线下互动发展企业符合高新技术企业或技术先进型服务企业认定条件的,可按现行税收政策规定享受有关税收优惠。(财政部、科技部、税务总局)积极推广网上办税服务和电子发票应用。(税务总局、财政部、发展改革委、商务部)

（十五）**加大金融支持力度**。支持线上线下互动企业引入天使投资、创业投资、私募股权投资,发行企业债券、公司债券、资产支持证券,支持不同发展阶段和特点的线上线下互动企业上市融资。支持金融机构和互联网企业依法合规创新金融产品和服务,加快发展互联网支付、移动支付、跨境支付、股权众筹融资、供应链金融等互联网金融业务。完善支付服务市场法律制度,建立非银行支付机构常态化退出机制,促进优胜劣汰和资源整合。健全互联网金融征信体系。(人民银行、发展改革委、银监会、证监会)

（十六）**规范市场秩序**。创建公平竞争的创业创新环境和规范诚信的市场环境,加强知识产权和消费者权益保护,防止不正当竞争和排除、限制竞争的垄断行为。推进社会诚信体系建设,强化经营主体信息公开披露,推动行政许可、行政处罚信息7个工作日内上网公开。建立健全电子商务信用记录,纳入"信用中国"网站和统一的信用信息共享交换平台,完善电子商务信用管理和信息共享机制。切实加强线上线下一体化监管和事中事后监管,健全部门联动防范机制,严厉打击网络领域制售假冒伪劣商品、侵犯知识产权、传销、诈骗等违法犯罪行为。(商务部、发展改革委、工业和信息化部、公安部、工商总局、质检总局、食品药品监管总局、知识产权局)

（十七）**加强人才培养**。鼓励各类企业、培训机构、大专院校、行业协会培养综合掌握商业经营管理和信息化应用知识的高端紧缺人才。支持有条件的地区建设电子商务人才继续教育基地,开展实用型电子商务人才培训。支持开展线上线下互动创新相关培训,引进高端复合型电子商务人才,为线上线下互动企业创新发展提供服务。(商务部、人力资源社会保障部、地方各级人民政府)

（十八）**培育行业组织**。支持行业协会组织根据本领域行业特点和发展需求制订行业服务标准和服务规范,倡导建立良性商业规则,促进行业自律发展。发挥第三方检验检测认证机构作用,保障商品和服务质量,监督企业遵守服务承诺,维护消费者、企业及个体创业者的正当权益。(商务部、工商总局、质检总局)

7. 国务院关于促进快递业发展的若干意见

发布机构:国务院

名称:国务院关于促进快递业发展的若干意见

文号:国发[2015]61号

成文日期:2015-10-23

发布日期:2015-10-26

内容概述:

各省、自治区、直辖市人民政府,国务院各部委、各直属机构:

快递业是现代服务业的重要组成部分,是推动流通方式转型、促进消费升级的现代化先导性产业。近年来,我国快递业发展迅速,企业数量大幅增加,业务规模持续扩大,服务水平不断提升,在降低流通成本、支撑电子商务、服务生产生活、扩大就业渠道等方面发挥了积极作用。但与此同时,快递业发展方式粗放、基础设施滞后、安全隐患较多、国际竞争力不强等问题仍较为突出。为促进快递业健康发展,进一步搞活流通、拉动内需,服务大众创业、万众创新,培育现代服务业新增长点,更好发挥快递业对稳增长、促改革、调结构、惠民生的作用,现提出以下意见。

一、总体要求

(一)**指导思想**。以解决制约快递业发展的突出问题为导向,以"互联网+"快递为发展方向,培育壮大市场主体,融入并衔接综合交通体系,扩展服务网络惠及范围,保障寄递渠道安全,促进行业转型升级和提质增效,不断满足人民群众日益增长的寄递需求,更好服务于国民经济和社会发展。

(二)**基本原则**。

市场主导。遵循市场发展规律,进一步开放国内快递市场,用市场化手段引导快递企业整合提升,鼓励企业持续提高服务能力和服务质量。进一步简政放权,发挥法律法规、规划、标准的规范引导作用,形成有利于快递业发展的市场环境。

安全为基。进一步强化安全生产红线意识,加强寄递安全制度体系建设,落实企业主体责任,夯实快递业安全基础。依靠科技手段创新管理方式、提升监管能力,保障寄递渠道安全。

创新驱动。鼓励不同所有制资本在快递领域交叉持股、相互融合,激发市场主体活力和创造力。支持快递企业加快推广应用现代信息技术,不断创新商业模式、服务形式和管理方式。

协同发展。推动快递业加快融入生产、流通和消费环节,充分发挥服务电子商务的主渠道作用,联通线上线下,实现与先进制造业、现代农业、信息技术等产业协同发展。

(三)发展目标。到 2020 年,基本建成普惠城乡、技术先进、服务优质、安全高效、绿色节能的快递服务体系,形成覆盖全国、联通国际的服务网络。

——产业规模跃上新台阶。快递市场规模稳居世界首位,基本实现乡乡有网点、村村通快递,快递年业务量达到 500 亿件,年业务收入达到 8000 亿元。

——企业实力明显增强。快递企业自主航空运输能力大幅提升,建设一批辐射国内外的航空快递货运枢纽,积极引导培育形成具有国际竞争力的大型骨干快递企业。

——服务水平大幅提升。寄递服务产品体系更加丰富,国内重点城市间实现 48 小时送达,国际快递服务通达范围更广、速度更快,服务满意度稳步提高。

——综合效益更加显著。年均新增就业岗位约 20 万个,全年支撑网络零售交易额突破 10 万亿元,日均服务用户 2.7 亿人次以上,有效降低商品流通成本。

二、重点任务

(四)培育壮大快递企业。鼓励各类资本依法进入快递领域,支持快递企业兼并重组、上市融资,整合中小企业,优化资源配置,实现强强联合、优势互补,加快形成若干家具有国际竞争力的企业集团,鼓励"走出去"参与国际竞争。大力提升快递服务质量,实施品牌战略,建立健全行业安全和服务标准体系,加强服务质量监测,降低快件延误率、损毁率、丢失率和投诉率,引导快递企业从价格竞争向服务竞争转变。积极推广快递保险业务,保障用户权益。支持骨干企业建设工程技术中心,开展智能终端、自动分拣、机械化装卸、冷链快递等技术装备的研发应用。

(五)推进"互联网+"快递。鼓励快递企业充分利用移动互联、物联网、大数据、云计算等信息技术,优化服务网络布局,提升运营管理效率,拓展协同发展空间,推动服务模式变革,加快向综合性快递物流运营商转型。引导快递企业与电子商务企业深度合作,促进线上线下互动创新,共同发展体验经济、社区经济、逆向物流等便民利商新业态。积极参与涉农电子商务平台建设,构建农产品快递网络,服务产地直销、订单生产等农业生产新模式。发挥供应链管理优势,积极融入智能制造、个性化定制等制造业新领域。支持快递企业完善信息化运营平台,发展代收货款等业务。

(六)构建完善服务网络。实施快递"向下、向西、向外"工程,建设快递专业类物流园区、快件集散中心和快递末端服务平台,完善农村、西部地区服务网络,构建覆盖国内外的快件寄递体系。支持快递企业加强与农业、供销、商贸企业的合作,打造"工业品下乡"和"农产品进城"双向流通渠道,下沉带动农村消费。鼓励快递企业发展跨境电商快递业务,加大对快递企业"走出去"的服务力度,在重点口岸城市建设国际快件处理中心,探索建立"海外仓"。鼓励传统邮政业进一步加快转型发展,支持邮政企业和快递企业创新合作模式,充分利用现有邮政网点优势,提高邮政基础设施利用效率。

(七)衔接综合交通体系。实施快递"上车、上船、上飞机"工程,加强与铁路、公路、水路、民航等运输企业合作,制定并实施快递设施通用标准,强化运输保障能力。在铁路枢纽配套建设快件运输通道和接驳场所,建立健全利用中欧班列运输邮(快)件机制。稳妥推进公路客运班车代运快件试点和快件甩挂运输方式,因地制宜发展快件水路运输,大力推动快件航空运输。在交通运输领域,完善快件处理设施和绿色通道,辐射带动电子商务等相关产业集聚。鼓励快递企业组建航空货运公司,在国际航线、航班时刻、货机购置等方面给予政策支持。

(八)**加强行业安全监管**。实施寄递渠道安全监管"绿盾"工程,全面推进快递企业安全生产标准化建设,落实邮政业安全生产设备配置规范等强制性标准,明确收寄、分拣、运输、投递等环节的安全要求。落实快递企业和寄件人安全责任,完善从业人员安全教育培训制度,筑牢寄递渠道安全基础。强化安全检查措施,严格执行收寄验视制度,加强对进出境快件的检疫监管,从源头防范禁寄物品流入寄递渠道。积极利用信息技术提升安全监管能力,完善快递业安全监管信息平台,健全信息采集标准和共享机制,实现快件信息溯源追查,依法严格保护个人信息安全。落实寄递渠道安全管理工作机制,加强跨部门、跨区域协作配合,提升安全监管与应急处置能力。

三、政策措施

(九)**深入推进简政放权**。深化快递行业商事制度改革,探索对快递企业实行同一工商登记机关管辖范围内"一照多址"模式。简化快递业务经营许可程序,改革快递企业年度报告制度,精简企业分支机构、末端网点备案手续。发挥电子口岸、国际陆港等"一站式"通关平台优势,扩大电子商务出口快件清单核放、汇总申报通关模式的适用地域范围,实现进出境快件便捷通关。

(十)**优化快递市场环境**。充实监管力量,创新监管方式,强化事中事后监管,全面提升市场监管能力。建立健全用户申诉与执法联动机制,依法查处违法违规行为,规范市场经营秩序。发挥行业自律和社会监督作用,利用企业信用信息公示系统和行业监管信息系统,建立违法失信主体"黑名单"及联合惩戒制度,营造诚实守信的市场环境。

(十一)**健全法规规划体系**。加快制定快递条例和相关法规规章,提高快递业法治化、标准化水平。编制快递业发展"十三五"规划和重点区域规划,与综合交通运输、物流业、现代服务业、电子商务、物流园区等专项规划做好衔接。有关方面要将发展快递业纳入国民经济和社会发展规划,在城乡规划、土地利用规划、公共服务设施规划中合理安排快递基础设施的布局建设。

(十二)**加大政策支持力度**。中央预算内投资通过投资补助和贴息等方式,支持农村和西部地区公益性、基础性快递基础设施建设,各级财政专项资金要将符合条件的企业和项目纳入支持范围。快递企业可按现行规定申请执行省(区、市)内跨地区经营总分支机构增值税汇总缴纳政策,依法享受企业所得税优惠政策。各地区要在土地利用总体规划和年度用地计划中统筹安排快递专业类物流园区、快件集散中心等设施用地,研究将智能快件箱等快递服务设施纳入公共服务设施规划。鼓励金融机构创新服务方式,开展适应快递业特点的抵押贷款、融资租赁等业务。快递企业用电、用气、用热价格按照不高于一般工业标准执行。

(十三)**改进快递车辆管理**。制定快递专用机动车辆系列标准,及时发布和修订车辆生产企业和产品公告。各地要规范快递车辆管理,逐步统一标志,对快递专用车辆城市通行和临时停靠作业提供便利。研究出台快递专用电动三轮车国家标准以及生产、使用、管理规定。各地可结合实际制定快递专用电动三轮车用于城市收投服务的管理办法,解决"最后一公里"通行难问题。

（十四）**建设专业人才队伍**。引导高等学校加强物流管理、物流工程等专业建设，支持职业院校开设快递相关专业。探索学校、科研机构、行业协会和企业联合培养人才模式，建立一批快递人才培训基地。实施快递人才素质提升工程，建立健全人才评价制度，落实就业创业和人才引进政策。支持快递企业组织从业人员参加相关职业培训和职业技能鉴定，对符合条件的企业和人员可按规定给予补贴。

四、组织实施

各地区、各有关部门要充分认识促进快递业健康发展的重要意义，加强组织领导，健全工作机制，强化协同联动，加大支持力度，为快递业发展营造良好环境。各地区要根据本意见，结合本地区实际情况研究出台有针对性的支持措施并认真抓好落实。各有关部门要各负其责，按照职责分工抓紧制定相关配套措施。交通运输部、发展改革委、邮政局会同有关部门负责对本意见落实工作的统筹协调、跟踪了解、督促检查。

8. 国务院办公厅关于深入实施 "互联网＋流通"行动计划的意见

发布机构:国务院办公厅

名称:国务院办公厅关于深入实施"互联网＋流通"行动计划的意见

文号:国办发[2016]24号

成文日期:2016－04－15

发布日期:2016－04－21

内容概述:

各省、自治区、直辖市人民政府,国务院各部委、各直属机构:

"互联网＋流通"正在成为大众创业、万众创新最具活力的领域,成为经济社会实现创新、协调、绿色、开放、共享发展的重要途径。实施"互联网＋流通"行动计划,有利于推进流通创新发展,推动实体商业转型升级,拓展消费新领域,促进创业就业,增强经济发展新动能。为贯彻落实国务院决策部署,深入实施"互联网＋流通"行动计划,进一步推进线上线下融合发展,从供需两端发力,实现稳增长、扩消费、强优势、补短板、降成本、提效益,经国务院同意,现提出以下意见。

一、加快推动流通转型升级

以满足消费者需求为中心,积极开展全渠道经营,支持企业突出商品和服务特色,充分应用移动互联网、物联网、大数据等信息技术,在营销、支付、售后服务等方面线上线下互动,全方位、全天候满足消费需求,降低消费成本。(商务部、国家发展改革委、新闻出版广电总局,地方各级人民政府)大力发展体验消费,引导有条件的企业利用现有商业设施改造发展消费体验示范中心,合理布局购物、餐饮、休闲、娱乐、文化、培训、体育、保健等体验式消费业态,增强实体店体验式、全程式服务能力。(商务部、文化部、新闻出版广电总局、体育总局,地方各级人民政府)着力提高供应链管理控制能力,鼓励百货等零售业态积极发展"买手制",不断提高自营和自主品牌商品比例,通过发展连锁经营、采购联盟等多种组织形式降本增效,提高利用信息化、网络化、智能化技术实现转型升级的能力。(商务部、国家发展改革委,地方各级人民政府)增强老字号等传统品牌影响力,积极运用互联网,创新生产工艺和商业模式,弘扬民族、技艺等优秀传统文化,开展知名品牌示范区创建工作,线上线下互动传播中国品牌。(商务部、工业和信息化部、文化部、质检总局,地方各级人民政府)推动商品交易市场利用互联网创新商业模式,拓展服务功能,加快平台化发展,以转型升级实现市场结构优化、提质增效,带动产业优化重组,发挥好引导生产、促进消费的作用。(商务部、国家发展改革委、国土资源部,地方各级人民政府)

二、积极推进流通创新发展

鼓励发展分享经济新模式，密切跟踪借鉴国外分享经济发展新特点新趋势，结合部门和地方实际创新政府管理和服务，激发市场主体创业创新活力，鼓励包容企业利用互联网平台优化社会闲置资源配置，拓展产品和服务消费新空间新领域，扩大社会灵活就业。（中央网信办、国家发展改革委、工业和信息化部、人力资源社会保障部、商务部、工商总局、国家旅游局、国家邮政局等有关部门，地方各级人民政府）支持发展协同经济新模式，通过众创、众包、众扶等多种具体形式，围绕产业链、供应链、服务链建立上下游企业、创业者之间的垂直纵深与横向一体化协作关系，提升社会化协作水平和资源优化配置能力。（国家发展改革委、科技部、工业和信息化部、商务部、新闻出版广电总局，地方各级人民政府）大力发展流通创新基地，为中小企业应用互联网创业创新提供集群注册、办公场地、基础通信、运营指导、人才培训、渠道推广、信贷融资等软硬件一体化支撑服务。（商务部、科技部、人力资源社会保障部、工商总局，地方各级人民政府）

三、加强智慧流通基础设施建设

加大对物流基地建设、冷链系统建设等的政策性扶持力度，科学规划和布局物流基地、分拨中心、公共配送中心、末端配送网点，加大流通基础设施投入，支持建设农产品流通全程冷链系统，重点加强全国重点农业产区冷库建设。加大农村宽带建设投入，加快提速降费进程，努力消除城乡"数字鸿沟"。加大流通基础设施信息化改造力度，充分利用物联网等新技术，推动智慧物流配送体系建设，提高冷链设施的利用率。科学发展多层次物流公共信息服务平台，整合各类物流资源，提高物流效率，降低物流成本。（国家发展改革委、商务部、工业和信息化部、财政部、国土资源部、住房城乡建设部、交通运输部、农业部、国务院国资委、质检总局、新闻出版广电总局、国家邮政局，地方各级人民政府）推进电子商务与物流快递协同发展，及时总结协同发展试点成果，形成可复制、可推广的制度、做法和经验，着力解决快递运营车辆规范通行、末端配送、电子商务快递从业人员基本技能培训等难题，补齐电子商务物流发展短板。（商务部、国家邮政局，试点城市人民政府）

四、鼓励拓展智能消费新领域

鼓励具备条件的城市探索构建线上线下融合发展的体验式智慧商圈，促进商圈内不同经营模式和业态优势互补、信息互联互通、消费客户资源共享，抱团向主动服务、智能服务、立体服务和个性化服务转变，提高商圈内资源整合能力和消费集聚水平。（商务部、国家发展改革委、科技部、工业和信息化部、国土资源部、环境保护部、住房城乡建设部，地方各级人民政府）加快实施特色商业街区示范建设工程，发掘地方资源禀赋优势，提高产品和服务特色化、差异化、精准化、数字化营销推广能力，振兴城镇商业。（商务部、住房城乡建设部、国家旅游局，地方各级人民政府）拓展智能消费领域，积极开发虚拟现实、现实增强等人工智能新技术新服务，大力推广可穿戴、生活服务机器人等智能化产品，提高智能化产品和服务的供给能力与水平。（国家发展改革委、工业和信息化部、科技部，地方各级人民政府）

五、大力发展绿色流通和消费

推广绿色商品,限制高耗能、高污染、高环境风险、过度包装产品进入流通和消费环节。开展绿色商场示范活动,大力宣传贯彻绿色商场国家标准、行业标准,创建一批集门店节能改造、节能产品销售和废弃物回收于一体的绿色商场。推动仓储配送与包装绿色化发展,提高商贸物流绿色化发展水平。推动"互联网+回收"模式创新,利用大数据、云计算等技术优化逆向物流网点布局,鼓励在线回收,加强生活垃圾分类回收和再生资源回收有机衔接。开展"绿色产品进商场、绿色消费进社区、绿色回收进校园"主题宣传活动,推动形成崇尚节俭、科学、绿色的消费理念和生活方式。(商务部、国家发展改革委、教育部、工业和信息化部、国土资源部、环境保护部、住房城乡建设部、质检总局、新闻出版广电总局、供销合作总社,地方各级人民政府)

六、深入推进农村电子商务

坚持市场运作,充分发挥各类市场主体参与农村电子商务发展的动力和创造力。促进农产品网络销售,以市场需求为导向,鼓励供销合作社等各类市场主体拓展适合网络销售的农产品、农业生产资料、休闲农业等产品和服务,引导电子商务企业与新型农业经营主体、农产品批发市场、连锁超市等建立多种形式的联营协作关系,拓宽农产品进城渠道,突破农产品冷链运输瓶颈,促进农民增收,丰富城市供应。畅通农产品流通,切实降低农产品网上销售的平台使用、市场推广等费用,提高农村互联网和信息化技术应用能力。鼓励电子商务企业拓展农村消费市场,针对农村消费习惯、消费能力、消费需求特点,从供给端提高商品和服务的结构化匹配能力,带动工业品下乡,方便农民消费。鼓励邮政企业等各类市场主体整合农村物流资源,建设改造农村物流公共服务中心和村级网点,切实解决好农产品进城"最初一公里"和工业品下乡"最后一公里"问题。(商务部、国家发展改革委、工业和信息化部、财政部、交通运输部、农业部、质检总局、国家旅游局、国家邮政局、供销合作总社、中国邮政集团公司,地方各级人民政府)

七、积极促进电子商务进社区

大力发展社区电子商务,鼓励发展社区购物服务应用软件,加强电子商务企业与社区商业网点融合互动,开展物流分拨、快件自取、电子缴费等服务,提高社区商业的信息化、标准化、规范化、集约化水平,提升社区居民生活品质。(商务部、国土资源部、住房城乡建设部、质检总局,地方各级人民政府)完善"一站式"便民服务消费功能,支持老旧小区利用闲置房间、地下空间等打造多层次、多形式的便民服务点,将零散的社区服务资源进行线上线下整合,统筹建设和改造餐饮、住宿、家政、洗染、美容美发、维修、物流、金融、文化、娱乐、休闲等生活服务网点,让门店多起来,提高城市居民生活的便利性和城市发展竞争力。(商务部、国土资源部、住房城乡建设部、文化部、新闻出版广电总局,地方各级人民政府)

八、加快完善流通保障制度

组织开展道路货运无车承运人试点工作,允许试点范围内无车承运人开展运输业务。

(交通运输部、国家发展改革委)按照新修订的《高新技术企业认定管理办法》,落实"互联网＋流通"企业的申报认定工作。(科技部、财政部、税务总局,地方各级人民政府)推进工商用电同价,允许大型商贸企业参与电力直接交易,开展商业用户自主选择执行商业行业平均电价或峰谷分时电价试点。(国家发展改革委、商务部)发挥政府、行业协会作用,科学规划,合理布局,盘活存量,优化增量,鼓励各地采取先买后租、先建后租等多种有力措施,引导降低实体店铺租金,保障社区菜市场、社区食堂等惠民便民服务设施低成本供给,引导线上企业到线下开设实体店,推动线上线下融合发展。阶段性适当降低困难流通企业住房公积金缴存比例。(住房城乡建设部、财政部、商务部、人民银行,地方各级人民政府)

九、发挥财政资金引导带动作用

积极推进"互联网＋流通"行动,着力降低流通成本,提高流通效率,扩大有效供给,鼓励有条件的地方设立"互联网＋流通"发展基金,引导社会资本、境外资本加大对流通领域互联网等信息技术应用的投入。(地方各级人民政府)

十、增强流通领域公共服务支撑能力

鼓励整合建设商务公共服务云平台,对接相关部门服务资源,为流通领域提供政策与基础信息服务,为中小微企业提供商业通用技术应用服务。加快建立健全电子商务统计监测体系,建设真实准确的企业、商品、订单、合同、发票、物流运单等电子商务基础信息库,支撑电子商务市场高效规范运行。(商务部、国家统计局、工业和信息化部、工商总局、质检总局、国家邮政局,地方各级人民政府)加大教育培训结构调整力度,加强电子商务人才继续教育,提高线上线下互动实战能力,培养既懂流通又懂创意创新和网络运营的复合型人才。指导支持各类电子商务创新创意创业大赛,对接行业机构、投融资机构,发现优秀的创业创新项目和创业创新人才。(商务部、教育部)

十一、健全流通法规标准体系

抓紧研究商品流通、电子商务等方面的立法,研究建立流通设施建设、商品流通保障、流通秩序维护等基本制度,解决流通发展中的体制机制问题。(商务部、国家发展改革委、农业部、国务院法制办)研究梳理现行法律法规中与互联网在流通领域创新应用和管理不相适应的内容,加快修订完善,推动线上线下规则统一。(有关部门按职责分工分别负责)健全批发、零售、物流、生活服务、商务服务领域标准体系,加强适应电子商务发展需要的农产品生产、采摘、检验检疫、分拣、分级、包装、配送和"互联网＋回收"等标准体系建设,加大标准贯彻实施力度,引导企业规范化发展。(商务部、国家发展改革委、农业部、质检总局)

十二、营造诚信经营公平竞争环境

适应"互联网＋流通"发展需要,不断创新监管手段,采取合理的监管方式,加强事中事后监管,加大对侵权假冒、无证无照经营、虚假交易等行为的打击力度,保障群众买到质优价廉的商品,放心消费、安全消费。鼓励平台型服务企业利用技术手段加强对违法违规行为的监测、识别和防范,主动与执法部门建立联防联控机制;严厉打击平台型服务企业包庇、纵容违法违规经营行为,营造保障"互联网＋流通"行动计划顺利实施的法治化营商环境。(商务部、工商总局、质检总局、食品药品监管总局)推进商务信用体系建设,结合"三证合一、一照一码"登记制度改革,充分利用全国信用信息共享平台和企业信用信息公示系统,健全政府部门信用信息共享机制,并通过"信用中国"网站向社会提供服务,建立基于消费者交易评价和社会公众综合评价的市场化企业信用信息采集、共享与使用机制,不断优化评价标准和方法,形成多方参与、标准统一的商务诚信体系。(商务部、国家发展改革委、工业和信息化部、人民银行、工商总局、质检总局)

9.《物流业降本增效专项行动方案(2016—2018年)》

发布机构:国务院办公厅

名称:国务院办公厅关于转发国家发展改革委物流业降本增效专项行动方案(2016—2018年)的通知

文号:国发[2016]69号

成文日期:2016-09-13

发布日期:2016-09-26

内容概述:

各省、自治区、直辖市人民政府,国务院各部委、各直属机构:

国家发展改革委《物流业降本增效专项行动方案(2016—2018年)》已经国务院同意,现转发给你们,请认真贯彻执行。

一、总体要求

(一)指导思想

全面贯彻党的十八大和十八届三中、四中、五中全会精神,按照"五位一体"总体布局和"四个全面"战略布局,牢固树立和贯彻落实创新、协调、绿色、开放、共享的发展理念,认真落实党中央、国务院决策部署,聚焦影响物流业健康发展的突出矛盾和瓶颈制约,以创新体制机制为动力,以推广应用先进技术和管理手段为支撑,以完善落实物流管理和支持政策为路径,加快补齐软硬件短板,深入推进大众创业万众创新,大力发展新模式新业态,激发市场活力,优化物流资源配置,促进物流业跨界融合,建立标准化、信息化、网络化、集约化、智慧化的现代物流服务体系,降低物流成本,提高社会物流运行效率。

(二)基本原则

深化改革、协同推进。加大简政放权、放管结合、优化服务改革力度,深化物流领域体制改革,打破制约行业发展的体制机制障碍,加强统筹规划和部门协同,形成政策合力,营造良好发展环境。

问题导向、重点突破。聚焦突出问题出实招,找准薄弱环节补短板,率先在若干重点领域取得突破,夯实行业发展基础,提升物流社会化、专业化水平。

市场主导、创新驱动。发挥市场在资源配置中的决定性作用,激发企业创新的内生动力,鼓励先进技术装备应用,大力推进物流业与大众创业万众创新融合发展,推动业态创新、管理创新、服务创新。

联动融合、全面提升。推动物流与制造、交通、贸易、金融等行业深度融合,提升物流综合服务能力,优化整合产业资源,增强产业整体竞争力。

（三）主要目标

到 2018 年,物流业降本增效取得明显成效,建立支撑国民经济高效运行的现代物流服务体系。

——物流基础设施衔接更加顺畅。初步形成布局合理、覆盖广泛、便捷高效的物流基础设施网络,重要枢纽节点的物流服务功能更加完备,城乡配送体系更加健全。

——物流企业综合竞争力显著提升。物流企业一体化运作、网络化经营能力明显增强,供应链管理服务水平大幅提升,形成一批技术先进、模式创新、竞争力强的综合物流服务提供商。

——现代物流运作方式广泛应用。多式联运、甩挂运输、共同配送等先进物流运输组织方式加快发展,物联网、大数据等先进技术广泛应用,物流业态、模式创新取得突破,信息化、标准化、集装化水平显著提升。

——行业发展环境进一步优化。税收、土地等政策支持体系更加完善,乱收费、乱罚款的状况得到根本改变,物流一体化高效运作的体制机制制约基本消除,行业诚信体系进一步健全,有利于物流业创新发展的生态体系基本形成。

——物流整体运行效率显著提高。全社会物流总费用占国内生产总值(GDP)的比重较 2015 年降低 1 个百分点以上;工业企业物流费用率(物流费用与销售总额之比)由 2014 年的8.9%降至 8.5%左右,批发零售企业物流费用率由 7.7%降至 7.3%左右。

二、重点行动

（四）简政放权,建立更加公平开放规范的市场新秩序

（1）优化行业行政审批。按照简政放权、放管结合、优化服务改革要求,在确保企业生产运营安全的基础上,清理、归并和精简具有相同或相似管理对象、管理事项的物流企业和物流从业人员的证照资质,加强事中事后监管。深入推进物流领域商事制度改革,加快推行"五证合一、一照一码"、"先照后证"和承诺制,简化办理程序。适应物流企业经营特点,支持地方进一步放宽企业住所和经营场所登记条件,鼓励物流企业网络化经营布局。（交通运输部、工商总局、质检总局、海关总署、国家邮政局等部门按职责分工负责,2016 年底前完成）

（2）深化公路、铁路、民航等领域改革。优化公路超限运输行政许可办理流程,提高审批效率。完善货运司机诚信管理制度,研究解决司机异地从业诚信结果签注问题。（交通运输部负责,2018 年底前完成）深化铁路货运改革,适度引入竞争,鼓励铁路运输企业与港口企业、物流园区等开展合资合作。推动国家铁路与地方铁路有效衔接,提高铁路资源利用率。支持铁路货运场站向综合物流基地转型升级,发展高铁快运及电商班列等铁路快捷货运产品,提高铁路物流服务质量。推动航空货运企业兼并重组、做强做大,增强高端物流市场服务能力。鼓励公路、铁路、民航部门和企业整合资源,加强合作,开展一体化物流运作。（国家发展改革委、交通运输部牵头,国务院国资委、中国民航局、中国铁路总公司按职责分工负责,持续推进）

（3）优化货运车辆通行管控。指导各地开展城市配送需求量调查等前瞻性研究。对企业从事生活必需品、药品、鲜活农产品和冷藏保鲜产品配送,以及使用节能与新能源车辆从事配送的,优先给予通行便利。合理确定配送车辆停靠卸货区域。规范公路超限治理处罚

标准,减少执法中的自由裁量权。(交通运输部、公安部、商务部牵头,工业和信息化部、国家邮政局、国家标准委、国家发展改革委按职责分工负责,2017年底前完成)

（4）推动货物通关便利化。落实信息互换、监管互认、执法互助,推进"单一窗口"建设和"一站式作业"改革,提高通关效率。(海关总署、质检总局牵头,交通运输部、商务部、公安部按职责分工负责,2017年底前完成)

（5）提升行业监管水平。依托国家交通运输物流公共信息平台,推动政务信息资源共享和业务协同,加强物流运行监测、安全监管等大数据平台建设,通过数据收集、分析和管理,加强事中事后监管,提高物流运行监测、预测预警、公共服务能力。(交通运输部、公安部、国家发展改革委、工业和信息化部按职责分工负责,持续推进)

（五）降税清费,培育企业创新发展新动能

（6）完善物流领域增值税政策。通过全面推开营改增改革试点,进一步消除重复征税,扩大交通运输业的进项税抵扣范围,降低企业税收负担。(财政部、税务总局牵头,国家发展改革委、交通运输部按职责分工负责,持续推进)结合增值税立法,积极研究统一物流各环节增值税税率问题。(财政部、税务总局按职责分工负责,根据增值税立法进程推进)物流企业可按照现行增值税汇总缴纳有关规定申请实行汇总纳税,鼓励物流企业一体化、网络化、规模化运作。(财政部、税务总局按职责分工负责,持续推进)

（7）降低物流企业运输收费水平。抓紧修订《收费公路管理条例》,调整完善收费公路政策,科学合理确定车辆通行费标准。(交通运输部、国家发展改革委、财政部按职责分工负责,2017年底前完成)逐步有序取消政府还贷二级公路收费。贯彻落实《道路运输车辆技术管理规定》,取消营运车辆二级维护强制性检测。(交通运输部、国家发展改革委、财政部按职责分工负责,持续推进)

（8）规范物流领域收费行为。督促港口、铁路、航空等企业严格落实明码标价制度,实行进出口环节收费目录清单制,推进收费管理制度化、科学化、透明化。(国家发展改革委、交通运输部、财政部牵头,质检总局、海关总署、中国民航局、中国铁路总公司按职责分工负责,2017年6月底前完成)

（9）调整完善相关管理政策。落实"互联网＋"行动要求,完善物流业相关管理政策,鼓励企业开展创新。(国家发展改革委、交通运输部牵头,工业和信息化部、国家网信办、税务总局按职责分工负责,2018年底前完成)支持依托互联网平台的无车承运人发展。研究完善交通运输业个体纳税人异地代开增值税专用发票管理制度。(交通运输部、税务总局按职责分工负责,2017年底前完成)

（六）补短强基,完善支撑物流高效运行的设施和标准体系

（10）建立与现代产业体系相匹配的国家级物流枢纽体系。按照服务现代产业发展的要求和物流业围绕节点城市、沿交通通道集群式发展的特点,结合"一带一路"建设、京津冀协同发展、长江经济带发展三大战略,研究编制国家级物流枢纽设施布局和建设规划,运用大数据等先进信息技术,科学测算货物的流量流向,兼顾存量、优化增量,布局和完善一批具有多式联运功能的综合物流枢纽,统筹推进公路、铁路、水运、民航等基础设施无缝衔接。(国家发展改革委、交通运输部牵头,中国民航局、中国铁路总公司按职责分工负责,2017年底前完成)

（11）健全有效衔接的物流标准体系。综合梳理各项国家标准、行业标准,加强不同领域、国内与国际标准间的协调衔接。根据行业发展需求,加快制修订冷链物流、绿色物流等方面标准。培育发展物流团体标准,鼓励企业制定严于国家和行业标准、具有竞争力的企业标准,促进政府主导制定标准与市场自主制定标准的协同发展,构建体系完备、高效协调的新型物流标准体系。(国家标准委牵头,国家发展改革委、商务部、工业和信息化部、交通运输部、中国铁路总公司按职责分工负责,2018年底前完成)完善物流服务规范,研究出台提高物流服务质量的相关意见。(质检总局、国家发展改革委按职责分工负责,2016年底前完成)大力推广托盘(1.2米×1米)、周转箱、集装箱等标准化装载单元循环共用,鼓励企业建立区域性、全国性托盘循环共用系统,在快速消费品、农产品、药品等领域开展试点,支持开展托盘租赁、维修等延伸服务。(商务部、财政部、国家发展改革委按职责分工负责,2016年底前完成)加强各类物流标准的宣传贯彻工作。(国家标准委、国家发展改革委按职责分工负责,持续推进)

（12）构建高效运行的多式联运体系。依托国际、国内物流大通道,加强繁忙区段扩能改造,支持主要港口、大型综合性物流园区集疏运体系建设,着力解决"最后一公里"问题,加快形成贯通内外的多式联运网络体系。大力发展铁水联运、公铁联运、陆空联运等先进运输组织方式,发挥铁路、水运干线运输优势。开展多式联运、集装箱铁水联运等示范工程,加强在设施标准、运载工具、管理规则、信息系统等方面的统一衔接,提高干线运输效率和一体化服务水平。(交通运输部、国家发展改革委牵头,工业和信息化部、商务部、海关总署、中国铁路总公司按职责分工负责,2017年底前完成)

（13）完善城市物流配送体系。优化城市物流基础设施布局,完善城市三级配送网络。依托重要交通枢纽、物流集散地规划建设或改造升级一批集运输、仓储、配送、信息交易于一体的综合物流服务基地,促进干线运输与城市配送有效衔接。加强公用型城市配送节点建设,优化配送相关设施布局,引导仓储配送资源开放共享。鼓励中心城区铁路货场转型发展为城市配送中心。支持城市末端配送点建设,大力发展智能快件箱。按照共享经济理念探索发展集约化的新型城市配送模式。在有条件的城市研究推行"分时段配送"、"夜间配送"。(商务部、国家发展改革委、交通运输部牵头,国家邮政局、公安部、住房城乡建设部、中国铁路总公司按职责分工负责,持续推进)

（14）健全农村物流配送网络。建立农村物流大企业联盟,推动物流企业、电商企业和邮政企业、供销合作社等充分利用现有物流资源开展深度合作,推动县级仓储配送中心、农村物流快递公共取送点建设,完善县乡村三级物流配送网络。(国家发展改革委、商务部牵头,国家邮政局、供销合作总社、交通运输部、国土资源部、工业和信息化部按职责分工负责,2017年底前完成)加大对农产品冷链物流设施和农产品批发市场建设的支持力度,促进工业品下乡和农产品进城的双向流通。(国家发展改革委、商务部按职责分工负责,持续推进)

（七）互联互通,建立协作共享和安全保障新机制

（15）促进物流信息互联共享。推动物流活动信息化、数据化。依托国家交通运输物流公共信息平台,加强信息平台接口标准的制定和推广。(交通运输部、国家发展改革委按职责分工负责,2017年底前完成)结合现代物流创新发展城市试点,建立政府物流数据公开目录,促进政府数据资源整合和开放共享。推动各类物流信息平台互联互通,促进综合交通运输信息和物流服务信息等有效衔接。开展物流大数据应用示范,鼓励政府、企业间的物流大数据共享协作,为提高物流资源配置效率提供基础支撑。(国家发展改革委、交通运输部牵头,工业和信息化部、商务部、公安部、海关总署、质检总局、工商总局、税务总局、中国铁路总公司按职责分工负责,2018 年 6 月底前完成)

(16)鼓励信息平台创新发展。发挥物流信息平台在优化整合物流资源、促进信息互联互通、提高物流组织化程度中的重要作用,扶持运输配载、跟踪追溯、库存监控等各类专业化、特色化的物流信息平台创新发展,提供追踪溯源、数据分析、担保结算、融资保险、信用评价等增值服务。推动物流信息平台与供应链上下游企业系统对接,增强协同运作能力。(国家发展改革委、交通运输部牵头,工业和信息化部、商务部、国家网信办按职责分工负责,持续推进)

(17)完善物流行业诚信体系。依托全国信用信息共享平台和各类行业信用信息平台、专业化物流信息平台等,加强物流行业与公安、工商、交通、保险等部门的信息共享,建立物流从业单位和从业人员信用信息档案,定期发布严重失信"黑名单",并通过企业信用信息公示系统、"信用中国"网站等及时向社会公开,完善物流企业及相关责任主体守信激励和失信惩戒机制。(国家发展改革委、交通运输部牵头,人民银行、商务部、公安部、海关总署、质检总局、工商总局、税务总局等部门按职责分工负责,2017 年底前完成)

(18)加强物流业网络安全保障。加强国家交通运输物流公共信息平台等关键信息基础设施的信息安全等级保护工作,落实数据库安全管理等各项网络安全保障措施,明确网络安全保障责任,保障数据信息安全。建立防范物流业网络安全风险和打击物流业网络违法犯罪工作机制,保障物流业网络安全。(公安部、交通运输部牵头,工业和信息化部、国家发展改革委等部门按职责分工负责,持续推进)

(八)联动融合,构建产业链共赢新格局

(19)推动物流业与制造业联动发展。结合"中国制造 2025"战略部署,鼓励物流企业面向制造业转型升级需求,拓展提升综合服务能力,为生产企业提供采购物流、入厂物流、交付物流、回收物流等精细物流服务,重塑业务流程,建立面向企业用户的一体化智慧供应链管理服务体系,推动物流业与制造业协调发展,进一步降低产业物流成本。(国家发展改革委、工业和信息化部按职责分工负责,持续推进)

(20)促进交通物流融合发展。加强物流服务设施和交通运输干线网络的衔接,加强铁路、港口物流基地与公路的衔接配套,推动建设一批专用铁路、公路进港和引入产业园区项目,完善公路物流枢纽服务功能,解决枢纽布局不合理、集疏运体系不畅、信息孤岛现象突出等问题,推动现代物流与交通运输一体化融合发展,提高综合效率效益和服务水平。(国家发展改革委、交通运输部、中国铁路总公司牵头,国土资源部、住房城乡建设部按职责分工负责,2017 年 6 月底前完成)

(21)促进商贸业与物流业融合发展。加强大数据、云计算等技术应用,探索"商贸+互联网+物流"融合发展新模式,增强物流协同服务能力,提升物流服务质量和效率,降低实体商贸企业的物流成本。加强商贸企业现有渠道资源整合利用,满足电商企业多样化、分散化、及时性销售的物流需求,延伸商贸业的服务链条,促进行业转型升级。(商务部、国家发展改革委、工业和信息化部按职责分工负责,持续推进)

三、保障措施

（九）加大对重要物流基础设施建设的投资支持

各地发展改革部门要会同相关方面建立重要物流基础设施项目建设的协调机制和绿色审核通道，并将物流基础设施项目纳入现代物流重大工程进行调度，加强横向联动、有机衔接，形成工作合力。（国家发展改革委牵头，2016年底前完成）中央和地方资金要通过现有渠道积极支持符合条件的多式联运转运设施、城乡配送网络、农产品冷链物流、物流标准化和信息化等物流项目建设，发挥政府投资示范带动作用。（国家发展改革委牵头，商务部、交通运输部、财政部、国家邮政局等部门按职责分工负责，持续推进）

（十）完善落实支持物流业发展的用地政策

在土地利用总体规划、城市总体规划、综合交通规划、商业网点规划中充分考虑并统筹保障物流业发展的合理用地需求。优化物流业用地空间布局，合理确定用地规模和强度，研究提高土地利用效率，降低土地使用成本。相关开发建设须符合法定规划要求，不得随意更改。（国土资源部、住房城乡建设部牵头，国家发展改革委、商务部按职责分工负责，持续推进）在《城市用地分类与规划建设用地标准》修订工作中，统筹考虑物流配送相关设施用地分类和标准问题。（住房城乡建设部负责，2017年底前完成）

（十一）拓宽物流企业投资融资渠道

银行业金融机构要探索适合物流业发展特点的信贷产品和服务方式，在商业可持续、风险可控的前提下，进一步加大信贷支持力度。积极推动供应链金融服务持续健康发展。支持符合条件的企业通过发行公司债券、企业债券和上市等多种方式拓宽融资渠道，支持物流企业发行非金融企业债务融资工具筹集资金。创新投融资支持方式，鼓励社会资本以市场化方式设立现代物流产业投资基金，支持重点企业重要物流基础设施项目建设，培育形成一批具有较强国际竞争力的现代物流企业集团。（人民银行、银监会、国家发展改革委按职责分工负责，持续推进）

（十二）发挥好行业协会作用

积极发挥行业协会在行业运行监测、标准制订与宣传推广、职业培训、行业自律、诚信体系建设、国际合作等方面的作用，引导支持企业加快技术创新和服务创新，加强内部管理，提升物流服务水平，共同推动物流行业健康有序发展。（国务院国资委、相关行业协会负责，持续推进）

10.国务院办公厅关于推动实体零售创新转型的意见

发布机构:国务院办公厅

名称:国务院办公厅关于推动实体零售创新转型的意见

文号:国发[2016]78号

成文日期:2016-11-02

发布日期:2016-11-11

内容概述:

各省、自治区、直辖市人民政府,国务院各部委、各直属机构:

实体零售是商品流通的重要基础,是引导生产、扩大消费的重要载体,是繁荣市场、保障就业的重要渠道。近年来,我国实体零售规模持续扩大,业态不断创新,对国民经济的贡献不断增强,但也暴露出发展方式粗放、有效供给不足、运行效率不高等突出问题。当前,受经营成本不断上涨、消费需求结构调整、网络零售快速发展等诸多因素影响,实体零售发展面临前所未有的挑战。为适应经济发展新常态,推动实体零售创新转型,释放发展活力,增强发展动力,经国务院同意,现提出以下意见:

一、总体要求

(一)**指导思想**。全面贯彻党的十八大和十八届三中、四中、五中、六中全会精神和国务院决策部署,牢固树立创新、协调、绿色、开放、共享的发展理念,着力加强供给侧结构性改革,以体制机制改革构筑发展新环境,以信息技术应用激发转型新动能,推动实体零售由销售商品向引导生产和创新生活方式转变,由粗放式发展向注重质量效益转变,由分散独立的竞争主体向融合协同新生态转变,进一步降低流通成本、提高流通效率,更好适应经济社会发展的新要求。

(二)**基本原则**。坚持市场主导。市场是实体零售转型的决定因素,要破除体制机制束缚,营造公平竞争环境,激发市场主体活力,推动实体零售企业自主选择转型路径,实现战略变革、模式再造和服务提升。**坚持需求引领**。需求是实体零售转型的根本出发点,要适应消费需求新变化,引导实体零售企业补齐短板,增强优势,扩大有效供给,减少无效供给,增强商品、服务、业态等供给结构对需求变化的适应性和灵活性。**坚持创新驱动**。创新是实体零售转型的直接动力,要抢抓大众创业、万众创新战略机遇,加强互联网、大数据等新一代信息技术应用,大力发展新业态、新模式,进一步提高流通效率和服务水平。

二、调整商业结构

(三)**调整区域结构**。支持商业设施富余地区的企业利用资本、品牌和技术优势,由东部地区向中西部地区转移,由一二线城市向三四线城市延伸和下沉,形成区域竞争优势,培育新的增长点。支持商务、供销、邮政、新闻出版等领域龙头企业向农村延伸服务网络,鼓励发展一批集商品销售、物流配送、生活服务于一体的乡镇商贸中心,统筹城乡商业基础设施建设,实现以城带乡、城乡协同发展。

(四)调整业态结构。坚持盘活存量与优化增量、淘汰落后与培育新动能并举,引导业态雷同、功能重叠、市场饱和度较高的购物中心、百货店、家居市场等业态有序退出城市核心商圈,支持具备条件的及时调整经营结构,丰富体验业态,由传统销售场所向社交体验、家庭消费、时尚消费、文化消费中心等转变。推动连锁化、品牌化企业进入社区设立便利店和社区超市,加强与电商、物流、金融、电信、市政等对接,发挥终端网点优势,拓展便民增值服务,打造一刻钟便民生活服务圈。

(五)调整商品结构。引导企业改变千店一面、千店同品现象,不断调整和优化商品品类,在兼顾低收入消费群体的同时,适应中高端消费群体需求,着力增加智能、时尚、健康、绿色商品品种。积极培育世界级消费城市和国际化商圈,不断深化品牌消费集聚区建设,进一步推进工贸结合、农贸结合,积极开展地方特色产品、老字号产品"全国行"、"网上行"和"进名店"等供需对接活动,完善品牌消费环境,加快培育商品品牌和区域品牌。合理确定经营者、生产者责任义务,建立健全重要商品追溯体系,引导企业树立质量为先、信誉至上的经营理念,加强商品质量查验把关,用高标准引导生产环节品质提升,着力提升商品品质。

三、创新发展方式

(六)创新经营机制。鼓励企业加快商业模式创新,强化市场需求研究,改变引厂进店、出租柜台等传统经营模式,加强商品设计创意和开发,建立高素质的买手队伍,发展自有品牌、实行深度联营和买断经营,强化企业核心竞争力。推动企业管理体制变革,实现组织结构扁平化、运营管理数据化、激励机制市场化,提高经营效率和管理水平。强化供应链管理,支持实体零售企业构建与供应商信息共享、利益均摊、风险共担的新型零供关系,提高供应链管控能力和资源整合、运营协同能力。

(七)创新组织形式。鼓励连锁经营创新发展,改变以门店数量扩张为主的粗放发展方式,逐步利用大数据等技术科学选址、智能选品、精准营销、协同管理,提高发展质量。鼓励特许经营向多行业、多业态拓展,着力提高特许企业经营管理水平。引导发展自愿连锁,支持龙头企业建立集中采购分销平台,整合采购、配送和服务资源,带动中小企业降本增效。推进商贸物流标准化、信息化,培育多层次物流信息服务平台,整合社会物流资源,支持连锁企业自有物流设施、零售网点向社会开放成为配送节点,提高物流效率,降低物流成本。

(八)创新服务体验。引导企业顺应个性化、多样化、品质化消费趋势,弘扬诚信服务,推广精细服务,提高服务技能,延伸服务链条,规范服务流程。支持企业运用大数据技术分析顾客消费行为,开展精准服务和定制服务,灵活运用网络平台、移动终端、社交媒体与顾客互动,建立及时、高效的消费需求反馈机制,做精做深体验消费。支持企业开展服务设施人性化、智能化改造,鼓励社会资本参与无线网络、移动支付、自助服务、停车场等配套设施建设。

四、促进跨界融合

(九)促进线上线下融合。建立适应融合发展的标准规范、竞争规则,引导实体零售企业逐步提高信息化水平,将线下物流、服务、体验等优势与线上商流、资金流、信息流融合,拓展智能化、网络化的全渠道布局。鼓励线上线下优势企业通过战略合作、交叉持股、并购重组等多种形式整合市场资源,培育线上线下融合发展的新型市场主体。建立社会化、市场化的数据应用机制,鼓励电子商务平台向实体零售企业有条件地开放数据资源,提高资源配置效率和经营决策水平。

(十)**促进多领域协同**。鼓励发展设施高效智能、功能便利完备、信息互联互通的智慧商圈,促进业态功能互补、客户资源共享、大中小企业协同发展。大力发展平台经济,以流通创新基地为基础,培育一批为中小企业和创业者提供专业化服务的平台载体,提高协同创新能力。深化国有商贸企业改革,鼓励各类投资者参与国有商贸企业改制重组,积极发展混合所有制。鼓励零售企业与创意产业、文化艺术产业、会展业、旅游业融合发展,实现跨行业联动。

(十一)**促进内外贸一体化**。进一步提高零售领域利用外资的质量和水平,通过引入资本、技术、管理推动实体零售企业创新转型。优化食品、化妆品等商品进口卫生安全等审批程序,简化进口食品检验检疫审批手续,支持引进国外知名品牌。完善信息、交易、支付、物流等服务支撑,优化过境通关、外汇结算等关键环节,提升跨境贸易规模。鼓励内贸市场培育外贸功能,鼓励具有技术、品牌、质量、服务优势的外向型企业建立国内营销渠道。推动有条件的企业"走出去"构建海外营销和物流服务网络,提升国际化经营能力。

五、优化发展环境

(十二)**加强网点规划**。统筹考虑城乡人口规模和生产生活需求,科学确定商业网点发展建设要求,并纳入城乡规划和土地利用总体规划,推动商业与人口、交通、市政、生态环境协调发展。加强对城市大型商业网点建设的听证论证,鼓励其有序发展。支持各地结合实际,明确新建社区的商业设施配套要求,利用公有闲置物业或以回购廉租方式保障老旧社区基本商业业态用房需求。发挥行业协会、中介机构作用,支持建设公开、透明的商铺租赁信息服务平台,引导供需双方直接对接,鼓励以市场化方式盘活现有商业设施资源,减少公有产权商铺转租行为,有效降低商铺租金。

(十三)**推进简政放权**。推动住所登记改革,为连锁企业提供便利的登记注册服务,地方政府不得以任何形式对连锁企业设立非企业法人门店和配送中心设置障碍。进一步落实和完善食品经营相关管理规定。连锁企业从事出版物等零售业务,其非企业法人直营门店可直接凭企业总部获取的许可文件复印件到门店所在地主管部门备案。放宽对临街店铺装潢装修限制,取消不必要的店内装修改造审批程序。在保障公共安全的情况下,放宽对户外营销活动的限制。完善城市配送车辆通行制度,为企业发展夜间配送、共同配送创造条件。

(十四)**促进公平竞争**。健全部门联动和跨区域协同机制,完善市场监管手段,加快构建生产与流通领域协同、线上与线下一体的监管体系。严厉打击制售假冒伪劣商品、侵犯知识产权、不正当竞争、商业欺诈等违法行为。指导和督促电子商务平台企业加强对网络经营者的资格审查。强化连锁经营企业总部管理责任,重点检查企业总部和配送中心,减少对销售普通商品零售门店的重复检查。依法禁止以排挤竞争对手为目的的低于成本价销售行为,依法打击垄断协议、滥用市场支配地位等排除、限制竞争行为。充分利用全国信用信息共享平台,建立覆盖线上线下的企业及相关主体信用信息采集、共享与使用机制,并通过国家企业信用信息公示系统对外公示,健全守信联合激励和失信联合惩戒机制。

（十五）**完善公共服务**。加快建立健全连锁经营、电子商务、商贸物流、供应链服务等领域标准体系,从标准贯彻实施入手,开展实体零售提质增效专项行动,进一步提高竞争能力和服务水平。加强零售业统计监测和运行分析工作,整合各类信息资源,构建反映零售业发展环境的评价指标体系,引导各类市场主体合理把握开发节奏、科学配置商业资源。加快建设商务公共服务云平台,对接政府部门服务资源,发挥行业协会、专业服务机构作用,为企业创新转型提供技术、管理、咨询、信息等一体化支撑服务。鼓励开展多种形式的培训和业务交流,加大专业性技术人才培养力度,推动复合型高端人才合理流动,完善多层次零售业人才队伍,提高从业人员综合创新能力。

六、强化政策支持

（十六）**减轻企业税费负担**。落实好总分支机构汇总缴纳企业所得税、增值税相关规定。营造线上线下企业公平竞争的税收环境。零售企业设立的科技型子公司从事互联网等信息技术研发,符合条件的可按规定申请高新技术企业认定,符合条件的研发费用可按规定加计扣除。降低部分消费品进口关税。落实取消税务发票工本费政策,不得以任何理由强制零售企业使用冠名发票、卷式发票,大力推广电子发票。全面落实工商用电同价政策,在实行峰谷电价的地区,有条件的地方可以开展商业用户选择执行行业平均电价或峰谷分时电价试点。落实银行卡刷卡手续费定价机制改革方案,持续优化银行卡受理环境。

（十七）**加强财政金融支持**。有条件的地方可结合实际情况,发挥财政资金引导带动作用,对实体零售创新转型予以支持。用好国家新兴产业创业投资引导基金、中小企业发展基金,鼓励有条件的地方按市场化原则设立投资基金,引导社会资本加大对新技术、新业态、新模式的投入。积极稳妥扩大消费信贷,将消费金融公司试点推广至全国。采取多种方式支持零售企业线上线下融合发展的支付业务处理。创新发展供应链融资等融资方式,拓宽企业融资渠道。支持商业银行在风险可控、商业可持续的前提下发放中长期贷款,促进企业固定资产投资和兼并重组。积极研究通过应收账款、存货、仓单等动产质押融资模式改进和完善小微企业金融服务,通过创业担保贷款积极扶持符合条件的小微企业。

（十八）**开展试点示范带动**。支持有条件的地区完善政府引导推动、企业自主转型的工作机制,在财政、金融、人才、技术、标准化及服务体系建设等方面进行探索,推动实体零售创新转型。内贸流通体制改革发展综合试点城市要发挥先行先试优势,突破制约实体零售创新转型的体制机制障碍,探索形成可复制推广的经验。开展智慧商店、智慧商圈示范创建工作,及时总结推广成功经验,示范引领创新转型。

各地区、各部门要加强组织领导和统筹协调,加快研究制订具体实施方案和配套措施,明确责任主体、时间表和路线图,形成合力。商务部要会同有关部门加强业务指导和督促检查,综合运用第三方评估、社会监督评价等多种方式科学评估实施效果,推动各项任务措施落到实处。

江苏省

1.《关于加快发展生产性服务业促进产业结构调整升级的实施意见》

发布机构:江苏省人民政府

名称:省政府关于加快发展生产性服务业促进产业结构调整升级的实施意见

文号:苏政发[2015]41号

发文日期:2015-04-11

内容概述:关于加快发展生产性服务业促进产业结构调整升级的实施意见

一、总体要求

(一)指导思想

以邓小平理论、"三个代表"重要思想、科学发展观为指导,认真贯彻落实党的十八大、十八届二中三中四中全会和习近平总书记系列重要讲话精神,主动适应、积极引领经济发展新常态,深入推进转型升级工程,进一步科学规划布局,放宽市场准入,完善行业标准,营造良好环境,加快生产性服务业创新发展,实现生产制造与信息技术服务的深度融合,促进农业生产和工业制造现代化,推动我省产业结构优化升级,加快构建以服务经济为主的现代产业体系,为"迈上新台阶、建设新江苏"提供有力支撑。

(二)基本原则

——坚持市场主导。处理好政府和市场的关系,使市场在资源配置中起决定性作用和更好发挥政府作用,鼓励和支持各种所有制企业根据市场需求,积极发展生产性服务业。

——强化改革引领。以服务业体制机制改革为重点,深化服务业领域投融资体制改革,进一步简政放权、优化审批,营造生产性服务业发展的良好环境。

——实施创新驱动。建立与国际接轨的专业化服务业体系,鼓励企业开展科技创新、产品创新、管理创新和商业模式创新,推动云计算、物联网服务、电子商务、互联网平台经济等新兴服务业态发展。

——突出发展重点。以优化整合全产业链、促进企业向价值链高端发展为方向,结合我省实际,着力推进生产性服务业重点领域加快发展,培育壮大优势行业和薄弱环节,加快推动产业转型升级。

——推进集聚发展。适应新型工业化、信息化、城镇化、农业现代化发展趋势,把握"一带一路"、依托长江建设中国经济新支撑带、苏南现代化示范区、沿海开发等区域发展重大战略,因地制宜引导生产性服务业在中心城市、工业开发区、现代农业产业基地以及有条件的城镇等区域集聚,实现特色发展和差别发展。

（三）发展目标

以产业转型升级需求为导向，进一步加快生产性服务业发展，着力实施生产性服务业"双百工程"，鼓励企业向价值链高端发展，推动园区提高集聚区发展水平，推进农业生产和工业制造现代化，加快生产制造与信息技术融合，促进我省产业逐步由生产制造型向生产服务型转变。

（1）促进生产性服务业规模扩张和质态提升并重。年度生产性服务业增速高于服务业增速，生产性服务业增加值占全省服务业增加值比重逐年提高，到2020年提高到58%。

（2）加大生产性服务业企业培育力度。大力实施"生产性服务业百企升级引领工程"，引导生产性服务业企业运用现代科技信息技术，加大科技研发力度，推进企业技术创新、管理创新、制度创新和模式创新，全面提升生产性服务业企业核心竞争力。

（3）加快生产性服务业集聚区提档升级。重点实施"生产性服务业百区提升示范工程"，进一步完善配套服务功能，增强其要素吸附能力、产业支撑能力和辐射带动能力，培育形成100家在全国有较强影响力和示范作用的生产性服务业集聚区。到2020年，营业收入超1000亿元的服务业集聚区5—6家，超500亿元的10—12家。（责任单位：省发展改革委、省统计局）

（4）引导制造业企业向价值链高端攀升。围绕产品功能升级，创新商业模式，由单一提供产品向提供产品加服务转变，培育一批制造业服务化示范企业，实施一批制造业服务化示范项目。（责任单位：省经济和信息化委）

二、主要任务

深入贯彻落实省委、省政府关于进一步加快发展现代服务业的若干意见，促进重点产业提档升级，突出抓好规模实力优、带动作用强的科技服务、信息技术服务、金融服务、现代物流、商务服务、服务外包等六大重点服务产业。同时，立足江苏实际，培育壮大成长潜力大、市场前景广的电子商务、节能环保服务、检验检测、售后服务、人力资源服务、品牌和标准化等6个服务业细分领域和行业。

（四）科技服务

围绕深入实施创新驱动战略、拓展科技创新工程的总体要求，实施"科技服务体系建设行动计划"，积极发展研究开发、技术转移、检验检测认证、创业孵化、知识产权、科技咨询、科技金融、科学技术普及等专业科技服务和综合科技服务，提升科技服务业对科技创新和产业发展的支撑能力。积极开展研发设计服务，加强新技术的研发和推广应用，加快创新成果产业化步伐。开展面向生产性服务业企业的知识产权培训、专利运营、分析评议、专利代理和专利预警等服务，深化科技和金融结合，积极发展创业孵化服务和科技咨询服务。鼓励整合资源，创新服务模式和商业模式，发展全链条的科技服务。建立主要由市场评价创新成果的机制，加快科技创新转化为现实生产力。（责任单位：省科技厅、省经济和信息化委、省发展改革委、省知识产权局、省质监局）

以服务制造业、设计产业化为基本导向，积极发展工业设计服务，促进企业培育品牌、提升产品、提高价值。充分发挥制造企业在推动工业设计发展中的主体作用，鼓励有条件的企业建立设计中心，在市场调研、技术转化、产品设计、工艺设计、包装设计等重点环节提高设计创新和系统集成能力。大力发展专业化设计及相关定制、加工服务,鼓励建立专业化、开放型的工业设计企业,促进工业企业与工业设计企业合作。到 2020 年,建成 10 家左右国家级工业设计中心和 100 家省级工业设计中心以及 5 家辐射力强、服务体系完善、带动作用明显的省区共建工业设计示范园。积极推动南京紫东国际创意园加快中国工业设计服务中心建设,推进工业设计产学研用合作,面向全省制造业提供更好的工业设计服务整合、转化和推广,加快设计创新成果产业化步伐。(责任单位:省经济和信息化委)

(五)信息技术服务

加快发展以云计算、大数据、物联网、移动互联网等为代表的信息服务业,积极运用现代信息技术推动制造业的智能化、柔性化和服务化,促进大规模定制生产等模式创新发展。加快面向工业重点行业的知识库建设,创新面向专业领域的信息服务方式,提升服务能力。加强相关软件研发,提高信息技术咨询设计、集成实施、运行维护、测试评估和信息安全服务水平,面向工业行业应用提供系统解决方案,促进工业生产业务流程再造和优化。推动工业企业与软件提供商、信息服务提供商联合提升企业生产经营管理全过程的数字化水平。支持工业企业所属信息服务机构面向行业和社会提供专业化服务。加快农村互联网宽带基础设施建设,推进网络信息进村入户。力争到 2020 年,全省主营业务收入超 10 亿元的软件和信息服务企业达到 80 家左右,其中,超 100 亿元 10 家、超 500 亿元 1 家。(责任单位:省经济和信息化委、省发展改革委、省通信管理局)

重点突破虚拟化、并行计算、海量信息处理、大数据存储、数据挖掘、建模融合等一批关键核心技术,打造包括芯片、硬件、终端、网络、云中心建设运营、云应用在内的完整产业链。加快建设云计算重点实验室、工程技术平台、公共服务体系和云计算中心,以服务需求引导云计算和大数据产业健康发展。鼓励在政府公共服务、城市管理、电信等领域开展示范应用,加快拓展云服务市场,打造全国领先的云计算、云存储、云安全、云应用服务中心。大力发展商业智能服务,构建基于互联网的大数据采集、分析、挖掘和决策服务系统,加快发展基于大数据分析的精益生产、精准营销、精确物流和市场决策等商业化服务。支持国家四大运营商在江苏建设全国或区域性数据中心。推进国家超级计算(无锡)中心建设和无锡国家云计算服务创新发展试点。引导互联网企业加快向移动互联网领域渗透,在车联网、智能家居、互联网金融、教育、健康、媒体等领域实现新突破。抢抓产业互联网机遇,推进智能制造发展,形成产业互联网先发优势。突破物联网关键技术,开展物联网信息采集、传输、存储、处理等相关软件技术和产品研发,拓展物联网运营服务和增值服务,加快培育物联网信息服务新模式。建立行业和应用标准,大力推进公共交通、环境监测、医疗卫生等领域的物联网应用服务,重点实施物联网应用示范工程,加快无锡国家传感网创新示范区、南京物联网软件产业基地、苏州物联网产品制造基地等重点产业基地建设,培育一批物联网软件、系统集成和运营服务重点企业,将我省建成物联网应用示范先行区。(责任单位:省经济和信息化委、省科技厅、省发展改革委)

(六)金融服务

壮大地方金融实力,完善地方金融企业法人治理结构,鼓励银行、证券、保险等骨干金融企业强强联合,探索以相互参股等方式整合资源、共赢发展。鼓励民间资本进入金融行业,规范发展小额贷款公司、典当行、金融租赁公司、消费金融公司、企业集团财务公司、融资性担保公司、商业保理公司等非金融机构和网络借贷、网络证券、网络保险、网络支付、众筹等新型业态,健全金融市场体系。支持紫金投资、无锡国联、苏州国发等地方金融控股平台创新发展,增强对银行、证券、期货、保险、信托等金融机构和新型金融市场主体、金融中介服务机构的综合性投资能力,提升控股公司金融资产管理水平和运行质量。支持"开鑫贷"P2P网上借贷平台发展。(责任单位:省金融办、人民银行南京分行、江苏银监局、江苏证监局、省经济和信息化委、省商务厅)

着力推进融资租赁发展,建立完善融资租赁业运营服务和管理信息系统,丰富租赁方式,提升专业水平,形成融资渠道多样、集约发展、监管有效、法律体系健全的融资租赁服务体系。紧密联系产业需求,积极开展租赁业务创新和制度创新,大力推广大型制造设备、施工设备、运输工具、生产线等融资租赁服务,支持中小微融资租赁企业发展。鼓励融资租赁服务企业加强与商业银行、保险、信托等金融机构合作,多渠道拓展融资空间,实现规模化经营。引导企业利用融资租赁方式,进行设备更新和技术改造。建设程序标准化、管理规范化、运转高效的租赁物与二手设备流通市场,建立和完善租赁物公示、查询系统和融资租赁资产退出机制。加快研究制定融资租赁行业的地方性法规和规章,建立系统性行业风险防范机制。(责任单位:省金融办、省商务厅)

(七)现代物流

抓住机场、轨道交通、深水航道等重点工程建设机遇,加快形成南京、徐州、连云港三大国家级区域性物流枢纽城市,打造苏锡常、南通省级区域性物流枢纽城市(群)。完善物流建设和服务标准,引导物流设施资源集聚集约发展,培育一批综合物流中心、专业物流中心和配送中心,加快快递业发展。引导企业剥离物流业务,培育壮大本土现代物流企业,进一步优化供应链管理服务,促进向第三方、第四方物流服务转型。推动快递业与制造业、电子商务、跨境网购、交通运输业协同发展,规范快递市场监管,促进快递企业转型升级。完善农村物流服务体系,加强产销衔接,扩大农超对接规模。在关系民生的农产品、药品、快速消费品等重点领域开展标准化托盘循环共用示范试点。推进电子口岸和大通关建设,拓展综合保税区等海关特殊监管区功能,努力形成接轨国际、服务全国、辐射周边的现代物流产业高地。

完善物流业与制造业联动发展对接平台,促进建立新型的产业联动战略合作关系,推动物流业与制造业深度融合,鼓励有条件的生产制造型企业积极引入物流供应链管理理念,加快向制造服务型企业转型。大力培育重点物流基地(园区)和重点物流企业,充分发挥物流基地(园区)整体效能和集聚带动作用,鼓励和吸引更多的骨干物流企业入驻基地(园区),促进供应链相关环节在物流基地(园区)内实现集聚、衔接和联动。引导扶持一批综合能力较强、行业影响较大的第三方物流企业上规模、上水平,发挥引领带动作用,着力打造江苏物流知名品牌。

加强核心技术开发,重点推进云计算、物联网、北斗导航及地理信息等技术在物流智能化管理方面的应用。加强综合性、专业性物流公共信息平台和货物配载中心建设,衔接货物信息,匹配运载工具,提高物流企业运输工具利用效率,降低运输车辆空驶率。依托一批重点物流基地(园区),推进物流过程可视化智能管理调度中心、智能化物流配送中心、智能化口岸物流等物联网物流应用示范基地建设。在汽车、钢铁、医药等重点行业,推进智能物流数据中心和分析应用中心建设,打造一批区域和行业智能物流公共信息平台。优化物流配送网络,鼓励统一配送和共同配送,实现交通物流、产地物流和城市配送物流无缝衔接,形成成本最低、时间最短、效率最高的物流运作网络。推广甩挂运输和多式联运,推进新能源汽车、仓库太阳能发电、托盘共用系统应用,实现物流产业低碳绿色发展。充分利用重大技术装备"首购首用"政策,推动物流新技术在港口物流、冷链物流、产品溯源管理等重点领域的应用,实现物流全过程监控和管理。(责任单位:省经济和信息化委、省发展改革委、省商务厅、省交通运输厅、省邮政管理局、省公安厅)

(八)商务服务

大力发展法律服务、评估检测、会计审计、广告咨询等商务服务业,推动商务服务专业化、规模化、国际化发展。引导商务咨询企业以促进产业转型升级为重点,加快发展战略规划、营销策划、市场调查、管理咨询等提升产业发展素质的咨询服务,积极发展资产评估、会计、审计、税务、勘察设计、工程咨询等专业咨询服务。鼓励生产性服务业企业创造自主知识产权,加快数字版权保护技术研发,扩大知识产权基础信息资源共享范围,加强知识产权执法,保护创新积极性。完善知识产权交易和中介服务体系,加强知识产权咨询服务,发展检索、分析、数据加工等基础服务,培育知识产权转化、投融资等市场化服务。加快南京河西CBD、昆山花桥国际商务城、连云港大陆桥国际商务中心等重点载体建设,努力把江苏建设成为商务服务最好、商务成本最低、商务环境最优的省份。(责任单位:省发展改革委、省财政厅、省审计厅、省质监局、省知识产权局)

(九)服务外包

把握全球服务外包发展新趋势,积极承接离岸服务外包业务,大力培育在岸服务外包市场。适应生产性服务业社会化、专业化发展要求,鼓励服务外包,促进企业突出核心业务、优化生产流程、创新组织结构、提高质量和效率。引导社会资本积极发展信息技术外包、业务流程外包和知识流程外包业务,为产业转型升级提供支撑。鼓励政府机构和事业单位购买专业化服务,加强管理创新。支持企业购买专业化服务,构建数字化服务平台,实现包括产品设计、工艺流程、生产规划、生产制造和售后服务在内的全过程管理。加快南京、苏州、无锡3个国家服务外包示范城市和省级示范城市、示范区建设,培育一批服务外包领军企业和集聚区,打造全国服务外包高地和国际知名的服务外包产业集聚地。(责任单位:省商务厅)

(十)电子商务

积极推动电商拓市,深化大中型企业电子商务应用,促进大宗原材料网上交易、工业产品网上定制、上下游关联企业业务协同发展,创新组织结构和经营模式。引导小微企业依托第三方电子商务服务平台开展业务。引导和支持生产企业利用电子商务强化供应链管理,提高专业化生产制造能力,发展网络定制产品。推动关键技术与电子商务融合发展,引导电子商务企业积极应用云计算、大数据、移动互联网等新一代信息技术,加强数据分析和价值挖掘。支持省内有条件的电子商务企业和金融机构发展互联网金融业务,加强个人理财、小微企业融资、保险等领域的产品创新,构建移动支付、在线支付、跨境支付等多元化电子支付体系,打造集网络销售、网络支付、融资服务等多业务于一体的综合平台。支持苏宁集团以互联网零售为主体,打造线上线下融合的O2O全渠道、全开放运营模式。加强网络基础设施建设和电子商务信用体系、统计监测体系建设,不断完善电子商务标准体系和快递服务质量评价体系。推进农村电子商务发展,积极培育农产品电子商务和有利于农民就地就业的特色电子商务,鼓励网上购销对接等多种交易方式。积极争取开展跨境电子商务进出口试点,探索政策突破和业务模式创新,支持有条件的城市先行先试。到2020年,电子商务对全省经济增长的贡献度显著提高,全省电子商务发展水平位于全国前列。(责任单位:省商务厅、省发展改革委、省经济和信息化委、省金融办)

依托电子信息产业基础,大力发展以内外交易和服务经济为目的的互联网平台,重点打造大宗商品现货交易平台、壮大特色电子商务流通平台、培育生活需求细分服务平台、提升信息化资讯服务平台、构建互联网金融服务平台,支持有条件的地区面向重点行业领域发展专业特色平台。鼓励有条件的企业向平台化转型,加快电子商务支付类、应用及平台建设类、营销服务类、物流服务类等平台型、功能型企业发展,着力培育一批信誉好、实力强的平台龙头企业。推动电子商务平台不断丰富商品和服务种类,逐步形成不同类型平台企业配套发展、协同联动、服务共赢的“平台集聚经济”。支持面向跨境贸易的多语种电子商务平台建设、服务创新和应用推广。优化配套环境,推动信息技术、信用、物流、检测、认证等服务体系发展,促进贸易、服务、金融和物流效率不断提升,使平台经济成为全省实施转型升级战略的重要推动力。(责任单位:省发展改革委、省经济和信息化委、省商务厅)

(十一)节能环保服务

健全节能环保法规和标准体系,增强节能环保指标的刚性约束,严格落实奖惩措施。大力发展节能减排投融资、能源审计、清洁生产审核、工程咨询、节能评估等第三方节能环保服务体系。规范引导建材、冶金、化工、能源企业协同开展城市及产业废弃物的资源化处理,建立交易市场。鼓励结合改善环境质量和治理污染的需要,开展环保服务活动。发展系统设计、成套设备、工程施工、调试运行和维护管理等环保服务总承包。鼓励大型重点用能单位依托自身技术优势和管理经验,开展专业化节能环保服务。探索排污权抵押融资模式,拓展节能环保设施融资、租赁业务。大力推广合同能源管理,积极探索节能量市场化交易。建设再生资源回收体系和废弃物逆向物流交易平台。积极发展再制造专业技术服务,建立再制造旧件回收、产品营销、溯源等信息化管理系统。推行环境污染第三方治理。继续开展省级以上开发区生态园区创建工作,积极引导生产性企业实现资源、能源综合利用。大力推进南京江宁经济技术开发区、宜兴环保科技工业园、盐城环保科技城、泰兴环保科技产业园发展环保服务业。(责任单位:省经济和信息化委、省环保厅、省发展改革委、省能源局)

(十二)检验检测

加强计量、检测技术、检测装备研发等基础能力建设,发展面向设计开发、生产制造、售后服务全过程的观测、分析、测试、检验、标准、认证等服务,建设一批国家级和省级产品质检中心和产业计量测试中心。加快发展药品、医疗器械、农产品质量安全、食品安全等检验检测以及进出口检验检疫服务,加强先进重大装备、新材料、新能源汽车等领域的第三方检验检测服务,积极发展在线检测。开拓电子商务等服务认证领域,完善检验检测认证服务体系。引导检验检测认证机构集聚发展,加快推进业务相同或相近的检验检测认证机构整合。鼓励不同所有制检验检测认证机构平等参与市场竞争,培育一批技术能力强、服务水平高、规模效益好、具有一定国际影响力的检验检测认证集团。(责任单位:省质监局、省食品药品监管局、江苏检验检疫局)

(十三)售后服务

鼓励企业将售后服务作为开拓市场、提高竞争力的重要途径,增强服务功能,健全服务网络,提升服务质量,完善服务体系。完善产品"三包"制度,推动发展产品配送、安装调试、以旧换新等售后服务,积极运用互联网、物联网、大数据等信息技术,发展远程检测诊断、运营维护、技术支持等售后服务新业态。大力发展专业维护维修服务,加快技术研发与应用,促进维护维修服务业务和服务模式创新,鼓励开展设备监理、维护、修理和运行等全生命周期服务。积极发展专业化、社会化第三方维护维修服务,支持具备条件的工业企业内设机构向专业维护维修公司转变。完善售后服务标准,加强售后服务专业队伍建设,健全售后服务认证制度和质量监测体系,不断提高用户满意度。(责任单位:省工商局、省经济和信息化委、省质监局)

(十四)人力资源服务

以产业引导、政策扶持和环境营造为重点,推进人力资源服务创新,大力开发满足不同层次、不同群体需求的各类人力资源服务产品。提高人力资源服务水平,促进人力资源服务供求对接,引导各类企业通过专业化人力资源服务提升人力资源管理开发和使用水平,提升劳动者素质和人力资源配置效率。加快形成一批具有国际竞争力的综合型、专业型人力资源服务机构。支持中国苏州人力资源服务产业园等重点园区建设,加快人力资源服务产业集聚。统筹利用高等院校、科研院所、职业院校、社会培训机构和企业等各种培训资源,强化生产性服务业所需的创新型、应用型、复合型、技术技能型人才开发培训。加快推广中关村科技园区股权激励试点经验,调动科研人员创新进取的积极性。营造尊重人才、有利于优秀人才脱颖而出和充分发挥作用的社会环境。围绕我省构建现代产业体系发展目标,加快培养造就一支门类齐全、技艺精湛、素质优良的技能人才队伍。(责任单位:省人力资源社会保障厅)

(十五)品牌和标准化

积极推动服务业企业自主品牌创建,重点培育金融、现代物流、商务服务等生产性服务业品牌,创建电子商务、云计算、物联网等新兴服务业品牌,形成一批在全国乃至国际范围内有影响力的江苏服务业品牌企业和江苏服务业区域品牌。重点支持技术先进型生产服务业企业和省级服务外包基地完善商标战略规划、创建知名品牌。大力开展"标准提升服务质量行动",突出抓好信息、物流、金融、科技、商务服务、电子商务等重点领域和新型业态服务标准的制(修)订、实施与推广,积极推进国家级、省级服务业标准化示范项目,建设一批服务业标准化试点示范单位。加大生产性服务业标准的推广应用力度,积极争取国家级服务业标准化项目。鼓励具有自主知识产权的知识创新、技术创新和模式创新,积极创建知名品牌,增强独特文化特质,以品牌引领消费,带动生产制造,推动形成具有江苏特色的品牌价值评价机制。(责任单位:省工商局、省质监局、省发展改革委、省经济和信息化委)

三、落实和完善支持政策

(十六)扩大改革开放

进一步放开生产性服务业领域市场准入,营造公平竞争环境,不得对社会资本设置歧视性障碍,鼓励社会资本以多种方式发展生产性服务业。进一步减少生产性服务业重点领域前置审批和资质认定项目,加大市场监管力度,建立健全有利于公平竞争的体制机制。允许社会资本参与应用型技术研发机构市场化改革。鼓励社会资本参与国家和省级服务业综合

改革试点。(责任单位:省工商局、省发展改革委、省商务厅)

引导外资企业来苏设立生产性服务业企业、各类功能性总部和分支机构、研发中心、营运基地等。统一内外资法律法规,推进生产性服务业领域有序开放,放开建筑设计、会计审计、商贸物流、电子商务等服务业领域外资准入限制。加快落实服务业进一步扩大开放的政策措施,对已经明确的扩大开放要求,要抓紧制定配套措施。积极对接中国(上海)自由贸易试验区,研究探索对外商投资实行准入前国民待遇加负面清单的管理模式。加强苏港、苏澳、苏台、苏新服务业合作,加快推进昆山与台湾地区的服务业合作试点。(责任单位:省商务厅、省发展改革委)

鼓励有条件的企业依托现有产品贸易优势,在境外设立分支机构,大力拓展生产性服务业发展空间。推进境外投资项目备案和企业备案单一窗口模式试点,进一步提高生产性服务业境外投资的便利化程度。鼓励企业利用电子商务开拓国际营销渠道,积极争取跨境电子商务通关试点。鼓励设立境外投资贸易服务机构,做好境外投资需求的规模、领域和国别研究,提供对外投资准确信息,为企业"走出去"提供咨询服务。(责任单位:省商务厅、省发展改革委)

(十七)完善土地和价格政策

合理安排生产性服务业用地,提升节约集约用地水平。强化生产性服务业土地保障,对列入省重大项目投资计划符合点供条件的生产性服务业项目,可由省国土资源部门给予优先保障;对列入现代服务业"十百千"行动计划的生产性服务业重点项目,其用地指标由各地给予优先保障。鼓励工业企业以利用自有工业用地或提高容积率等方式,兴办促进企业转型升级的自营生产性服务业,经依法批准,对提高自有工业用地容积率用于自营生产性服务业的工业企业,可按新用途办理相关手续。鼓励通过推进城镇低效用地再开发,发展生产性服务业。(责任单位:省国土资源厅)

建立完善主要由市场决定价格的生产性服务业价格形成机制,规范服务价格。建立科学合理的生产性服务业企业贷款定价机制,加大对生产性服务业重点领域企业的支持力度。对工业企业分离出的非核心业务,在水、气方面实行与原企业相同的价格政策。符合条件的生产性服务业重点领域企业,可申请参与电力用户与发电企业直接交易试点。加强对生产性服务业重点领域违规收费项目的清理和监督检查。(责任单位:省物价局、省能源局)

(十八)创新金融服务

鼓励商业银行按照风险可控、商业可持续原则,开发适合生产性服务业特点的各类金融产品和服务,积极探索金融机构针对平台企业特点创新金融产品和服务方式,开展产业链融资、企业圈融资、商圈融资等创新实践。支持节能环保、检验检测等服务业项目以预期收益质押获得贷款。积极探索利用知识产权质押、仓单质押、信用保险保单质押、股权质押、商业保理等多种方式融资的可行措施。建立生产性服务业重点领域企业信贷风险补偿机制。搭建方便快捷的融资平台,支持符合条件的生产性服务业企业上市融资、通过银行间债券市场融资,拓宽企业融资渠道。对省生产性服务业示范企业,优先支持其发行中长期企业债券、银行间市场债务融资工具,对于规模较小但具有稳定现金流的项目,支持其通过项目信托计划、资产证券化等多种方式扩大资金来源。完善动产抵(质)押登记公示体系,建立健全动产押品管理公司监管制度。根据研发、设计、应用的阶段特征和需求,建立完善相应的融资支持体系和产品,支持商业银行发行专项金融债券,服务小微企业。对符合条件的中小企业信用担保机构实行免征营业税政策。鼓励融资性担保机构扩大生产性服务业企业担保业务规模。(责任单位:人民银行南京分行、江苏银监局、省金融办、省发展改革委、省经济和信息化委、省财政厅、省国税局、省地税局)

(十九)完善财税政策

积极推进营业税改征增值税试点扩围工作。根据生产性服务业产业融合度高的特点,完善促进生产性服务业的税收政策。支持集团型物流企业总分机构实行增值税合并纳税,以适应物流业网络化经营要求,平衡物流企业集团税负。研发设计、检验检测认证、节能环保等科技型、创新型生产性服务业企业,可申请认定为高新技术企业,享受15%的企业所得税优惠税率。加大生产性服务业企业研究开发费用加计扣除以及高新技术企业、进口设备税收减免等优惠政策落实力度。对生产性服务业企业发生的符合规定的研发费用,未形成无形资产计入当期损益的,在按规定据实扣除的基础上,按研发费用的50%加计扣除;形成无形资产的,按照无形资产成本的150%摊销。对缴纳房产税、城镇土地使用税确有困难的生产性服务业企业,经有关部门批准后,可按规定减免相关税收。地方财政在各自事权和支出责任范围内,重点支持公共基础设施、市场诚信体系、标准体系建设以及公共服务平台等服务业发展薄弱环节建设,探索完善财政资金投入方式,提高资金使用效率,推动建立统一开放、规范竞争的服务业市场体系。鼓励开发区、产业集群、现代农业产业基地、服务业集聚区和发展示范区积极建设重大服务平台。积极研究自主创新产品首次应用政策,增加对研发设计成果应用的支持。完善政府采购办法,逐步加大政府向社会力量购买服务的力度,凡适合社会力量承担的,都可以通过委托、承包、采购等方式交给社会力量承担。(责任单位:省财政厅、省国税局、省地税局、省科技厅)

充分发挥省级服务业发展专项引导资金的作用,重点支持生产性服务业"双百工程"和重大项目建设。创新引导资金扶持方式,探索以服务业股权投资基金、创业投资基金和融资增信等方式,吸引各类社会投资和金融机构加大对生产性服务业企业和项目的支持力度,更大限度地发挥财政资金使用效率。改革鼓励服务业企业创新的支持方式,加大力度奖励创新成果,营造企业创新的良好氛围。(责任单位:省财政厅、省发展改革委)

四、营造服务业发展良好环境

(二十)加强组织领导

建立健全与生产性服务业发展新任务、新要求相适应的工作体系和推进机制,省服务业领导小组负责推进全省生产性服务业发展,领导小组办公室负责生产性服务业的组织协调、统筹规划、任务分解和政策研究,相关部门按行业领域和职责分工,制定具体推进措施,确保各项目标任务完成。各地结合实际,建立市级层面相应工作机构和推进机制,共同推动我省生产性服务业加快发展。(责任单位:省发展改革委、省服务业发展领导小组成员单位)

(二十一)强化人才支撑

发挥中高级专业人才对生产性服务业企业创新的关键作用,研究制定吸引和留住中高级专业人才的政策措施。鼓励创新型人才发展,省高层次创新创业人才引进计划专项资金为服务业企业引进高层次人才提供经费支持。建设大型专业人才服务平台,增强人才供需衔接。各地可结合实际对面广量大的生产性服务业紧缺人才培训给予适当补助。建立人才国际化政策体系,在海外人才落户、住房安排、社会保障、子女入学、配偶安置、重大科技项目承担、参与国家标准制定等方面优先予以支持。(责任单位:省委组织部、省财政厅、省人力资源社会保障厅)

(二十二)建立健全统计制度

以国民经济行业分类为基础,结合我省实际,抓紧研究制定江苏生产性服务业及重点领域统计分类,完善相关统计制度并在此基础上构建更加科学合理的指标体系,明确各有关部门相关统计任务。建立健全有关部门信息共享机制,逐步形成年度、季度生产性服务业信息发布制度。(责任单位:省统计局)

2.省政府办公厅关于推动内贸流通健康发展促进消费的实施意见

发布机构：江苏省人民政府办公厅

名称：省政府办公厅关于推动内贸流通健康发展促进消费的实施意见

文号：苏政办发〔2015〕43号

发文日期：2015-05-04

内容概述：

各市、县（市、区）人民政府，省各委办厅局，省各直属单位：

为贯彻落实《国务院办公厅关于促进内贸流通健康发展的若干意见》（国办发〔2014〕51号），充分发挥内贸流通对经济社会发展的推动作用，进一步拉动消费需求，催生新的经济增长点，更好地保障和改善民生，现提出以下意见。

一、推动流通基础设施建设纳入城乡规划

各市、县（市、区）人民政府在组织制定国民经济和社会发展规划、城乡规划时，要将商业网点规划作为重要组成部分统一考虑。商业网点的新建和改建扩建，改变现有商业网点的用途，都必须符合城乡规划。对公益性批发市场、现代物流项目及流通基础设施建设用地，在土地利用规划、交通基础设施规划中要予以支持。充分考虑内贸流通发展的用地需求，按照节约集约、保障重点和有序安排的原则，在土地利用总体规划中予以统筹安排。将农村流通体系建设纳入新型城镇化规划，保障建设用地。（责任单位：省住房城乡建设厅、省国土资源厅、省商务厅）

二、提高现代商圈建设水平

围绕"一带两圈"（南京商圈、徐州商圈和苏锡常商业带）总体布局，结合城市转型发展、流通现代化以及商圈的战略定位，制定商圈发展规划，体现"一带两圈"各自特点和发展方向，增强对相关产业和资源的整合力度，扩大对周边区域的辐射作用。在做好现代商圈规划定位的基础上，加快研究推进商圈建设的具体措施，使规划更具可操作性。鼓励通过商圈融资等方式支持商圈内企业特别是中小商贸企业发展，增强商圈的吸纳和辐射能力。（责任单位：省商务厅）

三、增强社区便民商贸服务功能

在居民集中居住区规划建设社区综合服务中心、邻里中心、睦邻中心等便民商贸服务设施。鼓励地方政府出台政策意见，落实《国务院关于深化流通体制改革加快流通产业发展的

意见》(国发〔2012〕39号)关于新建社区(含廉租房、公租房等保障性住房小区、棚户区改造和旧城改造安置住房小区)商业和综合服务设施面积占社区总建筑面积比例不得低于10%的要求。商务部门要从社区实际情况出发,对社区商业的必备业态提出意见和要求,满足居民的多样化生活需求。加快对老旧小区生活服务设施的提档升级。鼓励地方政府回购部分商业用房,支持社区菜店、菜市场、农副产品平价商店、便利店、早餐店、家政服务点等生活必备设施的建设。在有条件的中心乡镇规划建设集购物、餐饮、文化、生活、配送等为一体的多功能乡镇商贸综合体,建设商业步行街或专业特色街,着力打造乡镇小型商圈。(责任单位:省商务厅、省住房城乡建设厅、省物价局)

四、引导商品市场加快转型升级

重点推进50个大型商品交易市场的转型发展,加快商品交易市场专业化提升和精细化改进,拓展商品展示、研发设计、品牌孵化、价格发现等功能。支持引导大宗商品市场实施信息化改造,强化与金融部门的合作,引进供应链金融,推动大宗商品市场与物流配送结合。借鉴镇江惠龙易通模式,结合大宗商品交易,打造货物集中配送综合服务平台。引导农产品批发市场合理布局,推进农产品批发市场升级改造。鼓励盘活存量建设用地促进内贸流通发展,提高土地利用率。城区商品批发市场异地搬迁改造,政府收回原国有建设用地使用权后,可采取协议出让方式安排商品批发市场用地。开展公益性农产品批发市场项目建设和改革试点,探索建立公益性农产品流通基础设施投资保障、运营管理和政府监管等长效机制,实现农产品批发市场保供应、保安全、稳价格等公益性功能。(责任单位:省商务厅、省国土资源厅、省金融办)

五、促进大众消费和绿色消费发展

认真研究经济新常态下消费市场的主要特征,引导企业顺应大众消费从模仿型、排浪式向个性化、多样化的发展,调整经营结构和方式,实现精准化营销和个性化服务,形成与大众化消费相适应的商业模式。支持中小商贸流通企业开展定制服务,特色化经营,增强发展活力。逐步建立省、市两级中小商贸流通企业服务中心,以中小商贸流通企业公共服务平台为载体,开展市场开拓、科技应用、管理创优、法律咨询、投融资等服务,优化我省中小商贸流通企业发展的政策、制度、服务等环境。积极引导企业运用商标战略,加强商标知识产权的创造、运用、保护和管理,打造一批具有江苏特色的品牌企业和消费名品,满足品质化消费需求。创建一批集门店节能改造、节能产品销售、废弃物回收于一体的绿色商场。引导企业按照有关国家标准和行业标准,重点做好建筑、照明、空调、电梯、冷藏等耗能关键领域的技术改造,使用屋顶、墙壁光伏发电等节能设备和技术。开展节能产品进商场活动,鼓励和引导批零企业向消费者推广使用太阳能热水器、节能灯等环保产品。研究出台改进报废机动车回收管理的意见。(责任单位:省商务厅、省住房城乡建设厅、省环保厅、省公安厅、省工商局)

六、推动农村电子商务加快发展

鼓励大学生回乡进行电子商务创业,开展农民触网培训和农产品电子商务万人培训,推动特色农产品和加工品开展网络营销。着力培育和打造 100 个省级"电商村",带动农村经济转型升级。加快农产品电子商务平台建设,鼓励建设各类地方特色馆。支持农业经营主体应用电子商务,采购农业生产资料,销售土特产品,促进生产与市场的对接。扶持有条件的企业开展生鲜农产品同城及区域配送业务。深入推进农村商务信息服务试点,积极开展农产品网上购销对接。推动电子商务企业与"万村千乡"市场工程合作,支持有条件的企业在中心镇和行政村建立服务点,开展网上代购代销服务。整合农村地区物流配送、电商培训、农副产品检验检测等资源,构建"消费品下乡、农村产品进城"的流通体系。推进电子商务进农村综合示范工作和农村信息化示范基地建设,促进农村青年互联网创新创业活动。(责任单位:省商务厅、省经济和信息化委、省农委)

七、抓好电子商务示范工程建设

积极创建国家电子商务示范城市、示范基地和示范企业,稳步推进省级多层次的电子商务示范工程建设,培育壮大电子商务培训(实训)基地。鼓励电子商务示范城市开展政策先行先试,在营造发展环境、加强制度建设、完善服务体系等方面发挥示范作用。着力打造 20 个左右品牌效应突出、辐射带动效应明显的省级电子商务示范基地(园区),推动示范基地发挥产业集聚优势,在中小企业孵化、服务模式创新、公共平台建设、产业链条搭建等方面发挥带动作用。培育 10 个左右专业性、特色化电商平台,扶持 30 个左右产业特色明显、发展潜力大的省级电子商务示范企业做大做强,支持示范企业在创新经营模式、整合市场资源、带动关联企业发展等方面发挥引领作用。积极推进省级信息消费试点城市建设。充分发挥培训(实训)基地的骨干作用,广泛开展电子商务各类人才的培训。(责任单位:省商务厅、省发展改革委、省经济和信息化委)

八、提升连锁经营发展水平

以电子商务、信息化及物流配送为依托,推进发展直营连锁,规范发展特许连锁,引导发展自愿连锁。支持连锁经营企业建设直采基地和信息系统,提升自愿连锁服务机构联合采购、统一分销、共同配送能力。引导连锁企业从增开门店向注重绩效转变,鼓励在城区和主要乡镇重点发展直营连锁。实施商标战略示范工程,大力促进老字号传承保护和创新发展,支持老字号企业开展连锁经营。引导连锁企业完善配送设施,积极采用新技术和现代化设备,不断提高配送中心的现代化管理水平。规范和拓展连锁经营门店代收费、代收货等便民服务功能。鼓励发展农产品连锁专卖,大力推进"农超对接",搭建产销衔接平台。(责任单位:省商务厅、省工商局、省农委)

九、推进商贸物流现代化建设

鼓励商贸物流企业通过参股控股、兼并重组、协作联盟等方式做大做强,形成一批技术先进、主营业务突出、核心竞争力强的大型现代物流企业集团。规范物流综合信息服务平台建设和服务,统一接口标准,完善撮合交易、保险、融资、仓储地图、政务资讯、诚信和统计等服务功能,提高商贸物流需求和供给匹配效率。鼓励托盘租赁运营企业、大型商贸连锁企业、托盘生产企业、商贸物流园区(第三方物流企业)在快速消费品、农副产品等领域,率先开展标准托盘应用推广及循环共用。加强商贸物流标准宣传贯彻和实施工作,支持各类企业、社会团体参与商贸物流标准的制定和修订。加快商贸物流管理、技术和服务标准的推广。优化商贸物流园区规划布局,拓展服务功能,提升信息化、专业化和标准化水平。(责任单位:省商务厅、省发展改革委、省农委、省质监局)

十、健全城市共同配送体系

各地要建立城市共同配送工作机制,制定政策意见,明确职责分工,完善配套措施。支持南京市开展国家城市共同配送试点。扶持省级重点物流基地(园区)等载体建设,支持一批骨干物流配送企业做大做强。鼓励推广共同配送、统一配送、集中配送等先进模式。依托专业化第三方物流或供应商为多个商贸企业、社区门店、市场入驻商户等共同配送。依托物流园区推广配送班车,开展干线与支线结合的城区集中配送。支持大型连锁零售企业通过集中采购提高统一配送率,利用其物流系统为所属门店和社会企业统一配送。鼓励在学校、社区、地铁等周边设立末端配送站或建设公共自助提货柜等,推广"网订店取"、"网订店送"等新型配送模式,完善城市"最后一公里"的终端配送网络。完善冷链基础设施,发展冷链共同配送。完善城市物流配送货车通行证管理制度,推动城市配送车辆统一标识管理,保障运送生鲜食品、主食制品、药品等车辆便利通行。允许符合标准的非机动快递车辆从事社区配送。对涉及物流配送的商业建设项目,严格落实停车泊位和装卸车专用泊位配建标准。根据道路交通流量和通行状况,合理设置临时、限时停靠点。科学组织物流中心、大型市场、商业中心等周边道路交通,完善交通标志标线,创造良好道路交通环境。新社区建设应配套一定数量的快递投放点,鼓励老旧小区完善相应快递投放设施。(责任单位:省商务厅、省公安厅、省发展改革委、省住房城乡建设厅)

十一、加快商贸服务业转型升级

积极实施"互联网+"战略,加快改造提升传统商贸服务业。大力扶持家政服务网络中心、e生活、家电管家等公共服务平台建设。大力实施"三名"工程,积极培育商贸服务业名企、名品和名师。重点扶持连锁企业中央厨房建设和品牌家政企业发展。组织开展商贸服务业优质服务竞赛活动,全面提升从业人员的职业素养和服务技能。按照企业集聚发展、污染物达标排放的要求,鼓励各地建设生活衣物和公用纺织品洗涤集中区,在用电、用地、车辆通行等方面给予扶持,引导企业入园生产经营。加大对无证照经营、污染物超标排放等违法行为的打击力度。(责任单位:省商务厅、省环保厅、省国土资源厅、省食品药品监管局)

十二、打造一批内外贸一体化企业和市场

鼓励和引导流通企业兼并重组,推进混合所有制发展,推动优势流通企业利用多种方式做大做强,形成若干具有国际竞争力的大型零售商、批发商、物流服务商。鼓励具备条件的流通企业"走出去",拓展海外营销、物流和服务网络,推动我省更多优质商品通过海外营销网络走向世界。鼓励外贸企业建立国内营销渠道,开拓国内市场。打造一批竞争力强、内外贸一体化经营的跨国企业。总结推广南通叠石桥市场等市场采购贸易方式试点经验,借鉴

国际贸易通行标准、规则和方式,拓展商品交易市场的对外贸易功能,打造一批布局合理、功能完善、管理规范、辐射面广的内外贸结合市场。(责任单位:省商务厅、南京海关、江苏检验检疫局)

十三、创造公平竞争的市场环境

组织开展消除地区封锁、打破行业垄断工作,着力破除各类市场壁垒。贯彻落实零售商、供应商公平交易行为规范及相关制度。健全举报投诉办理和违法行为曝光机制,严肃查处违法违规行为。推进商务综合行政执法改革,提升市场监管水平,营造法治化营商环境。加快推进商务诚信体系建设,促进信用交易发展,依法依规发布严重失信企业"黑名单",形成"守信得益、失信受制"的信用激励约束机制。支持第三方机构开展具有信誉搜索、同类对比等功能的综合评价;鼓励行业组织开展以信用记录为基础的第三方专业评价;引导企业开展以商品质量、服务水平、购物环境为内容的消费体验评价。加快肉菜等重要商品流通追溯体系建设,构建全省互联互通的追溯网络。依法打击严重危害民生和社会公共安全的侵权假冒违法犯罪活动。集中开展重点商品、重点领域专项整治行动,完善网络商品的监督抽查、风险监测、源头追溯、质量担保、损害赔偿、联合办案等制度。积极推进侵权假冒行政执法案件信息公开,建立完善案件曝光平台。加强行政执法与刑事司法衔接,建立部门间、区域间信息共享和执法协作机制。强化对农村市场、城乡接合部和网络商品交易的监管,切实维护消费者合法权益。(责任单位:省发展改革委、省商务厅、省工商局、省质监局、省公安厅、省法制办、省物价局等)

十四、加大财政和金融支持力度

用好中央财政促进服务业发展专项资金。加大省级财政对内贸流通发展的支持力度,突出国家政策导向和我省工作重点,确定好资金使用方向,强化绩效考核,提高资金使用效益。加大对流通企业的融资支持。扩大小微企业转贷方式创新试点范围,鼓励相关银行机构将符合条件的小微型流通企业纳入名单制管理,参与转贷试点。大力推进直接融资,支持流通企业上市或到"新三板"和江苏股权交易中心挂牌;鼓励流通企业发行短期融资券、中期票据、中小微企业私募债等各类债券。(责任单位:省财政厅、省金融办)

十五、认真落实税收支持政策

支持符合条件的第三方物流和物流信息平台企业申请高新技术企业认定,经认定为高新技术企业的,减按 15% 的优惠税率征收企业所得税。减轻农产品批发市场、农贸市场税收负担,2015 年 12 月 31 日前对专门经营农产品的农产品批发市场、农贸市场使用的房产、土地,暂免征收房产税和城镇土地使用税。按照国家财税体制改革的统一部署,推进生活性服务业营改增。充分发挥税收职能作用,扶持生活性服务业小微企业发展,2015 年 12 月 31 日前对月营业额 3 万元以下的营业税纳税人免征营业税,2017 年 12 月 31 日前对年应纳税所得额低于 20 万元(含 20 万元)的小型微利企业,其所得减按 50% 计入应纳税所得额,按 20% 的税率缴纳企业所得税。加强网络电子发票的试点和推进工作。认真落实国家鼓励连锁经营等总分机构汇总缴纳增值税政策,税务部门和财政部门要密切配合,不断优化汇总纳税企业的服务和监管。对跨地区经营汇总纳税企业实行"统一计算、分级管理、就地预缴、汇总清算、财政调库"的企业所得税征收管理办法。对总机构及其分支机构均在我省的,分支机构暂不就地预缴企业所得税,由总机构统一计算,汇总缴纳。(责任单位:省国税局、省地税局、省科技厅、省财政厅)

3.《江苏省"十三五"物流业发展规划》

发布机构:江苏省人民政府办公厅

名称:省政府办公厅关于印发江苏省"十三五"物流业发展规划的通知

文号:苏政办[2016]117 号

发文日期:2016 - 10 - 28

内容概述:关于印发江苏省"十三五"物流业发展规划的通知

一、发展基础和环境

(一)发展基础

"十二五"以来,随着我省综合经济实力的不断增强,社会物流需求快速增长,物流规模不断扩大,物流业对经济发展的支撑作用不断增强。

(1)规模效率稳步提升。2015 年全省社会物流总额达 23 万亿元,"十二五"期间年均增长 14.7%;物流业贡献份额逐步提高,2015 年全省物流业增加值 4720 亿元,占 GDP 比例 6.7%,比"十一五"末提高 0.2 个百分点。物流效率稳步提升,2015 年全省社会物流总费用与 GDP 比率 14.8%,低于全国水平 1.2 个百分点,比"十一五"末降低 0.7 个百分点。

(2)基础设施日趋完善。我省"四横四纵"综合交通运输网络布局进一步完善,综合立体交通走廊初步形成。至 2015 年底,全省高速公路里程达 4539 公里,铁路总里程达到 2755 公里,拥有 7 个亿吨大港,万吨级以上泊位达到 475 个,港口综合通过能力 18.6 亿吨,其中集装箱通过能力达 1446 万标箱,建成 9 个运输机场和 8 个通用机场。围绕重点物流园区、主要港口等物流枢纽,加快推进集疏运体系建设,中转联运能力进一步增强。

(3)平台建设成效显著。物流园区集聚效应不断增强,全省已建成一批布局合理、功能完善、辐射带动作用强的物流园区和物流基地,已逐步成为物流产业规模化、集约化、专业化发展的重要平台。物流公共信息平台建设加快推进,涌现出惠龙 E 通、物润船联等一批融合电子交易、供应链金融等增值服务为一体的物流公共信息平台,带动了全省物流信息化与智能化水平的提升。

(4)物流主体逐步壮大。至 2015 年底,全省共有国家 A 级物流企业 421 家,占全国 A 级物流企业数量的 13%,其中国家 4A 级以上物流企业 163 家,数量居全国第一;省级重点物流企业 264 家,省认定物流企业技术中心 65 家。物流企业一体化运作、网络化经营能力进一步提高,涌现出苏宁物流、飞力达、林森物流等一批有影响力的本土知名物流企业,提升了全省物流的供应链管理水平。物流企业加快推广多式联运、甩挂运输、共同配送等先进运输组织方式,推进"互联网+物流"、"物流+金融"、"物流+电商"等模式创新,多业联动、跨界融合发展趋势日益增强,企业创新能力不断提升。

（5）区域合作步伐加快。随着"一带一路"和长江经济带战略的深入实施,我省与"一带一路"沿线国家和地区、长江经济带沿线省份在大陆桥运输、通关一体化、设施共建、信息互联等方面的合作步伐逐步加快,与上海、武汉、重庆长江流域三大航运中心的物流联动不断增强。上合组织(连云港)国际物流园、中哈物流基地和阿腾科里口岸已投入运营,连云港、苏州、南京、徐州等地至中亚、欧洲的国际货运班列已开通运行。苏南、苏中、苏北三大区域在口岸合作机制、基础设施建设、物流园区运营、物流信息共享等方面联动加深,形成了良好的区域物流联动发展格局。

（6）发展环境不断优化。"十二五"期间,国家高度重视物流业发展,出台了《物流业发展中长期规划(2014—2020年)》及一系列物流业专项规划,进一步加大对物流业发展的政策支持,《国务院办公厅关于促进物流业健康发展政策措施的意见》政策效应已逐步显现,尤其是在物流短板建设、降本增效以及与交通运输融合发展等方面的支持力度不断增强。我省积极贯彻落实国家政策,强化规划引领,出台了《关于促进全省物流业健康发展的若干政策措施》等鼓励现代物流业发展的政策措施,制定了《全省"十二五"物流业发展规划》,并在物流园区、冷链物流、电商快递等领域制定出台了专项规划。全省部门合作协调机制基本形成,加快物流业发展的合力不断增强。

（二）存在问题

总体上看,我省物流业已进入转型升级的新阶段。但是,物流业发展方式仍然比较粗放,发展总体水平有待进一步提高。

（1）物流成本依然偏高,行业盈利能力下降。受产业结构、运输方式、组织化程度等因素的影响,我省物流成本依然居高不下,影响了企业的盈利能力和经济效益。物流设施之间不衔接、不配套、信息不通畅等问题还比较突出,都直接拉高了物流业运营成本。全省社会物流总费用与GDP的比率虽然低于全国平均水平,但与发达国家相比仍存在较大差距,不仅高于美国、日本、德国等发达国家,也高于印度、巴西等新兴市场国家。

（2）结构性矛盾突出,供给侧能力亟待增强。物流企业"小、散、弱"的格局尚未得到根本改变,专业化、一体化的综合服务能力不足。物流设施和装备的信息化、标准化、自动化水平不高,传统仓储设施比例较大,现代化的立体仓、标准仓相对缺乏,冷藏运输车辆、新能源运输车辆占比偏低,物流设施装备结构有待进一步优化。港口、机场等枢纽集疏运体系亟待完善,多式联运能力有待进一步加强。国际物流服务网络建设仍然滞后,境外服务能力亟待提升。物流供给结构不合理抑制了物流需求的释放,物流供给侧能力亟待增强。

（3）政策落实缺乏统筹协调,体制机制仍需进一步理顺。物流政策法规体系不够完善,政策"碎片化""落地难"等问题仍较为突出。物流业管理体制尚未理顺,部门之间、区域之间协调沟通不够,制约物流业快速发展的体制机制障碍仍然存在。物流业信用体系建设亟待加强,从业人员整体素质有待进一步提升。法规制定、从业监管、监测分析等有待进一步加强,市场无序竞争和低水平竞争现象尚未真正改观。政府及行业协会在政策、法律、咨询、市场信息等方面配套服务和指导仍需加强。

（三）面临形势

"十三五"时期,随着全面深化改革向纵深推进,"一带一路"、长江经济带、长三角一体化等国家战略在我省交汇叠加,为我省物流业发展带来了重要的战略机遇。同时,经济发展正处于"三期叠加"及新旧动能转换阶段,物流业也面临提质增效、转型发展的诸多挑战。因此,需立足全省物流业发展实际,主动适应经济发展新常态,巩固基础,补足短板,扩大有效供给,重塑产业链、供应链、价值链,全力推动物流业协同发展和创新驱动,为经济结构调整和产业转型升级提供重要支撑。

(1)经济新常态和供给侧结构性改革对物流业转型发展提出新要求。我国正处于经济增长速度换挡期、结构调整阵痛期和改革开放攻坚期"三期叠加"的特殊阶段,经济下行压力增大。受国内外经济形势的影响,我省物流业进入温和增长阶段,长期掩盖在高速增长下的一系列问题开始浮现。面对新形势、新要求,我省物流业必须加快转型升级步伐,推动物流供给侧结构性改革,创新物流模式,减少无效和低端供给,扩大有效和中高端供给,提升物流效率与物流服务水平,推动物流业从数量扩张向质量提升转变,加快培育和形成物流业发展新优势。

(2)"一带一路"与长江经济带战略为物流区域协同创造新机遇。随着"一带一路"和长江经济带战略的实施以及上海自贸区建设的持续推进,国际供应链物流与中转联运物流需求将快速增长,我省与"一带一路"和长江经济带沿线国家和地区的物流合作将进一步深化。面对新战略、新机遇,我省需要进一步优化物流业空间布局,加强区域物流合作机制创新,强化与"一带一路"和长江经济带战略的对接与融合,提升关键性物流节点的服务能力和多式联运组织能力,加快推进通畅、高效的综合运输大通道建设,打造区域物流联动发展新格局。

(3)新一轮科技革命和绿色发展为物流创新驱动提供新动力。物联网、云计算、大数据、移动互联等信息技术的快速发展,对物流的信息化、智能化水平提供了有力支撑。我省物流业要加快应用新一代信息技术,推进实施"互联网+高效物流",推动物流业技术创新、管理创新、模式创新。积极探索物流与制造业深度融合新模式,挖掘物流数据价值,为"江苏智造"提供敏捷供应链服务。同时,随着资源约束趋紧、环境污染加重、城市交通压力加大,物流业迫切需要应用绿色低碳技术,推广甩挂运输、多式联运、共同配送等先进运输组织方式,提升物流绿色化水平。

(4)新型城镇化和消费升级为物流需求拓展带来新空间。随着我省新型城镇化战略持续推进,城乡生产和生活资料物流需求将不断增长。同时,以消费新热点、消费新模式为主要内容的消费升级及其催生的相关产业发展,将持续释放新的消费需求。我省迫切需要加快建立便捷高效、规范有序的民生物流服务体系,大力发展电子商务、邮政快递、城乡配送、冷链物流等,进一步优化城乡物流资源配置,完善城市配送体系,健全农村物流网络,加快城乡互动的双向物流体系建设,为我省新型城镇化和城乡发展一体化提供物流保障。

二、指导思想与目标

(一)指导思想

全面贯彻党的十八大和十八届三中、四中、五中、六中全会精神,以邓小平理论、"三个代表"重要思想、科学发展观为指导,深入贯彻习近平总书记系列重要讲话特别是视察江苏重要讲话精神,紧紧围绕"四个全面"战略布局,主动适应和引领经济发展新常态,牢固树立和贯彻落实新发展理念,坚持以供给侧结构性改革为主线,以市场为导向,以改革开放为动力,以新一代信息技术为支撑,以提高物流效率、降低物流成本为重点,着力优化物流供给结构,着力提升物流业规模化、集约化、国际化水平,加快构建标准化、一体化、智能化、绿色化的物流体系,努力营造有利于物流业发展的市场环境,为促进产业结构调整和经济提质增效,建设"强富美高"新江苏提供坚实的物流保障。

(二)基本原则

(1)市场主导,政府引导。坚持市场在资源配置中的决定性作用,充分激发市场主体活力,促进物流资源的跨区域自由流动。进一步简政放权,放开市场准入,发挥政府在物流规划、标准制定、公共服务和营造制度环境等方面的引导作用,构建多元、开放、活力的物流市场体系。

(2)创新驱动,融合发展。以技术创新、服务创新、管理创新和体制机制创新为核心,推动物流创新体系建设,发挥物流示范城市、示范园区、示范企业、示范平台的引领带动作用,推动物流与交通、制造、商贸、金融等的融合发展,培育物流业新增长点。

(3)统筹协调,开放共享。坚持统筹发展,兼顾国际国内、城市农村,努力建设区域联动、多业联动、城乡互补的物流体系。对接"一带一路"与长江经济带战略,创新区域物流合作机制。充分整合社会物流资源,促进物流信息的开放共享、互联互通,加快建设物流公共平台,大力发展物流共享经济。

(4)优化供给,绿色发展。推进物流供给侧改革,加强物流短板建设,完善物流服务功能,提升物流服务质量。倡导绿色物流理念,推广绿色低碳技术,提高物流资源利用效率,降低物流业的总体能耗和污染物排放水平,促进物流业绿色低碳发展。

(三)发展目标

到 2020 年,基本建成布局科学、技术先进、智慧高效、绿色环保、安全有序的物流服务体系,努力把江苏打造成现代物流强省、物流业创新发展的先导区和示范区。重点目标如下:

——物流智能化水平显著提升。基于"互联网＋"的物流新技术、新模式、新业态成为行业发展新动力,仓储、运输、配送等环节智能化水平显著提高,物流市场信息与政府监管信息更加公开透明,全社会物流质量、效率和安全水平显著提升。

——物流国际化水平显著提升。物流市场主体的国际竞争力明显增强,国际物流服务体系更加完善,通关效率进一步提高,在全球范围内配置物流资源的能力显著提升。

——跨区域物流服务能力显著提升。协同运作的跨区域物流联动机制更加通畅高效,物流业营商环境进一步优化,基础设施、跨区域物流服务等更加融合,跨区域物流资源整合调配能力显著提升。

——民生物流保障能力显著提升。便捷高效的城乡配送体系与快递物流体系基本形成,再生资源回收物流网络布局更加合理,肉类、水产、蔬菜等全程冷链物流能力显著提升。

——物流与产业融合程度显著提升。物流与制造、商贸、金融、交通融合发展的新优势逐步显现,开放共享的物流体系初步形成,一体化、网络化的物流服务能力明显提高,物流综合效率效益显著提升。

三、发展重点

(一)着力打造一批物流创新高地

积极实施"互联网＋"国家战略,紧紧抓住江苏创新型省份试点和苏南自主创新示范区建设等重大机遇，以技术创新、模式创新、体制创新、政策创新为重点，大力推进"互联网＋高效物流"，依托部分重点企业、园区和城市，推动智能技术应用、智慧平台建设、物流与金融融合、绿色物流发展，大力发展众包、众智、众扶、众筹等新模式，在物流管理、体制机制、区域联动等方面进行积极探索，培育和孵化一批物流创新高地，成为推动物流转型升级和创新发展的重要载体。

（二）着力建设两类物流服务平台

进一步加强物流园区基础设施建设，重点推进第三方、第四方物流企业在园区集聚，全面提升物流园区服务能力，打造一批辐射范围广、示范带动作用强的物流园区实体平台。应用移动互联网、物联网、大数据、云计算等新一代信息技术，结合物流园区实体平台建设，推动线上线下融合发展，打造一批集物流资源信息采集验证、发布交易、诚信评价、数据分析等功能于一体的物流大数据平台和智慧物流信息平台。

（三）着力构建三大中转联运走廊

以海铁联运、海河联运建设为重点，打通连接中亚、欧洲，面向日韩的新亚欧大陆桥双向物流走廊。以海陆联运、江海联运和港口共建共享为重点，打造面向东亚地区、连接中巴和孟中印缅经济走廊的海上物流走廊。以江海联运、水铁联运和集疏运体系完善为重点，打造对接上海、联通中西部地区的长江物流走廊。进一步完善多式联运基础设施，推进区域间交通基础设施的互联互通和通关便利，提升三大中转联运走廊的跨区域物流服务能力。

（四）着力完善四大民生物流体系

围绕新型城镇化战略，适应城乡居民消费升级需求，进一步完善四大民生物流体系。加快发展以配送节点、配送网络和配送公共信息平台建设为重点的城乡配送，以电商物流平台与快递配送网络建设为重点的电商物流，以温控仓储、全程可追溯建设为重点的冷链物流，以再生资源回收模式创新、回收网络建设为重点的逆向物流。培育一批民生物流服务龙头企业，加快构建便民、高效、绿色的民生物流服务体系。

四、主要任务

（一）优化物流空间布局

结合"一带一路"与长江经济带战略实施，围绕三大中转联运走廊，重点推进"五大通道、四大枢纽、九大节点"建设。

1.五大物流通道

（1）沿沪宁线物流通道。以苏南现代化建设示范区规划实施为契机，积极对接上海自贸区，发挥沪宁铁路、沪蓉高速公路、南京禄口国际机场、苏南机场、奔牛机场等综合交通优势和产业集聚优势，强化航空集散、铁路物流、智慧物流建设，提升跨境物流、国际供应链等的服务能力，建成联通国际、辐射国内的沿沪宁线物流通道。

（2）沿长江物流通道。抓住长江经济带建设的战略机遇，发挥连江通海的区位优势和临港产业集聚优势，以长江南京以下 12.5 米深水航道建设为契机，推进沿江港口一体化发展，强化与长江中上游的物流对接，进一步完善集疏运体系，提升区域物流、中转联运等的服务能力，建成联通上海和长江沿线、辐射中西部地区、连接"一带一路"的沿长江物流通道。

（3）沿海物流通道。以 21 世纪海上丝绸之路建设为契机，以沿海高速公路、铁路、港口为纽带,发挥区位、交通、产业的比较优势,强化港口服务功能和集疏运体系建设,提升连云港、盐城港、南通港等沿海港口的服务功能,增强港口物流服务的渗透力与辐射力,建成北接环渤海、南融长三角、连接海上丝绸之路的沿海物流通道。

(4)沿东陇海物流通道。以"一带一路"战略的深入实施为契机,发挥连云港新亚欧大陆桥经济走廊东方起点及徐州淮海经济区中心城市的优势,强化国际物流合作基地、跨国供应链枢纽、区域集散中心建设,完善上合组织国家出海基地、国际物流联动平台的服务功能,提高西行班列运行能力和水平,建成陆海统筹、东西贯通的沿东陇海物流通道。

(5)沿运河物流通道。发挥沿运河港口、新长铁路、宁宿徐高速公路等综合交通优势,以内河集装箱运输、大宗物资中转集散为重点,强化公铁水多式联运枢纽建设,提升与沿长江、沿新亚欧大陆桥、沿海三大中转联运走廊、主要物流设施之间的互联互通水平,进一步增强运河作为省内水运主通道的运输能力,建成通江达海、干线成网、省际互联的沿运河物流通道。

2. 四大综合性物流枢纽

(1)南京。抓住南京江北新区上升为国家战略的有利机遇,发挥国家级综合运输枢纽优势,强化海铁联运、集散分拨等功能,推进国际航空、航运物流枢纽建设,加快构建高效的集疏运体系,重点打造对接上海,辐射中西部的区域性航运物流中心。

(2)徐州。发挥徐州综合运输枢纽和商贸中心的双重优势,强化区域分拨集散、公铁水联运枢纽功能,推进铁路国际集装箱中转中心、区域性国际陆港建设,建成沿东陇海重要的物流枢纽和区域分拨中心。

(3)苏州。发挥苏州毗邻上海的区位优势、发达的产业优势及综合交通运输优势,强化江海联运枢纽功能,推进集装箱物流、"苏满欧"货运班列、智慧物流平台建设,重点打造全球制造业供应链管理中心。

(4)连云港。发挥连云港"一带一路"战略交汇点优势,强化跨区域中转集散、大宗商品交易交割、跨境贸易等功能,推进上合组织(连云港)国际物流园、中哈物流合作基地建设,建成面向"一带一路"沿线国家的区域性国际物流枢纽。

3. 九大区域性物流节点

(1)无锡。发挥无锡的综合交通、产业及物联网技术高地优势,强化区域集散与物流交易功能,推进航空快递、供应链物流、商贸物流建设,建成全国智慧物流创新发展示范基地。

(2)常州。发挥常州的综合交通优势、商贸集散及产业优势,强化多式联运及区域分拨功能,推进分销配送、电商物流、金融物流、供应链物流建设,建成长三角地区现代商贸物流转型创新示范基地。

(3)南通。发挥南通沿海开发、长三角一体化以及长江经济带等国家战略叠加优势,强化区域集散、江海联运功能,加快完善物流产业体系,推进南通港通州湾港区、洋口港区等联运枢纽建设,建成长三角北翼区域物流中心。

(4)淮安。依托涟水机场、京杭大运河等区域性综合交通枢纽优势,强化内河集装箱物流与快递分拨功能,推进区域分销分拨、内河集装箱物流、快递物流建设,建成服务苏北、辐射鲁南、豫南、皖北地区的现代商贸物流分拨中心。

(5)盐城。依托大丰港、南洋机场等综合交通枢纽优势及特色产业优势,强化港口集疏运体系及专业物流服务功能,推进临港物流、汽车物流、纺织物流、电商快递物流建设,打造长三角北翼面向"一带一路"的海上物流战略支点。

(6)扬州。依托扬州泰州机场、长江与京杭大运河交汇形成的水路枢纽优势,强化公铁水联运及专业物流服务功能,推进汽车物流、日化物流、物流装备交易平台建设,建成对接苏南、服务苏北的区域物流分拨基地。

(7)镇江。依托陆路、水路"双十字"交汇的交通优势,强化铁水联运、智慧物流功能,推进临港产业物流、汽配物流、物流公共信息平台建设,建成长江经济带下游重要的大宗商品物流基地。

(8)泰州。依托泰州长江岸线资源及临港产业优势,强化水陆分拨集散及电子交易功能,推进医药物流、粮食物流、大宗商品物流建设,建成长江经济带下游重要的大宗商品供应链物流基地。

(9)宿迁。依托京杭大运河、宁宿徐和徐宿淮盐高速公路的交通优势,强化内河水运物流与集散分拨功能,推进电商物流、农产品冷链物流、食品物流建设,建成黄淮海经济区和沿运河物流通道重要的物流节点。

(二)完善基础设施网络

进一步完善跨区域物流通道体系。畅通沪宁、沿江等物流大通道,强化与上海、长江中上游的沟通联系。加快过江通道建设,助推物流跨江融合发展。加快沿海港口集疏运体系规划建设,加密国际海运航线,拓展深水大港服务范围,增强港口物流服务的渗透力与辐射力。强化沿运河物流通道对外交通联系,建设以水运与铁路运输为主的绿色集约运输通道。

提升枢纽节点物流服务能力。推进连云港港区域性国际枢纽港、南京长江区域性航运物流中心、太仓集装箱干线港和长江下游重要的江海联运港区等"一区三港"建设。围绕沿海、沿江、沿运河重点港区、多式联运枢纽、物流园区和重要空港等节点,以多种运输方式深度衔接为重点,推进入园、入港区铁路专用线、集装箱多式联运设施、内河航道建设以及航空货运站的改造扩建,进一步完善中转联运设施建设,加快实现中转联运设施互联互通,提升节点的中转联运能力。拓展加密与美国、欧洲等地区、国内区域性城市群主要机场的直达航线,增强南京禄口国际机场与无锡硕放机场两大航空枢纽的物流集散功能。

(三)培育壮大物流主体

鼓励物流企业通过参股控股、兼并联合、资产重组、协作联盟等方式做大做强,形成一批技术水平先进、主营业务突出、核心竞争力强的现代物流企业集团。培育一批区域服务网络广、供应链管理能力强、物流服务水平优、品牌影响力大的第三方、第四方物流知名企业。打造一批行业特色明显、区域影响力大的物流公共信息平台,提升平台的竞争力。引进一批国内外知名物流企业在江苏设立地区总部、采购中心和配送中心,努力使江苏成为国内外品牌物流企业的总部集聚地。

加快物流领域本土驰名商标、著名商标的培育创建工作,逐步扩大品牌效应,推动品牌物流企业做大做强做优,提升品牌价值。鼓励国家级和省级示范物流园区运营管理创新,对外进行模式复制和管理输出,推动品牌园区的网络化发展。加快推进物流咨询、规划、设计、物流金融、境外服务等服务品牌的建设,扶持一批物流品牌培育和运营专业服务机构,开展品牌管理咨询、市场推广等服务。

（四）推动区域物流联动

继续发挥长三角地区、丝绸之路经济带等区域物流联动发展合作机制作用,积极推进物流业的跨区域合作与资源共享。统筹长三角区域物流基础设施规划建设和功能对接,加速区域物流服务融合互通,实现物流信息、人才等资源共享和平台互联。完善长江经济带物流集疏运和多式联运服务体系,加强与上海、武汉、重庆等重要物流枢纽节点的联动,着力提升通道运营组织能力,形成通畅高效、服务融合、协同运作的跨区域物流联动机制。加强与西安、郑州和新疆等枢纽城市"无水港"建设、大陆桥海铁联运方面的联动,加快推进与河南、安徽等东陇海沿线地区在内河运输上的通畅衔接。

围绕"苏南提升、苏中崛起、苏北振兴",大力推进物流业跨江融合、南北联动。推动苏南物流业高端引领、创新发展,苏中物流业转型提升、跨越发展,苏北物流业提档升级、突破发展。创新三大区域物流合作模式,推动物流园区等设施的南北共建和物流企业合作运营。推进电子口岸"大通关"合作,建立跨关区、跨检区的申报、审单、验放协作机制,推动实现沿江及大陆桥口岸管理相关部门"信息互换、监管互认、执法互助"。继续推进与国内其他主要物流区域之间的深层次物流合作和联动发展,建立统一开放、通畅高效、协调共享的现代物流市场体系。

（五）提升国际物流水平

结合国际产业合作与产能转移,依托境外合作园区、重要交通运输枢纽等,建设一批为产业配套服务的物流园区、分拨配送中心。进一步深化中哈、中韩、苏港、苏台等物流合作,打造一批国际物流联动平台。加快物流企业"走出去"步伐,鼓励有条件的物流企业通过收购兼并、合作共营等方式开展国际化经营,推进海外仓、边境仓等物流设施建设,拓展国际物流服务网络,构建服务全球贸易、跨境电商的物流支撑体系,提升跨境物流全球配送能力。

加强与"一带一路"沿线国家和地区的物流合作,依托沿海重要港口和物流枢纽城市,加快推进国际中转、区域分拨、保税物流等功能建设,推动港口共用、园区共建,打造一批国际物流联动基地。进一步提高通关效率,建立口岸管理部门联动机制,提升重点口岸设施的国际化水平。加快中哈物流基地及霍尔果斯场站建设,拓展口岸直通、转关、多式联运业务。推进西行国际货运班列常态化运行,加快上合组织(连云港)出海基地建设,提升跨境物流大通道的服务能力。

（六）加快发展智慧物流

推进实施"互联网＋高效物流",加快移动互联网、大数据、物联网、云计算、北斗导航、生物识别等现代信息技术在物流跟踪、认证、交易、支付、监管、信用评价等环节的应用推广。推进运输、仓储、配送等物流环节的智能化建设,大力发展产品可追溯、在线车辆调度、产品自动分拣、智能快递和智能配货。完善新一代物流信息基础设施建设,实现物流园区、配送中心、货运站等物流节点的设施数字化,形成可感知、可视可控的智慧物流设施体系。

加快建设汇集全省物流信息资源、沟通全国其他物流信息平台的智慧物流公共信息平台。依托移动互联、智能终端等手段,以第三方、第四方物流企业为载体,推动智能运输平台建设。加快推进物流公共服务云平台建设,深度挖掘物流大数据价值,提供数据租售、分析预测、决策支持等增值服务。

（七）推进物流标准化和绿色化

加强物流标准化建设。按照重点突出、科学适用的要求,加快物流信息标准、服务标准和管理标准的研究、制定与推广,推进全省物流标准信息库及信息服务平台建设,进一步完善相关标准和服务规范。支持仓储设施、转运设施、运输工具、停靠和装卸站点的标准化建设和改造,推广应用托盘、集装箱等标准化设备,推动条形码、RFID 等物流技术及智慧物流信息标准化建设。推进南京、徐州、无锡等市国家物流标准化试点,依托重点领域大型物流企业、配送中心以及物流园区开展物流标准化试点示范工作,推进物流标准的认定咨询、培训宣传和推广应用。

大力发展绿色物流。加快推广多式联运、甩挂运输、共同配送等先进的物流组织模式,推进低环境负荷的循环物流系统建设。加快推广绿色低碳技术,鼓励企业采用节能和清洁能源运输工具与物流装备,推广应用节能型绿色仓储设施,建立第三方标准化托盘循环共用网络。推进绿色物流评估标准和认定体系建设。加快发展回收物流,提高逆向物流服务水平。

五、重点工程

(一)园区示范工程

围绕物流园区的科学规划、合理布局、功能提升、企业集聚、模式创新,大力推进示范物流园区建设。着力培育一批辐射带动能力强、技术水平先进、集散能力突出、公共服务完善的示范物流园区,推动园区在多业融合、多式联运、共同配送、智慧物流、公共平台等领域开展试点示范,形成物流产业发展的创新试验区。

在南京、苏州、连云港、徐州等枢纽城市,重点培育一批物流组织化和集约化程度高、集聚辐射能力突出、对"一带一路"和长江经济带战略实施具有重要支撑作用的综合物流园区,并努力打造成在全国具有影响力的国家级示范物流园区。在大宗商品、汽车、电商快递、农产品等领域,重点培育一批产业特色明显、专业物流能力强、行业配套功能全、对产业转型升级具有重要推动作用的专业物流园区。

(二)多式联运工程

围绕"一带一路"、长江经济带等国家战略,重点依托五大物流通道,加强多式联运基础设施和信息系统建设,推广先进的装备技术,培育壮大多式联运经营主体。加快推进铁路货场、港口中转联运设施及机场货运中转站的新建和改造,发展铁路驮背运输和水路滚装运输等新型联运模式。着力构建中转联运设施高效衔接、信息资源整合共享、运营服务标准规范的多式联运组织体系。

重点依托五大物流通道沿线主要城市,大力发展大宗散货和集装箱的水陆联运、水水联运,加快南京、无锡等地区域性航空枢纽货运站的改造扩建。围绕"苏蒙欧""连新欧"等西行班列推进国际多式联运模式的试点推广。加快实施多式联运示范工程。推进长江经济带多式联运公共信息与交易平台建设。

(三)供应链管理工程

围绕《中国制造 2025 江苏行动纲要》的深入实施,适应现代产业柔性、智能、精细发展要求,提升制造业供应链管理的精益化、定制化、一体化水平,推动物流业与制造业融合发展。大力发展第三方物流,加快培育一批具有供应链设计、咨询管理能力的专业物流企业,提高面向线上线下双重渠道的供应链整合能力,着力提升制造业供应链管理服务水平。

重点依托特色产业集群和先进制造业基地,支持建设与制造业配套衔接的公共外库等仓储配送设施。积极推广先进供应链管理经验,培育一批适应智能制造,具备精益物流、敏捷供应链、分布式仓储、全过程管理能力的供应链管理企业。

(四)共同配送工程

加快构建层级合理、需求匹配、覆盖城乡的三级配送网络。依托产销集中区、生活消费集聚区、中转分拨节点,统筹规划建设一批资源共享、干线运输与城乡配送有效衔接的配送中心。推进城乡配送公共信息平台建设,实现社会零散配送资源的统一调配和管理。积极推广"货的"、"定制化配送公交"、"网订店取(送)"、自动提货柜等新型末端配送模式。加强农村公共仓储设施建设,提升农村邮政网点、电商服务网点、三农服务站等物流服务功能。

重点推进大型连锁企业和第三方物流企业开展共同配送。加快推进生鲜电商直销平台建设,鼓励生鲜农产品经营主体加强与配送、快递等企业合作,开展冷链配送服务。在学校、社区、机关、商业街和电子商务集聚区等合理布局末端配送站,加强智能快递柜等末端配送设施建设。

(五)电商物流工程

加快构建与电子商务协同发展的物流服务体系。推进面向国际和区域的快递转运中心和分拨中心的建设。培育壮大一批电商物流运作主体,加快培育具备仓配一体、智能分仓、快递集散、电商孵化、展示体验等功能的电商物流园,推进电商物流综合服务平台建设。大力发展跨境电商物流,鼓励在条件成熟的国家和地区部署海外物流基地和仓配中心。积极推进电商物流企业渠道下沉,向中小城市和农村延伸服务网络。

重点推进南京、无锡、淮安等地加快建设国际、国内快件转运和分拨中心。结合跨境电子商务综合试验区和跨境电商试点城市建设,在南京、苏州等地加快建设跨境电商物流综合服务平台。做大做强本土电商平台,提升线下配套物流服务能力。在无锡、盐城、宿迁、常州等地创建一批电商物流示范园区。

(六)信息平台工程

以"互联网＋"国家战略实施为契机,以资源共享、数据共用、信息互通为重点,加强物流信息资源整合,推动重点行业、重点物流园区公共信息平台建设,推进与物流相关的政务信息系统的开放共享。打造一批集信息发布、在线跟踪、展示交易、服务监管等功能为一体的物流公共信息平台。加快建设一批线上线下融合、具有行业和区域影响力的大宗商品交易平台、物流资源交易平台和口岸物流信息平台。

重点提升本土物流电商平台的竞争力和影响力,在无锡、宿迁等地推进智慧物流大数据中心和数据交易平台建设。围绕汽车、钢铁、医药、农产品等重点领域,加快建成一批提供全程智慧供应链物流服务的行业物流信息平台。

六、实施保障

(一)强化规划引导

加强对规划实施、政策落实和项目推进的监督检查与跟踪评估。对于智慧物流、多式联运、电商物流、物流标准化等重点发展领域,省有关部门要抓紧制定专项规划。各市要将现代物流业发展纳入本地区国民经济和社会发展总体规划及年度计划,物流枢纽城市要加快制定本地区的物流业发展规划。

（二）完善管理体制

进一步完善全省物流业管理体制，发挥全省现代物流工作联席会议工作平台作用，密切部门协作，加强统筹协调，形成推进全省物流业发展的合力。按照简政放权、深化行政审批制度改革的要求，进一步放宽对物流企业资质的行政许可和审批条件，落实物流企业设立非法人分支机构的相关政策，鼓励物流企业开展跨区域网络化经营。清理和废除妨碍物流统一市场和公平竞争的各种规定和做法，提高物流效率，降低全社会物流成本。充分发挥物流行业协会的桥梁和纽带作用，进一步完善物流统计制度，及时准确反映物流业的发展规模和运行效率，为政府宏观决策和企业经营管理提供参考依据。

（三）优化市场环境

进一步健全物流业相关法律法规体系，研究制定促进物流业健康发展的法律法规。加强物流业信用体系建设，健全物流企业和物流从业人员信用信息采集机制，建立跨地区、跨部门的信用信息交换共享机制，完善信用查询和应用制度，加强对市场主体的信用约束和失信惩戒，逐步实现物流信用系统的联网互通和共享应用。切实加大对运输领域"乱收费、乱罚款"的清理整顿力度，加强对物流业市场竞争行为的监督检查，依法查处不正当竞争和垄断行为。

（四）加大政策扶持

在财政扶持方面，加大对物流基础设施的投资扶持力度，特别是支撑"一带一路"、长江经济带战略实施的关键性、枢纽性物流设施建设。国家和省专项资金优先支持示范物流园区、重点物流基地、重点物流企业和列入规划的重点物流项目，支持智慧物流、制造业供应链管理、城市共同配送、物流信息平台、托盘循环共用体系等建设。在投融资方面，进一步拓宽融资渠道，鼓励股权融资、债券融资等融资方式。鼓励金融机构探索适合物流业发展特点的信贷产品和服务方式。研究设立物流产业发展基金。支持符合条件的物流企业通过发行公司债券、非金融企业债务融资工具、企业债券、上市等多种方式拓宽融资渠道。在用地保障方面，进一步落实和完善支持物流业发展的用地政策。各级政府应在土地利用总体规划调整完善、城市总体规划编制时统筹考虑物流设施用地的布局，保障物流业的合理用地需求。支持利用工业企业旧厂房、仓库和存量土地资源提供物流服务或建设物流设施。对示范物流园区、重点物流基地、企业和纳入规划的重点物流项目用地给予重点保障。在税收优惠方面，切实落实国家支持物流业发展有关税收优惠政策，进一步减轻物流企业税收负担。支持有条件的互联网平台企业开展无车（船）承运业务。治理和规范物流业行政事业收费和经营服务性收费，取消不合理收费项目。在车辆便利通行方面，完善配送车辆进入城区作业的相关政策，合理确定配送车辆通行时段、通行区域和停靠卸货区域。进一步落实鲜活农产品运输"绿色通道"政策。允许符合技术标准要求的电动三轮车等小型运输工具合法合规实施终端配送作业。在人才培养方面，支持高等院校物流相关学科和产学研基地建设，推动物流企业、园区与科研单位开展多种形式的合作，建立多层次、多元化的人才培养体系，为加快物流业发展提供有力的人才支撑。

4. 省政府办公厅关于深入实施
"互联网＋流通"行动计划的意见

发布机构:江苏省人民政府办公厅
名称:省政府办公厅关于深入实施"互联网＋流通"行动计划的意见
文号:苏政办发〔2016〕136 号
发文日期:2016－11－24
内容概述:

各市、县(市、区)人民政府,省各委办厅局,省各直属单位:

为贯彻落实《国务院办公厅关于深入实施"互联网＋流通"行动计划的意见》(国办发〔2016〕24 号)和《国务院办公厅关于推进线上线下互动加快商贸流通创新发展转型升级的意见》(国办发〔2015〕72 号),加快线上线下互动融合,推动流通业转型升级,充分发挥流通基础性和先导性作用,进一步增强消费对经济增长的拉动力,现结合我省实际,提出如下意见。

一、推动流通企业创新发展

引导企业在商业模式、技术应用和产品服务等方面开展互联网融合创新,积极发展营销服务新模式新业态。鼓励企业在业态规划、品牌合作、店内设置、营销活动等方面加强创新,增强体验式、全程式服务能力。支持企业利用互联网平台优化社会资源配置,拓展产品和服务消费新空间。支持发展协同经济新模式,通过众创、众包、众扶等形式,围绕产业链、供应链、服务链建立上下游企业、创业者之间的协作关系。大力推动流通创新基地建设,搭建综合信息平台,为中小企业创新发展提供一体化服务。鼓励商贸流通企业利用第三方平台或自建平台开展跨境电商业务,向外带动江苏制造扩大国际市场份额,向内拓展进口渠道,吸引境外消费回流。(省商务厅、发展改革委、经济和信息化委、科技厅、人力资源社会保障厅,各设区市人民政府)

二、推进零售业改革创新

支持零售企业利用互联网技术推进实体店铺数字化改造,开展全渠道营销。鼓励大型零售商加强实体店与线上平台合作,引导购物中心、百货大楼、商业综合体等增加服务性消费、体验式消费的比重。引入自有品牌和买手制运营模式,推进传统百货向现代百货转型。优化便利店、专业店、社区店、乡镇商贸中心等布局,发展定制销售、保税直销等业态,适应多样化、个性化的消费需求。推动老字号企业发展电子商务,促进老字号传承保护与创新发展,扩大江苏老字号品牌影响力。(省商务厅、发展改革委、经济和信息化委、文化厅,各设区

市人民政府）

三、加快商品批发市场转型升级

批发市场通过建立专业平台或应用第三方平台，推进实体市场与虚拟市场共同发展。鼓励有条件的市场整合资源，培育一批专业化电商和物流平台，打造"智慧市场"。支持商品批发市场争创省著名商标、省知名商号、中国驰名商标。鼓励商品批发市场积极发展跨境电子商务，探索建立境外分市场、境外江苏商品展示中心、订单服务中心和仓储物流配送中心等，构建以国内市场为依托的国际配销网络。完善商品批发市场与产业集群合作机制，推动中小企业和传统产业转型升级。鼓励各地通过引进、搬迁、整合等方式，形成一批连接上下游产业的商品交易市场集群，促进交易市场与产业集聚区、物流园区、电商园区融合互动。（省商务厅、发展改革委、经济和信息化委、工商局，各设区市人民政府）

四、加强智慧物流建设

积极推进物联网、云计算、大数据、人工智能、移动互联网等新技术在物流园区和物流企业开发应用，提高园区和企业的信息化与智能化水平。加大流通基础设施投入，规划建设物流基地、分拨中心、公共配送中心、末端配送网点等。建设多层次物流公共信息服务平台，整合各类物流资源，提高物流效率。推进电子商务与物流快递协同发展，推动城市配送车辆统一标识管理，为快递专用车辆城市通行和临时停靠作业提供便利，允许符合标准的非机动快递车辆从事社区配送，支持发展智能快件箱等终端服务设施，完善城市"最后一公里"、终端配送网络。推进新建住宅区配套设置与其规模相适应的快递服务场所。鼓励物流配送公司通过开发服务平台，优化配置城市配送资源，与需求主体实现信息共享。（省经济和信息化委、发展改革委、公安厅、科技厅、住房城乡建设厅、商务厅、财政厅、交通运输厅、邮政管理局、通信管理局，各设区市人民政府）

五、拓展智能消费新领域

以综合商圈和特色商圈为依托，探索构建线上线下融合发展的体验式智慧商圈，提高商圈资源整合能力和消费集聚水平。引导各地在"智慧城市"建设中注重商圈无线网络基础设施建设，完善智能交通引导、信息推送、移动支付、消费互动、物流配送等功能，健全商圈消费体验评价、信息安全保护、商家诚信建设和消费者权益保障体系。加快实施特色商业街区示范建设。积极开发虚拟现实等人工智能新技术服务，大力推广可穿戴设备、生活服务机器人等智能化产品，培育一批智能消费示范企业，支持制造业与零售企业开展合作，提高智能化产品和服务的供给能力与水平。（省商务厅、发展改革委、经济和信息化委、住房城乡建设厅、工商局、旅游局、科技厅、通信管理局，各设区市人民政府）

六、提升农产品流通发展水平

推进鲜活农产品直供社区示范工程升级，以"互联网＋农产品零售＋电子提货柜"模式为重点，通过线上下单采购生鲜农产品，减少农产品流通环节，带动订单农业发展，方便居民消费。支持建设农产品流通全程冷链系统，完善冷链物流监控体系和公共信息服务平台。

加快冷链物流标准化进程,推动标准更新和实施,规范冷链物流操作管理,加强标准化设施设备改造和应用。强化冷链物流硬件支撑,重点建设农产品产地冷库,推广绿色环保冷藏冷冻设施设备与技术应用。利用信息化手段,加快推进食用农产品追溯体系建设,实现食用农产品"从农田到餐桌"全过程追溯管理。支持省内涉农商务信息发布平台向在线交易平台转型,发展一批专业化农产品电商平台。(省商务厅、发展改革委、经济和信息化委、财政厅、交通运输厅、农委、质监局、食品药品监管局,各设区市人民政府)

七、鼓励发展绿色流通

限制高耗能、高污染、过度包装产品进入流通和消费环节。开展"绿色商场创建活动",创建一批集门店节能改造、节能产品销售、废弃物回收于一体的绿色商场。鼓励流通企业运用绿色低碳节能设备设施,推动建筑、照明、空调、电梯、冷藏等耗能关键领域的技术改造。研究建立废弃商品回收的生产者、销售者、消费者责任机制,推动"互联网+回收"模式创新,加快推进再生资源回收网络与生活垃圾分类回收网络有机衔接。引导电商企业和物流企业加快仓储配送与包装绿色化发展,提高商贸物流绿色化发展水平。利用电子标签、二维码等物联网技术,实现一级回收、分拣中心、再利用企业的互相联通。开展"绿色产品进商场、绿色消费进社区、绿色回收进校园"主题宣传活动,推动形成绿色消费理念和生活方式。鼓励推广预约回收、设置智能回收箱等做法,提升再生资源回收的信息化、智能化水平。(省商务厅、发展改革委、教育厅、经济和信息化委、环保厅、住房城乡建设厅、质监局、新闻出版广电局,各设区市人民政府)

八、大力发展农村电子商务

推动电子商务和快递服务进农村,带动农村地区的农产品和加工品销售。支持电子商务企业渠道下沉,完善农村地区物流快递体系,畅通"工业品下乡、农产品进城"双向流通渠道。大力发展"一村一品一店",引导农产品生产经营企业、农民合作社和农业经纪人等积极开展电子商务,培育一批扎根农村的电子商务企业。积极引导农业市场主体对接各类涉农电子商务平台和电子商务信息公共服务平台,开设网店、特产馆。鼓励农业生产资料企业应用电子商务,促进农业生产资料网络营销。鼓励农产品地理标志注册人加快推进网上宣传销售,着力扶持优质农产品、民俗产品、乡村观光旅游产品等上线营销。(省商务厅、发展改革委、经济和信息化委、财政厅、交通运输厅、农委、工商局、质监局、旅游局、邮政管理局,各设区市人民政府)

九、促进社区电子商务发展

加快利用现代信息技术改造提升居民生活服务业,推进线上线下融合发展,建设一批专业化生活服务平台。规范发展在线订餐、订房、订票、订座等营销模式,加强线上、线下服务的有效衔接,提高服务便利性。推动"互联网+物业"发展,促进互联网与物业管理融合。拓展家政服务网络平台功能,着力发展面向老年人的网上订餐、家政、健康咨询等服务。支持洗染、美容美发、维修、金融、文化、娱乐、休闲等生活服务行业依托现有电商平台或自有服务平台开展便民服务。(省商务厅、住房城乡建设厅、文化厅、新闻出版广电局,各设区市人民

政府）

十、完善流通保障机制

组织开展道路货运无车承运人试点工作，允许试点范围内无车承运人开展运输业务。鼓励符合条件的"互联网＋流通"企业申请高新技术企业认定。适时推进工商用电同价，允许大型商贸企业参与电力直接交易，开展商业用户自主选择执行商业行业平均电价或峰谷分时电价试点。发挥政府、行业协会作用，科学规划，合理布局，盘活存量，优化增量，鼓励各地采取先买后租、先建后租等措施，引导降低实体店铺租金，保障社区菜市场、社区食堂等惠民便民服务设施低成本供给，引导线上企业到线下开设实体店。探索阶段性适当降低困难流通企业住房公积金缴存比例。在不改变用地主体、规划条件的前提下，各类市场主体利用存量房产、土地资源发展线上线下互动业务的，可在 5 年内保持土地原用途、权利类型不变，5 年期满后确需办理变更手续的，按有关规定办理。（省交通运输厅、发展改革委、科技厅、财政厅、国土资源厅、商务厅、住房城乡建设厅、国税局、地税局，各设区市人民政府）

十一、加大财税支持力度

积极发挥相关政府基金和政府扶持资金作用，支持"互联网＋流通"加快发展。加强对种子期、初创型电子商务企业的培育。扶持成长性好、发展潜力大的中小电子商务企业和平台加快发展。营造线上线下企业公平竞争的税收环境。促进信息技术和税收业务深度融合，建立基于"互联网＋""云计算""大数据"等技术的综合电子税务平台，积极推广运行网上电子税务局，实现全方位、全天候涉税服务和电子发票应用。对经认定的高新技术企业和技术先进型服务企业按照规定享受相关税收优惠政策。（省财政厅、国税局、地税局、商务厅、科技厅，各设区市人民政府）

十二、强化信息通信基础设施支撑

推进"宽带江苏"建设，打造全光纤、宽带化接入网络，持续推进"光网城市""光网乡村"工程。推进"无线江苏"建设，进一步加快全省 4G＋移动宽带网络深度覆盖。实施"电信普遍服务试点"项目，加大农村宽带建设投入。加快对苏中、苏北农村地区宽带网络全面覆盖。深入开展网络提速降费专项行动，优化宽带市场环境，推动资费下降与服务水平提升。（省发展改革委、经济和信息化委、通信管理局，各设区市人民政府）

十三、提高流通领域公共服务水平

鼓励整合建设商务公共服务云平台，对接相关部门服务资源，为流通领域提供信息服务，为中小微企业提供技术应用服务。建立健全电子商务统计监测体系。鼓励各类企业、培训机构、大专院校、行业协会培养引进综合掌握商业经营管理和信息化应用知识的高端紧缺人才，培养引进紧缺急需电子商务高技能人才，支持各地依托大专院校或技工院校建设电子商务继续教育培训基地，将电子商务师列入政府购买高技能人才培训成果紧缺型职业工种参考目录，组织开展电子商务技能竞赛。（省商务厅、统计局、经济和信息化委、质监局、邮政管理局、教育厅、人力资源社会保障厅，各设区市人民政府）

十四、健全流通制度和标准体系

研究建立流通设施建设、商品流通保障、流通秩序维护等基本制度,解决流通发展中的体制机制问题。加快构建国家标准、行业标准、地方标准和企业标准等相互配套、相互补充的内贸流通标准体系。加强适应电子商务发展需要的农产品生产、采摘、检验检疫、分拣、分级、包装、配送和"互联网+回收"等标准体系建设,引导企业规范化发展。加快内贸流通标准管理信息化建设。(省商务厅、发展改革委、农委、质监局、食品药品监管局、法制办)

十五、严厉打击网络交易违法犯罪行为

开展食品药品、农资、家用电器、建筑材料、汽车配件、儿童用品等商品网络交易集中整治,打击网上销售假冒伪劣商品。专项治理网络(手机)文学、音乐、影视、游戏、动漫、软件等领域网络侵权盗版行为。坚持线上线下治理相结合,对电商产品生产集中地、流通集散地和专业市场等重点区域开展集中整治。开展网络交易平台监管和网络交易商品质量抽检。加强与大型电商平台合作,利用大数据分析技术,及时发现和掌握违法犯罪线索,加强预警监测和风险防范。针对网络交易违法犯罪,开展跨区域、跨部门联合执法。(省公安厅、农委、商务厅、文化厅、工商局、质监局、新闻出版广电局、食品药品监管局、林业局、知识产权局、通信管理局、邮政管理局、网信办、南京海关,各设区市人民政府)

十六、营造诚信经营市场环境

推进电子商务可信交易保障环境建设工作,依托电子商务企业信用信息公示服务平台,推动网络经营主体信用信息公开。推进商务信用体系建设,建设全省集中统一的商务诚信公众服务平台,健全政府部门信用信息共享机制,建立市场化企业信用信息采集、共享与使用机制。加快构建全省统一的市场监管信息平台。完善市场主体信用信息记录,实现市场主体的许可信息、监管信息和行政处罚信息实时共享、无缝衔接。开展"文明诚信"创建活动,加强诚信宣传教育,积极营造诚信经营的市场氛围。(省商务厅、发展改革委、经济和信息化委、工商局、质监局、食品药品监管局,各设区市人民政府)

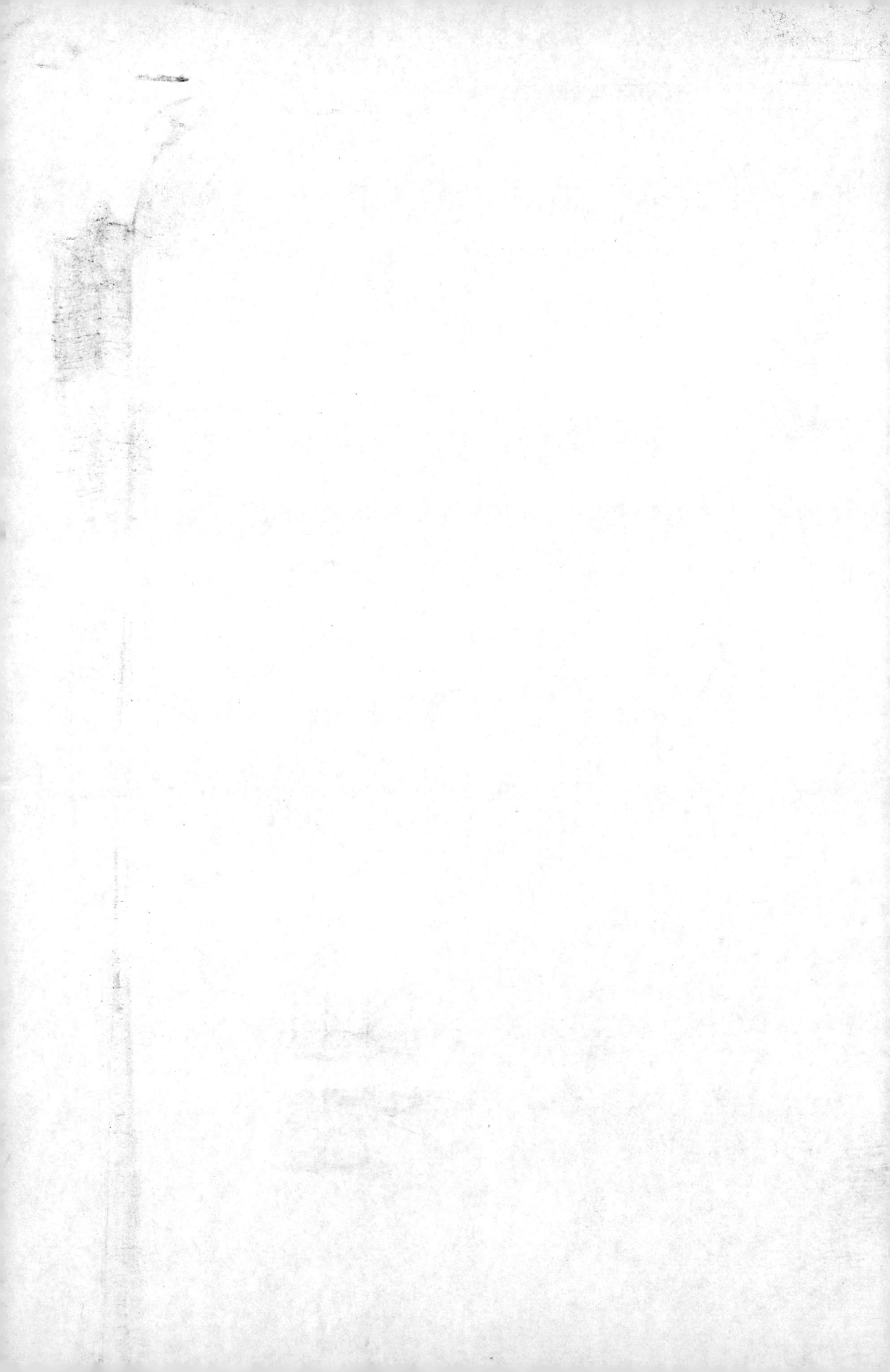